GELIEBTES CHAOS ITALIEN

1 7 8

Dietmar Polaczek

Geliebtes Chaos Italien

Koehler & Amelang

Für
Mimma, die kritisierte,
Giovanna, die verbessert hat,
Teresa Maria, die *caffè* kochte,
Gaetana, die lächelt.

Und für Andrea und Anna Claudia, ihre Töchter.

2. Auflage 1999

Gestaltung und Satz: Michael Bauer, Weißenfeld
Umschlaggestaltung: Kaselow-Design, München
© Umschlagabbildung Bavaria Bildagentur
Druck und buchbinderische Verarbeitung: J. Ebner,
Graphische Betriebe GmbH & Co. KG, Ulm
ISBN 3-7338-0220-9

Die Deutsche Bibliothek – CIP-Einheitsaufnahme

Polaczek, Dietmar:
Geliebtes Chaos : Italien / Dietmar Polaczek. – München ; Berlin :
Koehler und Amelang, 1998
ISBN 3-7338-0220-9

Inhalt

Einladung,

worin auf den Unterschied zwischen Italien und Italien, aber auch zwischen Italien und »Italien« hingewiesen und der Versuch angekündigt wird, Ennio Flaiano zu widerlegen.

Lieber Leser,
wenn Sie dieser Einladung in ein merk- und denkwürdiges Land Folge leisten, leben Sie mit größter Wahrscheinlichkeit in den kalten und schneereichen Gegenden nördlich von Gotthard und Brenner, die nicht nur unwirtlich sind, sondern überhaupt, wie uns Herbert Rosendorfer glaubhaft versichert, zur menschlichen Besiedlung völlig ungeeignet, bewohnbar vielleicht höchstens für Schneemenschen. Vielleicht gehören Sie zur Mehrheit derjenigen unter ihnen, die mindestens einmal in ihrem Leben die Alpen südwärts überquert haben. Dann begreifen Sie sofort, wie schwierig die Aufgabe ist, das Charakterbild eines Landes zu zeichnen, von dem erstens ohnehin jeder genau weiß, daß er es genau kennt, und das zweitens ein Antlitz zeigt (oder besser verbirgt), so wandelbar und mit einem so schillernden Ausdruck, als hätte der vielgestaltige Proteus sich von Janus den zwiegesichtigen Kopf ausgeliehen.

Es ist vergleichsweise ungefährlich, ein Buch über theoretische Physik zu schreiben. Es wird sich in der breiten Öffentlichkeit so schnell niemand finden, der es besser weiß. Auch die Experten für den Südpol oder für China sind (noch) dünn gesät. Doch wehe, ich bin so unvorsichtig und schreibe über das, was alle angeht und wovon alle etwas verstehen! Über Politik zum Beispiel. Oder über die Schule. Richard Phillips Feynman, der bedeutende Quantenfeldtheoretiker, der 1965 den Nobelpreis erhielt, konnte unangefochten seine wissenschaftlichen Abhandlungen veröffentlichen, doch als er anfing, allgemeinverständliche witzige Bücher zu schreiben, flickten ihm die Kritiker kräftig am Zeug – vom Witz, mögen sie ihn nicht haben, haben sie eine präzise Ahnung. Auch von Italien wissen alle alles. Die alle Jahre nach Rimini (oder in die Toskana) fahren, sowieso, und die anderen vom Italiener um die Ecke, wo sie ihre Pizza essen.

Auf der anderen Seite reihe ich mich ein in das Heer derer, die schon versucht haben, sich dem Geheimnis dieses Landes und seiner Bewohner anzunähern – allen voran die italienischen Autoren unterschiedlichsten Kalibers: von Dante zu Da Ponte, von Boccaccio zu Bocca, von Barzini zu Benni, von Goldoni zu Gadda, von Machiavelli zu Malerba, von Svevo zu Sciascia, von Flaiano zu Fo, von Leopardi zu Tomasi di Lampedusa, von Fruttero zu Lucentini, von Carlo Levi zu Primo Levi, von Pirandello zu Pasolini, von Umberto Eco zu Umberto Eco, von Arbasino zu Zeri, den ich wegen seiner Kenntnis der italienischen Kunst nenne, wegen seiner ausgeprägten Neigung zur Provokation, und um das Alphabet abzuschließen.

Allerdings machen einem gerade die italienischen Schriftsteller wieder Mut: nicht so sehr, weil sie, besonders wenn man sie mit den auf ihre große Nation so stolzen französischen Nachbarn vergleicht, ungewöhnlich skeptisch, oft geradezu apokalyptisch schlecht über ihr Land schreiben, so daß ein Autor sich mit strengen Urteilen über Italien zwanglos in eine illustre Gesellschaft einreiht.[1] Mut faßt man vielmehr, weil bei allem Kopfschütteln dem Italiener, mithin auch dem italienischen Schriftsteller, Italien zwar nicht gerade normal vorkommt, sondern eher verrückt, aber gewissermaßen normal verrückt. Er kann sich gar nicht vorstellen, daß es anderswo anders ist. Wie kann er ahnen, daß man in anderen Ländern nicht monatelang auf ein Dokument warten muß, sondern es in Tagen, manchmal sogar sofort bekommt? Wie soll er glauben, daß einem großen Volk, beispielsweise den Amerikanern, zwei große Parteien genügen, wo er doch zur Ansicht neigt, selbst die vielen Parteien Italiens geben dem Spektrum der individuellen politischen Meinungen nicht hinreichend differenzierten Ausdruck? Der Blick auf das Besondere dieses Landes muß schon von außen darauf fallen.

Aber auch die Ausländer bilden eine niederschmetternde Phalanx wortmächtiger Konkurrenten. Wenn ich den zugegebenermaßen ungewöhnlichen Versuch mache, aus der Geschichte zu lernen, nämlich aus den Erfahrungen der Vorgänger, so sieht mein Unterfangen völlig hoffnungslos aus. Diese Erfahrungen, besonders jene der jüngsten Zeit, zeigen, daß jeder Essay über Italien zum Zeitpunkt seines Erscheinens schon veraltet ist. Die Entwicklung des Landes hat schon wieder einen unvorhersehbaren Haken geschlagen, eine überraschende Wendung genommen, eine Katastrophe in einen Erfolg verwandelt.

Den italienischen Kritikern Italiens zum Trotz werde ich mich mit einer Beschreibung, die Negatives nicht verschweigt, in die Nesseln setzen. Die Apologeten dieses wundersamen Arkadien werden mir die Leviten lesen. Die Italiener selber, die über eine ausgefeilte Rhetorik der Beschimpfungen, der Nestbeschmutzung und der Selbstkritik verfügen, werden wie ein Mann zusammenstehen. Es gilt, einen dahergelaufenen Ausländer, also Barbaren, zu belehren, was für ein böswilliger Ignorant er ist. Das Modell der italienischen Rundumverteidigung folgt häufig einem der unfehlbaren Rezepte Paul Watzlawicks zum Unglücklichsein: Wenn ich mich selber schlecht mache, und du gibst mir recht, dann hältst du nichts von mir. Wenn du mir aber widersprichst, willst du mir nicht einmal da recht geben, wo ich doch am besten Bescheid wissen muß. So oder so: Du hast was gegen mich.

Als wäre all dies nicht genug, ist Italien nicht Italien. Die gesellschaftlichen, sprachlichen, wirtschaftlichen und weltanschaulichen Unterschiede, oft Kontraste zwischen den Italienern verschiedener Regionen und verschiedener Schichten sind größer als in jedem anderen Land Europas. Sie machen jede Pauschalaussage, mag sie in einem gewissen Zusammenhang noch so treffend sein, an einer anderen Stelle zu einem gewaltigen Irrtum. Die Summe dieser überwältigenden Menge von Irrtümern liegt gedruckt vor. Sie heißt »Italien«. Zwischen diesem »Italien« vor dem geistigen Auge des Nordländers und der italienischen Wirklichkeit gibt es sogar Berührungspunkte, meist da, wo man sie nicht erwartet. Aber wie soll das ein Besucher des Landes feststellen, wenn ihm – sofern er nicht Hindu ist und auf eine Wiedergeburt hoffen darf – nur die Zeit eines einzigen Lebens zur Verfügung steht?

Mein selbstmörderisches Unternehmen ist also fast von vornherein zum Scheitern verurteilt. Dennoch ist die Herausforderung stark, ein Porträt der italienischen Gesellschaft zu skizzieren. Immerhin gibt es ein paar gute Gründe für den Versuch. Einer davon: Wer den andern nicht versteht, weil er dessen Sprache nicht spricht, antwortet am häufigsten mit Angriffslust. Die Mißverständnisse werden begünstigt, wenn wir annehmen, wir hätten ohnehin alles begriffen. Umgekehrt: Wenn wir wissen, was uns erwartet und was von uns erwartet wird, gewinnen wir Freunde statt Ärger. Beides ist in Italien leicht zu bekommen.

Ennio Flaiano hat das Weltverbrüderungspathos eines weit verbreiteten Stereotyps gegen den Strich gebürstet, als er meinte: »Je besser die Völker einander kennen, desto mehr hassen sie sich.« Es gibt viele Soziologen, die den Wert des Tourismus als Mittel der Völkerverständigung ebenso pessimistisch beurteilen. Doch Flaiano und mit ihm viele fallen einem doppelten Mißverständnis zum Opfer, wenn sie die Nachbarschaft mit Nestwärme und Zuneigung, die körperliche Nähe mit Verstehen, den unvermuteten Zusammenstoß mit einer Umarmung verwechseln.

Ein zweiter Anreiz, Italien zu beschreiben, liegt darin, daß dieses Landwodiezitronenblühn, das Sehnsuchtsland der Deutschen schlechthin, nur scheinbar nichts als simpel, unbeschwert und unkompliziert ist. Unter der fröhlichen, glänzenden Oberfläche liegt ein faszinierendes, vielgestaltiges Labyrinth, das kennenzulernen ein Leben nicht reichen möchte. Gerade die Sicht von außen ist dabei hilfreich. Wer im Dickicht zwischen den Bäumen steht, nimmt den Unterschied zwischen dem Wald und dem, was draußen ist, nicht wahr. Selbst scharfsinnigen italienischen Beobachtern Italiens ist nicht ohne weiteres klar, was einem Fremden an diesem Land und seiner Gesellschaft sonderbar vorkommt und was ihn vertraut anmutet. Wir kennen das Phänomen aus der Zeitfremde: Realiengeschichtsschreibung ist deswegen oft so schwierig, weil es kaum Quellen über das einst allgemein Bekannte, inzwischen aber Verschwundene gibt. Die Zeitgenossen dünkt das Selbstverständliche ihres Alltags nie dokumentierenswert.

Der Versuchung nachzugeben, Italien und »die« Italiener darzustellen, heißt außerdem, sich auch bei den Lesern zwischen die Stühle zu setzen. Dies ist kein Reisebuch, kein Führer zu Sehenswürdigkeiten, keine Anleitung zum Kunstgenuß, keine Sammlung nützlicher Adressen. Gewiß: Aus der Darstellung der Mentalität und der Eigenheit eines Landes kann der Nutzeffekt manch praktischer Anwendung hervorgehen. Ein solcher mag unmittelbar in der Lektüre dieser Seiten liegen, wenn es die Umstände erlauben oder erzwingen: der Stau am Brenner oder die Verspätung des Romulus-Expreß oder der Streik bei der Alitalia.

Das Buch hat eine Vorgeschichte, die so verwickelt ist wie das Leben in diesem Land. Sie besteht aus inzwischen sechzehn Jahren in Italien, in Oberitalien, um genau zu sein, aber zum Glück mit dem Gegengewicht von mehr als zehn Jahren mit einer süditalienischen Ehefrau. Das Vierteljahrhundert davor will ich gar nicht rechnen, das mit den ersten Reisen des ahnungslosen Schülers per Anhalter begann und mit dem Entschluß des Augenblicks endete, hier doch ein bißchen länger zu verweilen. (Wie viele italienischen Provisorien dauert auch dieses an.) Meine Versuche, das Land zu beschreiben, sind von der Entwicklung spielend geschlagen worden. Mir bleibt nichts übrig, als schreibend den Purzelbäumen Italiens wie der Hase dem Igel nachzujagen. Wenn diese Flaschenpost aus dem Süden an ihre Leser gelangt, wird auch sie zweifellos wieder überholt sein.

Vorwörter zu einem Buch sind wie Blitzableiter, sagt Georg Christoph Lichtenberg. Für ganze Bücher gilt das auch. Dies Buch, mitgenommen auf die eine oder andere Italienische Reise, möchte ein Blitzableiter für den italienischen Ärger sein. Denn Italien ist das Land, über das sich die germanischen Choleriker seit der Völkerwanderung so gern ärgern, daß sie immer wieder hinfahren. Es ist besser für den Gast, für das Vergnügen, das er erhofft, für die Völkerfreundschaft im allgemeinen und für die Beliebtheit der Ausländer in Italien, insonderheit der deutschsprachigen, wenn Sie dieses Buch in die Ecke knallen, statt die teutonische Ungeduld an einem Italiener auszulassen. Er würde nicht verstehen – oder nur allzu gut. Sie lächeln ihn besser an. Sie werden willkommen sein.

Velate, 1998

1 Siehe Jappe (Hrsg.): Schade um Italien! Zweihundert Jahre Selbstkritik. Eichborn Verlag, Frankfurt/Main 1997.

Le grand tour

und die unvermeidlichen Gemeinplätze über das Land, wo die Zitronen blüh'n und von den Langobarden über Goethe und Tischbein bis zu Enzensberger, Henze und Robert Gernhardt nicht nur Dichter hinzieh'n, kurz: Italien als das Ziel einer Sehnsucht nach dem Süden. Noch kürzer: Italien als Paradies. Das Warum und die Folgen sowie die Unterschiede zwischen Traum und Wirklichkeit.

I have fallen in love – which except falling into the Canal ... is the best or worst thing I could do. – I am therefore in love – fathomless love ...

George Gordon Noël Byron, Brief vom 25. November 1816 aus Venedig an John Murray in London

In das südliche Land, wo nach Meinung der Literaturkenner die Zitronen blüh'n: dahin, dahin zog und zieht es sie alle von Anbeginn. Und alle waren sie bereit, sich zu verlieben: in das Land, oder wenigstens, mochte es Mignon heißen oder nicht, in eines seiner dunklen Mädchen, wie Byron, auch wenn das Mädchen bei genauerem Wiegen für ziemlich leicht befunden werden konnte. Mag ja sein, was ein wohlgemuter Aphoristiker behauptete: daß man mit Deutschland lebt wie mit einer Hausfrau und mit Italien wie mit einer Geliebten. Vielleicht hat er übersehen, daß der Vergleich nicht nur ein Kompliment ist. Wer mit der feurigen Geliebten den Alltag ertragen will und etwa feststellt, daß sie zwar nicht kochen, aber dafür auch nicht sparen kann, der wünscht sich schon ein wenig Hausbackenheit für die gewöhnlichen Tage. Für die Eingeborenen Italiens gilt ein Gleiches. Nicht nur die Liebe zu den Verwandten wächst mit dem Quadrat der Entfernung, sondern auch die zur Heimat. Wenn man in ihr lebt, kann die Nähe die Zuneigung heftig abkühlen. Die alte Weisheit steckt nicht nur in Ennio Flaianos bösem Aphorismus. Ein mittelalterlicher Papst hat sie in ein einziges, subtil nuanciertes Wort gefaßt. Einem kaiserlichen Pilger, der zur Krönung gekommen war und bewundernd meinte, wie schön und angenehm Rom doch sei, soll er lakonisch geantwortet haben: »Pereuntibus« – nur für die, die wieder abhauen.

Mario Rapisardi (1844–1912), ein kritischer Sizilianer wie eine Generation später Leonardo Sciascia, wurde nicht zufällig in einer heftigen Polemik zum Gegenpol des pathetischen Verklärers Giosuè Carducci, mit dessen hochgestelzten Versen heute noch, obwohl der Bildungskanon zerbröckelt, die italienischen Gymnasiasten gequält werden. Rapisardi sah nicht die gold'ne Glut der Früchte, sondern die Früchte des Zorns, wenn er Goethe parodierte:

Conosci tu il paese degli aranceti
dove su cento abitanti, settanta sono analfabeti?
Conosci tu il paese dell'aure profumate
dove le rondini si ricevono a fucilate?

Kennst du es denn, das Land der Orangenhaine,
wo sieben von zehn Analphabeten sind?
Kennst du das Land, wo Düfte bringt der Wind,
und wo man die Schwalben mit Gewehrsalven begrüßt?

Auch menschliche Zugvögel wurden in alten Zeiten nicht viel freundlicher aufgenommen als Rapisardis Schwalben – unwillig, meist unfreiwillig. Bereist zu werden, ist ein noch zweifelhafteres Vergnügen, als es das Reisen in der Antike war. Das Reisen wiederum war, ebenfalls schon in der Antike, in besseren Gesellschaftsschichten ein Muß. Auch damals kannte man den Drang nach dem Süden. Selbst die Römer verspürten ihn, obwohl wir ja annehmen möchten, sie hätten ihre Wohnsitze südlich genug gehabt. Zur letzten Verfeinerung der Ausbildung sandten römische Patrizier ihre Söhne nach Athen, Korinth oder Milet. Der Luxustourismus der Kaiserzeit im Mittelmeerraum ging nach Griechenland und Nordafrika, mit Nilfahrt und Einkratzen des Namens an einer ägyptischen Pyramide. Zwar drängten auch die Hungerleider aus dem rheumatischen Germanien nach Süden. Für sie fing er bereits jenseits der Alpen an, in Italien. Doch der Fremdenverkehr kam nicht recht in Gang.

Die Fremden respektierten – wie manche heutigen Touristen – die Landessitten nicht. Sie wollten alles haben und nichts bezahlen. Sie hinterließen Schmutz und Beschädigungen. Im Jahr 410 plünderten die Wisigoten Rom, das unangenehme Erinnerungen an sie bewahrte. Die Hunnen benahmen sich 452 in Mailand nicht besser. Die Wandalen hausten 455 wüst in Rom. (Das schlechte Image bekamen sie erst später. 1794 erfand der Bischof von Blois das Schlagwort »Wandalismus«.) Die Germanen wurden immer aufdringlicher. 476 riefen Gastarbeiter in Ravenna Odoaker zum König aus, und der setzte den letzten weströmischen Kaiser ab. 488 zogen die Ostrogoten gen Italien und blieben da eine Weile. 568 begann die Reise- und Eroberungssaison der Langobarden. Sie gaben der Lombardei den Namen. Noch fast tausend Jahre später konnten sich in besonderen Fällen die Besuchten nicht über die Besucher freuen: Der *Sacco di Roma,* die Plünderung Roms durch die Lanzknechte Karls V. im Jahr 1527, ließ ein nie verwundenes Trauma zurück.

Als Begründer des Geschäftstourismus (Sightseeing *und* Business) kann Karl der Große gelten. Nach ihm mußte praktisch jeder, der *in* sein wollte, sich in Rom zum Kaiser krönen lassen. Otto der Große kam in Geschäften gleich dreimal, Sohn und Enkel kehrten erst gar nicht mehr in den Norden zurück. Die Staufer machten ihre Zweitwohnungen auf den Reisen durch die Toskana, durch Latium, Kampanien, Apulien oder Sizilien zum Hauptwohnsitz. Ihnen dämmerte wohl, daß hier herum irgendwo das Paradies liegen müsse – oder was man so dafür hält.

Schon früh, seit der Renaissance, gab es Lernreisen und die Lehrzeiten der Maler und Musiker bei italienischen Meistern. Eine ganze Reihe der bedeutendsten Komponisten der Niederländischen Schule hatte ihr italienisches Erweckungserlebnis, von Obrecht über Heinrich Isaac, den Hofkomponisten Kaiser Maximilians I., zu Josquin Desprez und Orlando di Lasso (Roland de Lassus). Die Vorherrschaft der italienischen Musik wurde noch von Leopold Mozart empfunden, der seinen genialen Sohn nach Italien schickte. Erst wer in Venedig, Mailand oder

Neapel von den Großen der Musik anerkannt war, der galt was – auch anderswo. In der Malerei war es seit Albrecht Dürer nicht anders. Künstler mochten dann sogar, um nördlich der Alpen mehr zu gelten, ihren Namen italianisieren, wie zum Beispiel die beiden Altomonte, Vater Martin und Sohn Bartholomäus Hohenberg.

Dichter, überhaupt Bildungsreisende kamen später. Die Deutschen waren nicht die ersten. John Milton auf seiner Reise nach Frankreich und Italien im Jahr 1638 war einer der Pioniere. Mehr als zweihundert Jahre später tat es ihm Charles Dickens nach. Es ist kein Zufall, daß später, im neunzehnten Jahrhundert, gerade die beiden Länder mit Hegemonieansprüchen in Europa nach dem Vorbild des Imperium Romanum – das British Empire und das Frankreich des Empereur Napoléon – Rituale einer klassizistischen Legitimation entwickelten, um sich politisch und kulturell auf die Antike berufen zu können. Die führende Schicht sah die klassische Kulturreise, »le grand tour«, als obligat an. Noch die Imitation der Großmächte durch kleinere Trabanten wiederholt die klassizistische Attitüde in der Reise: Der Bayernkönig Ludwig I. war in den zwanziger Jahren des neunzehnten Jahrhunderts eine Weile Mittelpunkt der deutschen Kolonie in Rom. Bemerkenswert ist eher umgekehrt, daß der Topos der Italienreise im Heiligen Römischen Reich deutscher Nation unter der österreichischen Herrschaft keine vergleichbare Rolle zu spielen scheint.

Goethe (Johann Wolfgang) unternahm seine erste, die berühmtere und auch literarisch zum Schlüsselerlebnis stilisierte »Italienische Reise« von 1786 bis 1788 durchaus nach dem Vorbild von Goethe (Vater Johann Caspar). Er befand sich in illustrer Gesellschaft. Johann Gottfried Herder, der schon einmal nach Italien aufgebrochen war, konnte es ihm erst 1788/89 gleichtun. Gastgeber Goethes, der in Rom zunächst unter dem Pseudonym Möller auftrat, war der junge, aber erfolgreiche Maler Johann Heinrich Tischbein (der jüngere). Er wohnte, wie sich anläßlich der Restaurierung des Hauses in der Via del Corso 18 ergeben hat, nicht im zweiten, sondern ersten Stock des Gebäudes. Dort wurde im Mai 1997 die »Casa di Goethe« als kleines Museum und Forschungsinstitut eröffnet. Während aber die Goethe-Forschung auf hohem Niveau fortschreitet, steckt die Kenntnis des römischen Malerfreundes noch in den Anfängen. Erst in einem Sammelband der 1951 am University College in London (UCL) gegründeten Crabtree Foundation treten erstaunliche Details über Tischbeins Identität zu Tage. Nicht nur Möller, sondern auch der seltsame Name Tischbein war ein Pseudonym: Es handelt sich in Wirklichkeit um den vielleicht unbekanntesten Italienreisenden, den zu Unrecht verkannten englischen Dichter, Naturforscher, Ingenieur und Rechtsgelehrten Joseph Crabtree (1754–1854), wie W. H. A. Larrett, Germanist am UCL, nachgewiesen hat. Crabtree, ein vielseitiger Geist, der auch malte, wenngleich nicht überwältigend originell, hatte Goethe schon 1779 in Weimar kennengelernt (ebenfalls inkognito, unter dem Namen George Batty). In Italien setzt sich für den bislang Unterschätzten die 1994 gegründete italienische Sektion der Crabtree-Stiftung ein.

Schon in jungen Jahren war Angelica Kauffmann nach Rom gekommen, und später wurde das Haus der arrivierten Malerin zu einem Salon der deutschsprachigen Gebildeten. Daß Historiker, Kunsthistoriker und Altertumsforscher, von Ferdinand Gregorovius zu Richard Krautheimer, von Johann Joachim Winckelmann über Walther Amelung zu Bernard Andreae, in Rom ihr natürliches Gravitationszentrum sahen, versteht sich fast von selbst. Zum Wahlrömer wurde um die Jahrhundertwende der Antiquar Ludwig Pollak, der, mit untrüglicher Spürnase und photographischem Gedächtnis begabt, bei einem Antiquitätenhändler den originalen Arm des Laokoon im Vatikan entdeckte, in den dreißiger Jahren unter dem zunehmend antisemitischen Klima in der deutschen Kolonie litt und im höchsten Alter, eine bittere Ironie der Geschichte, als eines der letzten Opfer der deutschen Besetzer im zweiten Weltkrieg knapp vor deren Rückzug aus Italien nach Auschwitz verschleppt wurde.

Der alte Alexandre Dumas lebte vier Jahre in Neapel, Gustave Flaubert bereiste studienhalber für seinen »Salammbô« Italien. Byron und Percy Bysshe Shelley flohen aus ihren Skandalverstrickungen in den Süden. (Auch bei Goethe war es eine Art Flucht gewesen – aus der Last von Pflichten und Verpflichtungsgefühlen.) Capri und Ischia wurden zeitweise nachgerade zu französischen und englischen Kolonien. Frankreich bot den Gewinnern des *Prix de Rome*, von denen Claude Debussy (im Jahr 1884) wohl der berühmteste ist, ein Stipendium für die Ewige Stadt, und nach dem Vorbild der französischen Rompreisträger in der Villa Medici lassen sich heute die deutschen jungen Maler, Musiker und Schriftsteller als Stipendiaten der Villa Massimo in Rom und der Villa Romana in Florenz nieder.

Die Italiensehnsucht, gespeist aus Kunst und Vorurteilen, aus Olivenöl und Chianti, aus Sehnsucht nach heiler Welt und der Romantik des einfachen Lebens, ließ viele hierbleiben: Ingeborg Bachmann und Hans Werner Henze kamen von Rom nicht mehr fort. Die englische Aristokratin Doris Origo heiratete einen Italiener und vollbrachte auf einem öden, verwahrlosten Bauerngut wahre Wunder der Gartenkunst und Landwirtschaft. Die Villa des englischen Komponisten William Walton auf Ischia wurde von seiner Witwe zu einem Ort nicht nur der Musik, sondern auch raffinierter Gartenarchitektur gemacht. Der habsburgische Weltbürger Gregor von Rezzori (1914–1998) und der Regisseur Volker Schlöndorff blieben in der Toskana hängen. Eine linke Schickeria, die in aufwendig restaurierten toskanischen Bauernhöfen – umbrische waren nicht schick genug – die Fortsetzung des armen Lebens mit anderen Mitteln probte, forderte die Verhöhnung in der Satire (»Die Toskana-Therapie«) geradezu heraus. Auch wer nicht blieb, kam von der Italienliebe nicht mehr los, wie Hans Magnus Enzensberger. Eher untypisch für die stereotype Italiensehnsucht sind dagegen oft die wissenschaftlich arbeitenden Gäste im Deutschen Historischen Institut, im Deutschen Archäologischen Institut oder in der deutschen Bibliotheca Hertziana in Rom.

Und außerdem kamen die Touristen. Jeder weiß es: Einzelne Tropfen sammelten sich zum stetigen Rinnsal, aus dem Rinnsal ist inzwischen ein verheerender Strom geworden. Selten hat eine Italienreportage so große und langanhaltende Wirkung gehabt wie Johann Wolfgang Goethes »Italienische Reise«. Noch immer wird jedes Jahr der Stau auf der Brennerstrecke länger, obwohl es keine Grenzkontrollen mehr gibt. Aber auch als – theoretisch – noch kontrolliert wurde, standen die *doganieri* der Autoflut hilflos gegenüber und konnten die Schlangen nur noch durchwinken. Jedes Jahr wird die alte Veranstaltung der Völkerwanderung auf friedliche Weise wiederaufgenommen. Jedes Jahr können einige Millionen Deutsche und andere Nachfahren der Germanen es kaum erwarten, auf den Spuren Goethes und Byrons nach Süden zu zieh'n.

Dort stoßen sie unversehens auf ein merkwürdiges Volk. Die Bewohner der meerumspülten Halbinsel reden mit den Händen, haben sonderbare Eßgewohnheiten, sprechen zwar meist nur gebrochen deutsch, besitzen aber erstaunlicherweise trotzdem Autobahnen, ein Wirtschaftswunder, eine Stahlkrise, die meisten Handys, die sie *telefonino* nennen, und viel zu viele Autos. An deren Steuer sitzen schwarzhaarige Schönheiten, glutäugig wie die Sünde, oder braungebrannte Casanovas, die zugleich Tenöre sind und den ganzen Tag »O sole mio« singen. Antike Ruinen von 700 vor bis 1998 nach Christus stehen in gewaltigen Mengen herum und behindern den Verkehr. Als die hervorstechendsten Merkmale Italiens kennen wir die Spaghetti, die immer strahlende Sonne, das blaue Meer (inzwischen nicht mehr so blau), den roten Chiantiwein, die schwarzen Gondeln Venedigs, die Mafia, die Pizza, die Mode, Verdi, Puccini, Michelangelo, Raffael, Leonardos letztes Abendmahl und den Papst. Der ist allerdings, seit Johannes Paul II., noch in hohem Alter seiner Schwäche nicht achtend, eine ausgedehnte Reisetätigkeit entfaltet hat, häufiger im Ausland oder im Fernsehen zu besichtigen als in Rom.

Selbstverständlich genügen diese Vorkenntnisse vollkommen, wenn es nur ein Badeurlaub auf dem bekannten Teutonengrill an der Adria sein soll. Kunstreisende wollen mehr. Sie wühlen sich durch alle Museen und Altstädte, etruskische Gräber und frühchristliche Katakomben, lassen keine Kirche und kein Kloster aus. Sie wissen, daß sie zumindest die wichtigsten Reisebücher, Kunst-, Hotel- und Gastronomieführer brauchen, ein kleines Wörterbuch, ein paar Prospekte, die nötigsten Flug-, Fahr- und Stadtpläne. Jede deutsche Bücherei zeigt dem Interessierten, daß dafür ein Einachsanhänger oder eine kleine Gruppe von Sherpas völlig ausreicht.

Viele ehrliche Italiensucher wundern sich, daß sie das gelobte Land und seine Bewohner nicht recht finden. Vielleicht finden sie Italien wunderschön, doch hoffnungslos chaotisch. Sie sind erstaunt, daß der Kellner über zwei Pfennig Trinkgeld beleidigt ist, sie rätseln über die rätselhaften Gesten, die zum Reden unentbehrlich sind. Und sie treten in die reichlich vorhandenen Fettnäpfchen. Der Anfänger steht staunend vor einer Bürokratie, deren Funktionieren ein größeres Wunder ist als die zweimal jährlich, doch nicht immer pünktlich – wir sind ja im Süden – eintretende Verflüssigung des Blutes des heiligen Januarius in Neapel. Er fragt sich ratlos in einer Gesellschaft, die sich nach unbekannten Regeln bewegt: Wo darf man leichtsinnig sein, wo auftrumpfen, wo ist Respekt angebracht, wovor soll man sich hüten? Ob der *pappagallo*[1], der von der Mafia abgeordnete Killer, der *scippatore*[2], der *Vu cumprà*[3] mit den falschen Elfenbeinschnitzereien und den echten Schmuggelzigaretten gleich hinter der Grenze auf den Touristen wartet? Um ihn auszuziehen, zu melken und zu schlachten?

Selbst eine kurze Reise läßt die unglaubliche Vielfalt dieser Halbinsel ahnen: mit drei Staaten (Italien, Vatikanstaat und Republik San Marino), einem Dutzend Sprachen, zwanzig Regionen und noch mehr Regionalküchen, 103 Provinzen[4], mindestens hundert Dialekten, tausend Weinen, 8092 Gemeinden, mehr als 57 Millionen Individualisten und einer unbekannten Zahl, aber ohne Zweifel vielen Millionen von Kunstwerken. Vielleicht leiden Sie sogar, wie der Autor, an einer unheilbaren, stark entzündeten Liebe zu Italien und können trotz kleiner Enttäuschungen gar nicht genug davon bekommen.

Dieser Wunsch kann Ihnen – meist anders, als Sie sich vorstellen – mit Leichtigkeit erfüllt werden. Sollte jemand bestreiten, daß Italien ein Paradies ist – ein Paradies der Vielfalt ist es allemal. Es gibt so viele Italien, wie Sie nur wollen. Und es hieße Tauben nach Venedig oder Katzen nach Rom tragen, Ihnen erklären zu wollen, daß zwischen Italien und »Italien«, nämlich dem stereotypen Spaghetti-Gondola-Camorra-Bild (eingebaut Schiefer Turm zu Pisa, Petersdom und Dogenpalast), ein Unterschied besteht. In allen Ländern arbeiten Italiens Tourismus-Abgesandte und die Reisebüros an der Beseitigung dieses Unterschieds. Die Wirklichkeit soll dem Hochglanzprospekt möglichst ähnlich werden, so sehr, bis von ihr am Ende nichts mehr übrigbleibt. Daß Unterschiede zwischen Traum und Wirklichkeit erheblich werden können, dämmert Ihnen spätestens dann, wenn Sie im Mailänder Nebel, der mit dem gerühmten englischen Qualitätsprodukt leicht mithalten kann, oder im Schnürlregen, ganz die Salzburger Machart, vom sonnigen Süden träumen. Oder der *scirocco* überzieht alles mit einer feinen gelbbraunen Staubschicht, bester Afrika-Import, und treibt Ihnen die Lust an der Sonne aus. Eisblumen am Fenster wären Ihnen dann plötzlich lieber als die blühende Oleanderpracht auf dem glastflirrenden Autobahnmittelstreifen.

Es gibt so viele Italien ... In wenigen Ländern erleben wir auf engstem Raum solche Kontraste – aber das sagen Ihnen auch die Fremdenverkehrsprospekte. Was sie nicht sagen: daß das Schlüsselerlebnis namens Italien vom Betrachter abhängt. *Er* wählt, was Italien in seiner Erinnerung sein wird. Die selektive Wahrnehmung pendelt zwischen den Polen zweier entgegengesetzter Verhaltensmuster.

Der eine sieht stets nur das Vertraute im Fremden. Italiener haben dafür ein bekanntes Sprichwort zur Hand: *Tutto il mondo è paese,* die ganze Welt ist ein Dorf. Die Äußerlichkeiten einer immer gleichförmigeren Weltzivilisation und der europäischen Einigung begünstigen diesen Glauben. Man bereist Malaysia oder das Nordkap – überall ähneln sich Luxushotel, Aircondition, Frühstücksbar, Swimmingpool und Selbstwähltelefon im Zimmer. Die Mietwagenfirmen haben vielleicht verschiedene Preise, die Autos sind die gleichen. Der Elektrorasierer funktioniert überall mit 220 Volt. Die Scheckkarten werden unabhängig vom Breiten- und Längengrad akzeptiert. Wozu noch reisen?

Der andere entdeckt schon vor der Haustür, was er noch nie gesehen hat. Er sucht das Fremde im Vertrauten, Ähnlichen. Er ist auf das Ungewohnte gefaßt, ist sogar enttäuscht, wenn er es nicht findet, ebenfalls nach einem Sprichwort: »Andere Länder, andere Sitten.« Die Uniformen der Beamten an der Grenze, die Briefmarken, Münzen und Geldscheine, kurz, die Kleinigkeiten des Alltags haben für ihn schon ein erregendes, exotisches Aroma. Hier sagt man *Buona sera* schon um drei Uhr nachmittags, bemerkt er beglückt, ganz anders als bei uns. Er hat ein Zipfelchen Italien in die Hand bekommen. Er führt ohne Zweifel das reichere Leben. Er reist, wie man früher reiste, blendet das Immergleiche aus, vermerkt nur die Unterschiede und wiederholt bei sich, was durch Jahrhunderte ungezählte Male geschah: die Hervorbringung eines wohlbegründeten Vorurteils.

Goethe war auch als Reisender genial – groß im Verstehen, groß im Mißverstehen. Er verkörpert beide Typen in einer Brust, zwei Seelen, ach. Sein Italienerlebnis vor zwei Jahrhunderten war nicht unvoreingenommen. Es unterschied sich jedoch in zwei Dingen von dem heutiger Touristenherden und ihrer Cowboys, die Italien innerhalb von drei Tagen (je einer für Venedig, Florenz und Rom) bis ins Innerste seiner *Wurstel-con-crauti*-Buden und Hamburger-Restaurants kennenlernen und abhaken. Goethe befand sich nicht im Gedränge. Er reiste allein und bildete sich seine Vorurteile selber, statt sie aus Megaphon oder Erklärungsautomaten zu beziehen. Der große Mißversteher hatte uns heutigen die Freiheit, auf die eigne Weise blind zu sein, voraus. In Vicenza ist er von Palladio und seinem Klassizismus begeistert, aber in Florenz, der Welthauptstadt der Renaissance, die dem Sucher der Antike groß und wert hätte sein müssen, hielt er sich nur wenige Stunden auf: »Die unbekannte Welt, an der ich nicht verweilen will«, sagt er kalt, nachdem er kurz durch die Boboli-Gärten gelaufen ist. Es drängt ihn weiter, nach Rom. Er zückt nicht stellvertretend die Spiegelreflexkamera, sondern schaut, wenn auch manchmal flüchtig, noch selber hin. Zudem unterscheidet er sich von den Wändebeschmierern der gewöhnlichen Sorte. Nur wenigen, die einer dauerhaften Schreibfläche aus Holz oder Marmor (es darf auch ein Fresko sein) nicht widerstehn, fällt beispielsweise »Wanderers Nachtlied« ein, wenn sie dem Killroy-Reflex nachgeben, der Versuchung, sich zu verewigen.

Diese Zeiten sind schlechter, als man denkt, schreibt der Autor der »Italienischen Reise«. Er weiß nicht, wie gut er es hatte. Das Phänomen der Überfüllung, das Ortega y Gasset so beklagte (der würde heute Augen machen), zu Goethes Zeit war es nirgends vorhanden. Als er reiste, war oft er, der Reisende, die Sehenswürdigkeit. Heute hat sich das Reiseziel oft genug dem Reisenden, das heißt dem Massentouristen anverwandelt. In Italien klug reisen heißt heute auch geschickt mit der Überfüllung umgehen, Italien kennenlernen heißt unter den bunten Schokoladeguß des konfektionierten Touristenparadieses blicken. Überall wird deutsch gesprochen, aber Sie können sich in Caorle oder Jesolo zur Not auch mit Italienisch durchschlagen. Selbstverständlich ist es nicht mehr.

Während Sie dies lesen, schaukelt Sie vielleicht der Expreßzug (überfüllt) durch Simplon- oder Gotthard-Tunnel. Vielleicht warten Sie gerade im Stau auf der Autobahn (ebenfalls überfüllt) vor Basel oder Chiasso, zwischen München und Kiefersfelden, zwischen Innsbruck und dem Brenner. Die Kolonne ist wieder ein Stückchen vorgerückt. Nach Süden, in Richtung Zitronenblüte. Die Zitronen blühen fast das ganze Jahr. Warum fahren wir alle, alle dahin? Wie anders ist Italien?

1 Die einfachen Ausspracheregeln sind jedem Wörterbuch und Kurzsprachführer zu entnehmen; doch ist die Betonung in Zweifelsfällen, wie in italienischen Nachschlagewerken und Atlanten, bei jenen Wörtern angegeben, die auf der drittletzten Silbe betont werden. In gewöhnlichen Texten wird dieser Akzent sonst nicht geschrieben. Immer geschrieben wird hingegen der *accento grave* auf der letzten Silbe, die dann betont ist.

2 Eine Handvoll der wichtigsten Wörter ist im Glossar am Ende des Buchs erklärt.

3 Das verstümmelte *Vuoi comprare?* (Willst du kaufen?) wurde zum Spitznamen der überwiegend illegal einwandernden Nordafrikaner und Äthiopier, die von Mafia und Camorra als Souvenirverkäufer und Schwarzarbeiter eingesetzt werden und dabei, wie man sich vorstellen kann, keine Reichtümer sammeln.

4 Bis vor wenigen Jahren waren es 95, eine Gebietsreform im März und April 1992 hat durch Unterteilung acht neue Provinzen geschaffen.

Hannibal und die Alpen

oder: Wo ist der Süden? Das Überschreiten einer geographischen und bürokratischen Schwelle. Über die Reisewege der Seele und die ersten Zusammenstöße mit einer gordischen Verwaltung.

Zwar weiß man nicht genau, wo Hannibal die Alpen überquerte, als er mit seinem Landheer und den berühmten Elefanten gegen Rom zog. Er selbst wüßte es heute vermutlich auch nicht zu sagen. Aber *daß* er eine Schwelle überschritt, unter Überwindung außergewöhnlicher Schwierigkeiten – das war ihm gewiß klar. Heute – genauer gesagt, seit dem 1. November 1993, als der Vertrag von Maastricht in Kraft trat, und seit in der Europäischen Union schrittweise das Schengener Abkommen verwirklicht wird – besteht die Schwierigkeit bei der Einreise ins Paradies nicht in der Überwindung des Alpenkammes, der Grenzformalitäten oder im Erkennen des Quantensprungs zur anderen Kultur, sondern darin, überhaupt noch die einstmals deutlich sichtbare Grenze wahrzunehmen. Wir meinen nicht den unauffälligen, verblaßten roten Strich, der sich beispielsweise am Autobahn-Grenzübergang von Como/Chiasso schräg über die Betonfläche zieht, gut hundert Meter nördlich der Grenzstation, und die »wirkliche« Grenze zwischen der Schweiz und Italien markiert. Der wird, wenn es um Versicherungsfragen und Amtshandlungen geht, manchmal unerwartet wichtig. Das müssen Italiener zu ihrem Leidwesen erfahren, die sich – je nach Fahrtrichtung – schon oder noch in der Schweiz wähnen, in der beruhigenden Obhut der Schweizer Kantonspolizei. Doch wenn diese, etwa bei Bagatellunfällen, angerufen wird, fragt sie zuerst danach, ob die ominöse rote Linie überschritten wurde. Denn südlich davon, auf für sie fremdem Staatsgebiet, will und kann sie nicht amtshandeln. Kontrollen, Unfallprotokolle und Befragungen obliegen den gefürchteten *finanzieri*, denen der ausreisende Mailänder gerade entronnen zu sein glaubte.

Nein, die Schwierigkeit der Wahrnehmung ist vom weitgehenden Verzicht auf frühere bürokratische Grenzzeremonien geprägt. Den Eintritt in den Süden Europas erkennt man ebensowenig unmittelbar wie den Schritt über den Äquator oder das Erreichen des Balkans. Auch den Sprung von Bayern nach Österreich erfährt man höchstens administrativ, wovon der Wirt des Purtschellerhauses im Berchtesgadenerland ein Lied zu singen weiß. Zu seinem Mißvergnügen zahlt der Wirt der Schutzhütte, die von der Grenze durchschnitten wird, auch in Österreich Steuern: jene, die nicht vom Doppelbesteuerungsabkommen betroffen sind, weil es sie in Deutschland nicht gibt. Früher kam, besonders für die kleinen Amateurschmuggler mit dem unerlaubten Reservekanister im Kofferraum oder den meldepflichtigen Lire-Noten in der Brieftasche, der aufregendste Moment, wenn sie in der Autokolonne bis zum Schalterhäuschen vorgerückt waren. Oder wenn die Tür des Zugabteils plötzlich aufgerissen wurde und jemand rief: *I passaporti, per favore!* Schon vor dem Wegfall der Grenzkontrollen gemäß dem Schengener Abkommen im April 1998 wurde der Autofahrer an der Grenze durchgewinkt, der Zugreisende meist ganz ignoriert, und nur auf Interkontinentalflughäfen, bei der seltenen Ankunft mit einem Schiff aus Übersee und zu Land nur noch bei der Einreise nach Italien aus der Schweiz oder aus Slowenien kann sich das prickelnde Gefühl der Grenzkontrolle entwickeln.

Die praktisch unkontrollierte Durchfahrt ins gelobte Land hat eine Kehrseite, die bereits schonend darauf vorbereitet, daß sich in diesem Land Theorie und Praxis nicht nur nicht decken, sondern auf unvorhergesehene Weise kontrastieren, und im überraschendsten Fall dann doch wieder übereinstimmen. Es kann im Landesinneren durchaus Kontrollen von Ausländern geben, auch solchen aus Ländern der Europäischen Union. Sie werden gewiß zunehmen, wenn sich der (überwiegend illegale) Zustrom von Einwanderern aus Afrika oder Asien, die Italien als Durchgangsstation nach Deutschland betrachten, verstärkt.

Die erste offizielle Begegnung im fremden Land mit Polizei und Zoll war auch früher schon im Normalfall reine Formalität. Trotzdem: Nehmen Sie die Formalitäten ernst. Formen sind in Italien wichtig; wer die Form wahrt, hat es leichter. Wenn Sie in eine Kontrolle geraten, versuchen Sie respektvoll und unverdächtig auszusehen, wenn Sie wissen, wie man das macht. Ärgern Sie sich nicht, wenn Sie das Opfer einer Stichprobe sind und kontrolliert werden. Fragen Sie nicht ironisch, ob der Zöllner, Carabiniere oder Polizist etwas Besonderes zu finden hofft – er könnte es, in geeigneter Auslegung der Vorschriften, gewiß finden. Sagen Sie nicht zum Scherz, Sie wären ein professioneller Schmuggler. Auch der schwitzende Beamte läge lieber am Strand. In seinen Augen sind Sie schuld, daß er es nicht tun kann. Daß Sie dazu beitragen, die italienische Außenhandelsbilanz zu verbessern, stimmt ihn nicht dankbar. Er beneidet Sie und findet gar nicht komisch, was Sie sagen. Vor allem: Er kann seine Humorlosigkeit so überzeugend in die Amtshandlung umsetzen, daß auch Ihnen das Lachen vergeht. Es hat wenig Sinn, über den Anlaß einer Kontrolle zu rätseln. Als ich einmal mit dem Auto an der Schweizer Grenze bei relativ dichtem Verkehr kontrolliert wurde, machte ich denn auch pflichtgemäß ein geduldiges Gesicht, bis der Grenzer alle Dokumente Buchstabe für Buchstabe studiert hatte. Ich blieb geduldig, als er die Koffer und deren Inneres sehen wollte. Ich war auch noch sanftmütig, als er in den Motorraum schaute und in den Scheibenwaschbehälter stocherte. Leicht irritiert war ich erst, als er die Tür- und Kofferraumverkleidungen des Wagens abzumontieren begann. Auf die Frage, was es denn für Verdachtsmomente gäbe, gerade mich einer so peniblen Untersuchung zu unterziehen, sagte er gleichmütig: »Sie sind der dreißigste.«

Die amtliche Begrüßung, sofern sie überhaupt noch erfolgt, vermittelt zugleich eindrucksvoll die phantasievolle Kompliziertheit italienischer Behörden. Die Grenzpolizei gehört zur *Polizia dello Stato* (blaue Uniform). Aus irgendeinem Grund können es auch *Carabinieri* (mit schwarzer, aber auch grauer Uniform und in Stiefeln) sein, die Ihren Paß kontrollieren. Ob er etwas zu verzollen habe, fragt den Nichteuropäer die *Guardia di Finanza* (Finanz- und Zollwache in grauer Uniform). Das ist im Unterschied zur Polizei eine militärische Truppe wie die *Carabinieri* auch. Die Mehrwertsteuer hinwiederum, die Sie entrichten müssen, wenn Sie etwas aus einem Land einführen, das nicht der Europäischen Union angehört, oder den Zoll berechnet der *doganiere*, der zivile Zollbeamte, der zu den Finanzbehörden gehört. (Sollten Sie übrigens den Zoll wegen irgendeiner Auskunft anrufen wollen, suchen Sie im Telefonbuch nicht unter *dogana* oder *Ufficio doganale*, obwohl diese Ausdrücke in Ihrem Wörterbuch stehen. Sie finden ihn unter *Uffici finanziari*.)

Die Mehrwertsteuer heißt IVA (*Imposta sul valore aggiunto*) und beträgt, in Vorbereitung auf die Harmonisierung europäischer Steuern, in der Regel bisher neunzehn, neuerdings (seit 1998) zwanzig Prozent, bei gewissen Produkten (zum Beispiel Baustoffen, um das Baugewerbe zu unterstützen) etwas weniger. Daraus folgt, daß es sich nicht lohnt, auf Reisen »duty free« einzukaufen, wenn man innerhalb Europas bleibt, doch außerhalb der EU. Theoretisch begleicht der Käufer zwar bei der Ausfuhr aus Italien im Wohnsitzland nur die Differenz zur bereits gezahlten Steuer. Er hätte also in der Bundesrepublik ein (kleines) Steuerguthaben. Doch Tax-Cash-Refund-Organisationen sichern sich im Kleingedruckten bei der Rückzahlung ein gutes Viertel vom Kuchen. Die Steuerersparnis verwandelt sich in einen mühevoll erarbeiteten Verlust. Noch ungünstiger ist die Einfuhr nach Italien. Auch hier klafft ein Abgrund zwischen Theorie und Praxis. Theoretisch wäre nur die Differenz zur (meist niedrigeren) Mehrwertsteuer im Land des Kaufs fällig. Praktisch bezahlen Sie zuerst in Italien die italienische Steuer ganz und bekommen die im Ausland bereits entrichtete erst nach Vorlage der Bestätigung der Einfuhr und der steuerlichen Abfertigung nach Italien erstattet.

Den Abgrund zwischen Theorie und Praxis habe ich unfreiwillig vor vielen Jahren, 1986, bei der Einfuhr einer Stereo-Anlage im privaten Auto aus Deutschland nach Italien durchmessen. Die Erfahrung war genauso beängstigend und apokalyptisch wie Umberto Ecos berühmte Geschichte vom verlorenen Führerschein (doch davon später). In einem für jeden Normalitaliener unerklärlichen Anfall von besinnungsloser Rechtschaffenheit, der bei einem Erbschaftsprozeß einem gegnerischen Anwalt ohne weiteres erlaubt hätte, mit guter Aussicht auf Erfolg meine Entmündigung zu beantragen, setzte ich mir in den Kopf, die Einfuhr legal und ordnungsgemäß vorzunehmen. Mit der Rechnung samt ausgewiesener Mehrwertsteuer bewaffnet, näherte ich mich reinen Herzens der Grenze. Die außereuropäische Schweiz läßt die Ware nicht einfach so durch. Da könnte jeder kommen. Die Kaution, vom Zöllner flugs errechnet, beträgt bescheidene 82 Prozent der Rechnung. Aber das macht nichts, man bekommt sie ja nach dem Transit wieder.

Zugegeben: Wenige haben unterwegs so viel Bares flüssig. Aber es geht auch ohne. Einfach so: Man braucht nur ein Transitpapier (das berühmte Formular T2) mit der Zollbürgschaft eines Spediteurs. Es ist Samstag und sehr schwierig, eine Spedition aufzutreiben. Der Spediteur ist nett und macht es billig. Achtzig Mark. Und – da er für den unbekannten Kunden haftet – eine kleine Bürgschaft für die Bürgschaft (siebenhundert Mark). Macht nichts, man bekommt sie ja nach Übersendung der Zollabfertigungspapiere wieder.

Der Transit ist problemlos, die Zöllner schauen nicht einmal auf den Stempel, der wie eine Plombe garantieren soll, daß die Kartons nicht geöffnet werden und zum Beispiel schweizerische Schmuggelschokolade hineingepackt wird. Bei der Ankunft in Mailand – der Montag vor dem Weihnachtsabend – fahre ich auf den Zollhof. Zugegeben: Die Aussicht, ein drittes Mal einen Steuerbetrag auszulegen, den man schon zweimal (vorläufig) entrichtet hat, stimmt nicht heiter. Aber wenn die Stempel in Ordnung sind, kann einfach nichts passieren. Höchstens die Formulare sind ein wenig kompliziert. Der Zöllner sagt: Ich könnte sie Ihnen geben, aber Sie schaffen es doch nicht, sie mit den richtigen Nummern für die Warenkategorien auszufüllen. Sie gehen am besten zu einer Zollspedition. Die macht es billig, nur 180 Mark, zuzüglich dreißig Mark für den Eintritt des Ferntransporters auf das Zollgelände. Aber dafür geht es schnell, bereits am ersten Arbeitstag nach Neujahr. Und wo ich die Ware hätte? Im Auto auf dem Zollhof? Dann solle ich schleunigst versuchen, wieder herauszukommen, denn bis zur Abfertigung dürfte der Transport nicht mehr aus dem Zollhof. Ein Zollbeamter drückt beide Augen zu. Eine Woche später erledigt die Spedition das Problem fachmännisch. Sogar besonders fachmännisch. Denn der spezialisierte Spediteur ist für Stereo-Anlagen nicht spezialisiert genug und beauftragt einen noch spezialisierteren Importeur für Elektronik.

Zugegeben: Der Spezialist kostet auch etwas. Aber er verdient das sofort, indem er die ausgewiesene Mehrwertsteuer auf der vorgelegten Rechnung energisch durchstreicht. Sonst, so erklärt er, berechnet der Zoll die IVA vom Bruttopreis. Dann fragt er, um was für ein Produkt es sich handle. Japanische Ware? Aijaijaijaijai! Ob ich nicht wüßte, daß es da eine strenge Einfuhrkontingentierung gebe. Ich brauchte eine spezielle Einfuhrlizenz des Handelsministeriums, aus Rom (übliche Wartezeit höchstens wenige Monate). Ein Empfangsteil ist dabei?! Dazu braucht man ein *nullaosta* (wörtlich: »Nichts steht entgegen«), also eine Unbedenklichkeitsbescheinigung der zuständigen Postverwaltung der Provinz. Die kenne ich schon: dort habe ich beim Umzug meinen Fernseher abgefertigt und nach zwei Wochen unbrauchbar aus dem Zollager bekommen. Aber wozu habe ich diesmal den Spezialisten? Er garantiert (beinahe), daß nach entsprechender Deklaration die Kartons nicht auf unbestimmte Zeit im Zollager verschwinden, wo die heiklen und nicht billigen Geräte den sonderbarsten Gefahren ausgesetzt wären. Er muß nur noch, wie er mir erklärt, die Geräte als deutsche Produkte ausgeben und dem zuständigen Zöllner ausreden, daß er sie auch in Augenschein nimmt. Dann könne nach menschlichem Ermessen nichts passieren.

Zugegeben: Auch ohne die möglichen Komplikationen ist es teuer. 1300 Mark (damals, in den achtziger Jahren, achtzehn Prozent IVA, und noch sechzehn Prozent »Verbrauchersteuer«, eine inzwischen abgeschaffte Luxussteuer) sind nicht wenig. Doch was wog das gegen die Freude, die gekaufte Anlage zwar nicht ganz legal, aber so einfach und vor allem fast sofort abgefertigt zu haben? Mit dürren Worten: Die Profis sorgten dafür, daß Ihnen die Lust vergeht, Ihr Hab und Gut als Amateur über europäische Grenzen zu transportieren. Heute hingegen? Der Kitzel ist weg, die Komplikationen sind weg, Europa ist wieder ein Stück in Richtung auf die homogene Langeweile zusammengerückt. Alles in allem: Auch nach dem Wegfall der Kontrollen ist der Kauf eines Fernsehers (und anderer elektronischer Gerätschaften) im Land der Benutzung stets klüger als die private Einfuhr. Denn in Italien müssen Sie nachweisen, daß die Fernsehgebühr für das laufende Jahr bezahlt ist, um hierauf die Postbewilligung zu besorgen ... Das alles dauert länger als ein gewöhnlicher Urlaub. Und wo die staatlichen Zollschranken fallen, errichten die multinationalen Konzerne für viele technische Produkte neue, unsichtbare Grenzen: Geräte, in Varianten für jeweilige nationale Märkte angeboten, unterliegen national verschiedenen Garantiebedingungen, der grenzüberschreitende Umzug eines Apparats birgt Wartungs- und Garantieprobleme.

Doch das geeinte Europa, vielfach noch Theorie, macht Fortschritte. Unsere Uhr (wenn sie dem Zöllner nicht als Antiquität ins Auge sticht) merkt nichts von der Grenze. Wir brauchen sie nicht mehr umzustellen, auch dann nicht, wenn in Deutschland die Sommerzeit gilt. Die *ora legale* (gesetzliche Zeit) entspricht ihr vollkommen, tritt zur selben Nachtstunde am ersten Frühlingswochenende in Kraft und endet auch gleichzeitig wie bei allen nördlichen Nachbarn im Herbst. Die Steuersätze werden noch immer in kleinen Schritten angeglichen. Ein pittoreskes Kapitel italienischer Verwaltungspraxis verschwindet.

Damit es nicht zu schnell zu leicht wird, nach Süden zu reisen, gibt es zur Zeit nur noch das knorrige Hindernis der Schweiz. Wer im eigenen Auto etwas Wertvolleres in sein toskanisches Bauernhaus transportieren will, muß bis zum Schweizer EU-Beitritt dasselbe tun wie jene europäischen Transportunternehmer, für die das Schweizer Gewichtslimit von 28 Tonnen eine Barriere auf dem Weg in den Süden darstellt. Sie fahren von Frankfurt nach Mailand nicht direkt auf der Gotthard-Linie nach Italien, sondern umfahren die widerspenstigen Eidgenossen über den Brenner.

Ursprünglich einmal waren die italienischen Devisenbestimmungen so streng wie einst in sozialistischen Diktaturen. In den achtziger Jahren wurde der Geldverkehr über die Grenze liberalisiert, jetzt werden die Beschränkungen wieder enger gezogen. Das aber hat nichts mehr mit dem Devisenrecht zu tun, sondern mit dem Versuch, der Geldwäsche einen Riegel vorzuschieben. Die Einführung der Pflicht, höhere Barbeträge an der Grenze zu deklarieren, ähnelt der Methode, den Spatzen Salz auf den Schwanz zu streuen, um sie zu fangen.

Ganz Schlaue versuchten und versuchen bereits an der Grenze zu erkunden, wie flexibel die Grenzen des Erlaubten sind. Wer verbotene Benzinkanister, eine mit Ausfuhrverbot belegte Antiquität exportieren oder ein mehrwertsteuerpflichtiges Produkt im Auto einführen will, sucht sich die Sache einfacher zu machen, indem er einen psychologisch günstigen Zeitpunkt aussucht. Unmittelbar hinter einem Bestattungswagen die Grenze anzusteuern, kann viel Zeit sparen, weil die Zöllner dann mit den komplizierten Dokumenten des Verblichenen ungeheuer schwer beschäftigt sind. Abergläubische ziehen vor, auf so eine Gelegenheit zu verzichten – doch sie bietet sich ohnehin nicht oft.

Was der Tourist mitbringt und normalerweise auch wieder ausführt, ist in Europa problemlos – mit gewissen Ausnahmen. Verboten ist die Einfuhr von Waffen. Ein ausländischer Hubertusjünger, der ein Jagdgewehr einführen will, braucht für die nötigen Bescheinigungen mehr Geduld als beim Ansitz auf einen kapitalen Bock, den er in Italien ohnehin schwerlich finden dürfte. Aber die hat ein Jäger ja. Die Konsulate geben für Fälle abseits des Gewöhnlichen Auskunft. Als Waffen gelten allerdings auch Messer mit spitzer, feststellbarer Klinge von mehr als vier Zentimeter Länge, selbst ein Küchenmesser im Camping-Besteck. Das Gesetz ist uralt und spiegelt die Erfahrung mit bäuerlichen Messerstechereien oder revolutionären *Carbonari*[1] im vorigen Jahrhundert.

Sogar ein simpler Wanderstecken kann nach dem Gesetz als Schlagstock oder Knüppel und somit als Waffe angesehen werden. Um so mehr ein Bergsteigerpickel oder Eisbeil. Es kommt auf die böse Absicht des Besitzers an. Der Zöllner, auch der Carabiniere könnte diese böse Absicht dann erkennen, wenn Sie ihm unhöflich, beleidigend, gereizt antworten. In solchem Fall wird der Gegenstand des Anstoßes konfisziert oder muß an der Grenze deponiert werden, und die dazugehörigen Prozeduren können *sehr* lange dauern.

Treibstoff-Reservekanister sind für die italienischen Behörden noch gefährlicher als Waffen. Einfuhr und Beförderung sind grundsätzlich verboten, selbst wenn sie nur zum Nachfüllen eines Feuerzeugs reichen. Die Brandgefahr bei Unfällen ist hoch, das Tankstellennetz genügend dicht, sagen die Behörden. Auch für das bleifreie Benzin, das in Italien *benzina verde* heißt, Grünes

Benzin – als ob es der Umwelt gut täte, möglichst viel davon zu verbrauchen. Autofahrer (auch italienische), die einem eventuellen Streik der Tankwarte vorbeugen möchten, die nächtens (oder auch nur über die Mittagszeit) längere Strecken abseits der Autobahn fahren und nicht ohne Treibstoff liegenbleiben wollen, sehen das anders.

Gleiche Freiheit gilt für Ihre elektronische Kamera, den tragbaren Computer, das Kofferradio oder den Fernseher im Campingbus, die Gaskartusche für den Kocher. Es gibt keine Ein- oder Ausfuhrprobleme. Haben Sie sich jedoch in irgendeiner Form unbeliebt gemacht, könnte ein *doganiere* etwa daraufkommen, daß die Rundfunkbewilligung fehlt oder daß es sich um ein japanisches Produkt handelt, das einer Einfuhrkontingentierung unterliegt, oder um ein Gerät, das italienischen Sicherheitsvorschriften nicht entspricht. Das ist kein Kunststück: sie gehören zu den strengsten der Welt und werden gerade deswegen nicht immer angewandt. Auch dann wird die Hinterlegung einer Kaution für die Wiederausfuhr, die zeitweilige Beschlagnahme oder im schlimmeren Fall die Verhängung eines Bußgeldes quälend langwierig. Die bumerangartige Anwendung besonders drakonischer Gesetze macht der italienischen Öffentlichkeit immer besondere Freude: wenn ein strenger Verkehrsminister wegen Geschwindigkeitsüberschreitung verurteilt wird, oder wenn der Präsident der ärztlichen Prüfungskommission für die Sicherheit medizinischer Geräte angeklagt wird, weil in der Klinik, der er als Primarius vorsteht, diese Sicherheit in besonders erschreckendem Maß nicht gewährleistet ist.

Mit anderen Worten: Versuchen Sie nicht, sich durch Fragen nach dem Sinn einer Vorschrift zu profilieren oder die Nerven der ohnehin gestreßten Exekutive zu strapazieren. Die Beamten sind frustriert, weil ihnen die permanente Abneigung der »Kunden« entgegenschlägt. Die Ausländer sehen in ihnen ja nur ein Hindernis auf dem Weg zu den Wundern Italiens oder den ersehnten Badestränden, die Einheimischen betrachten sie als Hindernis bei der Arbeit, bisweilen Schwarzarbeit. In der Tat sind Kontrollen der Finanzpolizei bei Kombiwagen, Kleinbussen, Großraumlimousinen und Kleinlastern besonders häufig: Die Fahnder suchen nach »Waren« und wollen dann regelmäßig den begleitenden Lieferschein sehen. Das Hindernis in Form der Beamten hat jedenfalls den längeren Hebelarm. Praktisch, nicht nur theoretisch. Als Grundsatz kann man sich merken: Es gibt theoretisch immer irgendein Gesetz, nach welchem verboten ist, was Sie gerade tun. Ob es im Zweifelsfall vergessen oder strengstens angewandt wird, liegt an der Sympathie, die Sie erwecken. Also nur an Ihnen.

Die Erleichterung, daß im Autoverkehr die Hürde der Grenze abgebaut wurde, sollte nicht in verfrühten Jubel ausbrechen lassen. Ungehindert, meinen Sie, liegt die Strecke jetzt vor Ihnen? Wenn Sie Italienerfahrung haben, denken Sie das nicht. Die blühenden Zitronen sind noch weit. Das eigentliche Nadelöhr kommt erst. Die Geschichte lehrt, daß die Beseitigung einer Schwierigkeit in aller Regel eine andere entstehen läßt, an die niemand gedacht hat. (Zum Trost der Autofahrer sei gesagt, daß sich bei der Ankunft eines Flugzeugs oder Fernzugs in Touristenzentren wie Venedig, Florenz oder Rom herzzerreißende Szenen in der Schlacht um Taxis abspielen. Dabei gehören Taxistandplätze zu den wenigen Orten, wo sogar Italiener sich hinten anstellen und geduldig warten.)

Hannibal mit seinem karthagischen Heer, später deutsche Kaiser und andere Pilger hatten einst gewaltigen Respekt vor der ersten, der größten Hürde auf dem Weg nach Italien, den Alpen. Noch der Musikkritiker H. H. Stuckenschmidt verspürte ihn in den zwanziger Jahren. Er ließ seinen Opel (der war auf den Namen Leporello getauft, aber nicht, weil ein Musiker an Opernfiguren denkt – man muß den Namen von hinten lesen) auf der ersten Reise nach dem Süden vorsichtshalber in Basel stehn. Das darf als leichte Übertreibung gewertet werden. Heute ist die Überwindung des Gebirgskamms kein technisches Problem mehr, höchstens im Winter nach katastrophalen Schneefällen. Doch die Überwindung des *casello autostradale*, wo Sie ihre Autobahngebühr entrichten, ist es zu Stoßzeiten.

Spätestens hier darf nicht verschwiegen werden: Italien ist ein (teures) Autofahrerland. Obwohl es ein bißchen kleiner ist als die Vereinigten Staaten von Amerika, nähern sich die Reisegewohnheiten der Italiener und die Verkehrsverhältnisse langsam den amerikanischen. Die öffentlichen Nahverkehrsmittel sind meist unzureichend, abgelegene Dörfer fast nur mit dem eigenen Auto zu besuchen. Die Halbinsel ist gebirgiger als der Mitteleuropäer denkt. Außer der Po-Ebene findet man nur wenige begrenzte flache Gegenden. Die *Ferrovie dello Stato* (FS) haben mit einer eisenbahnfeindlichen Landschaft zu kämpfen. Sie haben außerdem ein chronisches Defizit wie in anderen Ländern auch, mit allen daraus folgenden Schwächen.

Selbst der öffentliche Personenverkehr ist zu einem großen Teil auf die Straße abgewandert. Zwischen Mailand und Turin gibt es eine Buslinie auf der *autostrada*, obwohl die Bahnverbindung günstig ist. Vollends aus dem Rennen sind die Eisenbahnen, wenn es um den Frachtverkehr geht, und um den Personenverkehr zwischen kleinen, weit voneinander entfernten Orten. Sie wollen zum Beispiel von Cortina d'Ampezzo, am Fuß der Tofana in den Dolomiten, nach Taormina am Fuß des Ätna und sind auf öffentliche Verkehrsmittel angewiesen? Das bedeutet: Ein Abenteuer von großem Erlebniswert steht Ihnen bevor. Sie werden viele Bekanntschaften schließen, vielleicht eingeladen werden, mindestens aber interessante Gespräche führen, zum Kosten deftiger Köstlichkeiten zwischen Salami, Oliven und Schafskäse genötigt, auf belebten Bahnhöfen vielleicht um die Geldbörse erleichtert, mit solcher Virtuosität, daß Sie es gar nicht merken. Und Sie werden gewiß zwei Tage für mehr als tausend Kilometer brauchen. Der eilige Geschäftsmann fliegt (wenn nicht gerade gestreikt wird), fährt im eigenen oder im Mietwagen.

Ein Gutteil der Bequemlichkeit, der Zeit- und Benzinersparnis, die die *autostrada* bietet, geht im Streß vor dem *casello* wieder verloren. Die Staatsholding *IRI*, die einen Großteil des Autobahnnetzes betreibt, inzwischen ebenfalls »privatisiert« (in der Form, daß der Staat noch immer mit 51 Prozent der Anteile das Sagen hat), rüstete die Mautstellen mit Sonderspuren für automatische Schranken aus, die ein Sesam-öffne-dich, eine Magnetkarte namens *ViaCard*, zu öffnen vermag. Der Erwerb lohnt. Bei mittlerem Stauwetter ist die Zeitersparnis groß, zur Stoßzeit um die Ballungsgebiete mitunter in der Größenordnung von Stunden. Noch angenehmer ist der *Telepass*: ein kleiner Sender zu einer Monatsmiete von weniger als zwei Mark, der innen an der Frontscheibe befestigt wird, über ein Signal automatisch den Schranken öffnet und die Gebühr auf dem dazugehörigen Konto belastet.

Verwirrend wie die Vielfalt der Exekutive ist das meiste, das mit Verkehr oder Reisen zusammenhängt. Sicher: Die Verkehrsvorschriften sind im wesentlichen gleich, die ausländische Fahrerlaubnis wird anerkannt; sie ist gemeint, wenn der Polizist *la patente* zu sehen wünscht. Das ausländische Kennzeichen europäischer Nachbarn gilt normalerweise als Versicherungsnachweis, die Grüne Versicherungskarte ist nicht mehr erforderlich. Beharren Sie jedoch gegenüber einem Polizisten, der es anders weiß, auf Ihrem Standpunkt, kann die Überzeugungsarbeit, die Sie zu leisten haben, viel Zeit kosten.

Es ist gut, wenn Sie sich überlegen, ob es sich lohnt, recht zu haben. Sollte die Unbill gering sein: verzichten Sie darauf, sich über vermeintliche oder wirkliche Schikanen zu beschweren, denn es ist Ihre Zeit, die dabei draufgeht. Einfacher ist die Formalität, die nichts kostet. Im übrigen ist die Grüne Karte schon deswegen von Vorteil, weil auch bei einem Bagatellschaden Ihr italienischer Unfallgegner in Panik geraten kann, wenn er am ausländischen Wagen eine leere Frontscheibe sieht: An einem italienischen Auto klebt dort gewöhnlich der Versicherungsnachweis.

Auch sonst im Verkehr ist Rechthaberei wenig angebracht. Mag sein, daß junge Leute hie und da Straßen mit Rennbahnen verwechseln oder Geschicklichkeitswettbewerbe austragen – selbst sie beharren nicht auf einem Recht, das mit einem Risiko verbunden ist. Italiener glauben, die Grabsteininschrift »Er hatte Vorfahrt« sei besonders in Deutschland häufig.

Eine Höchstgeschwindigkeit? Das wäre zu einfach. Sie ist nur gleich in Ortschaften (50 km/h). Früher war sie gestaffelt von 80 bis 110 km/h auf Landstraßen und von 90 bis 140 km/h auf der *autostrada*, abhängig vom Hubraum. In der Praxis beachtet so gut wie niemand diese Staffelung. Wie viele Dinge ist sie historisch, technisch überholt und damit eine unfreiwillige Spiegelung einer Gesellschaft, die noch immer viel ausgeprägtere Klassenunterschiede kennt als etwa die Bundesrepublik Deutschland. Die Logik scheint zu sein: Wer ein größeres Auto hat, ist ein größerer

Herr und darf auch schneller fahren. Im Sommer 1988 begrenzte für die Reisezeit ein Dekret des damaligen Verkehrsministers Enrico Ferri die Geschwindigkeit für alle Personenautos auf 110 km/h (Autobahn) und 90 km/h (Landstraße) für Personenautos. Im September 1988 kam nach vielen Polemiken ein neues Provisorium. Die Hubraumstaffelung wurde von einem nicht weniger komplizierten Kalender abgelöst: An Werktagen sind 130 km/h, an Wochenenden und Feiertagen 110 km/h erlaubt, auf Landstraßen einheitlich 90 km/h. Die Polemiken dauern an, Änderungen - wie auch zeitweise verhängte Smog-Fahrverbote oder andere Verkehrsbeschränkungen – sind jederzeit zu erwarten, und ihr Widerruf desgleichen.

Dieselöl hatte einen politischen Preis, der der Landwirtschaft zuliebe eine viel geringere Steuerbelastung einschloß als der Benzinpreis. Dafür hatten private Dieselfahrer eine viel höhere direkte Steuer zu zahlen, den *superbollo*, der Anfang 1998 reduziert und für Dieselautos mit Katalysator ganz abgeschafft wurde. Die einstige Vorschrift, daß bei der Ausreise nicht mehr als zehn Liter Diesel im Tank sein dürfen, ist lange vorher gegenstandslos geworden, spätestens seit die Behörden erkannt hatten, daß ihre Einhaltung nicht gerade einfach zu kontrollieren ist. Ein Indiz, daß die Landwirtschaft im Zug der europäischen Einigung wirtschaftlich, aber auch kulturell und politisch viel an Bedeutung eingebüßt hat, ist die Aufhebung des *superbollo*, der außerdem den im europäischen Vergleich ältesten Wagenbestand erneuern (und damit Benzinverbrauch und Umweltbelastung, im Vergleich zu den industrialisierten Nachbarn sehr hoch, verringern) soll. Ein zweites ist, wie in Frankreich und Spanien, die Harthörigkeit der Politiker gegenüber den Bauern, besonders gegenüber den oberitalienischen Milchproduzenten, die mit wilden Blockaden von Straßen, Eisenbahnlinien und Flughäfen immer erbitterter versuchen, ihre von Brüssel mit Bußgeldern belegte Überproduktion zu verteidigen.

Trotz der ebenfalls nicht einfachen Kontrolle ist eine andere Ausfuhrbeschränkung, vielleicht die wichtigste, tunlichst einzuhalten. Italien ist das an Kunstschätzen reichste Land der Erde, egal, ob man das auf die Landesfläche oder die Einwohnerzahl bezieht. Neben den vielen Kunstwerken in öffentlichem und privatem Besitz, die Kunstdieben ins Auge stechen, liegt noch manches unentdeckt auf dem Meeresgrund vor den Küsten, den Hobbytaucher verbotenerweise absuchen, birgt der Boden noch eine Unzahl intakter etruskischer Gräber, die nachts von den *tombaroli* systematisch geplündert werden.

Um den ständigen Aderlaß unter Kontrolle zu bekommen, verlangt Italien für Kunstgegenstände und Antiquitäten ein *nullaosta* der zuständigen *Soprintendenza alle Belle Arti*, der regionalen Denkmalbehörde. Diese Unbedenklichkeitsbescheinigung ist für Kunstwerke von Rang praktisch nicht mehr zu bekommen. Selbst die Wiederausfuhr von mitgebrachten Kunstgegenständen, besonders wenn sie nicht deklariert wurden, ist trotz der inzwischen gefallenen Zollgrenzen schwierig, wenn nicht unmöglich. Der Staat hat ein Vorkaufsrecht bei Werken, die über 50 Jahre alt sind. 1987 machte der »Fall Lutterotti« Aufsehen, als der Staat ein Dutzend Bilder französischer Impressionisten beschlagnahmte, die nun mit Italien und seinem kulturellen Erbe wirklich nichts zu tun hatten. Die Besitzerin hatte sie legal aus Deutschland eingeführt und wollte sie beim neuerlichen Umzug wieder ins Ausland mitnehmen.

Gewöhnlich werden Ihnen diese Verlegenheiten erspart bleiben. Die etruskische Graburne (psst, erst gestern ausgegraben!) oder die pompejanische Vase, die Ihnen unter dem Siegel der Verschwiegenheit angeboten werden, weil Sie so sympathisch und vertrauenswürdig aussehen, sind genauso echt wie die auffallend billige goldene Markenuhr, die Ihnen auf der Autobahnraststätte aufgedrängt, beinahe geschenkt wird.

1 Das kaum noch gebrauchte Wort für Köhler bezeichnete die Mitglieder der um 1808 entstandenen militanten patriotischen Untergrundbewegung, der *Carboneria*, in Analogie zur *Massoneria* (Freimaurerei). Sie beteiligten sich an verschiedenen Erhebungen, zuletzt 1848 in Mailand. Die berühmtesten *Carbonari* waren der Schriftsteller Silvio Pellico (1789–1854) und der Graf Federico Confalonieri, 1820 beziehungsweise 1821 in Mailand von den Österreichern verhaftet, zum Tod verurteilt, dann aber jahrelang auf der berüchtigten Festung Spielberg bei Brünn in Haft.

Das Paradies und seine Geographie

als Beispiel für das Labyrinth als Prinzip, mit Hinweisen auf den Ariadnefaden. Der Blick auf das Meer: Mare nostrum.

Wo ist der Süden? Das ist so schwer zu beantworten wie die Frage: Wo ist das Schlaraffenland? Auf letztere hat der österreichische Psychologe und Schriftsteller Walter Toman in seiner wenig bekannten Erzählung »Am Hirsebreiberg«[1] eine tiefsinnig-hinterhältige Antwort gegeben. Der Held der Geschichte unternimmt eine mühselige Reise bis an den Fuß des Hirsebreiberges, durch den man sich bekanntlich durchfressen muß, um ins Schlaraffenland zu gelangen, wo einem die gebratenen Tauben ins Maul fliegen und roter Burgunder aus den Brunnen fließt. Im Barackendorf Schlaraffia bereiten sich die Unternehmungslustigen wochenlang hungernd auf die Freßreise vor, lungern gescheiterte Existenzen herum, die es nicht geschafft haben, sich durchzufressen, und andere, die im Hirsebreiberg wahnsinnig geworden sind und behaupten, sie hätten sich durchgegessen und kämen von der anderen Seite. Unser Held beginnt sich durch den Berg zu graben und zu essen, wohlausgerüstet mit einer Uhr (die in der Feuchte bald ihren Dienst versagt) und einem Kompaß, dessen immer schwächere Leuchtpunkte doch bis zum Ende erkennbar bleiben. Als er – nach Monaten – schließlich nicht mehr weiterkann, zu ersticken droht und sich schon aufgegeben hat, fährt sein Körper in einem letzten Aufbäumen durch die etwas staubige Hirsekruste. Es ist Abend. Er prüft die Himmelsrichtung, den Sonnenstand – kein Zweifel, er ist jenseits des Berges. In Häusern weiter im Tal gehen die ersten Lichter an. Er fragt, ob er denn hier richtig im Schlaraffenland sei, und bekommt zur Antwort: »Das Schlaraffenland? Das ist doch dort, hinter dem Hirsebreiberg.« Und die Leuten weisen dorthin, wo er hergekommen ist.

Das angenehme Land der Phäaken, von dem Odysseus erzählt, nach Ansicht des Historikers und Seglers Armin Wolf in Unteritalien,[2] das sagenhafte Atlantis, das nicht minder sagenumwobene Thule oder das goldreiche Gondwana – sie alle haben wie das Schlaraffenland, welches sieben Tage hinter Weihnachten liegt, eine ziemlich verschwommene, wo nicht gar bewegliche Lage. Auch Italien, der Balkan oder Preußen – Landschaften, die zwar wirklich sind, aber im Bewußtsein des Europäers vor allem mythisches Objekt der Furcht oder Ziel der Sehnsucht – sind geographische Vexierbilder. Ihre Grenze wird durch das Aufwallen starker Gefühle beim Überschreiten derselben festgelegt. Der südwärts Reisende, also der Italientourist, verfällt bei der Ankunft in einen hypnotischen Zustand. Er hat nach langer Reise endlich erreicht, was er für *den* Süden hält. Der volle Klang der italienischen Sprache, die ersten Zypressen am Gardasee, die ersten Weingärten, der erste Espresso: All das zusammen ergibt eine berauschende Droge, unter deren Einfluß der Gast starke Glücksgefühle verspürt und glaubt, etwa eine Handbreit über dem Boden zu schweben. Erst nach und nach kehrt er auf den Boden der italienischen Wirklichkeit zurück. Erst nach und nach merkt er, daß das eigentliche »Italien« immer noch ein Stückchen weiter ist als man selber.

Für die Bayern beginnt das Nichtbayrische, folglich Abzulehnende, also Preußen, knapp hinter Ulm, für die Österreicher in Bayern, und für Italiener in Österreich. Der Preuß' kann im Süden zum Saupreußen gesteigert werden, und aus dem Mund eines besonders bornierten xenophoben Alpenbewohners soll angesichts eines Asiaten sogar der Fluch gekommen sein: »Saupreiß, varfluachta, chinesischer!« Jenseits der Alpen lautet der italienische Ehrentitel, gleichfalls unschmeichelhaft, *crucco.*[3] Umgekehrt liegt für die Deutschen das Phäakenland Österreich in den Tiefen des Balkan, dessen letzte Ausläufer, aus der Sicht eines Schwaben, ungefähr beim Münchner Hauptbahnhof verebben. Die Münchner sehen das anders. Für sie fällt die Grenze zum Balkan mit der Grenze zu Österreich in eins, irgendwo bei Salzburg. In den Augen der Salzburger kann man erst die Steiermark bei Graz dem Balkan zurechnen, der für die Grazer zur slowenischen Grenze bei Spielfeld zurückweicht. Nach Ansicht der

Slowenen kann frühestens in Kroatien vom wahren Balkan die Rede sein. In Wirklichkeit beginnt der Balkan – nach Meinung der Kroaten – in Montenegro, Albanien und Serbien.

Italiens Süden, *il Sud, il Meridione, il Mezzogiorno*, hat eine ebenso fließende Grenze. Für den Turiner und Mailänder, besonders wenn er ein *nordista* ist oder gar der *Lega Nord*[4] angehört, liegt er hinter dem Apennin oder bestenfalls knapp hinter Florenz. Beim Fall der Mauer in Berlin kursierte das bösartige Wort, die Geschäfstüchtigkeit der Deutschen lasse sehr zu wünschen übrig: Sie hätten doch die Mauer an Italien verkaufen können, damit man sie an der Grenze der Toskana zu Unteritalien errichte – so wäre das Problem des *Mezzogiorno* ein für allemal gelöst. Zwar fragen ja auch die nicht weniger boshaften Saupreußen: »Was ist ein Bayer?« Und geben die Antwort: »Ein Bayer ist der vielversprechende Übergang vom alpinen Vormenschen zum Homo sapiens.« Doch heftiger als die eher scherzhaften Sticheleien zwischen den deutschen Stämmen sind die Reibereien zwischen den Regionen Italiens, wovon später noch zu reden sein wird. Für die Toskaner fängt jedenfalls der Süden erst im fernen Rom an, für die Römer in Neapel.

»Süden« hat nur für den Touristen die Bedeutung »Paradies«. Für den Norditaliener ist der Süden ein Entwicklungsland, gleichbedeutend mit Armut, Tradition, Rückständigkeit, Hoffnungslosigkeit. Der Süden fühlt sich seit der Einigung Italiens vom Norden überwältigt und ausgebeutet, der reiche und industrialisierte Norden vom Süden ausgenutzt. Benutzen Sie nie, nie das Schimpfwort der »Nordisten« für den Süditaliener: *terrone*[5]. Begreiflicher wird der große Abstand der Mentalitäten, wenn Sie sich den geographischen Abstand vorstellen. Dieses scheinbar so kleine europäische Land ist unendlich langgestreckt. Von Triest über Rom nach Kalabrien und dann nach Trapani am äußersten Ende Siziliens sind es 1710 Kilometer. Das sind hundert Kilometer mehr als in der Gegenrichtung etwa von Mailand nach Liverpool, und so viele Kilometer wie von Mailand nach Göteborg in Südschweden.

Es sind schwierige Kilometer, sowohl für Bahnreisende wie für Autofahrer. Jenseits der Alpen hat die Eisenbahntechnik und ihre Nutzung einen Zustand erreicht, von dem phantasielose

Deutsche, fixiert auf Intercity-Züge und Stundentakt, vorderhand nur träumen können. Die *Ferrovie dello Stato*, die noch immer so genannten, wenngleich nicht mehr staatlichen Staatsbahnen, sind eigentlich ein metaphysisches Transportmittel. Sie haben ein transzendentes Ziel. Das Ziel ist nicht mehr der Zielbahnhof des Zugs und die Beförderung von Passagieren dorthin. Das Ziel ist – kraft einer zum letzten verfeinerten Bürokratie aus der Zeit des Königreichs und ihrer subtilen, zur Beseitigung aller Verständnisreste entwickelten Sprache – die Beförderung der Lebensweisheit solcher Personen, die euphemistisch Fahrgäste genannt werden. Dies geschieht durch konsequente Voraugenführung der Widrigkeiten menschlichen Erdenwallens, wodurch sie die Tugend der Geduld, der *patientia*, erlangen, und mithin zu Recht Patienten genannt werden dürfen.

In Wirtschaftsdeutsch übersetzt: Die Lobbies der Transportunternehmer, des Hoch- und Tiefbaugewerbes und der Autoindustrie, vor allem der Turiner Autogigant Fiat, sind an den Staatsbahnen und ihrem möglichen Nutzen für die Volkswirtschaft nicht weiter interessiert, ganz im Gegenteil. Sie haben seit Kriegsende die Modernisierung und den Ausbau des Eisenbahnnetzes ziemlich wirkungsvoll verhindert. Eisenbahnlinien wurden stillgelegt, deren Verschwinden jetzt zwar sehr betrauert, aber nicht mehr rückgängig gemacht werden kann, wie zum Beispiel die Schmalspurbahn von Belluno über Cortina d'Ampezzo ins Pustertal, die eine außerordentliche Touristenattraktion sein könnte.

Die Staatsbürokratie, die nach der Verwandlung der Bahn in eine Aktiengesellschaft (1995) nicht so schnell die Waffen strekken wird, hat eine wirtschaftliche Betriebsführung nie als erstrebenswertes Ziel betrachtet. Was Verwaltung und private Konkurrenz noch zu tun übrigließen, hat die Korruption besorgt. Berühmte Skandale sind mit ihren Namen in die Geschichte eingegangen: *Lenzuola d'oro*, goldene Leintücher, hieß eine Affäre, bei der eine Firma die Bettwäsche für Schlafwagen zu Preisen besorgte, für die man die ganzen Waggons hätte kaufen können. Eine Anfang 1998 besonders auffallende Häufung von Lokomotivbränden, entgleisten oder zusammengestoßenen Zügen hat Italiens Presse ausgiebig beschäftigt, ohne daß die historischen

Gründe für den beklagenswerten Zustand der Bahn offen erörtert worden wären.

Auf der Straße vermischen sich Touristenströme, die Pendler, der Güterverkehr. Die gefürchteten *TIR*, die Fernlaster, rollen in den Krieg, häufig mit weit überhöhten Geschwindigkeiten. Sie kämpfen – mit Akkordlohn oder als Einmannunternehmer – gegen die Zeit, gegen Leuchtkäfer, Zwillinge, Schwarzfüße, mitunter gegen ihresgleichen und gegen andere Autofahrer überhaupt. *Lucciole* (Leuchtkäfer) heißen im Rotwelsch der Fernfahrer die Streifenwagen mit Blaulicht (der beleidigende Nebensinn erinnert an die abends in eindeutiger Absicht spazierengehenden Mädchen). Die *gemelli* sind die zu zweit agierenden Finanzpolizisten. Die *piedi neri* sind die Carabinieri mit ihren schwarzglänzenden Motorradstiefeln. Die Herren über viele PS verständigen sich mit CB-Funk unter Spitznamen in einer Art Rotwelsch. »Einsamer Wolf« ruft »Roten Baron«, um etwa vor dem »Gratisfoto« bei Kilometer 341 zu warnen (wo gerade ein Radarwagen steht) oder vor den *puffi* (so heißen die blauen Fernseh-Schlümpfe in Italien), den blau uniformierten Autobahnpolizisten, hinter der Ausfahrt Florenz Nord. Im Notfall wird über Sprechfunk auch schon einmal Verstärkung für eine Prügelei herangeholt. Manche benutzen das CB-Gerät »mit Vitaminen«: gesetzwidrig manipulierte Geräte, die auch den Polizeifunk empfangen. Der gewöhnliche Autofahrer braucht keinen Funk, sondern muß sich nur zwei Telefonnummern merken: 113, den landesweit geltenden Notruf, und 116, den Pannenruf des Italienischen Automobilclubs *ACI*.

Dank der raschen Verbreitung der *telefonini*, der Mobiltelefone, sind die Autofahrer jetzt gegenüber der verschworenen Clique der Berufsfahrer nicht mehr so im Nachteil. Allerdings wird das *telefonino* auch durchaus skrupellos eingesetzt. Nach dem Autozusammenstoß mit einem deutschen Touristen im nächtlichen Mailand griff der italienische Jüngling, der bei Rot über die Kreuzung gefahren war und den Unfall verursacht hatte, zu allererst zum *telefonino*. Nach drei Minuten kam seine Freundin im Auto an, die vor den viel später eintreffenden Polizisten Stein und Bein schwor, sie habe gesehen, wie der ausländische Unfallgegner bei Ampelrot in die Kreuzung eingefahren sei. Doch das gehört schon zur höheren Telefonwissenschaft, die wir später beschreiben.

Der Verkehr erscheint, alles in allem, reichlich chaotisch. Der auf Urlaub fahrende Homo nordicus findet sich sofort bereit, sich dem Chaos samt allen Gesetzesübertretungen anzupassen. Aber stimmt der Anschein? Nach einer Statistik der Abteilung Öffentliche Sicherheit des Innenministeriums ist in der im doppelten Sinn heißen Zeit des Urlaubs (Mitte Juli bis Ende August) die Zahl der Verkehrsunfälle seit Jahren insgesamt ziemlich konstant (um 27/29 000), im Jahrzehnt von 1985 bis 1995 nahm sie sogar ab, dies trotz steigender Touristenzahlen.

Ein Wunder? Anderswo korrigiert die Technik menschliches Versagen. In Italien ist es umgekehrt. Der Mensch korrigiert technisches Versagen: mit Improvisationsgabe, Schlagfertigkeit, raschem Reagieren. Rein theoretisch muß auch der Italiener mit seinem Vehikel zu einer technischen Überprüfung – aber erst nach zehn Jahren. Die Verkehrstauglichkeit der Fahrzeuge wird oft, wie bei islamischen Fundamentalisten, durch viel Gottvertrauen hergestellt. Das ist nicht so schlimm wie es scheint. Bei italienischen Menschen verlief die physikalische und anthropologische Entwicklung anders als in Nordeuropa. Italiener hatten nach Ansicht des Gesetzgebers lange Zeit eine größere Zähigkeit und Schlagfestigkeit. Motorradhelme sind im Land der Vespas, Lambrettas und MotoGuzzis erst 1986 zur Pflicht geworden. Forderte man früher einen Italiener im Auto auf, sich anzuschnallen, antwortete er unweigerlich: »Wieso? Bei uns ist es ja nicht vorgeschrieben.« Heute sagt er: »Ich weiß, ich weiß, es ist vorgeschrieben ... Aber wir fahren ja nicht weit, und Sie fahren ja vorsichtig, nicht wahr?« Nach allgemeinem Glauben hängt das Unfallrisiko nicht vom Verkehr, vom Wetter, von den Reifen ab, sondern von der Länge der beabsichtigten Fahrt.

Die gesetzlich erhärtete Ansicht ist, daß der italienische Körper erst ab dem 1. Januar 1989 an Widerstandsfähigkeit verloren hat. Damals wurde es in Italien Pflicht, Sicherheitsgurten anzulegen. Doch auch nach diesem Zeitpunkt herrschen auf der Apenninenhalbinsel besondere physikalische Gesetze. Die älteren Automobile fahren dort vorn schneller als mit dem Hinterende. Sie müssen bis auf weiteres nicht nachgerüstet werden, wenn sie Sicherheitsgurten nur für die Vordersitze haben. Vorn muß man sie anlegen – gegen den stärkeren Aufprall. In Neapel nicht einmal das: Schon am 28. April 1989 kamen dort T-Shirts auf den Markt, die schräg über die Brust einen Sicherheitsgurt aufgedruckt hatten. Inzwischen sind die Kontrollen wieder eingeschlafen, die T-Shirts verkaufen sich nicht mehr, die störenden Sicherheitsgurten werden meist ordentlich festgebunden oder unter den Sitzen verstaut.

In anderer Hinsicht sind Italiener wieder empfindlicher: Die meisten Gemeinden rechnen beispielsweise mit dem Umstand, daß italienische Menschen mehr Luft benötigen als nordische. Die Bauordnungen schreiben für Wohnräume eine Mindesthöhe von 2,70 Meter vor. Darunter wird für den Raum keine Bewohnungsbewilligung erteilt. Wer Venedig oder Neapel kennt, wo die Zimmer in sehr alten Gebäuden oft kaum viel höher sind als zwei Meter, weiß, daß der italienische Mensch notfalls auch mit erstaunlich wenig Luft auskommen kann. Der Unterschied zwischen Theorie und Praxis ist in Italien auf allen Gebieten groß – davon später mehr.

Kühne Zweiradrecken tragen den Schutzhelm auch jetzt noch meist in der Ellenbeuge, um nach alter Ritterart mit offenem Visier in den Tjost zu stürmen. Nicht alle beugen sich der Göttin Ratio (und den gepfefferten Bußgeldern). Unbekannt ist, wie das Ansuchen eines Motorradfahrers um die Genehmigung, helmfrei fahren zu dürfen, beschieden wurde. Er wies (beglückt) nach, für seine weit überdurchschnittliche Kopfgröße sei kein geeigneter Helm erhältlich. Die allgemeine Abneigung gegen die Kopfbedeckung drückte sich 1986, nach Einführung der Helmpflicht (aber nur für kennzeichenpflichtige Zweiräder) auch darin aus, daß der Absatz von Motorrollern um 60, von Mopeds um 30, von Motorfahrrädern um 20 Prozent zurückging. Als 1998 die Helmpflicht auf alle motorisierten Zweiräder ausgedehnt wurde, wiederholte sich das Phänomen.

Inzwischen sind Nachteile und Vorteile der Helmpflicht klar geworden. Den Vorteil hat eine besondere Gruppe von Zweiradbenutzern entdeckt: Motorradbanden vom Typ der Hell's Angels, *scippatori*, Demonstranten, die zu kleinen Gewalttätigkeiten neigen, überhaupt Angehörige gefährdeter Berufe, zum Beispiel

Bankräuber, Eintreiber von »Versicherungsprämien« oder Ausführungsorgane der *Camorra, 'ndrangheta* und *Mafia*, denen die Erschießung mißliebiger Zeugen oder ungefälliger Polizisten anvertraut wird. Das geschlossene Visier schützt vor Leitplanke, Schlagstock und unziemlicher Neugier. Der übers Gesicht gezogene Strumpf, das vor die Nase gebundene Halstuch sind überholt. Sie werden nur noch von Amateuren als Tarnkappe benutzt.

Warum, wird der ausländische Leser fragen, gibt es mehrerlei Polizei? Kommt man nicht mit einer aus? O nein. In weiser Vorsicht hatte das noch unfertige geeinte Italien, Revolutionen, Putschversuche und Fensterstürze anderswo vor Augen, die Aufgaben der Exekutive in möglichst kleinen Häppchen verteilt. Nirgendwo sollte ein gefährlicher Staat im Staat entstehen können. Teile und herrsche: Die *Pubblica Sicurezza* sollte sich selbst, nicht der politischen Macht und dem Gesetzgeber Konkurrenz machen. Doch der Aufstieg Mussolinis und der kurze Erfolg des Faschismus, nach dem zweiten Weltkrieg die lange Zeit unentdeckte Existenz der rechtslastigen, von den Geheimdiensten gestützten paramilitärischen Organisation *Gladio* oder der Freimaurerloge P2 zeigen, daß die Strategie, einen Staat im Staat zu vermeiden, keinen nachhaltigen Erfolg hatte.

Die sozusagen gewöhnliche Polizei, die *Polizia di Stato*, untersteht dem Innenministerium und wird in jeder Provinz kommandiert von einem *Questore*. Die *Arma dei Carabinieri* hingegen, als Waffengattung des Heeres, fällt unter die Kompetenz des Verteidigungsministeriums, während die gleichfalls militärische *Guardia di Finanza* auch Befehlsempfängerin des Finanzministeriums ist. Eine weitere Institution mit Polizeiaufgaben hängt von einem Ministerium ab, das es eigentlich nicht mehr gibt[6]: Das *Corpo Forestale*, dem *Ministero per le politiche agricole* zugeordnet, beaufsichtigt die Jagd, bekämpft Waldbrände, überwacht Tier- und Pflanzenschutz. Wer zum Beispiel einen Baum fällen will, auch in seinem privaten Garten, muß die Bewilligung des *Corpo Forestale* einholen. Außerdem kontrolliert es ganz allgemein die Einhaltung der Gesetze in Feld und Wald.

Die eigentliche Polizei und die *Carabinieri* kümmern sich zur geteilten Hand um die Sicherheit des Bürgers, nicht nur auf den

Straßen. Die Streifenwagen auf Autobahnen und auf den Staatsstraßen gehören der *Polstrada*, doch auch die *Carabinieri* auf Motorrädern lassen sich blicken, besonders bei Serienkontrollen und Fahndungen. Die verschiedenen Zweige der *Polizia di Stato* wiederum, die »wissenschaftliche« Kriminalpolizei (*Scientifica)*, die Gesundheitspolizei (*Sanitaria*), die Steuerpolizei (*Tributaria*), die Justizpolizei (*Giustiziaria*), die »Sitte« (*Buoncostume*) kommen sowohl einander wie den Militärs ins Gehege und werden in den Kompetenzbereichen der verschiedensten Ministerien tätig.

Das Prinzip des geplanten Chaos beherrschte auch die Geheimdienste. 1966 wurde der SIFAR (*Servizio per le Informazioni delle Forze Armate*) nach der Aufdeckung von Putschplänen aufgelöst, der Nachfolger SID (*Servizio Informazioni della difesa*) funktionierte nur bis 1977. Als dessen Nachfolger wurde der SISMI (*Servizio per le Informazioni e la Sicurezza Militare*) gegründet, der dem Verteidigungsministerium und dem Ministerrat untersteht, während der SISDE (*Servizio per le Informaziomi e la Sicurezza Democratica*) mit Verfassungsschutzaufgaben auf den Innenminister hört. Dazwischen, darunter und dahinter stehen noch weitere geheimdienstliche Organisationen, die einander nach Kräften das Leben schwermachen. Aber das Gewirr von Nachrichten-, Abwehr- und Verfassungsschutzdiensten durchschauen nicht einmal die Fachleute in Rom.

Weil das zuwenig kompliziert ist, gibt es auch eine städtische Polizei. Die *Vigili Urbani* (Stadtwächter) bewältigen bescheidenere Ordnungsaufgaben im lokalen Rahmen, auch im Verkehr. Sie empfanden ihre Bezeichnung, die allzustark an die *Vigili del fuoco* (Feuerwehr) oder an private Wächter erinnert, als zuwenig schmeichelhaft. Wenn die wie überall in Europa verschuldeten Gemeinden schon nicht viel Konkretes für ihre Exekutive tun können – eins konnten sie: die *Vigili* umbenennen. Jetzt heißen sie offiziell *Polizia comunale* oder *Polizia urbana*. Aufgaben haben sie nach wie vor die gleichen. Sie sind in ihrem Viertel zu Hause wie der Fisch im Wasser und kennen ihre Problemkunden. Eine Art Polizeiguerilla, die versucht, an den richtigen Stellen die Augen zuzudrücken, in brenzligen Situationen manchmal beide. Als Baupolizisten etwa sind die *Vigili* hilflos gegenüber gesetzwidrig errichteten Wohnblocks. Der politische Druck ist stärker.

Das ein paar Zentimeter zu hoch angebrachte Ladenschild des kleinen Geschäftsmannes können sie aber entfernen lassen.

Der Ausländer neigt zum Aufbegehren, besonders wenn er keinen Obrigkeitsstaat gewohnt ist. Den lernt er kennen, wenn ihm zum Beispiel das Auto gestohlen wird. Nicht daß keine Hilfsbereitschaft vorhanden wäre. Die Woge von Freundlichkeit und menschlichem Entgegenkommen, die das Opfer umspült, läßt es fast wünschen, die Handtasche oder der Wagen mögen jeden Tag oder wenigstens jeden zweiten geklaut werden. Zuständig dafür sind in kleineren Orten die *Carabinieri*, in Großstädten ist es die *Questura*.

In der *Questura* hat die Freundlichkeit Grenzen. Man hat andere Aufgaben, als den Wagen rasch wiederzufinden. Früher mußte in dreifacher Ausfertigung (drei Originale – eine Durchschrift verbot das Gesetz) der Hergang handschriftlich protokolliert und mit vielen Stempeln versehen werden. In der Regel nach einigen Stunden war die Anzeige fertig. Dann konnte der Raub oder Diebstahl zwar nicht aufgeklärt, aber zu den Akten gelegt werden. Heute geht es mit dem Computer in einem Bruchteil der Zeit. Der Handtaschenraub oder Autodiebstahl wird zwar ebensowenig aufgeklärt, doch kann er viel schneller zu den Akten gelegt werden.

Gewöhnlich müssen Italiener für jede Art Umgang mit der Behörde die *carta bollata* benützen, einen gefalteten, linierten Bogen mit einem Wasserzeichen als Gebührenstempel. Nur beim *tabaccaio* kann man sie bekommen, was nicht immer einfach ist. Für »Anzeigen« gilt diese Pflicht nicht mehr, nur für »Eingaben«. Der subtile Unterschied führt in das Dickicht des Verwaltungsrechts, und manchmal hängt die Entscheidung in der Praxis letztlich vom Wohlwollen des Beamten ab. Dessen Frage nach der *carta bollata* hebt die Stimmung besonders dann, wenn abends oder nachts etwa ein Brieftaschenraub stattfand, das Opfer mit Mühe und ohne Geld das Amtslokal des Bereitschaftsdienstes gefunden hat und nun erfährt, ohne sei die Verlustmeldung nicht aktenkundig zu machen, der kriminelle Vorgang gewissermaßen nicht existent. Deutsche Ämter und Versicherungen, die auf dem Beweisstück einer polizeilichen Anzeige beharren, erwarten manchmal fast Unmögliches. Der Reisende bringt selten die Schlagfertigkeit in der fremden Sprache auf, zu verlangen, daß ihm wenigstens eine Bestätigung darüber ausgestellt werde, daß ihm keine Bestätigung ausgestellt werden kann.

Freilich hat die Abneigung, in Bagatellsachen amtszuhandeln, ihr Gutes. Eines Morgens in Mailand fehlte das vordere (deutsche) Kennzeichen an meinem Wagen. Es war abgefallen oder vermutlich gestohlen worden. Doch wartete ein dringender Termin in der Schweiz auf mich. Was tun? In Italien läßt man es darauf ankommen. Die »Rückreise« in Richtung Deutschland muß ja wohl möglich sein, dachte ich. Und siehe: Weder die italienischen noch die Schweizer Grenzbeamten merkten das Fehlen des Kennzeichens. Auf der Heimfahrt nach Mailand aber war ein italienischer Grenzer aufmerksam und hielt mich an. Ein pedantischeres Land wäre dem Reisenden verschlossen geblieben. Hier rief die eifrig-untertänige Frage, ob ich denn nicht gleich, sofort, *immediatamente*, eine Anzeige machen dürfe, im Beamten eine gewisse Nachdenklichkeit hervor. Er sah vor seinem inneren Auge die Formulare aufsteigen, das Dienstjournal, die Mühsal mit verzwickten ausländischen Namen, den versäumten Cappuccino ... und schließlich bedeutete er mir: »Weiterfahren! Machen Sie die Anzeige in Mailand. Das ist eine große Stadt.«

Zu Landkarten, Verkehrszeichen und Wegweisern hat Italien ein anderes Verhältnis als der pingelige Deutsche. Wissen ist Macht. Daher sind wirklich gute Landkarten selten. Am besten sind jene des *Istituto Geografico Militare*. Das Militärgeographische Institut hat seinen Sitz noch immer in Florenz, das nach Turin und vor Rom von 1865 bis 1871 die zweite Hauptstadt des geeinten Italien war. Die Militärkarten sind vielfach veraltet, manche sogar noch aus der Vorkriegszeit. Sie zeigen oft leere Äcker, wo inzwischen dicht bebaute Wohnviertel stehen. Und sie sind keineswegs überall zu haben. Doch seit dem Einzug der Luftfotogrammetrie, der elektronischen Datenverarbeitung und vor allem der Mitarbeit privater Firmen ist man dabei, den Rückstand gegenüber anderen europäischen Ländern aufzuholen. So ist jetzt, 1998, ganz Sardinien von einer neuen untadeligen IGM-Karte 1:25 000 erfaßt – ob es damit leichter sein wird, die Verstekke der *Società Anonima Sequestri*, der Menschenentführer in der wilden Macchia der Barbagia aufzuspüren, bleibt dahingestellt.

Zwar ist Italien ein zentralistischer Staat, aber in der Kartographie der gegenwärtigen Regionalkarten spiegeln sich die Tendenzen zum Regionalismus. Anders als in der Schweiz mit ihrer legendären Eidgenössischen Landestopographie, in Österreich mit seinem Bundesamt für Eich- und Vermessungswesen oder Deutschland mit seinen nach einheitlichen Vorgaben arbeitenden Landesvermessungsämtern kocht in Italien jede der zwanzig Regionen ihre eigene Suppe. Jede definiert für sich die Darstellungsweisen, die Projektionsmethode für die Abbildung des Geoids, der gekrümmten Erdoberfläche, die Blattschnitte. Manche dieser Regionalkarten in den Maßstäben 1:10 000, 1:25 000 und 1:50 000 sind ganz ausgezeichnet, aber man bekommt sie in der Regel nur bei den Regionsregierungen. Der *Touring Club Italiano* (*TCI*), für touristische Informationen eine wertvolle Adresse, verkaufte sie eine Zeitlang, jetzt nicht mehr.

Die gewöhnlichen Touristenkarten sind im allgemeinen von erschreckender Ungenauigkeit. Es kann bei der im Handel gängigsten Kartenedition (eines deutschen Verlags) sogar vorkommen, daß eine 1 000-Meter-Höhenschichtlinie nach einigen Kurven und Verzweigungen unversehens als 1 100-Meter-Höhenlinie weiterführt oder daß ein Bächlein gelegentlich, nach den Höhenschichten zu schließen, ein Stück aufwärts oder quer zum Hang fließt. Bei Straßenkarten beruht die zuverlässige Unzuverlässigkeit auf der Geschwindigkeit und Unberechenbarkeit der Planung und Entwicklung des Straßennetzes. Der *TCI* hat den besten Autoatlas im Maßstab 1:200 000 herausgegeben. Aber es kann durchaus geschehen, daß er der Wirklichkeit weit vorauseilt. Sie wollen eine Straße oder Brücke befahren und stellen fest, daß an ihrer Stelle sumpfige Felder oder ein Fluß die Weiterfahrt hindern. Umgekehrt erfreuen Sie beim Autofahren neue Straßen, die in keiner älteren oder neueren Karte auch nur als geplant eingezeichnet sind.

In größeren Städten kann der Tourist in der *Azienda di Soggiorno*, die einem auch Hotels nennt, manchmal sogar reserviert, einen meist kostenlosen Stadtplan erhalten. Glauben Sie nicht, daß Sie mit dem Plan in der Hand Ihre Fragen nach dem Weg einfacher stellen können. Unter Normalbürgern ist die Gabe der Orientierung eher schwach entwickelt. Ein *Vigile Urba-*

no wird Ihnen in Mailand auch dann mit Hilfe Ihres Stadtplans den Weg überzeugend erklären, wenn Sie ihm versehentlich die Karte von Nowosibirsk zeigen. Wie wichtig die Gestensprache ist, merken Sie, wenn jemand Sie nach rechts (*a destra*) schickt, während er eifrig nach links (*a sinistra*) deutet. Im Zweifel ist stets die Gebärde richtig, nicht das gesprochene Wort.

Wegweiser, Verkehrszeichen? Auf den Autobahnen sind sie europäisch, also gut. Aber sonst? Sie vertreten selten das Interesse der Verkehrsteilnehmer, öfter jenes der Verkehrslenker oder der Anrainer. Am häufigsten steht in reizvollen Gegenden auf ihnen: *Strada privata, Solo per residenti, Proprietà privata, Accesso vietato, Divieto d'ingresso*. Diese und andere Varianten sagen Ihnen alle dasselbe: daß Sie unerwünscht sind. In wenigen Dingen ist der Italiener so empfindlich wie bei der Verletzung der Intimsphäre, auf gut italienisch *privacy*, ausgesprochen Prráiwessi. Er schützt seine Prráiwessi erbittert. Das liegt daran, daß er wenig dazu neigt, sie zu respektieren. Während in den Vereinigten Staaten von Amerika ganze Viertel von Einfamilienhäusern ohne Zaun auskommen (wir erinnern uns an jenen Film, in dem ein Jogger über Wiesen läuft und einen privaten Swimmingpool nach dem andern durchschwimmt), ist in Italien jeder kleinste Unkrautacker von Zäunen und Dornenhecken umgeben, das Tor mit schweren Vorhängschlössern bewehrt, als gäbe es dahinter Schätze zu rauben. Früher schützte man sich mit übermannshohen Mauern. Wo es sie noch gibt, ist ihre Krone regelmäßig mit einzementierten Glasscherben geschmückt. Die Holländer sind in italienischen Augen Exhibitionisten, weil sie unbegreiflicherweise in Wohnungen ohne Vorhänge leben, in die jeder hineinschauen kann.

Während aber die Italiener alles tun, um unerwünschte Gäste fernzuhalten, tun sie wenig oder nichts für ein Wegenetz, das der Allgemeinheit dienstbar sein soll. Die *mulattiere*, die historischen Maultierwege im Gebirge, oftmals von unvergleichlicher landschaftlicher Schönheit, verfallen, weil die Bauern entweder in die Stadt ziehen oder vom Esel auf den Traktor umgestiegen sind. Jedenfalls haben sie kein Interesse mehr daran, die alten Wege zu erhalten. Wenn in einstmals ländlichen Gegenden die Reihenhaussiedlungen und Villenquartiere vordringen, werden alte Feldwege, Jagdsteige, Fahrwege bedenkenlos geopfert, von Zäunen, Stützmauern und Böschungen durchschnitten.

Neuerdings macht es die Europäische Gemeinschaft sogar möglich, daß »Landwirte«, die weniger an Feldfrüchten als an Investitionen interessiert sind, große Felder kaufen, nur um für den Verzicht auf die Bewirtschaftung von Äckern Subventionen zu erhalten. Mit diesem Geld können sie kilometerlange Zäune um Felder ziehen, wie sie sich ein traditioneller Bauer vom Ertrag der Ernten nie hätte leisten können. All das legt Wanderern in Italien viele Hürden vor die Beine. Aber die natürliche Fortbewegung des Homo italicus vollzieht sich ohnedies auf Rädern: im Normalfall vier, im äußersten sportlichen Fall nur zwei und ohne Motor. Zu Fuß geht man nicht, nicht einmal zum Zeitungsverkäufer an der Ecke.

Wenn eine Straße nur dem Anrainerverkehr dienen soll, fehlen Wegweiser ganz. Versuchen Sie bei Staus auf Hauptstraßen nicht, einen »Schleichweg« zu finden. Es gibt einen wesentlichen Unterschied zwischen den Straßen in anderen Ländern und in Italien. Anderswo bilden Straßen tendenziell Verkehrsnetze. Italienische sind viel öfter Verkehrsadern: Sie verzweigen sich wie ein Baum. Nebenstraßen enden überraschend blind. Das kleine Schild *Senza uscita* übersieht man meist. Verkehrsberuhigte Wohnstraßen münden in Hinterhöfen oder bilden Schleifen. Der Stadtplan sagt nichts von der Kette oder dem Mäuerchen, die durchgehende Straßen unterbrechen mögen. Sie werden gezwungen, den Wegweisern Folge zu leisten. Einziges Mittel, Verkehrsstaus zu meiden, ist antizyklisches Verhalten.

Andererseits führen Wegweiser nicht immer auf schnellstem Weg ans Ziel. Manchmal entstand eine Ortsumfahrung, von der die Wegweiser noch nichts wissen. Oft sind Tafeln, die Verkehrsbeschränkungen, Fahrverbote im Zentrum, Fußgängerzonen und Einbahnstraßen anzeigen, mit ganzen Romanen als Zusatzerklärungen geschmückt, die kein Mensch in der Eile lesen könnte. Trotzdem sind sie gültig. Der Autofahrer hat zwei Möglichkeiten. Mutige hoffen, daß die Ausnahmeerlaubnis auch für sie gilt oder sie nicht erwischt werden. Vorsichtige halten sich an Verbote zu allen Stunden und unter allen Umständen.

Ein nicht unbedingt verläßlicher Anhaltspunkt ist, was die anderen Verkehrsteilnehmer tun. Italiener sind Individualisten, die ihren Individualismus mit dem Verhalten der anderen rechtfertigen. *Ma lo fanno tutti*, aber das tun ja alle, ist eines der häufigsten Argumente. Wo hundert falsch parken, läuft auch der Hunderterste wenig Gefahr, abgeschleppt zu werden. Wenn Sie allein auf weiter Flur sind, ist die Regelverletzung entschieden riskanter. Sie werden bald Fingerspitzengefühl dafür entwickeln, wo Sie beispielsweise:

- im Parkverbot parken können,
- das Abschleppen riskieren,
- parken dürfen, aber Autodiebstahl fürchten müssen,
- erlaubt oder unerlaubt parken, aber Gefahr laufen, bis zum Ende der Geschäftszeit von gewohnheitsrechtlichen Parkern in zweiter und dritter Spur blockiert zu werden. Der Erfahrene wird dann nicht in der freien Parklücke, sondern selber in zweiter Spur daneben stehenbleiben. Die beste Lösung sind kommunale oder private bewachte Parkplätze.

Italien ist ein Land, das die Intelligenz herausfordert. Es ist, man kann es nicht oft genug wiederholen, ein Labyrinth. Auch für die Eingeborenen selbst, die sich aber daran gewöhnt haben und meistens meinen, es müsse so sein. Der Homo teutonicus wird von den südlichen Nachbarn gemeinhin als gotisch-düster, romantisch-verworren und verschroben-kompliziert beschrieben. Er neigt seinerseits dazu, dem Bewohner der Mediterranée kristallklare Rationalität, vernünftiges Augenmaß und lebenserleichternden Sinn für das Praktische nachzusagen. Immer stimmt das nicht.

Zum Labyrinthischen trägt das Alphabet bei. Das fängt damit an, daß die italienischen ABC-Schützen zunächst nur ein Alphabet mit einundzwanzig Buchstaben lernen. Die Buchstaben J, K, W, X und Y kommen nur in Fremdwörtern vor, und deswegen werden sie kurzerhand ausgelassen. Der Durchschnittsitaliener beherrscht daher nur unsicher das Standardalphabet der lateinischen Schrift mit sechsundzwanzig Buchstaben, wie es in anderen europäischen Sprachen benutzt wird. Enzyklopädien oder Straßenverzeichnisse haben natürlich das vollständige Alphabet. Lassen Sie keinen italienischen Hotelportier ein Stichwort wie *Jolly-Hotel, via Kafka, via Washington* oder die Generalvertretung von *Yamaha* suchen. Der Ausgang des sicher langdauernden Abenteuers ist ungewiß.

Für Ausländer sind besonders Straßenverzeichnisse ein Vexierspiel. Straßen sind geordnet wie die Namen im Einwohnermeldeamt, nach dem Familiennamen. Die *via Alessandro Manzoni* steht unter M? Richtig. Die *via Michelangelo Buonarroti* unter B? Logisch. Die *via Alcide De Gasperi* unter D? Ja, das *De* ist kein Adelsprädikat, wird groß geschrieben, gehört zum Familiennamen und ist alphabetisch maßgeblich. Wer glaubt, jetzt findet er alles, freut sich zu früh. Die *via Leonardo Da Vinci* unter D oder unter V? Weder noch. *Da Vinci* wird zwar groß geschrieben, ist aber kein Familienname, sondern bedeutet »aus Vinci«: also suche man unter L wie Leonardo. Auch Herrscher wie Lorenzo de'Medici stehen unter ihrem Vornamen. In kleineren Gemeinden steht Leonardo vielleicht doch wieder unter D, weil der Gemeindebeamte mit den Rechtschreibregeln nicht so ganz intim ist. Lästig sind die vielen Gedenkdaten in Straßennamen: die *via XXV Aprile* (der Befreiungstag gegen Ende des zweiten Weltkriegs) findet man nicht unter April und nicht unter X, sondern unter V. Denn der 25. April heißt in Worten *Venticinque Aprile*.

Telefonbücher, Restaurant- und Hotelführer bieten die gleichen alphabetischen Stolpersteine. Ob Sie ein Restaurant namens *Osteria Alla Terza Carbonaia Da Gino* unter *Alla,* unter *Terza, Carbonaia, Da Gino* oder *Gino* finden, selbstverständlich unter dem Hauptbuchstaben R wie *Ristorante,* hängt von geheimnisvollen, in jedem Einzelfall anderen Entscheidungen ab, die auch Italiener nicht durchschauen. Besonders pikant ist die *Osteria.* Sie kann je nach Region ja auch *Ostaria, Hosteria* oder *Hostaria* heißen. Ein Hotel steht meist als *Albergo* in Telefonbüchern, beim Namen gibt es die gleichen Quizspiele wie bei Restaurants. Vollends unlösbar ist das Rätsel, wenn ein Restaurant oder sonst eine Firma, was vorkommt, gar nicht unter dem Handelsnamen eingetragen ist, sondern unter dem Familiennamen des Besitzers. Das System erinnert an jenen Kirchenorganisten, der die Noten von Mozarts Krönungsmesse weder unter M noch unter K abgelegt hatte, sondern unter W. Warum? Weil die Krönungsmesse traditionell zu Weihnachten aufgeführt wurde.

Wenn schon die Ordnungshüter und die Telefonbücher so verzwickt organisiert sind, wie wird es erst mit den Verkehrsmitteln sein? Es ist gar nicht schlimm, es gibt nur eine Vielfalt der Systeme. Taxifahren ist einfach. Die Taxis haben einen Taxameter (der nicht immer schon nach der letzten Tariferhöhung umgestellt wurde; dann gibt es eine Umrechnungstabelle). In Neapel oder Palermo müssen Sie darauf achten, daß der Fahrer das Einschalten nicht vergißt. Der Tarif kann außerhalb der Stadtgrenzen verdoppelt oder durch Zuschläge erhöht werden. Um unangenehme Überraschungen zu vermeiden, fragen Sie lieber vorher. Sie brauchen keine Angst zu haben, für mißtrauisch gehalten zu werden: Fragen Sie freundlich nach dem Grund des Aufschlags, wenn der Taxifahrer hinterher mehr verlangt, als die Uhr anzeigt. Die Tarife sind kompliziert. Notfalls kann man einen *Vigile Urbano* als Schlichter holen. Lassen Sie sich nicht hinreißen, selber laut zu werden, wenn Ihnen der Taxifahrer eine dramatische Szene vorspielt – er kann das viel besser. Zumindest eine Befürchtung braucht man gewöhnlich nicht zu haben: daß Taxifahrer handgreiflich werden. Die gefürchteten Prager Taxifahrer lassen Taxifahren selbst in Neapel oder Palermo als völlig ungefährliches Vergnügen erscheinen.

Städtische Verkehrsbetriebe verkaufen ihre Fahrkarten am Zeitungsstand, der *edicola*. Die Systeme funktionieren ähnlich wie überall. Zum gewünschten Ziel außerhalb der Stadt die richtige Bahngesellschaft (es gibt lokale Privatbahnen) oder Autobuslinie und den richtigen Abfahrtsort zu finden, ist schon etwas schwieriger. Mit der erfolgreichen Vorbestellung einer Passage für Familie und Auto auf einem Fährschiff und dem Auffinden der richtigen Anlegestelle haben Sie die Aufnahmsprüfung für ein Reisebüro bestanden. Profis kosten weniger, als sie Ihnen an Mühe ersparen. Ein leichtes Kribbeln in der Magengrube bleibt noch immer. Man weiß nie, wann die *Tirrenia*, die *Caremar*, die *Toremar* und andere Linien zu den großen oder kleinen Inseln gerade bestreikt werden, oder wann die monatelang vorher ausgebuchten Flüge nach Sardinien, Sizilien oder Pantelleria ausfallen.

Was für den Touristen lästig ist, ist für die Inselbewohner Alltag. Wenn Winterstürme die Adria heimsuchen, sind die Tremiti-Inseln, nicht viel mehr als einen Steinwurf von der Küste des Gargano (des »Sporns« am italienischen Stiefel) entfernt, vollkommen unerreichbar. Eine steife Brise genügt, und die Bewohner der Äolischen Inseln bleiben tagelang isoliert. Auch der Festlanditaliener hat ein tief verwurzeltes, von Streiks und anderen Widrigkeiten befördertes Inselbewußtsein. Das Meer steckt im Kopf der Italiener. Es trennt, aber es verbindet auch. Von den Alpentälern abgesehen, gibt es kaum einen Ort in Italien, von dem die Küste nicht in einer Autostunde zu erreichen ist. Und wieviel Küste! Italiens Küstenlinie ist mit 8500 Kilometern so lang wie die Land- und Meergrenzen des fast doppelt so großen Frankreich zusammen. Niemand kann sie lückenlos überwachen. Die Schlepper und Schleuser der illegalen Einwanderung nach Europa wissen es. Für Italien hat das, wie auch in der Albanienkrise und im Balkankonflikt zu sehen war, fatale Folgen, obwohl Italien selbst gar nicht so sehr Ziel, sondern nur Einfallstor der Einwanderung aus Ländern der Dritten Welt ist.

Häufig unterschätzt wird der Einfluß der Geographie auf gängige Vorurteile, auf Zuneigung und Fremdheit zwischen benachbarten Völkern, also auf Gefühle – und damit auf Grundkonstanten der Politik. Man muß sich vor Augen halten, daß zum Beispiel die italienische Insel Pantelleria nur siebzig Kilometer von Tunesien entfernt ist, näher an Afrika als an Sizilien, und daß die südlichste italienische Insel, Lampedusa, vom Rest Italiens weiter ab liegt als Malta. Aus der Perspektive eines Sizilianers, für den Palermo der Mittelpunkt der Welt ist, rückt Europa unendlich weit weg, die arabische Welt dagegen ist ganz nah. Sie hat ja auch in den Gesichtszügen mancher Sizilianer, in der Architektur, in Volksbräuchen und im Dialekt Spuren hinterlassen.

Kein Wunder, daß die Unwägbarkeiten in der Politik nordafrikanischer Länder einen Italiener hautnah berühren: Nicht nur für Sizilien, selbst noch von Rom aus sind Algier, Tripolis, Athen näher als die ferne europäische Hauptstadt Brüssel. Kein Wunder auch, daß sich der frühere sozialistische Ministerpräsident Bettino Craxi, als sich seine Partei als großer Korruptionssumpf entpuppte und er selbst angeklagt wurde, ins Exil nach Tunis zurückzog. Wie Napoleon aus seinem Exil auf Elba blitzartig noch einmal in die europäische Politik einzugreifen versuchte, sodaß er nach der letzten Niederlage in sichere Entfernung auf Sankt Helena verbannt wurde, so hat sich Craxi, als sein Stern zu sinken begann, wohl noch Hoffnungen auf einen günstigen Moment für ein Comeback gemacht und einen nahen Aufenthaltsort vor der Haustür Roms gewählt.

Auch der libysche Diktator Muammar Ghadafi weiß um die Wirkung der Nähe. Er traf zielsicher einen neuralgischen Punkt, als er im April 1986, in einem Moment außenpolitischer Spannungen, auf die Insel Lampedusa (die eine wichtige Radarstation trägt) zwei Raketen abfeuern ließ, die zwar keinen Schaden anrichteten, aber ungeheure Aufregung hervorriefen. Zur regionalen Logik gehört es durchaus, daß Libyen in den achtziger Jahren über eine Gesellschaft in Rom, die Lafico, fünfzehn Prozent der Anteile des Fiat-Konzerns hielt – eine Gesellschaft, die andererseits palästinensische Terroristen nach Italien schleuste.

Das *Mare Mediterraneo*, das vom Festland Europas, Asiens und Afrikas umgebene Mittelmeer, ein Binnenmeer, erhielt erst in der Neuzeit seinen heutigen Namen. Bei den Römern hieß es seit jeher schlicht *Mare nostrum*: unser Meer. *Mediterraneus* meinte urspünglich im Unterschied zum Küstenbewohner den Binnenländer, der »mitten« im Land, also meerfern lebt. Noch Boccaccio verwendet *mediterraneo* in diesem Sinn. Das *Mare nostrum* unterteilten die sachlich-präzisen Römer nach der leicht unterschiedlichen Höhe des Meeresspiegels in ein »oberes« Meer, die Adria, und ein »unteres«, das Etruskische oder Tyrrhenische Meer: *Mare superum* und *Mare inferum*. Sich selber sahen sie, wie die Chinesen, in einem Reich der Mitte – doch von Meer umgeben. Heute hat sich eine dem Meer abgewandte Mentalität nur noch in Sardinien erhalten: Vom Meer her kamen für die Sarden immer nur Eroberer, Piraten, Plünderer – jedenfalls nichts Gutes. In den Seerepubliken Genua, Pisa und Venedig sah man das Meer freundlicher: Ihm und dem Seehandel verdankten diese Städte Aufstieg und Glanz. Und der internationale Handel begünstigte historisch eine Eigenschaft, die auch heute zu anderem Zweck gefragt ist: Weltoffenheit und Gastlichkeit sind lebenswichtig für ein Land, das aus dem Fremdenverkehr (neunzig Millionen Fremdenübernachtungen im Jahr 1997 nach Angabe der Mailänder Tourismusbörse Bit) einen erheblichen Teil seiner Einnahmen zieht.

Wie auch immer Sie es wenden: Es ist ein kommunikatives Land. Sie können durch Deutschland reisen, ohne mit einem Eingeborenen ein Wort zu wechseln. In Italien geht das nicht. Sie brauchen – allein um sich zurechtzufinden – die Gastfreundschaft der Landesbewohner, und Gott sei Dank, trotz aller Verwundungen durch den Massentourismus, existiert die noch in reichem Maß.

1 György Sebestién (Hrsg.): Beispiele. 32 österreichische Erzähler der Gegenwart. Gütersloh und Wien 1967.

2 Armin und Hans-Helmut Wolf: Die wirkliche Reise des Odysseus. Zur Rekonstruktion des Homerischen Weltbildes. Erweiterte und neu bearbeitete Ausgabe. Langen Müller, München 1990.

3 Siehe Wörterbuch.

4 Die *Lega Nord* entstand 1989 als Zusammenschluß der *Lega Lombarda,* 1984 von Umberto Bossi gegründet, mit anderen, kleineren regionalen Gruppen gleicher Ideologie. Der Name wurde in Erinnerung an die Liga der lombardischen Städte im Kampf gegen Friedrich Barbarossa gewählt, nur daß der Feind jetzt die Regierung in Rom ist, für Bossi Repräsentantin der Parteienherrschaft und des *Meridione*.

5 Siehe Wörterbuch.

6 Das Landwirtschaftsministerium wurde im Jahr 1993 durch ein Volksbegehren abgeschafft. Dann lebte es bis 1997 (mit weitgehend unverändertem Personalbestand) als Ministerium für die landwirtschaftlichen, Lebensmittel- und forstwirtschaftlichen Ressourcen weiter. Seit 1997 heißt das eigentlich abgeschaffte Ministerium ganz anders: Ministerium für Landwirtschaftspolitik. Es wartet auf eine Strukturreform. Nach deren Durchführung wird es bestimmt wieder einen neuen Namen tragen.

Was das Paradies kostet

oder: Wie leben die Italiener vom Draufzahlen?
Ein Exkurs über den Bankrott des englischen Königs, die Wirtschaft als Kettenbrief und das Faustrecht des Geldes. Wie man Höllenhunde streichelt und die Monster besänftigt.

Gastfreundschaft hat ihre Grenzen. Das Verhalten des Menschen gegenüber seinesgleichen hängt davon ab, mit wie vielen er es zu tun hat. Der einsame Wanderer in der Wildnis fragt den einsamen Wanderer bei einer seltenen Begegnung nach dem Woher und Wohin und ob der Weg begehbar ist. Der Urlauber auf dem markierten Wanderweg pflegt die Gleichgesinnten immerhin noch zu grüßen. Auf einem von Touristenscharen bevölkerten Hüttenanstieg hört die Höflichkeit auf. Und in der Stadt, in der Warteschlange vor den Uffizien in Florenz, vor der Seilbahngondel in Cortina d'Ampezzo oder Courmayeur nimmt der Mensch den Menschen nur noch als lästiges Hindernis wahr. Der einsame Bauer, wenn er nicht zu arm ist, bietet dem seltenen Fremden Brot und Wein an oder eine einfache Herberge. Wenn die Fremden täglich dutzendweise kommen, würden sie den Gastgeber arm fressen. Da verwandelt sich folgerichtig die Gastfreundschaft in ein Gewerbe. Mit dem Anschwellen des Reiseverkehrs zum Massentourismus – und selbst das Reisen der kulturellen Eliten und der zahlungskräftigen Minderheiten ist heute dazu geworden – wuchs denn auch das Gastgewerbe zur Tourismusindustrie. Gastfreundschaft hat ihren Preis.

Geld macht sinnlich. Erotik und Geschlechtstrieb, Besitz und Selbsterhaltungstrieb sind vierfach miteinander verflochten. Nicht zufällig verdankt das berühmteste Werk des Giovanni Boccaccio, das »Dekameron«[1], seine Bekanntheit vor allem den vergnüglichen Frivolitäten in vielen seiner Novellen. Und viele der Geschichten des Kaufmannssohnes Boccaccio, ebenfalls nicht zufällig, handeln vom Handel, beschäftigen sich mit den

Geschäften, die im Florenz des vierzehnten Jahrhunderts den Reichtum der Stadt begründeten. Das Geld spielte eine entscheidende Rolle bei den Unruhen und Umwälzungen zur Mitte des Jahrhunderts. Die im dreizehnten Jahrhundert entstandenen Handelsgesellschaften waren zuerst reine Familienunternehmen. Die Gesellschafter waren Mitglieder eines Clans, verschwistert oder wenigstens verschwägert. Nicht nur Geschäftsinteressen, auch Familienbande hielten sie zusammen: Besitz, Sex (ordentlich durch Heirat abgesegnet), Fortpflanzung und Vererbung – genetisch *und* finanziell.

Noch heute heißt ja die Vereinigung krimineller »Geschäfts«-Leute mit ihren Helfern und Helfershelfern bei der *Camorra* (in Kampanien) und der *Mafia* (in Sizilien) vieldeutig *famiglia*. Und noch heute nimmt die *Mafia* für den ordentlichen Geschäftsgang zwar die letale Beseitigung von Konkurrenten in Kauf, keinesfalls jedoch einen ehelichen Seitensprung. Das ist weniger eine Frage der christlichen als der Unternehmensmoral. 1998 präsentierten sich die Frauen von Filippo und Giuseppe Graviano, lebenslänglich einsitzenden Mafiabossen, die ihre Ehe nachweislich nie vollziehen konnten, mit einjährigen Kindern zum Häftlingsbesuch. Für die Justizbehörden stellte sich nicht die Frage, ob es sich um Früchte einer sündigen Empfängnis oder einen anonymen Samenspender für eine künstliche Befruchtung handle – beides hätte die Mafia unweigerlich mit dem Tod bestraft. Das Rätsel beschränkte sich darauf, ob die Mafiosi, weit vorausschauend, in der Tiefkühltruhe Vorsorge getroffen hatten oder ein besonders raffinierter Spermaschmuggel aus einem der bestbewachten Hochsicherheitsgefängnisse stattgefunden haben konnte. Die Mafiosi haben jedenfalls Thomas Manns »Buddenbrooks« wenn nicht gelesen, so verinnerlicht. Sie wissen: Der Niedergang einer Familie, das Ausbleiben geschäftstüchtiger Stammhalter bedeutet auch den Zusammenbruch des Unternehmens. Und umgekehrt.

Den Niedergang der noch zu Jahrhundertbeginn größten und mächtigsten florentinischen Handels- und Finanzgesellschaft, der Familie Bardi, besiegelte 1346 der Bankrott. Dessen letzter Auslöser war der Staatsbankrott der englischen Krone. Eduard III. konnte die im Krieg gegen Frankreich aufgehäuften ungeheuren Schulden nicht mehr zurückzahlen. Eine Wirtschaft, von der wir heute nur die künstlerischen Zeugnisse bewundern, funktionierte mitunter nicht anders als heute die organisierte Kriminalität. Handel schloß in unsicheren Zeiten auch blutige Händel der Konkurrenten ein. Die Grenzen zwischen legalen Geschäften und Betrug, zwischen Handelsseefahrt und Piraterie, zwischen Warenzollerhebung und Räuberei waren fließend. Die Geschäftstüchtigkeit der Bardi reichte bis zu Mord, Verschwörung und Falschmünzerei, aber nur ihre untergeordneten Helfer wurden bestraft, sie selber blieben unbehelligt.[2] Im Vergleich zu Familien wie den räuberischen Bardi konzentrierten sich, ein halbes Jahrhundert später, die kultivierten Medici mit mehr Klugheit und weniger Gewalt auf das Geld. Als Giovanni de'Medici 1397 ein Bankhaus in Florenz eröffnete, nahm er Bert Brecht vorweg: Was ist schon ein Bankraub gegen die Gründung einer Bank? Die oberitalienischen Geldwechsler waren ihrer Zeit voraus, und noch heute erinnert eine Bezeichnung wie der Lombard-Kredit an ihre Bedeutung für die Entwicklung der Geldwirtschaft. Sie erfanden auch die doppelte Buchführung, die ein Jahrhundert später, 1494, erstmals der Mönch Luca Pacioli in seinem Mathematik- und Rechenwerk beschrieb. Zu dieser Zeit hatte das Bankwesen einen weiteren Schritt gemacht: Während die Wechsler, Wucherer und Geldhändler des dreizehnten und vierzehnten Jahrhunderts, auch noch die großen Privatbankiers wie die Medici und in Deutschland die Fugger auf ihren Vorteil bedacht waren, kam es im fünfzehnten Jahrhundert zur Gründung von Banken im Interesse des Gemeinwesens. Vorläufer waren die *Monti di Pietà*, die Pfandleihhäuser für weniger Bemittelte. Die älteste heute noch bestehende Gemeinschaftsbank dieser Art ist der *Monte dei Paschi di Siena*, gegründet 1472. Der altertümliche Name »Berg (Vermögen) der Weidegründe« bezeichnete ursprünglich eine Kreditstiftung für die Hirten von Siena.

Ein Fall, der die archaischen Wechselbeziehungen zwischen Geschäft, Familie und Wunderglauben spiegelt, trug sich in Palermo zu. Wunderglauben ist noch heute, nicht nur zu Boccaccios Zeiten, die solide Basis gewisser Unternehmer, deren einer 1990 erst durch sein plötzliches Verschwinden in Erscheinung getreten ist. Vor dem Firmenschild der *Suginvest Corporation* waren tagelang Hausfrauen Schlange gestanden, um sich dicke Banknotenbündel aushändigen zu lassen, und plötzlich waren nur noch ein paar traurige Schraublöcher im Verputz übriggeblieben. Der Portier konnte erbosten und oft verzweifelten Kunden nur sagen, daß das Büro des Herrn Giovanni Sucato unbekannt verzogen war. Der Inhaber hatte seine Klienten mit einem traumhaft einfachen Rezept gewonnen: Bringen Sie Ihr Geld zu mir, und Sie bekommen nach einem Monat 100 (in Worten: einhundert) Prozent Zinsen, also das Doppelte zurück. »Vorsichtige« trugen zuerst bloß hundert Mark hin, um nach einem Monat verblüfft zweihundert herauszubekommen. Die pünktlichen Zahlungen überzeugten, die Mundpropaganda wurde zum Lauffeuer. Viele hoben von ihrem Konto bei einer seriösen Bank die gesamten Ersparnisse ab, um das Geld an jener wundersamen Vervielfältigung teilhaben zu lassen. Sie dachten nicht an das Wort eines frommen Palermitaner Bankpräsidenten: »Jesus hat Brot und Fisch auf wunderbare Weise vermehrt. Wunderbare Geldvermehrung hat er wohlweislich nie versprochen.«

Mancher zahlte eine halbe Million Mark und mehr ein. Der Umsatz des Finanzgenies erreichte in kürzester Frist siebzig Millionen Mark. Dann löste sich Herr Sucato samt seiner Gesellschaft in Luft auf. Die geniale Finanztechnik funktionierte nach dem Schneeballprinzip und mußte zusammenbrechen, sobald sich die monatlichen Einlagen nicht mehr mindestens verdoppelten. Das konnte auch ein Wirtschaftslaie erkennen, hätte er nur gewollt. Aber wenn selbst das System der Staatsverschuldung jahrelang nach Art der Kettenbriefe funktioniert hatte? Man frage nur vorsichtige Italiener, nicht nur in Sizilien:

»Wenn Ihnen Ihre Bank eine ›traumhafte‹ Investition mit dreißig Prozent garantierter Rendite anbietet, was würden Sie tun?«

Neun von zehn antworten: »Mmh ... verlockend. Ich würde zugreifen. Man muß natürlich sorgfältig prüfen.«

Nur einer von zehn gibt die einzig richtige Antwort: »Ich würde sofort die Bank wechseln.«

Das Erstaunliche ist, daß gerade in diesem Land, wo die Kultur des Mißtrauens außerordentlich verfeinert wurde, auch die

Vertrauensseligkeit so groß sein kann. Liegt es auch daran, daß viele bewußt die Augen schließen, nicht wissen wollen, woher welche Gewinne kommen? Das Verführungsprinzip folgt einer so schlichten Psychologie wie betrügerischer Poker oder das berüchtigte Hütchenspiel der Bauernfänger in römischen oder Mailänder Parks: Zuerst lassen wir das Opfer ein paar Mal gewinnen, damit es sich überlegen fühlt, vielleicht sogar denkt, es hätte uns hineingelegt. Dann ziehen wir ihm das Hemd aus und das Fell über die Ohren. Der Unterschied zwischen Jahrmarktbetrügern und Finanzgaunern liegt in der Dimension: Die Mischung aus Gier und Vertrauensseligkeit, aus Wunderglauben und Geschäftssinn richtet in einer einst ärmeren, heute zu leichtem Geld gekommenen Gesellschaft entsprechende Schäden an.

Angesichts des desolaten Zustands der Justiz schien auch die Fortsetzung der Tragikomödie in Palermo vorhersehbar: Anzeigen gegen den Betrüger würden entgegengenommen und ad acta gelegt, und wenn nicht, würde der Betrüger nie gefunden, und wenn man ihn fände, würde er vielleicht angeklagt, doch weil die Akten mit der Anklageschrift verlorengehen, fände nie eine Verhandlung statt, und wenn sie stattfände, würde der Prozeß verschleppt, und wenn es doch zu einer Verurteilung käme, würde der Angeklagte spätestens in zweiter Instanz wegen Überschreitung der zulässigen Dauer der Untersuchungshaft freigelassen. Sollte er aber mit der Mafia in Verbindung stehen und trotzdem durch eine Verkettung unglücklicher Umstände und gegen den Vertrauensgrundsatz, daß eine Strafe nicht zu erwarten sei, verurteilt worden sein, würde spätestens der als »Urteilskiller« bekannte Richter Corrado Carnevale am Obersten Gerichtshof in Rom das Urteil fachgerecht aufheben.

Der Nichtsizilianer hat bei dieser Prognose nur ein halbes Sizilienbild vor Augen. Manche mögen vielleicht zur Polizei gegangen sein. Aber Sizilianer – vielleicht sogar die Mehrzahl – halten es für wirksamer, ihre Ehre und die Gerechtigkeit in die eigenen Hände zu nehmen. Dies geschieht auf durchaus archaische Weise: Drohung, Einschüchterung, Erpressung, Rache. Zum Schaden des Betrogenen auch den Spott zu tragen, daß die unverfrorene Tat ungesühnt bleibt – das ist einem Sizilianer unvorstellbar. Da der gesuchte Geldmagier sich in unerreichbarer Entfernung befand, vermutlich in Tunesien, hielt sich in seinem Fall das Gerechtigkeits-, das heißt Rachebedürfnis an die Familie. Die »stellvertretende«, sogenannte transversale Vendetta gegen ein Familienmitglied ist eine geläufige, zu alten Mafiastrategien gehörende Tat. Während ein Brandbombenanschlag auf die Wohnung seiner Eltern verübt wurde, hatte indes der vorausschauende Herr Sucato schon fürsorglich das vierte Gebot befolgt und Vater und Mutter der *vendetta trasversale* entzogen. Sie waren unbekannten Aufenthalts verschwunden, wohl dem Sohn nachgeeilt.

Was liegt da für einen rachedurstigen Sizilianer näher, als auch hier den Begriff der »Familie« im Sinn der *Mafia* zu verstehen? Die Familie der *Suginvest* mit ihren Kundenvertretern war groß. Und so hat – in Fachkreisen erwartet – die Blutrache nach kurzer Zeit das erste Opfer gefordert. Einer der engsten Mitarbeiter des *Mago* starb von der Hand eines Fachmanns: auf das Schlimmste gefoltert, in einem Autokofferraum zusammengekrümmt von der berüchtigten Hals-Bein-Fesselung, mit der das Opfer sich selbst stranguliert. Gefunden wurde er in einem Stadtteil Palermos, der als »Verwaltungsbereich« von Michele Greco, dem *Mafia*-»Papst«, zu gelten hatte. Dabei war Michele Greco seit 1986 in Haft und im berühmten »Maxi-Prozeß« gegen Hunderte Mafiosi zu lebenslänglichem Zuchthaus verurteilt worden. Zwar ist schon wahr, daß er zufällig Anfang 1991 aus der Haft entlassen wurde, dank jenem gerade erwähnten Richter Carnevale. Aber ein Sonderdekret des damaligen Justizministers Claudio Martelli, das Giovanni Falcone erwirkte, den die Mafia am 23. Mai 1992 in die Luft sprengte, brachte ihn wieder in den Kerker.

Diese Umstände beschreibe ich deswegen so ausführlich, weil sie zeigen, daß noch bis in die neunziger Jahre inhaftierte Mafiosi ihren Einfluß keineswegs verloren. Wenn die *Suginvest* im Einvernehmen mit der lokal zuständigen *Mafia*-Familie gehandelt und Steuern bezahlt hätte, wäre ihr Ärger erspart geblieben. Die Steuer ist wörtlich zu nehmen. In Italien ist die Steuererhebung privaten Firmen anvertraut. In Sizilien wurde sie sehr effizient von der Familie Greco besorgt, ihr aber nach dem letzten *Mafia*-Prozeß entzogen. (Weswegen erwartungsgemäß niemand mehr seine Steuern, Mahnungen, Verzugsgebühren oder Strafen bezahlte.) Der Magier Sucato konnte – trotz der nicht funktionierenden Justiz – keineswegs erwarten, straffrei auszugehen, wenn er gegen die strengen Geschäftsbräuche der Monopolhalter verstieß: der *Mafia*.

Aber die *Mafia* ist nicht überall. Das politische und wirtschaftliche Chaos des Mittelalters hat sich im heutigen Italien doch stark abgemildert. Das italienische Geld selbst hat große Fortschritte gemacht. Wir sprechen nicht von dem Münz- und Währungsdurcheinander des Mittelalters und der frühen Neuzeit. Die Lira (von lateinisch *libra*, Pfund) als Münzgewicht hatte ihren Namen der Münzeinheit in verschiedenen oberitalienischen Herzogtümern gegeben. Im frühen neunzehnten Jahrhundert (bis 1859) rechnete man selbst in den österreichischen Besitzungen, der Lombardei und Venetien, nicht mit österreichischen Gulden und Kreuzern, sondern mit der Lira und ihrem Hundertstel, dem *Centesimo*. Mit dem Beginn der italienischen Einigung wurde die Lira nach und nach in ganz Italien verbindliche Währungseinheit.

Die ganz gewöhnliche Inflation hatte nach dem zweiten Weltkrieg mit der hektischen Eile des Wirtschaftswunders Schritt zu halten. Sie verfiel in einen immer schnelleren Gang und begann zu galoppieren. Immer größere Scheine mit immer mehr Nullen mußten gedruckt werden. In den sechziger Jahren hatten die Zehntausendlirenoten eine legendäre Größe erreicht, die sie, auch dank ihrer zerknitterten, faserigen Oberfläche, ungeheuer vielseitig verwendbar machte: als Sonnenrollo, als Bettvorleger, notfalls als Badetuch am Strand. Schiffbrüchige sollen sie als Reservesegel benutzt haben. In Verlegenheit kam man nur, wenn man sie in eine normale Geldbörse stecken wollte. Beim Umtausch von ein paar hundert Mark mußte der Urlauber vorsichtshalber einen Aktenkoffer mitnehmen.

Die Scheine waren groß, die Münzen waren weg. Aus geheimnisvollen Gründen waren sie rar geworden wie Diamanten. Ihr rasch schrumpfender Wert und ihre Jahre anhaltende Seltenheit, dazu die Kleinkriminalität besonders in armen Gegenden waren die historischen Gründe dafür, daß sich im Unterschied zu Deutschland Verkaufsautomaten in Italien nie so recht durchsetzen konnten und Münztelefone, damit man sie nicht immer an neue Größen anpassen mußte, mit einem *gettone* bedient werden mußten, dessen Preis einfach geändert wurde. (Zigarettenautomaten gibt es auch nicht; dabei spielte allerdings die Lobby der *tabaccai*, der vom Staatsmonopol lizenzierten Tabakwarenverkäufer, eine hinderliche Rolle.) Erst mit der Entwicklung von Elektronik und Lesegeräten für Banknoten, etwa seit Anfang der neunziger Jahre, begannen sich Geldautomaten, Fahrkarten- oder Tankstellenautomaten durchzusetzen.

Die sprichwörtliche italienische Erfindungskraft kannte keine Grenzen, zweitens Ersatz für die fehlenden Münzen zu finden und erstens das Rätsel ihres Verschwindens zu ergründen. Sie erinnern sich noch? Sie bezahlten mit einem Tausendlireschein und durften sich überraschen lassen, was Sie als Wechselgeld herausbekamen: ein Kaugummipäckchen, eine Briefmarke, ein versiegeltes Erfrischungstuch, einen Gummiring, ein Lutschbonbon, Spielzeuggeld mit dem Aufkleber des Ladens, einen Suppenwürfel, eine Packung Streichhölzer, ein Plastikscheibchen, wie es für Flaschenpfänder verwendet wird, einen Gutschein des Ladens, zwei abgepackte Zuckerwürfel, eine Ansichtskarte, einen Straßenbahnfahrschein, und wenn Sie Glück hatten, sogar einen *gettone*, eine Telefonmünze. Es kursierte der *miniassegno*, eine Art winziger Scheck, als Notgeld von lokalen Banken gedruckt. Münzen wurden eifersüchtig gehütet. Die hoffnungsvolle Frage des Verkäufers: *Non ha spiccioli?* wurde mit der gekonnt verzweifelten Lüge *Mi dispiace* verneint. Kleingeld war nötig – für die seltenen Automaten, die sich nicht mit Bonbons oder Briefmarken füttern ließen, und für Trinkgeldempfänger, die man nicht fragen kann, ob sie herausgeben können.

Inzwischen ist viel Wasser den Po hinuntergeflossen. Die Geldscheine sind auf europäisches Maß geschrumpft und haben nicht mehr nur an Wert, sondern auch an Größe verloren. Anfang der achtziger Jahre ist der 20 000-Lire-Schein verschwunden, erst 1997 kam neu zur bisher größten Banknote von hunderttausend Lire, die hundert Mark wert war, der 500 000-Lire-Schein hinzu. Eine Banknote, die dem Tausendmarkschein entspricht, gibt es nicht. Seit Mitte der achtziger Jahre warf immer wieder eine der rasch abtretenden Regierungen die *Lira pesante* ins Gespräch. Bei der Währungsreform sollten einfach drei Nullen wegfallen. Die »schwere Lira« sollte tausend alte Lire ersetzen, also etwa der Mark entsprechen (1988: DM 1,35, 1998: 1,02 DM) und wieder wie vor hundert Jahren in hundert *centesimi* unterteilt werden. Dazu wird es wohl nicht mehr kommen. Der Euro als gemeinsame Währung der Länder der Europäischen Union wird, selbst wenn man sich zur Zeit noch über Details seiner Einführung und deren Zeitpunkt heftig streitet, eine nationale Währungsreform überflüssig machen.

1987 verschwand der Fünfhundertlireschein. An seiner Statt war nur noch die seit den sechziger Jahren geprägte gleichwertige Münze gültig: in der Mitte messinggelb, außen mit einer ringförmigen silberfarbenen Zone. Die Wertangabe ist auch in Blindenschrift aufgeprägt. Aber nicht nur fünfhundert Lire – alle anderen Münzen waren wieder zur Genüge da. Die Phantasie entzündete sich an ihrer Rückkehr in die Geldbörsen wie vorher an ihrer Verflüchtigung. Hatten die Taiwanesen aufgehört, aus Hundertliremünzen die Gehäuse von Billiguhren zu prägen? Ganze Schiffsladungen, hieß es, seien nach Asien unterwegs. Falsch, die Ein-, Fünf- und Zehnliremünzen werden von den Textilfabriken in Singapur umsponnen und zu Knöpfen verarbeitet, wußten andere. Nein, in gewissen Ländern können die Automaten unsere Münzen nicht von den wertvolleren gültigen unterscheiden. In London könne man mit Liremünzen fast umsonst telefonieren. Der Mangel komme daher, daß so viele Touristen die Münzen in die *Fontana di Trevi* werfen oder mit nach Hause nehmen, sagten scharf analysierende Experten.

Niemand außer den Journalisten Aldo Santini und Paolo Guzzanti fiel ein, die Ursache für den Mangel einmal an der Quelle zu suchen, der römischen Prägeanstalt. Es lag schlicht an der Unfähigkeit der römischen Bürokratie, daß die Münzanstalt, von einer schwerfälligen Befehlshierarchie abhängig und mit uralten, störungsanfälligen Maschinen ausgestattet, in Agonie gestürzt war.[3] Tatsächlich war die Münzknappheit auf einen Schlag behoben, als die Regierung die *Zecca dello Stato* reorganisierte, vom Schatzministerium unabhängig machte und als selbständiges Unternehmen arbeiten ließ. Alle Münzen wurden wieder in ausreichenden Mengen geprägt, die technisch modernisierte

Zecca hat nun eine Kapazität, daß sie auch Lohnprägeaufträge für andere Staaten übernehmen kann.

Mit der Inflation, noch in den achtziger Jahren weit über zehn Prozent, selbst wenn zeitweise der Wechselkurs künstlich hochgehalten werden konnte, zeichnete sich eine andere Knappheit ab. Die Nachprägung der kleinsten Münzen lohnt nicht mehr. Nach und nach wurde die Scheidemünze größer, die Einliramünze verschwand ganz und ist heute Sammlerstück, Fünflire-, auch Zehnlirestücke (Wert 1998: ein Pfennig) sind inzwischen so rar, daß beim Bezahlen auf Fünfziglireschritte gerundet wird. Beschweren Sie sich nicht, man habe Ihnen zuwenig Wechselgeld herausgegeben. Sie würden sich lächerlich machen. Die Verkleinerung der Geldscheine aus praktischen Gründen wollte die Prägeanstalt bei den Münzen wiederholen, auch zur Materialeinsparung. Eine Kommission von Genies im Schatzministerium übertrieb dabei und verfiel vom Extrem der großen Münzen ins entgegengesetze. 1993/94 wurden neue Fünfzig- und Hundertliremünzen geprägt, die so klein waren, daß man sie leicht verlor und niemand damit umgehen wollte. Rasch wurde Abhilfe geschaffen und eine wieder etwas größere Münze herausgebracht. Alle Typen sind seither gleichzeitig im Umlauf. Der ahnungslose Ausländer, dem als Wechselgeld dreierlei verschiedene Hundertliremünzen ausgehändigt werden, muß meinen, man wolle ihn mit Spielgeld beschwindeln.

Elektronische Registrierkassen und der Personal Computer kamen genau rechtzeitig. Am unteren Ende der Skala wird auf Bankkonten und bei Strom- oder Telefonrechnungen noch bis auf die letzte Stelle gerechnet, aber die Buchhaltungsprogramme runden auf ganze hundert Lire und merken sich den Übertrag. Am oberen Ende der Geldskala brachten die vielen Nullen der Millionen und Milliarden Verwirrung. Mechanische Benzinpumpen, Registrierkassen und ähnliche Zählwerke waren an der Grenze der Kapazität angelangt. Die Elektronik hat die Schwierigkeiten behoben.

Auch die einstmals knappen, durch nichts ersetzbaren und darum sorgfältig gehorteten *gettoni* für Münztelefone verlieren ihren exklusiven Gebrauchswert und werden zum Sammelobjekt, nicht zuletzt dank dem Zusammenwirken der Elektronik und der Konvergenz-Richtlinien von Maastricht. Einerseits haben die Anstrengungen der nicht mehr so rasch wechselnden Regierungen die Inflation unter zehn Prozent gedrückt (1994 und 1995 9,5 Prozent). 1998 schrumpfte sie unter dem Ministerpräsidenten Romano Prodi auf weniger als drei Prozent. Seit die Entwertung auf ein erträgliches Maß zurückgegangen war, wurden Einwurftelefone wahlweise auch für Münzen aufgestellt. Außerdem wurden öffentliche Telefone mit Zusatzgeräten ausgestattet, die Telefonkarten, *schede telefoniche*, und in Zentren des Geschäftslebens auch Kreditkarten lesen können. Mit dem *telefonino*, dessen Benutzung sich wie ein Flächenbrand ausgebreitet hat, werden die Telefonzellen zum Anachronismus, nur noch für telefonlose Minderbemittelte dringend nötig.

Die Seltenheit der Telefonjetons trat periodisch auf und ist ein Beispiel für den genialen Umgang der Italiener mit Geld. Genauigkeit und Phantasie müssen einander ja nicht ausschließen. Aus der Not eine Tugend machen kann jeder, aber aus der Knappheit gleich mehrfach Gewinn ziehen? An den *miniassegni*, den eigentlich illegalen »Minischecks«, hatten schon ihre Unterzeichner verdient, weil sie so oft nicht eingelöst wurden. Dann verdienten daran die Kuriositätenhändler, denn es hat sich dafür längst ein florierender Sammlermarkt gebildet. Wenn das Telefon teurer wurde, erwachte gleichfalls die Spekulationsbörse des kleinen Mannes. Um einen todsicheren Kursgewinn aufzubauen, hortete er *gettoni*. Deren Preis sprang von fünfzig auf hundert, von hundert auf zweihundert Lire. In den Wochen vor der Erhöhung waren sie wie vom Erdboden verschluckt.

Der Tourist ist von der freien Marktwirtschaft ein wenig benachteiligt. Zu den Hauptreisezeiten im Sommer wird die Lira im Verhältnis zu den anderen Währungen meist etwas stärker. Bis zum Anfang der neunziger Jahre galt für den Zyklus der italienischen Finanzpolitik die einfache Formel meines Steuerberaters: Im Herbst, wenn der Tourismus abflaut, wird abgewertet, zu Neujahr werden die Steuern erhöht, im Frühling stürzt die Regierung über den Haushaltsentwurf. Zwar trat Italien noch einmal kurz aus der europäischen Währungsschlange, als die Wirtschaftskraft nicht ausreichte, einen konstanten Wechselkurs zu gewährleisten. Aber der Zwang zu einer gemeinsamen europäischen Stabilitätspolitik, der naturgemäß auch die sozialen Spannungen erhöht, verhindert die periodische Abwertung. Die Steuerbelastungen werden schon jetzt als nicht mehr erträglich empfunden, sie zu erhöhen, wagt kein Politiker. Bereits verlagern sich aus Steuergründen wirtschaftliche Aktivitäten ins benachbarte Österreich. Besonders risikofreudige Unternehmer zieht es auch, seit dem Fall des Regimes von Enver Hoxha, in das »befreite«, ziemlich regellose Albanien. Manche büßen dabei nicht nur ihre Investition, sondern das Leben ein.

Für den Touristen sind in Zentren wie Venedig, wo die Geschäftstüchtigkeit der Kauffahrer noch heute in Ehren gehalten wird, die Kurse gern um ein paar Prozent ungünstiger. Zu seinen Gunsten wendet der Reisende den freien Markt, wenn er mehr als einen kleinen Betrag eintauscht. Er kann mit Kenntnis des amtlichen Devisenkurses ein bißchen handeln.

Abgesehen von der normalen Umsicht beim Umgang mit Bargeld sollten Sie sich beim Umtausch als höchste Banknote nur Fünfzigtausendlirescheine geben lassen, *biglietti da cinquantamila*. Von der Bank kriegen Sie echte. Wechseln Sie dagegen einen (echten) Fünfhunderttausender oder Hunderttausender in kleinere Scheine, sind Sie nicht so sicher davor, beim Herausgeben mit falschen Scheinen beglückt zu werden. Tankstellen benutzen sogar UV-Lampen, deren Licht die verdächtigen Blüten erkennbar macht. In armen Gegenden, auf dem Land, im Süden kann selbst eine Fünfzigtausendlirenote schwer zu wechseln sein. Wer in Reggio Calabria oder Palermo fünfhunderttausend Lire zu wechseln versucht, ist so vorsichtig wie jemand, der bei Nacht mit einem Diamantenkollier in der Bronx spazieren geht.

Die Vorsicht, die Sie beim Baren walten lassen, gilt genauso für die Rechnung. Wenn Sie sich mit dem abgerissenen Wisch begnügen, auf dem Ihnen der Wirt ein paar Zahlen addiert, könnten Sie wegen Beihilfe zur Steuerhinterziehung belangt werden. Am Ausgang eines Lokals oder Geschäfts könnten Sie – die Wahrscheinlichkeit ist zugegebenermaßen nicht sehr groß – von der *Guardia di Finanza* kontrolliert werden. Verlangen Sie darum stets die *ricevuta fiscale* oder die *fattura fiscale*, die Steuerrechnung mit vorgedruckter Adresse, Rechnungs- und Steuernummer des Betriebs. Im Restaurant kann ein phantasievoller

Wirt unter Umständen behaupten, für die *ricevuta* wäre noch die *IVA* draufzuschlagen. Das stimmt natürlich nicht. Bleiben Sie auch schwarzen Schafen gegenüber freundlich, aber fest. Fragen Sie eventuell, wo Sie den nächsten *Vigile* finden, und der Abschied wird zwar nicht herzlich, aber auch nicht unnötig schmerzlich für Ihren Geldbeutel sein.

An der Behauptung mit der *IVA* ist trotzdem was dran. Bezahlt sie der Geschäftsmann nicht, verdient er mehr. Bei der augenzwinkernden Komplizenschaft mit dem Stammkunden gibt er diesem manchmal – leben und leben lassen – auch ein Scheibchen ab. Der Standarddialog bei Einkäufen lautet: »Wie wär's mit einem *sconto*?« (Nebenbei: der deutsche *Rabatt* kommt aus dem Italienischen, existiert dort aber nicht.) Obligate Gegenfrage: »Brauchen Sie eine Rechnung?«

Es bleibt Ihrer Steuermoral und Moral überhaupt überlassen, wie Sie antworten. In Italien ist die Steuermoral gering, sofern sie mit legalen Mitteln durchgesetzt werden soll. Der Durchschnittsitaliener betrachtet den Staat als Feind. Und im Krieg muß man sich verteidigen, nicht wahr? Der Fiskus antwortet mit verschärften Kontrollen, um verstockte Steuersünder zu entdecken, und mit harter Besteuerung. Der Staat braucht seine Einnahmen. Im Unterschied zu anderen Ländern gilt bei der Einkommensteuer das Prinzip der *autodichiarazione*: Er bezahlt nicht die Summe, die ihm ein Steuerbescheid der Behörde vorschreibt, sondern das, was der Steuerberater für ihn in seiner jährlichen Steuererklärung als Schuld ausgerechnet hat. Daß die Steuererklärung bis Ende Juni abgegeben werden muß, aber die darin errechnete Steuerschuld schon bis zum 31. Mai bezahlt sein muß, gehört zu den harmloseren Widersprüchen der italienischen Finanzverwaltung. Allerdings riskiert der Steuerpflichtige die Prüfung seiner Angaben. Die Beurteilung derselben durch den Finanzbeamten geht davon aus, daß sie erstunken und erlogen sind. Dann verlangt der Fiskus eine Nachzahlung, die sofort zu entrichten ist. Zwar kann gegen sie Einspruch erhoben werden, doch ist das bei kleineren Summen nicht ratsam: Seine Behandlung dauert viele Jahre.

Der Streit einiger süditalienischer Erben mit dem Fiskus beleuchtet die Praxis. Die Kinder eines verstorbenen Hoteliers in

Salerno, südlich von Neapel, verkauften das Hotel und versteuerten den Verkauf ordnungsgemäß. Der Fiskus von Salerno wollte mehr und kassierte zunächst mehr. Einsprüche. Dann kam das Finanzamt des Wohnorts, nämlich Mailand, und erklärte, die Steuer müsse aber zuständigkeitshalber in Mailand entrichtet werden. Die Erben dachten, sie wären unter die Raubritter gefallen. Aber es blieb ihnen nichts übrig, sie mußten hier noch einmal zahlen. Wieder Einsprüche. Es dauerte lange, bis mit Hilfe von Steuerberatern und Anwälten das eigentlich klar zu Tage liegende Recht in der Berufungsinstanz durchgesetzt war. Doch die Finanzbeamten, die es ja nichts kostet, legten nach jeder Entscheidung zugunsten der Steuerpflichtigen regelmäßig ihrerseits Einsprüche ein. Die fiskalen Ansprüche wurden in Salerno durch alle Instanzen abgewiesen. Das hinderte den Fiskus in Mailand nicht, seinen ganz offensichtlich doppelt unberechtigten Anspruch ebenfalls durch alle Instanzen zu vertreten.

Hatte es sich am Ende für den Fiskus gelohnt? Der Verkauf fand 1978 statt. Die letztinstanzliche Entscheidung erging 1998. Die zwei Jahrzehnte vorher zuviel bezahlten Summen muß der Fiskus mit einer minimalen gesetzlichen Verzinsung zurückzahlen. Sie sind durch die Geldentwertung auf einen lächerlichen Bruchteil geschrumpft. Wer also ehrlich sein steuerpflichtiges Einkommen deklariert, muß fürchten, zuviel zu zahlen. Wer kann, versucht daher zu schwindeln. Italiens Steuerpraxis, keine wirksamen Vollzugs- und Kontrollinstrumente zu entwickeln, aber den Steuerpflichtigen für einen Schwindler zu halten, ist genau die *self-fulfilling prophecy,* die ihn dazu macht.

Der Fiskus trägt dazu bei, daß über Geld und Einkommen so geredet wird wie in totalitären Ländern über Politik: nur in Andeutungen, nicht am Telefon, am besten gar nicht, konkreter höchstens unter guten Freunden. Das Verhalten ist dem amerikanischen entgegengesetzt, wo jeder unverblümt gefragt werden kann, was er verdient. Was nicht heißt, daß in Italien Geld keine Rolle spielte. Es ist das wichtigste Statussymbol (mit dem man sich notfalls andere Statussymbole kaufen, Eindruck, also kurz: *figura*[4] machen kann). Italienische Reisende sind im internationalen Vergleich bekannt dafür, daß sie, um *figura* zu machen, überdurchschnittliche Trinkgelder geben. Das Trinkgeld kann ein Statussymbol sein. Die Italiener sprechen es *statussímbol* aus. Ein merkwürdiger Mechanismus, den mir kein Linguist erklären konnte, führt dazu, daß bei vielen Fremdwörtern garantiert die im Original unbetonte Silbe betont wird: Die Zigarettenmarke Marlboro heißt *Marlbóroh*, die Automarke Passat heißt *Pássat*, das Weekend heißt *wikénd*, man sagt *Betóven*, *caubói*, *bebisítter* und *supermárket*.

Mit dem hochentwickelten Prestigebedürfnis – und mit dem knappen Angebot bestimmter Prestigeobjekte – hängt zusammen, daß eine ungeheure Preisdiskrepanz klafft zwischen gewöhnlichen und Luxusgütern. Selbst wenn wir Markenartikel mit Snob-Appeal beiseite lassen: Für den Reisenden knappe Luxusgüter mit Monopol- und Statussymbol-Charakter – das stellt sich immer deutlicher heraus – sind bestimmte Sehenswürdigkeiten. Wer die Markuskirche besuchen will, begnügt sich nicht ersatzweise mit der Königlichen Graphiksammlung in Turin, auch wenn die noch so interessant ist. Wer den Eintritt in den Dogenpalast zu teuer findet, kann nicht trotzig sagen, dann gehe er eben zur Konkurrenz. Die berühmten staatlichen Museen sind – das gehört andererseits zu den optimistisch stimmenden Lebenszeichen der italienischen Kulturbürokratie – gerade dabei, diese ihre Monopolstellung als Attraktionen zu begreifen.

So steigen Preise mit der Größe der Stadt und der Intensität des Tourismus, sie sinken von Norden nach Süden mit dem Lebensstandard. In der Praxis heißt das: Am teuersten lebt es sich in tourismusverseuchten Großstädten Oberitaliens. In Venedig, Verona, Florenz oder Mailand blühen Geschäft und Nepp. Ein Hotelzimmer in Venedig kann in der Hochsaison fast das Doppelte kosten wie im Winter. Der Kenner wird widersprechen und sagen, den Unterschied zwischen Hoch- und Nebensaison gibt es in den meisten venezianischen Hotels nicht. Stimmt. Aber in der nicht existierenden Nebensaison macht der Hotelier dann doch einen real existierenden Rabatt (man erinnere sich: *uno sconto*). Und zwischen umgerechnet fünfzig Mark für ein einfaches Zimmer (mit Bad) in einem apulischen Städtchen und mehr als dreitausend Mark pro Nacht im venezianischen Luxusappartement (mit auch nur einem Bad) liegt nicht eine, liegen mehrere Welten. Um den Faktor zehn unterscheiden sich auch die Preise in einer volkstümlichen Trattoria und dem Dreisternelokal in der Messestadt Mailand, das gerade *in* ist. Der Schein des *In*-Seins ist wichtiger als die Qualität des gastronomischen Seins. Bei Dingen mit Snob-Appeal stehen Preisunterschiede eben in keinem Verhältnis zum realen Wert. Ein Opernfreund findet keinen vernünftigen Grund dafür, daß der Besuch der Saisoneröffnungspremiere in der Scala ein Mehrfaches der ohnehin nicht billigen gewöhnlichen Eintrittskarten kostet, soviel, daß er sich dafür mehrere Dutzend Video- und Plattengesamtaufnahmen der gespielten Oper leisten könnte.

Um die Hinterziehung der *IVA* zu verhindern, wurden in den Läden diesem Zweck entsprechende Registrierkassen vorgeschrieben. (Gestiegen ist das Mehrwertsteueraufkommen dadurch übrigens nicht merklich.) Sollten Sie für Verrechnungszwecke eine detailliertere Rechnung (*fattura*) als den Kassenzettel benötigen, müssen Sie es vorher sagen, weil die Buchung nicht rückgängig gemacht werden kann. Es macht so oder so viele Umstände. Übersteigt der Betrag fünfzigtausend Lire, kommen fünfhundert Lire für einen Abgabestempel hinzu, ein Relikt aus bürokratisch komplizierten Zeiten. Schwerer wiegt, daß Sie sich die allgemeine Sympathie im weiten Umkreis verscherzen. In Bars wird der Steuer dann doch wieder ein Schnippchen geschlagen: Sie zahlen an der *cassa* und bekommen als Bestätigung den *scontrino*, den Kassenbon. Den nimmt Ihnen der Kellner am Tresen für den *caffè* wieder ab, wenn er ihn nicht einreißt. Der Guerillakrieg gegen den *Fisco* ist voll solcher Feinheiten.

Vorsichtig ist seinerseits der italienische Geschäftsmann oder Wirt bei der Entgegennahme einer Bezahlung. Ihren Scheck, auch den Euroscheck, oder die Kreditkarte schätzt er nicht sehr. Sie bedeuten besonders für den kleineren Laden, die Pension oder *pizzeria* viel administrativen Aufwand, erhöhte Neugier des Fiskus und Abzug der Provision für die Kreditkartenorganisation. Da die Kreditkarten ein Prozent für den Auslandseinsatz verrechnen und der nach unerforschlichen Kriterien angewandte Wechselkurs nachteilig sein kann, ist ihr Einsatz für einen genauen Rechner nicht immer zu empfehlen.

Theoretisch funktionieren gängige Kreditkarten wie American Express, Visa, Diners und EuroCard in Hotels und Läden, die ein entsprechendes Symbol zeigen. Sie können nicht nur bargeldlos zahlen, sondern auch Bargeld am Schalter oder am Bankomat beheben. Soweit die Werbung. Das ist oft graue Theorie. In der Praxis führt die lästige Kreditkarte oft zu einem interessanten, höflichen Gefecht mit Worten.

Es kann sein, daß der Wirt bedauernd die Schultern hebt:

»Wissen Sie, wir hatten die Kreditkarten, aber wir haben den Vertrag vor ein paar Monaten gelöst.«

Erst dann merken Sie unter Umständen, daß das Kreditkartensymbol nirgends zu sehen ist. Ist es doch angebracht, kennt das Bedauern im kleinen Hotel oder gemütlichen Restaurant eine andere Variante:

»Leider, leider, uns sind die Formulare ausgegangen, wir haben sie schon so lange bestellt, aber die Post, Sie wissen ja ... Wenn es Ihnen nichts ausmacht, in bar ...?«

Wem es doch etwas ausmacht, der kann versuchen, mit psychologischem Geschick die Finte zu parieren. Er sagt etwa:

»So was Dummes, ich habe nur noch ein paar Lire, und die brauche ich für das Taxi / zum Tanken / für den Bus.« (Begleitet vom theatralischen Aufklappen der fast leeren Brieftasche.) »Ich lasse Ihnen meine Adresse da und schicke Ihnen einen Scheck.« Merkwürdigerweise findet sich dann meist doch noch ein allerletztes der ausgegangenen Formulare.

Nicht nur in Geldfragen, ganz allgemein gilt bei auseinanderstrebendem Interesse: Beide Florettfechter dürfen Punkte machen, aber nicht das Gesicht verlieren. Es ist ratsam, nein zu sagen, ohne nein zu sagen, und zu kritisieren, ohne zu verletzen. In einer Diskussion über die Mafia und die Besonderheiten Siziliens sagte ein Sizilianer einem Italiener »vom Kontinent« wörtlich: »Als Italiener können Sie das nicht verstehen. Bei uns sagt man ja, und es heißt nein.« In abgeschwächter Form gilt das für ganz Italien.

Jemand, der sich telefonisch beschwert oder kompliziertere Auskünfte will, bekommt nicht selten zur Antwort:

»Ach, das ist wirklich sehr wichtig. Können Sie uns bitte zwei Zeilen schreiben? Wir klären das umgehend!«

Natürlich wird »das« nie geklärt. Denn in Deutsch heißt der Satz: Haben Sie wirklich keine anderen Sorgen?

Oder Sie verlangen irgendeine Dienstleistung, die mit Mühe verbunden ist? Die Antworten können lauten:

»Es tut uns ja sehr leid, aber bedauerlicherweise ist die Maschine kaputt (*guasto*) / außer Betrieb (*fuori servizio*) / der Strom ausgefallen (*senza corrente*) / der Kassier im Moment nicht da / der Kollege, der das bearbeitet, krank / auf Urlaub / in einer Besprechung.«

In Behörden und ähnlich effizienten Unternehmen, der Post zum Beispiel, wird das Florett mit dem weniger eleganten Holzhammer vertauscht. Im Brustton der Überzeugung, er / sie verkörpere die Macht schlechthin, weist der Beamte den Untertan einfach ab:

»Dieser Vorgang ist nicht vorgesehen / Diesen Antrag können wir so nicht annehmen / Dafür brauchen Sie folgende Unterlagen.« (Es folgt eine unerfüllbare Wunschliste, bei der die Impfbestätigungen sämtlicher Onkel väterlicherseits noch das geringste Hindernis darstellen.)

Noch einfacher ist die Kampfweise der Kaste der Hausbesorger, *portieri, Vigili, custodi del parcheggio* und sonstiger Höllenhunde. Der Zerberus benützt als Allzweckwaffe den erhobenen Zeigefinger und den Satz: *Non si può!*

Je nach Situation und Gebärde heißt das: »So etwas ist leider nicht möglich / Was Sie wollen, geht wirklich nicht / Das ist verboten / Sie können hier nicht herein / nicht parken / nicht bleiben.«

Sie Ihrerseits werden im Fall der verweigerten Dienstleistung niemals rufen: Skandal! Betrug! Wo ist der Direktor!, sondern höflich lächeln und bitten, das kleine Mißverständnis zu klären (wobei Sie einfließen lassen, daß Sie für die aufmerksame und freundliche Behandlung nicht nur in erhöhtem Maß dankbar sind, sondern auch das Etablissement bei Ihren wichtigen Freunden im In- und Ausland weiterempfehlen werden).

Inhaber der wirklichen Macht, also Politiker, hohe Funktionäre, Generaldirektoren (noch mehr ihre Sekretärinnen) und Museumsdiener reduzieren den Ausdruck weiter. Verweigerung der Gnade geschieht mit einem knappen *No!* Das wirklich und wahrhaftig ausgesprochene Nein bedeutet nicht nur »nein«. Der Sprecher drückt damit auch seine nach eigenem Dafürhalten unendlich hohe Rangstellung aus. Große Nähe und großer Abstand haben bekanntlich ähnliche Wirkungen. Nur zu den engsten Verwandten ist man so unhöflich wie zu den unsympathischsten Fremden, die man nie wieder zu sehen hofft. Ein familiäres Verhältnis, auch ein besonders großer sozialer Rangunterschied zwischen einem Herrn und einem Paria erfordert nicht einmal die Mühe einer gesprochenen Antwort. Der Herr ist, sagen wir, der einzige lustlose Taxifahrer auf einem sonnendurchglühten Platz. Der Paria ist ein todmüder Tourist, der heim ins Hotel oder seinen Zug nicht versäumen will. Der Herr wird das *No* – besonders im *Mezzogiorno* – würdevoll durch einfaches, leises, bedauerndes Zungenschnalzen kundtun. Dabei hebt sich das Haupt leicht, die Augendeckel senken sich zerstreut-herablassend, so: *Tz!* Ausländer mißverstehen die im Mittelmeerraum und Orient verbreitete Gebärde meist als Nicken und wundern sich erbost über die Launenhaftigkeit des Taxifahrers, dem sie gewunken haben. Der bremst ein wenig, schaut, nickt, gibt scheinbar überraschend Gas und fährt weiter. In Wahrheit hat er gesagt: *No*.

Hindernisse, denkt der Hartnäckige, sind dazu da, überwunden zu werden. Kann man einem Ja nicht ein bißchen nachhelfen? Ja, kann man? Wie man mit Heiligen im Paradies und Monstern umgeht, ist ein heikler Punkt. Er soll im nächsten Kapitel behandelt werden.

1 Die Erstfassung des »Dekameron« wird allgemein in die Jahre 1348–1353 datiert. Die hundert Novellen sind unter dem Eindruck der schlimmen Pestepidemie von 1348 entstanden. Auch Boccaccios Vater wurde 1350 von der Pest hingerafft. Die uns bekannte Fassung enthält Anspielungen auf spätere Ereignisse und dürfte 1370 verfaßt worden sein (Vittore Branca / Maria Grazia Ciardi Dupré: Studi sul Boccaccio, Band 25. Edizione Le Lettere, Firenze 1998).

2 Darüber informiert in einem spannenden Essay Carlo Cipolla (Uomini duri, in: Tre storie extravaganti. Il Mulino, Bologna 1994; deutsche Ausgabe: Geld-Abenteuer. Wagenbach, Berlin 1995).

3 Hans Magnus Enzensberger, der ebenfalls die *Zecca* in Rom aufsuchte, berichtete darüber in der ZEIT; Nachdruck in: Ach Europa! Wahrnehmungen aus sieben Ländern. Suhrkamp, Frankfurt 1987.

4 Siehe Wörterbuch.

Paradies mit kleinen Fehlern

und der Alltag seiner Bewohner. Mit einer Betrachtung über die allgemeinverständliche Sprache der Gefälligkeiten und über die Schwierigkeiten, einen Platz im Paradies zu finden.

Um die Hindernisse zu überwinden, die es in einem Paradies gibt, braucht es den guten Willen der Beteiligten oder einen Fürsprech: den *Santo in Paradiso*, den Heiligen im Paradies eben. Um bei den Beteiligten ein bißchen *buona volontà* zu erzeugen (italienische Yuppies sagen natürlich: *good will*), braucht es einen Anstoß. Manchmal müssen böse Monster besänftigt werden. Der Anstoß und die Besänftigung heißen seit Menschengedenken je nach der Situation: Trinkgeld, Gefälligkeit, Aufmerksamkeit, Geschenk, Bestechung, Korruption. Es hängt vom Herkunftsland des Ausländers ab, wie gut er diese Art von Schmieröl kennt und wie ausgiebig er es benutzt. Der Reisende braucht davon nur die erste Gattung zu kennen und anzuwenden: *la mancia*, eigentlich das Handgeld, wird noch immer, und ausgiebig, zur Glättung des rauhen Lebens angewandt, auch da, wo auf der Rechnung ausdrücklich steht: *Servizio compreso*, Bedienung inbegriffen. *La mancia* ist das handfeste Kompliment für Dienstleistungen des Parkplatzwächters, Gepäckträgers, Hoteldieners, Kellners.

Die Überlegung ist: Wenn ich den auf einer Rechnung ausgewiesenen Betrag für Dienstleistungen zahle, gibt es für den Kellner, den Zusteller, den Möbeltransporteur oder Installateur keinen Grund zu besonderer Dankbarkeit. Ich habe als Kunde ja nur vertragliche Pflichten erfüllt. Wenn ich aber freiwillig dem Arbeiter, der meist ohnehin nicht so fürstlich bezahlt ist, etwas zuwende, stellt sich eine persönliche Beziehung her. Er fühlt sich (nicht immer) ein bißchen stärker verpflichtet, mir zu helfen oder zu Diensten zu sein.

Nehmen wir an, ich kaufe einen Kühlschrank und will den alten ordnungsgemäß entsorgen lassen (was auch in Italien inzwischen gesetzlich vorgeschrieben ist). Ich kann als Kunde ganz hart verhandeln, schinde einen Rabatt heraus, vereinbare, daß der Abtransport des kaputten Geräts gratis erfolgt. Und dann überreiche ich den gleichen Betrag als Zeichen besonderer Sympathie dem Techniker, der mir das neue Gerät zustellt und montiert. Ein Deutscher könnte meinen, da habe nur eine Umetikettierung stattgefunden. An der Höhe der Transaktion hat sich ja nichts geändert. An ihrem innersten Wesen jedoch sehr wohl. Der Monteur scheidet als Freund. Giovanni hinterläßt seine Telefonnummer, als besonderen Vertrauensbeweis auch die Nummer des Handy, und verspricht, sich persönlich darum zu kümmern, wenn es irgendwelche Schwierigkeiten geben sollte. Das kann leere Rhetorik sein – doch in vielen Fällen ist das so hergestellte Wohlwollen wertvoller als die ausgedruckte Garantie.

Bei längeren Geschäftsbeziehungen, etwa einem Urlaubsaufenthalt im Hotel, einer Abmachung mit einer Putzfrau oder einem Kindermädchen, erhebt sich die Frage, ob die übertariflichen Zuwendungen eher zu Beginn oder am Ende einer Leistung erfolgen sollten. Es gibt zwei Denkschulen. Die einen sagen, der dienstbare Geist würde in Erwartung des Trinkgelds am Ende aufmerksamer sein und sähe, hätte er es schon am Anfang eingesteckt, keinen Grund mehr, sich besonders anzustrengen. Die Gegner erwidern: Ganz falsch, die Großzügigkeit zu Beginn eines Arbeitsverhältnisses weckt die Hoffnung auf mehr, der anfänglich demonstrierte Geiz dagegen läßt den Dienstleister in trotzige Nachlässigkeit verfallen.

Das Trinkgeld hat eine doppelte Funktion. Mit ihm erweist man sich als großzügig. Großzügigkeit verleiht Würde. Sie machen *bella figura*, einen großartigen Eindruck. Selbstverständlich darf, ja soll man differenzieren. Wer schlechte Bedienung mit einem Trinkgeld honoriert, erwirbt nicht Dankbarkeit, höchstens versteckten Spott. Wer aus Sparsamkeit besondere Anstrengungen nicht anerkennt, wird sich über Mangel an Mißlichkeiten nicht zu beklagen haben.

Im Fall des Parkplatzwächters, des Hotelportiers oder des Hauswarts halte ich es für angebracht, im voraus spendabel zu sein. Trinkgeld in dieser Form schafft Vertrauen und verpflichtet. Der Hauswart, der an die Bewohner die Briefe verteilt, sich mit Kleinreparaturen oder dem Aufbewahren Ihrer Post nützlich macht, tut es um so lieber, wenn zu Ostern und zu Neujahr ein Geschenklein in Form eines Briefumschlags mit Banknoten darin, ein *regalino*, Dankbarkeit und Hoffnung auf mehr weckt. Wenn Sie das Auto mit dem ausländischen Kennzeichen und dem fest eingebauten Autoradio stehenlassen, sind Sie besser dran, wenn Sie ein paar Tausend Lire investieren, um einen *ragazzo* zu verpflichten, der aufpaßt, als nachher Kratzer im Lack, einen platten Reifen, kein Radio mehr oder gar keinen Wagen vorzufinden.

Großzügigkeit heißt indessen nicht, daß Sie blind vertrauen sollen. Viele Parkplatzwächter irren sich in der Berechnung der Parkzeit oder im Tarif. Sie verwechseln die ordentliche Quittung mit dem Abriß, der hinter den Scheibenwischer geklemmt wird (um das Geld in die eigene Tasche statt in die Gemeindekasse fließen zu lassen). Wer einen solchen Parkplatz öfter benutzen will, macht es wie mit dem Kühlschrankmonteur: Er besteht freundlich, aber hart auf der Korrektur der Fehler und auf der Quittung. Doch nach Abschluß der Verhandlungen rundet er großzügig auf. Das kann den Effekt einer kleinen Kaskoversicherung haben.

Nicht immer hat der Kunde Gelegenheit, die Strategie von Hodscha Nasreddin, dem türkischen Eulenspiegel anzuwenden. Der wurde in einem Dampfbad vom Diener schmählich und herablassend behandelt, gab ihm aber beim Abschied ein fürstliches Trinkgeld. Nach ein paar Tagen kam er wieder, und der Badediener wußte sich nicht zu lassen vor Diensteifer. Als er zum Abschied die Hand aufhielt, versetzte ihm Hodscha Nasreddin ein paar kräftige Ohrfeigen und Fußtritte.

»Wieso, Effendi«, schrie der Geschlagene, »seid Ihr zornig, wenn ich Euch bestens bediene, und großzügig, wenn mein Dienst an Euch nicht ganz so vollkommen war?«

»Du Trottel«, versetzte jener, »die Fußtritte sind doch für letztes Mal, das Trinkgeld ist für heute.«

Es ist allerdings nicht zu verhehlen: In manchen Berufen ist das nach europäischer Anschauung demütigende Trinkgeld vom Manteltarif ersetzt worden. Er ist verschiedentlich in erbitterten Arbeitskämpfen und Streiks erzwungen worden. Er hebt über die Hungerleidergrenze hinaus. Der Dienstleister hängt nicht mehr von der Willkür und Gnade der gnädigen Herrschaften ab. Die Dienstleistung hat sich dementsprechend versachlicht, nicht selten zur Lustlosigkeit verschlechtert. Das »Pittoreske«, das »Typische« nimmt ab. Der kauzige und kritische Tiroler Musiker, Komponist und Songdichter Werner Pirchner, der die materielle Not am eigenen Leib erfahren hat, sagt bündig: »Landestypisch ist überall auf der Welt die Armut. Die Reichen sind überall gleich.«

Zum Beispiel erwartet *la maschera*, der Platzanweiser oder die Platzanweiserin im Theater oder Kino, heute zumindest in Oberitalien keine *mancia* mehr. Noch vor zwanzig Jahren mußte er oder sie ausgefeilte Techniken entwickeln, um die Theaterbesucher in ihren mottenkugelnduftenden Pelzmänteln zur widerwilligen Abgabe des für ihn lebensnotwendigen Trinkgelds zu bringen. Im Teatro San Carlo, dem Opernhaus von Neapel, fehlten im Zuschauerraum so gut wie alle Nummerntäfelchen an den Sitzen. Ohne Hilfe konnte niemand seinen Sitz finden. Die *maschere* hatten die Nummern abmontiert, damit nur ja keiner eigenmächtig auf seinen Platz husche und dem kostenpflichtigen Ritual entgehe, zu seinem Sitz geleitet zu werden.

In Italien ist vieles eine Frage der persönlichen Beziehung. Sie stellt sich schon her, wenn Sie zum Beispiel einen privaten Grundstücksbesitzer fragen, ob Sie – »gegen eine Gebühr« – ihren Wagen abstellen oder Ihr Zelt aufbauen dürfen. Der Besitzer sagt sehr wahrscheinlich, das koste – »selbstverständlich!« – gar nichts, oder verlangt eine Kleinigkeit. In beiden Fällen sind Sie kein vogelfreier Fremder mehr. Vielleicht wird man Ihnen wertvolle Tips geben, Dinge zeigen, die dem Fremden sonst entgehen, Sie auf einen *caffè* einladen. Der Austausch von Freundlichkeiten hat stattgefunden, Sie erhalten eine Gefälligkeit, bedanken sich mit einer Gefälligkeit, und beide sind zufrieden.

Viele Italiener machen noch, unbewußt, den antiken Unterschied zwischen dem barbarischen Eindringling, den man vertreibt, und dem schutzflehenden Hilfsbedürftigen, dem Gastfreundschaft zu gewähren ist. Einmal schliefen wir in einem einsamen apulischen Olivenhain im Auto. Außerhalb der Sommersaison sind geöffnete Hotels schwer zu finden. Da wurden wir nachts unsanft geweckt und blickten in die Mündung einer Pistole. Der Bauer hatte mehr Angst als wir (was die Pistole so gefährlich machte). Wir waren in eine Kriegsgegend geraten, wo sich die Landwirte in Nachbarschaftshilfe gegen die Viehdiebstähle wehrten, die von der *'ndrangheta* in großem Maßstab organisiert werden. Als er sich von unserer Harmlosigkeit überzeugt hatte, geleitete er uns auf seinen Hof: »Kommen Sie zu uns, da draußen ist es viel zu gefährlich.« Die persönliche Beziehung war hergestellt, und es galten übergangslos die Gesetze der Gastfreundschaft.

Im wildesten Teil Sardiniens, der Barbagia, wo erpresserische Menschenentführungen noch heute an der Tagesordnung sind, besuchte eine italienische Journalistengruppe Orgosolo, jenes durch seine sozialkritischen Wandmalereien berühmte Dorf. Ich konnte beobachten, wie die Verbindung von Ignoranz und Arroganz der Gäste die gastgebenden Orgosolesen verprellte. Hinter einer Fassade der Freundlichkeit wurden sie unzugänglich. Der Wunsch der Journalisten, eine berühmte Gruppe sardischer Hirtenmusiker zu hören, wurde nach einigem Hin und Her mit Bedauern abgeschlagen. Augenzwinkernd ließ man durchblicken, die Sänger könnten sich nicht sehen lassen, es sei gerade eine Suchaktion der Polizei im Gang ... Als der Autobus mit den Journalisten weg war, fuhr mich ein Einheimischer, der mein aufrichtiges Interesse bemerkt hatte, im Auto durch die Umgebung. In einem Gehöft in den Bergen gab es eine Hochzeit. Mein Führer erklärte mir, daß die gesuchten Sänger hier seien. Von Fahndung war keine Rede. Die Gruppe hatte einfach keine Lust gehabt, gegen Bezahlung eingebildeten Zeitungsschreibern zuliebe das Fest zu verlassen. Orgosolo hatte die Journalisten mit Selbstironie auf den Arm genommen.

Transaktionen zur leichteren Erlangung des Gewünschten wirken auch in ihrer hypothetischen oder imaginären Form. Dann heißen sie: Versprechen, Kompliment, Freundlichkeit, Respekt. Am allerwichtigsten ist das imaginäre Geschenk. Sie schenken immaterielle Güter. Mit Komplimenten ist der Italiener besonders freigebig. Darum erwartet er sie auch. Einfachste

Situation: Sie sind neugierig. Sie wollen etwa einem Handwerker in seiner Werkstatt zuschauen, obwohl da groß steht: *Ingresso vietato*. Die Bewunderung seiner Arbeit erwirbt Ihnen – vielleicht – das Recht, einzutreten. Ähnliches gilt für private Gärten oder Villen: Wem es gelingt, sich Besitzer, Verwalter oder Gärtner geneigt zu machen, dem öffnen sich manche Pforten. Einer meiner eindrucksvollsten Besuche einer kunsthistorischen Sehenswürdigkeit führte zur Cuba. Die Cuba ist ein würfelförmiger (daher der Name) arabischer Gartenpavillon an der Peripherie von Palermo. Einstmals lag sie in einem weiten Park, der den arabisch-normannischen Palast der Zisa umgab. Heute, mitten in einem durch Bauspekulation zerstörten Wohngebiet, steht die Cuba, verlassen und verwahrlost, von der Straße her nicht sichtbar, am Rand des Geländes einer Kaserne. In Italien, und in Sizilien noch mehr, ist es praktisch ausgeschlossen, eine Betretungserlaubnis für militärische Einrichtungen zu erwirken. Ein Ausländer zumal braucht es nicht einmal zu versuchen. Geduldiges Warten und ein kunstvoll geflochtener Kranz von Komplimenten für die lustlosen Beamten der *Soprintendenza per i Beni Artistici*, der Denkmälerverwaltung, brachte diese schließlich dazu, den lästigen Bittsteller abzuwimmeln, indem sie ihm seinen Wunsch erfüllten. Sie machten einen pensionierten Kustoden des archäologischen Museums ausfindig, der neben der Kaserne im Corso Calatafimi wohnte. Der empfing mich, geleitete mich durch seine kleine Wohnung, wir durchquerten das Schlafzimmer mit Heiligenbildern und Madonnenfiguren, betraten einen Gemüsegarten, den wir im Zickzack hinter uns brachten, durchschritten ein Loch in einem etwas schadhaften Zaun und standen unter der kleinen Kuppel der Cuba mit den Resten maurischer Stalaktitengewölbe.

Oder: Sie werden unterwegs im Auto von einer *gazella* oder einer *pantera* angehalten. Gazellen und Panther sind keine wilden Tiere, sondern die schnellen Funkstreifen der Straßenpolizei und der Carabinieri. Ein finsterer Polizist wünscht eisig Ihre *documenti* zu sehen und wirft Ihnen dann eine Menge von Verkehrsvergehen vor. Natürlich fühlen Sie sich vollkommen unschuldig. Wenn Sie protestierend antworten: »Das stimmt ja überhaupt nicht!« haben Sie die Partie, schuldig oder nicht, schon verloren. Der rituelle erste Satz, mit dem Sie in Italien widersprechen, lautet obligat: *Lei ha completamente ragione, ma ...* – Sie haben ja völlig recht, aber ... Und erst dann führen Sie, sanft, Ihre guten Gründe an (die der Polizist von erfindungsreichen Autofahrern alle schon gehört hat – doch er weiß den guten Willen zu schätzen und wird Ihre schauspielerische Leistung würdigen). Nur so bringen Sie eventuell mildernde Umstände zur Geltung. Nur so bringen Sie, ganz allgemein, Ihren Diskussionsgegner zum Zuhören. Aus Ihren Argumenten geht unter Umständen hervor, daß Sie ihn für einen Ignoranten oder Schwindler oder für beides halten. Aber Sie wahren seine Würde. Dasselbe gilt, wenn Ihnen jemand verkehrte Auskünfte gibt. Wer die Würde wahrt, die eigene und die der andern, fährt besser. Beamte können mit einigen verständnisvollen Worten für ihre so schwierige, verantwortungsreiche Aufgabe und die enorme Überlastung, unter der sie leiden, dazu gebracht werden, knurrend einen unentbehrlichen Stempel gleich (und nicht erst in zwei Wochen) auf Ihr Ansuchen zu knallen.

Mit der schwierigen Behandlung bürokratischer Monster kehren wir in die Welt der Zweckgeschenke zurück. In bescheidenen bis mittleren Höhen der Hierarchie der zu Beeinflussenden »verkleinert« sich die *busta* (das Briefkuvert) zur *bustarella* (mit ein paar Geldscheinen drin). Das Wort verniedlicht eine Art finanzieller Nachhilfe, vor der dringend zu warnen ist. Erstens, weil Sie unversehens mit dem Strafgesetz in Konflikt kommen können. Zweitens, weil der Grat zwischen Unwirksamkeit und Beleidigung sehr schmal ist. Geschenke, die über eine höfliche Aufmerksamkeit hinausgehen, können fatale Wirkung haben – spätestens dann, wenn sie in Korruptionsprozessen als Beweismittel dienen. Die *bustarella* steht ebensowenig zur Diskussion wie die sonstigen Aufmerksamkeiten, mit denen Kassiere in Vorverkaufsbüros, Türhüter geschlossener Museen, Sachbearbeiter in Behörden bedacht werden. Die Übergänge zur Kriminalität sind fließend. Wo diese anfängt, betreten wir eine Welt größerer Gesetzwidrigkeiten, die angemessener im Kapitel »Die andere Familie« beschrieben wird.

Abgesehen von der Verwerflichkeit: Geld ist das plumpeste Mittel, die kleinen Probleme des Alltags zu lösen. Oft ist es weder nötig noch nützlich. Lange nicht alles ist käuflich. Voraussicht, Flexibilität, Phantasie sind in Italien die besseren Hilfsmittel. Was tun Sie zum Beispiel, wenn es Samstagabend ist, und Montagmorgen muß ein wichtiger Brief im ausländischen Bestimmungsort angekommen sein? Die langsame Post kann man ausschließen, die Privatkuriere sind über das Wochenende geschlossen. Die Fluggesellschaften dürfen das Postmonopol nicht verletzen. Kein Pilot würde einem Unbekannten den Gefallen tun. Eine hoffnungslose Lage? Noch lange nicht. Der Italiener fährt zum Flughafen, findet jemand, der in die gewünschte Richtung fliegt, erklärt ihm die Lage, läßt ihn auch in den Brief schauen (damit er sicher ist, es befindet sich kein Bombe drin) und bittet ihn um Hilfe. Effekt: Der Brief kommt an. Und möglicherweise hat sich auch eine sympathische neue Bekanntschaft angebahnt.

Voraussicht und Flexibilität brauchen Sie beim simplen Umgang mit Geschäften: Die Öffnungszeiten sind eine Wissenschaft. Der Anfänger kommt mit wenigen Faustregeln zurecht. Die wichtigste Faustregel gilt für fast alles. Sie lautet: Es gibt immer Ausnahmen von der Regel. (Auch von dieser Regel gibt es Ausnahmen.) Es gibt ferner Ausnahmen von jenen Regeln, die bestimmen, wann Ausnahmen zu machen sind. Und Ausnahmen von Ausnahmen von Ausnahmen. Ab neun Uhr morgens ist alles offen. Ausnahme: Banken und Postämter öffnen um 8.30 Uhr, manche Läden schon um acht Uhr. Alles bleibt offen bis mindestens ungefähr genau zwölf Uhr, oder 12.15, oder 12.30 (manche Läden machen erst um ein Uhr Mittagspause, Banken schließen um 13.30). Nachmittags sind die Richtwerte für Öffnungszeiten 16.30 bis 19.30 Uhr, mit kleinen Verschiebungen nach vorn und hinten – im Unterschied zu Deutschland auch Samstag. Die Banken haben nachmittags eine Stunde von drei bis vier Uhr auf. Es gibt natürlich Ausnahmen.

Am Sonntag ist alles zu, ausgenommen Kirchen, Bars und *edicole* (Zeitungskioske). Banken, Ämter und Büros haben außerdem am Samstag ganz, Geschäfte am Montagvormittag geschlossen. Ausgenommen sind Lebensmittelläden, die am Montagnachmittag schließen. Ausgenommen davon wieder, obwohl sie Lebensmittel verkaufen, sind Supermärkte, sie öffnen am

Montag erst zu Mittag. Handwerker und Werkstätten haben Samstag ihren Ruhetag. Friseure ausgenommen, diese am Montag. Selbstverständlich gibt es Ausnahmen. Manche Großmärkte oder Kaufhäuser sind durchgehend bis acht oder neun Uhr abends offen. Wie in Deutschland ist das Ladenschlußgesetz umstritten. In der Praxis ist es sowieso ausgehöhlt und nicht durchzusetzen.

Für Museen ist die Faustregel einfach. Sie haben unregelmäßige, individuelle Öffnungszeiten, viele nur vormittags ab neun oder zehn bis 14 Uhr. Für die Reiseplanung ist wichtig, daß sie zwar Sonntag (in der Regel nur vormittags) geöffnet sind, dafür Montag einen Ruhetag haben (natürlich mit Ausnahme jener, die am Dienstag geschlossen sind). Je weiter Sie nach Süden kommen, desto später finden Sie (wegen der Hitze) die Geschäfte am Abend geöffnet. Entsprechend verschiebt sich die Stunde der Mahlzeit. Wo sich der Fremdenverkehr ballt, gibt es natürlich – Sie werden es erraten haben – Ausnahmeregelungen. Dort wird in der Hochsaison beinahe rund um die Uhr gearbeitet. Die restliche Zeit des Jahres versinkt das Geschäftsleben, manchmal der ganze Ort in Winterschlaf. So erklären sich Preise, die überraschend hoch sein mögen. Vielleicht hat eine Familie nur fünf Monate im Jahr Arbeit, essen muß sie zwölf Monate.

Je weiter Sie nach Süden kommen, desto mehr entfernen Sie sich von den mitteleuropäischen technischen Normen und Sicherheitsvorschriften. Zwar gibt es schon überall bleifreies Benzin. Aber nicht immer erfüllen die Tankstelle und ihre Ware die technischen Standards. Theoretisch kommt überall der Strom mit 220 Volt aus der Steckdose. Praktisch gibt es, allerdings nur noch selten, in verlorenen Bergdörfern technische Inseln, Denkmalschutzgebiete für prähistorische Technik mit 127 Volt, in einzelnen Häusern sogar in Rom. Theoretisch sind geerdete Leitungen mit Schutzkontakt vorgeschrieben. Die Steckdosen haben drei Löcher, nebeneinander angeordnet, nicht wie in der Schweiz im Dreieck. Entsprechend haben die Stecker drei Stifte. (Deutsche Stecker von schutzisolierten Geräten, Elektrorasierern zum Beispiel, passen auch.) In der Praxis geht ein italienischer Stecker manchmal doch nicht hinein; Sie stehen dann vor einer uralten, nicht geerdeten Steckdose mit zwei Buchsen.

Nicht verzagen! Wenn Sie Glück haben, ist am Stecker der mittlere Stift für die Erdung herausschraubbar. Bevor Sie das tun, vergewissern Sie sich, daß Sie es nicht mit einer Stromversorgung zu tun haben, die dem Improvisationstalent eines Heimwerkers das schönste Zeugnis ausstellt. Sie könnte Gelegenheit geben, das irdische Paradies mit dem anderen zu vertauschen.

Eine lästige Komplikation besteht darin, daß neben der gewöhnlichen Steckernorm für 10 Ampere noch eine für 14 Ampere existiert (dazu eine noch größere für höher belastbare Leitungen zu Maschinen, 220 Volt, und eine für Drehstrom von 380 Volt). Deutsche und österreichische, auch Schweizer Schutzkontaktstecker, schon weil sie zu dicke Stifte haben, passen in keine der beiden Steckdosen. Der europäische Reisende braucht unbedingt für beide Größen einen *riduttore*, einen Adapter, wenn er unterwegs einen Föhn, eine elektrische Reiseschreibmaschine, einen tragbaren Computer oder sonst ein Gerät mit Schukostecker betreiben will. Er findet ihn nur in Elektrogeschäften Oberitaliens und der Fremdenverkehrszentren.

Gewitzte Intellektuelle, die im Hotelzimmer auch die Zeitung oder ein Buch ohne Taschenlampe lesen wollen, nehmen – nicht nur in Italien – eine Glühbirne mit. Sie stoßen gelegentlich auf Lampen (25 Watt), die weniger das Zimmer als den Geiz des Besitzers oder die Armut der Gegend beleuchten. Ob Sie Hotelgast sind oder bei Freunden wohnen, eine andere Art Sparsamkeit ist – besonders im Süden, besonders im Hochsommer – eine selbstverständliche Höflichkeit: knausriger Umgang mit dem kostbaren Wasser. Wir wollen hier nicht die Hintergründe der sizilianischen und apulischen Trockenheit im August untersuchen, die nur zum Teil vom Wetter, zu andern Teilen von Menschenhand hervorgerufen wird. Wovon sollten sonst Wasserverkäufer leben?

Außer dem Wasser gibt es noch eine Kostbarkeit. Wärme. Das klingt paradox unter südlicher Sonne. Doch die Sonne scheint nicht immer. Das merken Sie besonders rasch, wenn Sie antizyklisch reisen. Die Touristenströme machen antizyklisches Verhalten empfehlenswert, manchmal unerläßlich – denken Sie nur an Venedig oder Florenz im Sommer. In »schwachen« Zeiten haben die Uffizien etwa 3 000, im August bis zu 15 000 Besucher täglich. Wenn man bedenkt, daß höchstens zwei Drittel des Bestandes sichtbar, der Rest wegen Platzmangels ohnehin in den Depots verborgen ist, und daß die meisten Besucher nur von den Highlights des Kunstsupermarkts angezogen werden, läßt sich ausrechnen, daß Botticellis »Primavera« oder Tizians »Venus von Urbino« nur dem Hartnäckigen, der Püffe und Rippenstöße unbeirrt erträgt, mehr als ein paar Sekunden der Betrachtung erlauben. Dieselbe Schwierigkeit bestand einmal in der Loggia dei Lanzi, jenem offenen Gewölbe zwischen Piazza della Signoria und dem Uffizienhof: Die Skulpturen von Giambologna und Benvenuto Cellini waren so umlagert, daß kaum einer sie recht sah und Kunstliebhaber nachts mit einer Taschenlampe kamen, um die Sockelreliefs in Ruhe zu betrachten. Die Schwierigkeit ist behoben. Die Loggia, die ihren Namen von den Lanzen der *lanzichenecchi*, der Lanzknechte des Großherzogs erhielt, wurde in den achtziger Jahren wegen Baufälligkeit gesperrt, die Skulpturen, wie schon vor langer Zeit Michelangelos berühmter David, wandern nach und nach ins Museum.

Es ist also besser, wenn es irgend geht, nicht dann nach Florenz, Venedig und Rom zu fahren, wenn alle fahren. Der Ratschlag hat wie jeder Geheimtip den Fehler, sich selber ad absurdum zu führen, wenn er zu bekannt wird. Dann brechen so viele schon in der Nacht auf, um den Stau zu meiden, daß sie den Stau eben in der Nacht verursachen. Der Ratschlag hat andererseits eingebaute Hemmnisse. Er ist unbequem. Nicht allzu viele werden ihm folgen. Apulien hat im September leere Strände, ja – aber es braucht Erfindungsgabe, Unterkunft und Verpflegung zu finden. Venedig unter Schnee ist seltsam und wunderschön, aber halb ausgestorben, naß und nur mit Gummistiefeln begehbar. Sardinien findet im Herbst zu sich selbst und wird wieder, was es war: ein eigenwilliges, schwer sich erschließendes Land, nicht touristenfreundlich, nicht pflegeleicht. Sizilien im März blüht traumhaft, ist aber auf Badegäste ebensowenig eingestellt wie das Meer. Rom im Januar ist ein Erlebnis. Der Nachteil: Sie müssen gewappnet sein gegen den Feind. Der heißt: Kälte.

Wenn Sie Expeditionserfahrung haben, ziehen Sie über den Kopf die Sturmhaube, die wie eine Einbrechermaske nur den Sehschlitz offenläßt, haben Thermo-Unterwäsche am Leib und darüber Pullover nebst Daunenjacke, zum Schutz vor dem eiskalten Stein die daunengefütterten Biwakschuhe. Sie befinden sich jedoch nicht auf einer hochalpinen Winterbegehung, sondern im warmen Süden. Genauer, in einem ungeheizten Raum, wo das Thermometer vielleicht auf vierzehn Grad gefallen ist. Der schöne kühle Boden aus Marmor oder *cotto* ist auch im Winter kühl. Vierzehn Grad plus reichen für einen Schnupfen, bei einem unbeweglich verharrenden, unzureichend bekleideten Menschen sogar für den Unterkühlungstod. Ihr Hotelbett hat eine viel zu dünne Decke, und Sie wünschen sich einen Daunenschlafsack. Schuld an dieser Unbill hat das noch immer gültige Gesetz 373 vom 30. April 1976. Es entstand unter dem Schock der Erdölkrise und regelt nebst ergänzenden Präsidial- und Ministerialdekreten die Temperatur im Inneren der Häuser.

Obwohl Italien ein rohstoffarmes Land ist, führt es, besonders im Industriedreieck Mailand–Turin–Genua, in Wirtschaftswunderzeiten gewissermaßen einen Vernichtungskrieg gegen die Kälte, als wollte man sie ein für allemal besiegen. Heizungen liefen und laufen wieder auf Vollast. In Büros pflegt man winters das Jackett abzulegen. Wenn es gar zu heiß ist, gibt es einfache Abhilfe. Man reißt die Fenster auf. Unteritalien (in diesem Zusammenhang bereits von Florenz südwärts gerechnet) kannte das Problem der Überheizung nie. Altbauten haben meist gar keine Heizung außer dem Küchenherd. Auch in Neubauten des tiefen Südens stellt sich die Frage kaum. Denn handelt es sich um Schwarzbauten, die sich in Rom oder Neapel zu ganzen Vierteln mit hunderttausend Einwohnern vermehrten, sorgte schon die Sparsamkeit des Bauherrn dafür, daß der Luxus übertriebener Heizung vermieden wird. Sind es legal errichtete Wohnhäuser, ist dennoch Hitze nicht zu fürchten. Wer eine Heizung nur an wenigen Tagen im Jahr braucht, ist geneigt, sie für unwirtschaftlich zu halten.

Wird es zu kalt, behilft man sich in abgelegenen Gegenden wie zu den Zeiten Garibaldis, Goethes, Galileis oder Gaius Julius Caesars mit dem *caldano*, dem Holzkohlebecken, dem viele süditalienische Kinder ihre ersten schmerzhaften Erfahrungen mit dem Feuer verdankten und manche armen Dörfer einen Großbrand. Goethe schreibt vom *caldano* mit recht gemischten Gefühlen: Man dürfe die Asche nicht zu oft wegkratzen, um die Wärme der Glut zu spüren, weil dann zu bald Nachschub an Heizmaterial nottue, und das ließen sich die Wirte extra bezahlen. In einer kalten Kammer, schreibt er an einem 24. Februar, muß er Nachricht von einem schönen Tage geben, am selben Abend klagt er, nahe Neapel, die Stube sei kalt, keine Fenster, nur Läden, »und ich eile, sie zu schließen«. Tags darauf: »Der Wind blies heftig hinter uns her ... Wir litten von Kälte.« Das Becken mit der Kohleglut ist auf dem Rückzug. Der Fortschritt besteht darin, daß Sie heutzutage bei Kälteeinbrüchen in süditalienischen Hotels manchmal ungemildert frieren.[1]

Sie frieren auch in Oberitalien oft. Die Verschwendung hat zum Gesetz 373 geführt, das vorschreibt – nicht: wie warm es in Wohn- oder Arbeitsräumen mindestens sein soll, sondern – wie warm es sein darf, nämlich höchstens 20 Grad. Und wie viele Stunden am Tag die Heizung laufen darf. Auch die Dauer der Heizperiode ist gesetzlich festgelegt, je nach der Klimazone. Ein Ausländer wird vielleicht fragen: Aber was ist, wenn sich das Wetter nicht an das Gesetz 373 oder das Dekret 1052 hält? Selbst dafür hat der weise Gesetzgeber vorgesorgt. Bürgermeister können zusätzlich lokal gültige Dekrete erlassen, die das Überschreiten der zulässigen Heizdauer erlauben. Leider hält sich das launische Wetter nicht einmal kurzfristig an die Zeit, die eine Gemeinde braucht, um die richtige Heizmethode für die nächsten Tage zu dekretieren. Die Voraussicht des Gesetzgebers umfaßt noch alle weiteren denkbaren Fälle. Die komplizierten Bestimmungen haben eines gemeinsam – sie entfalten einen so geringen Wirkungsgrad wie das Kohlebecken.

Es kann nun trotzdem sein, daß Sie, wie schon andere Germanen vor Ihnen, den Gedanken faszinierend finden, sich auf Dauer im Lande-wo niederzulassen. Auf den eigenen Olivengarten blicken, den eigenen Wein keltern, abends auf der Piazza im Dorf ein Schwatz mit den Bauern, fern von der Unrast der Großstadt, und was dergleichen Träume sind. Sie wollen sich also vielleicht »ein Bauernhaus in der Toskana kaufen«, wie die gängige Umschreibung lautet. Es gibt nicht wenige Glückliche, die den Traum wahrgemacht haben. Eine wichtige Bedingung ist dabei. Denken Sie an die heftige Italien-Entzündung, von der Ausländer befallen werden. (Italiener sind meistens immun dagegen.) Schieben Sie einen Grundstücks- oder Hauserwerb auf, bis die fiebrige Inkubationszeit mit ihrer Euphorie abklingt.

In der euphorischen Phase kann der Zusammenstoß mit der Immobilienrealität wirken wie ein Schock, der Sie für immer von Italien heilt. Nähern Sie sich jedoch dem unheilbaren Stadium der Krankheit, ist es nicht nur angezeigt, sondern lebensrettend, sich nach einem brauchbaren Wohnsitz für Ihre Italienliebe umzuschauen. Tun Sie das nicht bei südlicher Sonne und in Urlaubsstimmung, sondern am besten im Winter, während einer längeren Regen- und Schlammperiode. So ertränken Sie die Illusionen.

Wie Sie dabei vorzugehen haben? Die Frage hat die Antwort mit einer anderen, ähnlich schwierigen gemein:

»Wie lieben sich die Igel?« – »Äußerst vorsichtig.«

Täuschen Sie sich nicht und lassen Sie sich nicht entmutigen. Das Dickicht des italienischen Immobilienhandels ist nur wenig dichter als in anderen europäischen Staaten. Viele heikle Schritte, bei denen der Unerfahrene leicht auf dem unsicheren juristischen Boden einbricht, sind überall gleich schwierig. Ein Motiv des Wohnungs- oder Hauserwerbs kommt für Italiener nicht in Frage: die reine Kapitalanlage. Die Mietgesetze, vor allem das Gesetz über den *equo canone*, die »gerechte Miete«, kommen einer Enteignung nahe. Sie schützen den Mieter in noch ausgiebigerem Maß als in der Bundesrepublik. Selbst wenn inzwischen eine besondere Vertragsform, der *patto in deroga*, dem Vermieter wieder mehr Rechte gibt: Kostendeckend ist Vermietung von Wohnraum selten. Genau deswegen haben es auch Mieter schwer, brauchbare Wohnungen zu finden.

Ob *condominio*, also Eigentumswohnanlage, oder eigenes Haus mit dazugehörigem Grund, ob *fattoria* (Bauernhaus) oder ein Nobel-*Condominio* in einem historischen Palazzo oder einer alten lombardischen *cascina*, einem jener großen, langgestreckten Landwirtschaftsgebäude, manchmal als Vierkanter um einen Innenhof, in denen früher die Landarbeiter wohnten: die Vor- und Nachteile sind die gleichen wie in Deutschland. Vielleicht daß die sonst so flexiblen Italiener in Eigentümerversammlungen weniger kompromißbereit und kooperativ sind als sogar die

Deutschen. Die Abschließung nach außen scheint den *Condominio*-Bewohnern wichtiger als die innere Kommunikation.

Die Bürokratie Italiens hat einerseits Untertanenmentalität und Engelsgeduld, andererseits ein Guerillaverhalten hervorgebracht. Ohne fachmännische Hilfe kommt man weder bei einer Verzollung noch bei der Steuererklärung noch beim Hauskauf weiter. Eine Maklerfirma (*agenzia immobiliare*) ist beinahe obligat. Aber als Unkundiger wissen Sie nicht, ob der Makler in der Vertretung der Interessen ausgewogen handelt. Es empfiehlt sich, zusätzlich einen *commercialista* oder Anwalt zu engagieren. Der *commercialista* ist eigentlich Ihr Steuerberater, ohne den nur Empfänger eines Gehalts ohne Vermögen auskommen. Er ist Ihr Finanzberater überhaupt, der für Sie verhandelt, Erkundigungen einzieht und Sie um die Fallgruben herum geleitet.

Manche Besonderheiten hat Italien mit Glück, andere weniger glücklich von Vorgängermächten geerbt. Zum Beispiel im Norden, in Südtirol/Alto Adige, der österreichischsten aller italienischen Provinzen, wo sich die meisten deutschsprachigen Ausländer ansiedeln. Dort gibt es ein Grundbuch. Das ist gut. Weniger gut ist, daß zum Leidwesen des einen, zur geheimen Freude des andern Servitutsrechte nicht im Theresianischen Kataster eingetragen wurden. So kann es vorkommen, daß zwar der Verkauf so korrekt ist, wie er nur sein kann. Doch die ansässigen Nachbarn machen dem Neuankömmling, der sich eingekauft hat, das Servitut der Zufahrt über ein Grundstück, das ihm nicht gehört, streitig. Dann beschäftigt er sich für einige Jahre nicht mit dem geplanten Um-, Aus- oder Neubau, sondern mit italienischen Gerichten, die sich nicht durch besondere Geschwindigkeit auszeichnen. Die Prozeßdauer reicht jedenfalls, um es sich mit den Nachbarn für den Rest der Jahre gründlich zu verderben. Weil die Eingeborenen ständig an Ort und Stelle sind, Sie dagegen wenigstens zuerst nur zeitweise, und weil Dorfgemeinschaften zerstritten sein können, gegen den Fremden aber zusammenhalten, haben Außenseiter einen schweren Stand.

Eine Schlußfolgerung ergibt sich daraus sofort. Sie müssen sich, wie Ihre Vorgänger, die deutschen Kaiser in Italien, eine Hausmacht schaffen, bevor Sie darangehen können, Ihre Parzelle rechtens zu besetzen. Sie brauchen nach der *agenzia* und dem wichtigeren *commercialista* Freunde im Ort. Die helfen nicht nur die Besitzverhältnisse erkunden, sondern auch die sonst nicht erkennbaren Pferdefüße des stolzen Anwesens. Klatsch kann wichtige Informationen liefern. Lokale Fehden und lang verjährte Geschichten können letztlich entscheiden, ob Sie sich wohlfühlen werden.

Es kam schon vor, daß ein schlauer Verkäufer ein Anwesen in ruhiger Gegend zu einem günstigen Preis anbot – und keiner der Nachbarn sagte dem freudigen Käufer, daß genau da, wo sein Haus steht, in zwei Jahren die geplante Ortsumfahrung gebaut werden und das Enteignungsverfahren einen Tag nach der Unterzeichnung des Kaufvertrags beginnen solle. Oder daß die Region plane, zwei Meter vor seiner Aussichtsterrasse einen Autobahnzubringer vorbeizuführen. Ohne Hilfe des *commercialista* kann der Normalbürger kaum die Situation im Bauamt und Verkehrsamt der Gemeinde (*Assessorato all'edilizia, Assessorato al traffico*), den Bebauungsplan (*piano regolatore*), die Projekte in den Planungsämtern von Provinz und übergeordneter Region erkunden und durchschauen. Manchmal ist der Verkäufer selber ein hilfreicher Berater. Er hat Interesse am Kauf, also Interesse daran, daß schwebende Fragen, Wegerechte auf Nachbargrundstücken, Wasserleitung, Straßenerhaltung und ähnliches zur Zufriedenheit des Käufers geklärt sind, weil der ja sonst nicht kauft. Bevor die Bedingungen nicht restlos feststehen, sollte nicht einmal ein Vorvertrag unterschrieben, geschweige eine *caparra* (Anzahlung) geleistet werden.

Der gewöhnliche Kauf geht so, daß die Parteien, sobald sie handelseinig geworden sind, zuerst einen *compromesso* (Vorvertrag) abschließen, der im Gegensatz zum deutschen bürgerlichen Gesetzbuch bereits schuldrechtlich bindend ist. Auch dafür brauchen Sie den *commercialista*. Er weiß, welche Bedingungen für den Käufer nachteilig sind, welche Pflichten des Verkäufers schriftlich festgelegt werden sollten. Der Rücktritt ist nur gegen eine Konventionalstrafe (in Höhe der Anzahlung) möglich. Das Gesetzesdekret 669 vom 31. Dezember 1996 hat gewisse Risiken für den Käufer verringert. Es ermöglicht (verpflichtet jedoch nicht), den *compromesso* im Immobiliarregister eintragen zu lassen. Das erschwert dem Verkäufer, die Immobilie einem anderen zu verkaufen. Das Recht dazu hat er. Der gutgläubige Erwerbswillige sieht dann seine Anzahlung meist nicht wieder. Theoretisch kann er sie auf dem Klageweg zurückbekommen. Der Nachteil der Vormerkung ist, daß diese Möglichkeit nicht nur dem Käufer, sondern auch dem Finanzamt mehr Klarheit verschafft. Bisher hatten Kontrahenten oft nur im Vorvertrag den wahren Preis genannt, im zu beurkundenden notariellen Vertrag bloß den Katasterwert, der oft weit unter dem Marktwert liegt. Den Vorvertrag bekam der Fiskus nicht zu Gesicht. So »sparte« man Steuern.

Vorsicht ist angebracht, weil Eigentumsverhältnisse unklar sein können. Der gutgläubige Käufer kann böse Überraschungen erleben. Solidität und Seriosität des Verkäufers müssen erkundet werden. Ist der Verkäufer eine Gesellschaft, muß man doppelt vorsichtig sein und Auskünfte von Banken und Handelskammer zu bekommen trachten. Denn im Fall betrügerischen Bankrotts gehören *vorher*(!) verkaufte Immobilien noch zwei Jahre nach dem Verkauf zum Liquidationsvermögen. Oder der Verkäufer läßt nach der Unterzeichnung des Vorvertrags noch schnell eine Hypothek auf das Grundstück eintragen. Oder ein geschickter, phantasiebegabter und überzeugender »Besitzer« kassiert für ein *immobile*, das ihm nicht gehört, drei- oder viermal eine Anzahlung und ist verschwunden, bevor man ihm auf die Schliche kommt. Da die amtlichen Vertragsregister jahrelang hinter der Realität herhinken, kommt das schon einmal vor, wo kein Grundbuch existiert.

Kein Grundbuch? In der Tat. Das Veneto und die Lombardei haben zwar auch administrative Erinnerungen an die k. k. Tradition aus Maria Theresias Zeiten, aber schon etwas abgeschwächte. Es gibt ein Kataster-(Vermessungs-)Amt, *il catasto*. Statt des Grundbuchamts fungiert dann daneben, je nach Region, ein *Ufficio dei Registri Immobiliari*, eine *Conservatoría dei Registri Immobiliari*, eine *Conservatoría delle Ipoteche*. Das sind die Ämter, bei denen ein notarieller Vertrag registriert wird, bevor er zum *Catasto* oder Grundbuchamt geht.

Ohne Notar kann der Kaufvertrag nicht abgeschlossen und beurkundet werden. Er kostet viel, mehr als ein Prozent der Vertragssumme. Schließlich brauchen Sie zum Vertragsabschluß einen *codice fiscale*, die auf Antrag ausgestellte Steuernummer, unter der Sie beim Fiskus in allen Steuersachen registriert werden. Die letzten Kaufpreisraten werden in der Regel erst nach dem *rogito*, der Beurkundung fällig, die Steuern ebenfalls, die je nach den Voraussetzungen (etwa: Erstwohnsitz, erstmaliger Erwerb von Wohneigentum und so weiter) etwa elf Prozent, bei landwirtschaftlichen Immobilien achtzehn Prozent des Kaufpreises ausmachen können.

Wie findet man die Toskana seiner Träume? Die wirkliche Toskana ist längst nicht mehr billig. Der deutsche und angelsächsische Snob-Appeal hat die Preise innerhalb von dreißig Jahren mehr als verzehnfacht. Ein *rustico*, ein landwirtschaftliches Wohngebäude, meist von Grund auf renovierungsbedürftig, kann in der benachbarten Region, den Marken, noch immer um die Hälfte weniger kosten. Küsten haben den Snob-Appeal-Aufschlag, Wintersportgebiete sind bei den Italienern *in*. In den Einzugsgebieten der Großstädte, wo die Landschaftsplaner langsam beginnen, die wilde Bauwut zu bremsen und Baugrundstücke immer rarer werden, kann ein Grundstück mit einem halbverfallenen Anwesen so viel kosten, als stünde ein bezugsfertiges Haus da. Denn der Umbau ist in einem solchen Fall möglich, der Neubau auf landwirtschaftlichem Grund nicht. Bauerwartungsland, noch als landwirtschaftliche Fläche geführt, kann billig sein. Wie viele Jahrzehnte vergehen, bis ein Bebauungsplan entworfen, von der Gemeinde beschlossen, von Provinz und Region genehmigt wird, ist ungewiß. Ob es überhaupt soweit kommt, auch.

Baugrundstücke werden aus noch einem Grund immer seltener: Wenn ein Bebauungsplan geändert wird, wissen die lokalen Immobiliengeier in der Regel als erste Bescheid. Italienische Bauträger errichten *villette unifamiliari*, Einfamilienhäuschen, oder *villette a schiera*, Reihenhäuser, nicht um darin zu wohnen, sondern um sie mit geringstmöglichen Baukosten so teuer wie möglich zu verkaufen. Da Käufer meist ahnungslos sind, aber auch mit technischen Kenntnissen nicht in die Mauern hineinschauen oder deren Wärmedämmwert erkennen könnten, zählt nur die eindrucksvolle, luxuriös wirkende Oberfläche und der »niedrige« Preis.

Wer selbst baut, ist selbst schuld. Vom komplizierten italienischen Baurecht wollen wir nicht reden. Die abenteuerliche Methode, gesetzwidrig zu bauen und dann auf einen *condono* zu warten, hat ihre reale Grundlage verloren. Früher gehörte es zu den gängigen Maßnahmen der Regierungen, die Löcher im Budget mit einem raschen Aufhalten der Hand zu stopfen. Der mutmaßliche Steuerschwindler oder Schwarzbauer erhielt die Möglichkeit, gegen eine Pauschalzahlung volle Absolution aller seiner Sünden zu erlangen. Die Amnestie gegen eine Zahlung, von der Juristen nicht recht wußten, ob sie als Finanzwette, als Lösegeld für eine Erpressung oder als Bestechungsgeld zu werten sei, verhalf regelmäßig dem Finanzminister ein wenig aus der Klemme. Der Preis war hoch: Die Steuerehrlichkeit stieg dadurch nicht gerade, und die gräßlichsten Landschaftsverhunzungen, nie genehmigte Bau- und Umweltsünden standen über Nacht im Einklang mit dem Gesetz. Noch die Regierung des Medienzaren Silvio Berlusconi (1994) hatte nichts Eiligeres zu tun, als einen *condono* für Schwarzbauten zu beschließen. Die Regierung des Wirtschaftswissenschaftlers Romano Prodi, im Mai 1996 ans Ruder gelangt, versucht europäischere Zustände herzustellen. Auf einen *condono* sollte man nicht mehr hoffen. Doch immer wenn man glaubt, jetzt sei ein grundsätzlicher Wandel eingetreten, sollte man sich in Erinnerung rufen, was Luigi Barzini 1983 geschrieben hat:

»Italien gilt allgemein als ein besonders unberechenbares und trügerisches Land. Einige Leute glauben sogar, nur darauf könne man sich mit absoluter Gewißheit verlassen. Mit dieser Meinung haben sie manchmal recht, aber ebensooft unrecht.« Wenn Barzini damit gemeint hat, daß die Unberechenbarkeit so weit geht, daß man sich nicht einmal auf sie verlassen kann und Italien manchmal tückischerweise berechenbar wird, dann hat er recht. Italienliebhaber wissen, wo das zutrifft: beim Essen.

1 Der Meisterkoch Pellegrino Artusi und seine Zeitgenossen hatten vor hundert Jahren eine andere Meinung von der richtigen Temperatur. Artusi empfiehlt den Müttern, die Kinder leicht zu kleiden, und fährt fort: »Wenn ihr dann während des Winters die Ofenwärme in euren Wohnungen nicht über zwölf oder vierzehn Grad erhebt, schützt ihr euch wahrscheinlich vor den Lungenentzündungen, die heutzutage so häufig sind.«

Die fauchende Köchin und der Pfaffenwürger

oder: Was man im Paradies ißt. Warum es eigentlich keine italienische Küche gibt, warum das toskanische Brot ungesalzen ist, warum man in einer piemontesischen Piola keine Pizza verlangt und im Veneto keinen Chianti.

Ob ein Ei am runden oder am spitzen Ende aufzuschlagen ist, kann eine Frage sein, an der sich Kriege entzünden. Jonathan Swift hat uns in »Gullivers Reisen« daran erinnert. In Italien ist neuerdings mit gleichem Ernst die Frage nach Sein oder Nichtsein der Pizza gestellt worden. Der Separatistenflügel in der Parteiführung der *Lega Nord* setzte im August 1997 den Beschluß durch, das Gericht aus Süditalien nicht mehr auf Parteiversammlungen zuzulassen. Nur noch Rezepte, die den heroischen Charakter des Nordens tragen, wie zum Beispiel Polenta oder Risotto alla Milanese, werden den leghistischen Zungen schmeicheln. Umberto Bossi, der Parteigründer, zu dessen Lieblingsgerichten die Pizza gehört, war zu keiner Stellungnahme zu bewegen. Pessimisten in der Lega fürchten, daß die Bewegung an der Pizza auseinanderbrechen könnte.

Daß südliche Speisen bedenklich verweichlichen, hat nicht erst die Lega Nord entdeckt. Als Italien 1915 in den Weltkrieg eintrat, stürmten Filippo Tommaso Marinetti und die anderen Futuristen begeistert an die Front. Marinetti verdammte erbittert und hellsichtig die *pasta*, weil sie sanft, satt und friedlich stimmt. Der Erfinder des Futurismus erfand auch, in Form eines Manifests und Rezeptbuchs, »Die Futuristische Küche«[1]. Die heldische Gastronomie, auch wenn der »Luftmaler« Fillia in der Tat futuristische Bankette entworfen hat, ist mehr eine Gastronomie des Worts. Praktisch genießbar ist sie kaum. Allein die

Namen der Speisen (»Italienisches Meer«, »Ultravirile«, »Marinetti-Bomben«) versetzen Mägen, auf die Nationalismus, männlicher Chauvinismus und Kriegshetze nicht appetitanregend wirken, in sanfte Umdrehungen. Bitte schnell einen Teller Spaghetti oder eine Pizza!

Der gastronomische Krieg um Pizza und Pasta und gegen südliche Süße gemahnt daran, daß in Italien das Essen nicht nur einen hohen praktischen, sondern auch symbolischen Stellenwert hat. So hoch, daß abergläubische Deutsche, wie es ein Berliner Literaturredakteur tat, das Essen im italienischen Restaurant auf Heideggerisch zu einem Ritual erklären können, in dem Kellner und Gäste »nach den Grundregeln eines strengen Handlungsaufbaus eine *commedia dell'arte* vorführen«. Gewiß: Das Abendessen im Verlauf eines Staatsbesuchs ist ein Ritual, wenn auch meistens keine Komödie. Gewöhnlich aber setzen sich auch Italiener an die Tafel, um zu tafeln, und nicht, um mit den Kellnern Theater zu spielen.

Vielleicht gibt es künftig in *Padanien*, wie die Lega Nord ihren utopischen Staat der Po-Ebene nennt, bei Todesstrafe keine Pizza mehr. Doch in den entlegensten Weltgegenden hat sie sich einen festen Platz auf den Speisekarten erobert. Mit gelinder Beunruhigung entdeckte ein Italiener in einem Dorf auf Feuerland ein Schild mit der Aufschrift *Pizzeria.*[2] Einerseits schmeichelt so ein unwahrscheinlicher Erfolg. Andererseits ... wir wissen nicht, ob jene feuerländische Pizzeria schon in die amerikanische Luxuskategorie von »italienischen« Restaurants aufgestiegen war, in der die Speisekarte von der mexikanischen Tortilla bis zum genauso echt italienischen *Black Forest Cake* (Schwarzwälder Kirschtorte) reicht. Ob sie – doch das ist beinahe unerheblich – mit dem kleinen Schönheitsfehler behaftet war, daß es dort die namensgebende Pizza überhaupt nicht gab? Dafür vielleicht Hamburger?

Sagen Sie nicht, das wäre paradox. Manchmal tritt ein Wort einen Siegeszug um die Welt an, und der Inhalt bleibt dabei auf der Strecke. Italien ist ein durch und durch paradoxes Land. Wie sollte, was mit seiner Küche zusammenhängt, es nicht sein? Die neapolitanische Pizza ist nicht das einzige Armeleute-Essen, das mit einigen Verfeinerungen einen weltweiten Erfolg errungen hat. Auch nicht das einzige, dessen Name für Phänomene herhalten muß, die wirklich nichts mehr damit zu tun haben. Den Vogel schoß eine Pizzeria in Pesaro ab, der Geburtsstadt des großen Gastronomen Gioachino Rossini (nur wenige wissen, daß er auch ein tüchtiger Opernkomponist war). Dort hatte ich Gelegenheit, mich vor dem Genuß einer *Pizza Rossini* zu hüten, deren markanteste Zutaten ein Spiegelei und Mayonnaise waren.

Doch will ich keinen Glaubenskrieg um die Pizza entfesseln, so wahr mir Artusi helfe. Während die italienische Sprachwissenschaft, gemessen an der anderer Länder, etwa des sprachbewußten Frankreichs, nicht überwältigend entwickelt ist – die Gastronomie als Technik und als Wissenschaft ist es. Pellegrino Artusi (1820–1911) hat sein berühmtes Kochbuch 1891 veröffentlicht, unter dem Eindruck der italienischen Einigung. Bis zu seinem Tod erlebte es fünfunddreißig Auflagen. Es überrascht nicht, daß das Wort »italienische Küche« bei Artusi noch fehlt. Gastronomisch existierte Italien nicht, noch nicht. Und siehe, auch die *Pizza alla napoletana* bei Artusi ist nicht, was wir heute darunter verstehen: Es ist eine Süßspeise aus *pastafrolla*, einer Art Kuchenteig, mit fein gestoßenen Mandeln. Der kriegsbereite Neapolitaner wird natürlich höhnisch die Achseln schupfen: Artusi mag ein noch so tüchtiger Koch sein – aber was kann schon einer, der in Forlimpopoli geboren ist, weit weg vom Vesuv, über die richtige Zubereitung der Pizza wissen?

Die Pizza in der heutigen Form ist eine junge Entwicklung. Als simpler Brotfladen war sie, höchstens mit ein paar Kräutern darauf, der Hungerstiller für alle, mit nahen Verwandten im Orient und bis nach Indien. Die Legende schreibt die Erfindung der ersten, ursprünglichen und echten Pizza, der *Pizza Margherita*, dem Leibkoch der ersten Königin Italiens zu. Die in Neapel residierende Margherita di Savoia (1851–1926) habe eines Tages ein rasch herzustellendes Amuse-gueule befohlen, eine *merenda* (in Südtirol die Marend', sonst auf deutsch: das Vesperbrot, die Jause, das Z'vieri). Der offenbar patriotische Koch habe auf einer Teigscheibe die Farben des jungen Italiens vereint: grünes Basilikum, weiße Mozzarella, rote Tomaten. Die ursprüngliche Pizza war nach Angabe der Kenner ziemlich dick. Erst im weniger verhungerten, immer schlankheitsbewußteren Oberitalien ist auch die Pizza zu einer dünnen, knusprigen Köstlichkeit abgemagert. Die konventionellen Bezeichnungen (*Napoletana* mit Sardellen, *Romana* mit Sardellen und Kapern, *Diavola* mit pikanter Salami, *Quattro stagioni* mit den Gemüsen der vier Jahreszeiten und so weiter) sind nicht verbindlich und können zu Glaubensdiskussionen von der eingangs erwähnten Art führen.

Die Häresie der *Pizza Rossini* ist jedenfalls, so meine ich ganz entschieden, mit Exkommunikation und Verbannung zu bestrafen. Es gibt esoterische Fundamentalisten der Gastronomie, die sind noch strenger. So streng wie Savonarola ist Renato Fiorentini, der einen Gourmet nur als rechtgläubig ansieht, wenn er ans Essen denkt und an nichts als ans Essen, um beim Essen über das Essen zu reden. Sympathischer sind da die friedlichen Kulinariker wie der sizilianische Fürst Bruno di Belmonte, der als Gourmet sein Vermögen buchstäblich aufgegessen hat und, ein Pendant zu Tomasi di Lampedusas »Gattopardo«, über die Haßliebe der Sizilianer zur Tomate und serielle Kompositionsprinzipien in der sizilianischen Küche meditierte, während er im Flugzeug wieder zu einem neuen gastronomischen Heiligtum pilgerte.

Daß es in Italien eigentlich keine Italiener gibt, wird später noch ausführlicher dargestellt werden. Da kann nicht verwundern, daß die nicht existierenden Italiener weder über eine italienische Sprache verfügen noch eine ebensolche Küche vorzuweisen haben. Hier muß ich auf einen anderen paradoxen, doch gar nicht komischen Umstand hinweisen: In Süditalien sind die Menschen desto dicker, je ärmer sie sind. Die Minderbemittelten leben überwiegend von *pasta*, der teigigen Grundsubstanz ihrer Küche, und sie weisen den größten Prozentsatz an Übergewichtigen auf. Einen präziseren Eindruck von dieser Armut, die im eigenen Land Erschrecken hervorrief, vermittelte im April 1959 die Reportage »L'Africa in casa« (Afrika zu Hause), erschienen in der 17. Nummer des kurz vorher gegründeten Wochenblatts »L'Espresso«. Das italienische Wirtschaftswunder entfaltete sich gerade in voller Pracht, als manche zu ihrer Bestürzung erfuhren, daß es in ihrem Land Menschen gab, die außer Brot, *pasta* und wilder Zichorie nichts zu essen hatten (Fleisch vielleicht einmal alle paar Jahre, wenn ihr Esel starb), nicht lesen und schreiben konnten, den König noch immer für das Staatsoberhaupt hielten, wenige Dutzend Kilometer vom Meer entfernt lebten, es aber noch nie gesehen hatten und auf die Frage »Was ist die Republik?« antworteten: »Weiß nicht, dort bin ich nie gewesen.«

Den Kenner und Liebhaber der nicht existierenden italienischen Küche wird schwerlich überraschen, daß sie vor zwanzig Jahren in einem kulinarisch und sinnlich unterentwickelten Land, der Heimat der *crucchi*, gerade mit ihren mißlungensten Produkten einen nicht wieder gutzumachenden Erfolg hatte. Im Lande, wo es nach Sauerbraten, Sauerkraut und saurem Schweiß duftet, hatten sie gerade erst zu entdecken begonnen, daß die Küche der Länder, aus denen die mediterranen, balkanischen, osmanischen Entwicklungshelfer für das Wirtschaftswunder kamen (deswegen hießen sie Entwicklungsländer), tatsächlich geeignet war, die deutsche zu entwickeln. Der Sprachexport ist bezeichnend: Die Höchstleistungen der deutschen Küche reichten in russischen Augen bis zum belegten Brot. Dieser Inbegriff deutscher Gastronomie heißt auf gut russisch (in lateinischer Umschrift): Butjerbrod.

Noch in den sechziger Jahren genügte die Aufschrift *Pizzeria* oder *Osteria*, um an den eben gehabten ersten adriatischen Urlaub und seine Glücksgefühle zu erinnern. Ein Padrone, der in seiner Heimat einen sicher ehrenwerten, nicht unbedingt gastronomischen Beruf ausgeübt haben mochte, ließ es sich angelegen sein, die Erinnerungen aufzufrischen. Er kredenzte einen Chianti, der das toskanische Hügelland bestenfalls aus dem Spundloch eines durchreisenden Weintankwagens erspäht hatte, oder einen Orvieto, der den Tuff des Felsens von Orvieto nur von unten, aus dem Blickwinkel der diskreten Kellerlabors wunderbarer Weinvermehrung erlebt hatte, oder einen Nobile di Montepulciano, der den Sonnenschein nur vom Hörensagen kannte, wie seine morganatische Herkunft den Adel. Dazu gab es matschige Spaghetti und einen Parmesan, der wie vakuumverpacktes Sägemehl aussah und entfernt ähnlich schmeckte. Der Padrone sprach sein heimatliches Idiom bereits mit deutlich niedersächsischem Zungenschlag und brachte denn auch folgerichtig einen deutschen Kaffee (Aussprache: Khäffe), wenn ein

Caffè (sprich: ggafffà') bestellt war. Die italienische Stimmung stellte eine Kerze her, die in einem *fiasco* steckte, der strohumflochtenen bauchigen Chiantiflasche.

Dieser sozusagen pubertären Phase des Snobismus sind die Länder nördlich der Alpen längst entwachsen. Heute gibt es auch nördlich von Gotthard und Brenner sehr gute italienische Restaurants. Sie bedienen den Snob nicht mehr mit Arroganz und zweifelhafter Qualität, sondern – ganz authentisch, ganz wie in Italien – mit hohen Preisen, die Herzen höher schlagen lassen. Höchstens winzige deutsche Kompromisse gehen sie ein. Die *pasta* ist nicht ganz *al dente* (kernhart, zum Beißen) gekocht, sondern eine Spur weicher. Die traditionelle Zubereitung sieht man nicht ganz so streng. Der *grana*, der geriebene Käse, ist in den seltensten Fällen ein *Parmigiano Reggianono*, ein echter Parmesan, sondern der ähnliche, aber erheblich billigere *Grana Padano* aus den Nachbarprovinzen, öfter noch ein harter *pecorino* (noch billiger) oder mit diesem gemischt. Das musikalische Hintergrundgedudel beim Italiener könnte man als amerikanische Verfälschung werten, begänne die akustische Seuche nicht auch in Italien von McDonald's und jenen Snack Bars, wo man eine »Pizza« bekommt, auf ernsthafte Verpflegungsstätten überzugreifen. Ein Wort zur »Pizza« im Unterschied zur Pizza: Meist rechteckig geschnitten, handelt es sich um ein leicht aufgewärmtes Produkt der amerikanischen Gummiindustrie, belegt mit einer käseartigen Plastiksubstanz und Tomaten-Ketchup, neuerdings auch eingeschweißt. Eingeführt wurde die »Pizza« in Italien, um den unerträglichen Fremdenverkehr zu bremsen, bisher ohne Erfolg.

Das Gedudel kann man bekämpfen, schon wenn man einen Tisch vorbestellt. Sie fragen mit erwartungsvollem Ton, ob nicht nur die Küche, sondern auch die Musik gut ist. Auf das »Selbstverständlich!« im Brustton der Überzeugung können Sie entgegen: »Dann komme ich nicht. Ich will ungestört essen.« Wenn Sie auf gut Glück zum Essen ausziehen, können Sie sich mit dem Kellner einigen. Sie loben die wunderbare Musik, knirschen nur innerlich mit den Zähnen und benutzen das schon beschriebene Schema *Lei ha ragione, ma ...*, um das Gesicht des Wirtes zu wahren. Sie sagen selbstverständlich nicht, daß Sie die Klangumweltverschmutzung für deprimierend eßkulturfeindlich halten, sondern bitten um Verständnis und darum, die Musik auszuschalten, weil

– Sie leider ganz schlecht hören und nicht auf die wichtige Besprechung beim Essen verzichten können,
– Sie den berühmten ungarischen Dirigenten Hódmezövásárhely inkognito zu Gast geladen haben, der gerade fünf Stunden mit dem Orchester des Opernhauses geprobt hat und Ruhe braucht (»Pst, lassen Sie sich bitte nicht anmerken, daß Sie ihn erkennen!«),
– Ihre Frau allergisch ist, von Musik Ausschlag bekommt und Ihnen die Hölle heiß machen würde (»Sie wissen ja, wie Frauen sind ...«),
– Sie die berühmte Küche dieses Restaurants ohne jede Ablenkung bis in die letzte Nuance genießen möchten (»Sagen Sie bitte Ihrem Koch ein Kompliment«).

Im gastronomischen Raum-Zeit-Kontinuum behandle ich zuerst die Tageszeiten. Das Morgengrauen, das zu Recht so heißt und bis gegen Mittag dauern kann, ist die Zeit der *(piccola) colazione* und führt zuerst in die Bar. Es führt nur dann in den Frühstücksraum eines Hotels, wenn dieses die nationale Hotelfrühstückstradition verraten hat. Sie besteht darin, einen dem Morgengrauen angemessenen, also grauenhaften Kaffee mit harten Brötchen vom Vortag, leicht ranzigen Butterpackungen vom vorigen Monat und abgepackter Marmelade mit Aluminiumgeschmack zu servieren. Zögernd beginnt sie sich unter dem Druck mitteleuropäischer Einflüsse zu verlieren. In guten Hotels Venedigs bekommt man schon zum Preis eines ausgezeichneten deutschen Abendessens ein Frühstücksbuffet, das aussieht, als wären die Hunnen darüber hergefallen.

Die italienische Bar ist kein schummeriges Vergnügungslokal. Mit »Stehcafé« ist die Einrichtung nur höchst unzureichend umschrieben. Es ist wahr: In den meisten Fällen gibt es nur den Tresen und Stehplätze, bisweilen ein, zwei Tischchen. *Il bar* ist ein Frühstückslokal, wo die Norditaliener, die morgens eilig zur Arbeit streben, ihren *cappuccino*, den *caffè* mit geschäumter heißer Milch, und ein Gebäck zu sich nehmen, das gewöhnlich *brioche* (briósch, aus dem Französischen) genannt wird. Wer das Wort gelernt hat und in Neapel anwendet, wird sich wundern, daß ihn niemand versteht. Dort heißt es *cornetto*.

Hier ist eine deutsch-italienische Sprachanmerkung fällig. Es gibt zwar eine hochdeutsche Sprache, aber keine, die herkunftsneutral wäre. *Brioche/cornetto* kann der Deutsche mit Hörnchen übersetzen oder mit Kipferl, er kann den Rahm Sahne nennen und die Sahne Obers (der für einen böhmakelnden Wiener Hausmeister Schmetten heißt). Der Norddeutsche hat gestanden und gesessen, der Süddeutsche ist gesessen und hat nur gestanden, wenn etwas zu gestehen war. Der Hamburger ißt Quarkkuchen, der Wiener einen Topfenstrudel – aber es gibt für viele regionalen Ausdrücke keinen von Schleswig bis Südtirol einheitlich gültigen überregionalen Ersatz. Der schon genannte Artusi hält es für nötig, seinem Kochbuch eine Erklärung der Begriffe vorauszuschicken, »che, essendo del volgare Toscano, non tutti intenderebbero« – welche, dieweil sie aus der toskanischen Volkssprache kommen, nicht von allen verstanden würden. Tatsächlich haben sich manche blumigen Bezeichnungen landesweit durchgesetzt, andere bleiben außerhalb ihrer Region unverständlich. Jeder kennt die mit getrockneten scharfen Paprika gewürzten *penne all'arrabbiata*, die den Atem erhitzen. Das plastische Bild (»nach Art der Zornigen« meint wohl die Köchin) läßt eine wild fauchende Küchenhexe vor unserem inneren Auge erstehen. Nicht alle kennen jene etwas dicklichen kurzen Spaghetti, die in der Toskana *strangolapreti*, anderswo *strozzapreti* heißen, Pfaffenwürger: Wir glauben, den gotteslästerlichen toskanischen Freigeist Boccaccio lachen zu hören, wenn ein fetter, apoplektischer Kuttenträger an den gierig verschlungen dicken Nudeln schier erstickt und rot anläuft.

Die Bar ist Treffpunkt und öffentliches Telefon; in den Geschäftsstädten wie Mailand und Turin, wo hart und auch hektisch gearbeitet wird, ersetzt ein *panino* oder *tramezzino* (eine Art Sandwich) in der Bar, begleitet von einer *spremuta* (ausgepreßtem Orangen- oder Grapefruitsaft), die nächste Mahlzeit, das Mittagessen. Das *Caffè*, das dem Wiener Kaffeehaus entspricht, gibt es naturgemäß dort, wo die Österreicher ihre Spuren hinterlassen haben, in Venedig, Verona, Mailand, merkwürdigerweise auch in Turin, weiter im Süden selten.

Für *pranzo* (Mittag) und *cena* (Abendessen) empfiehlt es sich, daran zu denken, daß Italiener tolerant und flexibel sind – außer bei den starren (Mahl-)Zeiten der Restaurants. Es gibt eine lange Reihe von Begriffen für den Ort, wo man ißt: Das *Ristorante* (aus dem Französischen, als Fremdwort geadelt) verliert an Wertschätzung als *Ristorante-Pizzeria*, die *Birreria* (wo der Bierausschank überwiegt) ist volkstümlicher, die ursprünglich nur neapolitanische *Pizzeria* noch einfacher. Von der *Trattoria* (wo der Gast »traktiert« wird) geht es abwärts über die *Osteria* (wo der *oste*, der Gast, vom *oste*, dem Wirt, traktiert wird), die fast nicht mehr übliche *Locanda* (die man aus Goldonis Komödien als einfaches Gasthaus kennt, wo man ißt, manchmal auch übernachtet oder beides tut), die *Taverna* (im Mittelalter eine manchmal übelbeleumundete Spelunke, heute ein Lokal, wo vorzugsweise Wein ausgeschenkt wird) zur (sehr) schlichten *tavola calda* (warmes Essen).

Sie alle geben dem Hungrigen, was er wünscht, erwarten aber, daß er zwischen zwölf und spätestens zwei (im äußersten Süden noch halb drei) Uhr das Lokal betritt. Davor und danach ist man auf die Gummipizza und ähnliche Genüsse angewiesen. Abends dasselbe: Die Restaurants öffnen nicht vor halb acht, je weiter im Süden, desto später ißt man. Das heißt nicht, daß Sie säumen dürfen. Um zehn Uhr schließt die Küche meist. Es kann – selbst in größeren Städten – schwer sein, später etwas zu essen zu finden, zumindest im Winter. So diszipliniert der Stundenplan, so verwirrend die Begriffe. Bei feinen Einladungen ist die *colazione* zu Mittag, der *pranzo* am Abend. Und eine *Osteria, Locanda, Trattoria* oder *Taverna* (»rustikal« eingerichtet vom Edeldesigner) kann das tiefgestapelte Allerfeinste (und Teuerste) sein.

Es ist offenbar ein Relikt freien, wilden Germanentums, in Restaurants nach Gusto auf den freien Platz loszustürmen. In Italien, Amerika und in Rußland ist das anders: Der Kellner weist einen Platz an. In Italien ist das mehr als Angebot, nicht als Befehl zu verstehen. In der untergegangenen DDR hatte diese Regel diktatorischen Charakter. Draußen wartete die Schlange, drinnen plauderten die Kellner zwischen leeren Tischen, und gelegentlich kam einer an die Tür, um barsch zu erklären: »Alles besetzt!«

Das vollständige Mahl im Restaurant umfaßt *antipasto* (Vorspeise), *primo* und *secondo (piatto)* (ersten und zweiten Gang), zum *secondo* auch *contorni* (Beilagen), danach *formaggio* (Käse). Die Käseauswahl wird oft auf dem *carrello*, dem Wagen, vorgefahren, ebenso das *dolce* (Dessert), an seiner Stelle wahlweise auch *frutta* (Obst). Danach nimmt man den obligaten *caffè* oder einen *digestivo* oder beides. Harte Männer genehmigen sich einen *caffè corretto*, einen (mit Grappa oder einem anderen Schnaps) »korrigierten« Kaffee.

Ein Wirt mit deutscher Erfahrung findet nichts dabei, wenn Sie am Ende einer ausführlichen Mahlzeit einen Cappuccino bestellen. In Italien gilt das entweder als Erweis, daß Sie die Landesgepflogenheiten nicht kennen, oder als subtile Beleidigung (Sie brauchen einen Frühstückskaffee, weil Sie nicht satt geworden sind, oder weil es nicht geschmeckt hat). Im ersten Fall übt der Wirt milde Nachsicht (und verrechnet sich zu seinen Gunsten). Über das Mißtrauen, das auf Mißverständnissen beruht, sind Sie schon hinaus. Es wird Ihnen nicht passieren, daß Sie nur eine Kleinigkeit essen und sich über den Beutelschneider beklagen, der Ihnen allein für die Semmel fünf Mark abgeknöpft hat. Das ist das *coperto*, der Grundbetrag für das Gedeck. An seiner Höhe können Sie den Typ des Lokals abschätzen, noch bevor Sie *Il conto, per favore* verlangen. Nur ein Anfänger ist so vertrauensselig, daß er bedenkenlos im Wörterbuch nachschlagen würde, um »Zahlen bitte« in *Pagare prego* zu verwandeln. Das *conto* wird selbst in der bescheidensten Osteria auf einem Teller gebracht, normalerweise als *ricevuta fiscale*, auch ohne besondere Aufforderung: pro Tisch immer nur eine Rechnung. Wer sich unbeliebt machen will, verlangt getrennte Rechnungen – vorher. Wenn nicht ein edler Wettstreit darum entbrennt, wer wen einlädt, machen Italiener die Aufteilung zu gleichen Teilen unter sich aus: *alla Romana*. Aus der Redewendung müßte man schließen, daß Römer die Tischgenossen nicht einladen, zugleich großzügiger und egoistischer sind als gewöhnliche Italiener.

Kein vernünftiger Mensch ißt sich durch sämtliche vier oder fünf Gänge – ein Wirt, der Ihnen das aufzuschwatzen versucht, verdient Ihr Mißtrauen. Es gibt drei Arten von Mahlzeiten, wo man das tun kann. Bei Galadiners arbeitet sich der Gast durch alle Gänge, deren Zahl verdoppelt, sogar verdreifacht sein kann, weil dafür die Mengen vernünftigerweise auf Kostproben reduziert sind. Ähnlich aufgebaut ist ein *menù di degustazione*, ein Verkostungsmenü, wenn Ihnen der stolze Wirt die Vielfalt der individuellen Varianten seiner Küche vorführen will: fast immer zu empfehlen. Drittens haben geschäftstüchtige Gastronomen von der französischen Nouvelle cuisine zum eigenen Vorteil die Forderungen des gesunden Essens übernommen, doch leicht uminterpretiert. Damit sich der Gast nicht überißt, aber weil das Auge bekanntlich mitißt, wird auf prächtigen, großen Tellern eine sorgfältig dekorierte Portion serviert, die auf einen hohlen Zahn geht, ohne daß es der Gast merken soll.

Das Raffinement liegt in einem geometrisch-ökonomischen Trick: Die Volumina ähnlicher Körper verhalten sich zueinander wie die dritte Potenz der Längen. Ein hübsch dekoriertes Häufchen *tagliatelle* mit dem halben Durchmesser enthält ja nicht die Hälfte, sondern nur ein Achtel des deftigen Bauerntellers in der Landtrattoria! Weil der Preis für die besondere Qualität (und die Amortisation des Tellers) des Gangs auch nur doppelt so hoch ist (während weitere Erhöhungen im *coperto* und im *servizio* versteckt sind), zahlt der Gast am Ende in Wirklichkeit, auf die verzehrte Menge bezogen, bis zum Zwanzigfachen. Ob solche Institutionen auch die zwanzigfache gastronomische Qualität bieten, bleibe dahingestellt. Die Technik der optischen Täuschung haben auch Pizzerien erobert, die mit dem Dreiviertel des Durchmessers in Wirklichkeit eine nur noch halb so große Pizza anbieten und, was noch in den achtziger Jahren undenkbar war, auch für die Pizza ein *coperto* in Rechnung stellen.

Die Dimension des (geographischen) Raums der italienischen Gastronomie entbreitet sich unübersehbar. Unübersehbar die gastronomische Literatur. Ein paar mehr als dürftige Hinweise müssen hier genügen. Die historische Grundbedingung jeder großen Küche, der französischen, der Wiener, der russischen, türkischen, indischen oder chinesischen, ist die Vielfalt der Rohstoffe aus gegensätzlichen Klimazonen und unterschiedlichen Traditionen, die sich im Brennpunkt, im wohlhabenden Machtzentrum eines großen Reiches begegnen. Begreiflich, daß dort, wo (in Epochen ohne weltumspannenden

Güterverkehr) außer Gerste und Kraut wenig gedieh, die Küche eher zur Minimal Art neigte. In Paris, in Wien, in Moskau, Istanbul oder Beijing schuf ein mächtiger Herrscherhof jeweils die Bedürfnisse und die Mittel, eine große Küche entstehen zu lassen, die wiederum in das ganze Land ausstrahlte.

Theoretisch gälte das auch für das britische Empire. Daß die englische Küche trotzdem erfolgreich ihren Ruf der Ungenießbarkeit verteidigt hat, läßt sich nur mit einem ehernen Traditionsbewußtsein erklären, das über die Eßgewohnheiten unterjochter Völker verächtlich hinwegsah. Theoretisch gälte das Theorem der Entstehung einer großen Küche (mit einiger Verspätung) auch für Amerika. Es wird noch ein paar Jahrhunderte brauchen. Die Vielfalt gibt es schon, beispielsweise in New York oder San Francisco. Andererseits hat die Entwicklung zum Tiefgefrornen und zu Mahlzeiten in Fertigteilbauweise die Chance vielleicht schon für immer verspielt.

Wo aber war das Machtzentrum in Italien, das die Klima- und Vegetationszonen vereinigte? In der Antike war es Rom, die Hauptstadt der Welt – dann war lange so recht keines mehr vorhanden. Aber von den Errungenschaften der römischen Küche blieb zum Glück wenig. Die berüchtigte Fischsauce, die bei den meisten Gerichten in kühlschrankloser Zeit an Geschmack und Geruch überdecken sollte, was nicht taufrisch war, ist verschwunden. Geblieben sind der aus Persien eingeführte Pfirsich und die Kirsche, die der Feldherr Lucullus aus den Kriegen gegen Mithridates mitgebracht hat. Seine Siege im Orient sind vergessen, was uns schmeckt, loben wir noch immer als lukullisch. Zum Paradox der nachantiken italienischen Küche (ich halte einfachheitshalber an diesem unkorrekten Ausdruck fest) gehört, daß sie nicht vom Reichtum, sondern von der Armut geschaffen wurde. Die Apenninenhalbinsel stellt sich historisch dar wie ein Durchhaus. Immerfort war irgendwer unterwegs, meist nicht zum Vergnügen. Sehr oft war der Reisegrund der Hunger. Um die Jahrhundertwende gab es zum Beispiel heftige Wanderwellen aus dem armen Süden nach Norden.

Zum notleidenden Süden gehörte damals auch die Toskana. Aus der Gegend von Lucca und Pisa kamen die Underdogs, als Maronibrater oder fliegende Garküchenchefs für Lohndiener und Fiakerkutscher. Sie arbeiteten sich zäh bis zur *Trattoria* empor und eroberten mit dem Starrsinn, der den Toskanern nachgerühmt wird, die Landstriche der Polenta und des Risotto. Diese Hartnäckigkeit teilten sie mit den Umbriern, als es im Kirchenstaat um eine als unbillig empfundene Salzsteuer ging: Sie buken ihr Brot salzlos. Die Salzsteuer ist inzwischen bedeutungslos für die toskanische Küche; der hartnäckige Protest, oder besser das Ergebnis der Dickschädeligkeit, ist geblieben. Noch heute ist toskanisches und umbrisches Brot ungesalzen.

Eine »italienische« Küche gibt es noch immer kaum, auch wenn sich die regionalen Küchen als enge Verwandte mit vielen gemeinsamen Zügen darstellen. Zu den Konstanten gehört an erster Stelle die *minestra*, definiert als Teig- oder Reisgericht mit Gemüsen oder anderen Zutaten. Die *primi* stehen manchmal auch als *minestre* auf der Karte, obwohl das Wort heutzutage eigentlich nur für Suppen verwendet wird. *Minestre* umfassen nicht nur *pasta in brodo* (Teigwaren in Suppe), sondern auch *pasta asciutta* (trockene Teigwaren). Die *primi* sind der gemeinsame Nenner ungezählter lokaler Varianten. Spaghetti (Schnürchen), *vermicelli* (Würmlein), *tagliatelle* (kleine Geschnittene), *penne* (Federn), *rigatoni* (große Gerillte), *bucatini* (kleine Gelochte), *farfalle* (Falter): sie – und Hunderte anderer Begriffe – zeigen, was italienische Phantasie aus dem immergleichen Hartweizenteig zu formen imstande war. Heute hat sich sogar das Industriedesign der Pasta bemächtigt. Künstler entwerfen Formen nach präzisen Vorgaben: die Kochzeit, die Ästhetik, der Halt auf der Gabel, die Aufnahmefähigkeit für Saucen.

Die gefüllten Teigwaren (*tortellini, ravioli, tortelloni, lasagne, cannelloni* und viele mehr) haben sich in erster Linie in der Emilia entwickelt. Die gemeinsame Basis aller dieser Küchen sind ferner seit Römerzeiten das Gemüse (Bohnen, Zwiebeln, Lauch, Salate, Erbsen, Zucchini, Melanzane, Spinat), König Knoblauch, Kräuter wie Origano, Salbei und Basilikum, der wilde Rosmarin. Seit Kolumbus haben sich die *pomodori* und die *peperoni* (Paprika) überall einen fast beherrschenden, die Kartoffeln im Norden einen festen Platz erobert. (Was die Deutschen Pepperoni oder Pfefferoni nennen, die scharfen kleinen roten Paprika, sind *peperoncini*.)

Die »ambrosianische«, die Mailänder Küche auf der Grundlage der Polenta und des Risotto, der Butter und des Gorgonzola, der Würste der Padana, des *ossobuco*, der *cotoletta alla milanese*[3] befindet sich auf dem Rückzug. Noch zu der Zeit Alessandro Manzonis waren in der Lombardei Spaghetti eine kaum bekannte Rarität. Gekocht wurde mit tierischen Fetten. Dante (nicht der Dichter), Carapelli, Olio Sasso lieferten einander Werbeschlachten, um ihr Öl auf dem oberitalienischen Markt durchzusetzen – aber auch das Olivenöl überhaupt. Auch dabei gab es Glaubenskriege, ob das ligurische oder das toskanische Öl das bessere sei. Ganz ähnlich drängte die Pizza – zuerst mit wenig Erfolg – nach Norden: nach Rom, später nach Mailand.

Mailand ist heute, in nationalen Dimensionen, ein gastronomischer Brennpunkt wie New York: Es gibt hier, wie an wenigen anderen Orten, neben der lokalen, eigenen so gut wie alle regionalen Küchen. Es gibt sie, weil die Immigranten ihre Regionalküchen mitbrachten. Der fortschrittliche Deutsche, der den Hauch der großen Welt zu atmen weiß, belächelt den zurückgebliebenen, der in Tokio auf die Suche nach Bratwurst geht, in Kampala den Filterkaffee vermißt, in Singapur die Königsberger Klopse. Die Italiener haben zwar kein eigentliches Wort für Heimweh, empfinden aber im Durchschnitt die Entbehrung heimischer Küche und Eßgewohnheiten schon hundert Kilometer entfernt noch schmerzlicher. Darum tragen sie, wenn sie sich in der Fremde niederlassen, Sorge, daß da ein Stückchen Italien sei. Die piemontesischen Lokale in Mailand, die ligurischen in Piemont, die toskanischen in Ligurien, die Pizzerien in der Toskana, die Trattorien der Sizilianer und Kalabresen in Rom – das ist die nationale Variante von *Little Italy* in New York.

Nebenbei etablierte sich zuerst in Mailand die Ausnahme von der Regel, daß in Italien ausländische Restaurants schwer Fuß fassen. Die Chinesen, mit leichten Konzessionen dem italienischen Gaumen zuliebe, wie »der Italiener« jenseits der Alpen, breiten sich aus. Einige japanische Restaurants haben guten Ruf. Neuerdings, von heftigen Pressefehden begleitet, erobern die Gaststätten des *Fast food* Italien an den markantesten Plätzen wie der Piazza Spagna in Rom oder der Galleria Vittorio Emanuele in Mailand.

Es ist leicht einzusehen, daß der Reisende sich vernünftigerweise auf diesem Gebiet nicht antizyklisch verhalten sollte. Wenn es in Sizilien schon schwer ist, eine sizilianische *caponata*[4] aufzutreiben, so ist in Oberitalien selbst die zielstrebige Suche danach fast hoffnungslos. Natürlich können Sie auch im Veltlin Meeresfrüchte essen (es wird Tiefgefrorenes sein) oder am Montag Fisch bestellen. Dessen Qualität steht fest: Daß er nicht frisch ist, wissen Sie, weil die Fischer normalerweise Sonntag nicht ausfahren. Das Gesetz verlangt, daß Gaststättenbetriebe einen Ruhetag haben (müssen), außer in Brennpunkten des Tourismus. Es ist am häufigsten der Montag, vielleicht eben wegen der Fischküche, sonst Dienstag oder Mittwoch.

In einer einfachen Küche ist vieles eine Frage der Zeit. Wenn sich das Erdendasein der Schweine erfüllt, die um Carrara aus Marmortrögen fressen, braucht der rohe Speck, nach altem Rezept schichtweise bestreut mit Salz und aromatischen Kräutern, in Marmortrögen die Muße vieler Monate, zu einer Köstlichkeit zu reifen, die heutzutage so rar geworden ist, daß man die Fundstellen nicht verraten mag. Und eines der wichtigsten Gerichte des Südens, die scheinbar ganz einfachen *spaghetti aglio, olio e peperoncino* (mit Knoblauch, Öl, scharfem Paprika) sind ein Test für den guten Koch, denn sie verlangen ein sekundengenaues Timing. Ebenfalls wegen der Dimension der Zeit haben viele Rezepte Artusis nur noch historischen Wert. Ein moderner Koch kann nicht viele Stunden für die Zubereitung eines Gerichts aufwenden.

Was spricht gegen Erdbeeren zu Weihnachten, was gegen ein *tiramisu* (das aus *mascarpone* gemacht wird, einem Käse, der bei Hitze schnell einen Stich bekommt) mitten im Sommer, wo wir doch Kühlschränke haben? Warum Jahreszeit und Ort beachten? Weil gastronomische Überlieferungen ihren Sinn haben. Und weil das, was der Koch am besten beherrscht oder nach dem Marktangebot im Augenblick am besten liefern kann, Sie am ehesten befriedigen wird.

In manchen Gegenden (etwa Piemont) häufiger als anderswo finden Sie Restaurants mit einem *menù a prezzo fisso*, egal was und wieviel Sie essen. In einer piemontesischen oder valdostanischen *piola*, wo man sich durch geräucherte Köstlichkeiten, herzhafte Bauernwürste und eingelegte Pilze die nötige Unterlage für den Roten aus dem valdostanischen Arnaz schaffen mag, werden Sie keine Pizza verlangen. Sie werden dafür die *grolla* nicht zurückweisen. Das ist eine Art tönerner Kessel mit ebenso vielen Mundstücken, als Gäste am Tisch sitzen – oder wenigstens ungefähr. Die Grolla kreist um den Tisch, der Inhalt ist meist Geheimnis des Hauses, seine befeuernde Wirkung weniger rätselhaft. Je leerer die Grolla wird, desto weniger genau nehmen es die Gäste mit den Mundstücken. Vom Pizzavirtuosen, der mit einer akrobatischen Jongleurgeste das runde Teigstück in die Luft wirft und ihm genau die Drehung mitgibt, daß es durch die Fliehkraft zur Tellergröße gedehnt wird, werden Sie kein Risotto verlangen. Vom Trentiner wollen Sie keine apulische Fischsuppe. Im Veneto will man nicht unbedingt den arabischen Wurzeln der sizilianischen Küche nachspüren.

Einen *piatto locale*, eine Spezialität der Gegend zu verlangen, ist ein Kompliment des Gastes an den Gastgeber. Ihn außerdem um Rat zu bitten, ist ein Zeichen des Vertrauens, das er nicht enttäuschen kann, wenn er nicht *brutta figura* machen und das Gesicht verlieren will. Gewiß: In Nepplokalen wird so ein Vertrauen schmählich mißbraucht. Beim Wein ist Beratung zwar auch sinnvoll – doch ist es nicht angebracht, ihr blind Vertrauen zu schenken. Zu groß ist die Versuchung für einen Wirt, Sorten oder Jahrgänge, die ausgetrunken werden müssen, zuerst zu empfehlen, unabhängig davon, ob sie zum Essen passen oder nicht.

In Deutschland gilt es als unhöflich, zu trinken, ohne sich zuzuprosten oder feierlich das Glas zu erheben. In Italien wirkt das altfränkisch und kommt nur bei besonderen Gelegenheiten vor. Ungehörig ist jedoch, Wein aus der Flasche mit einer Bewegung einzuschenken, bei der die Hand *unter* der Flasche liegt, statt sie von oben zu umfassen. Einer der vielen abergläubischen Ticks? Der Grund, der in Vergessenheit geraten ist: In der Renaissance kam es vor, daß ein geschickter Gastgeber den mißliebigen Gast mit Gift aus dem Weg zu räumen suchte, und es gab geeignete Ringe, aus denen beim Einschenken das Gift unsichtbar in den Pokal fließen konnte. Der obenliegende, sichtbare Handrücken demonstrierte die Harmlosigkeit des Einschenkenden.

Die Weinkultur ändert sich. Nicht der Deutsche, der Italiener trinkt ein obligates Bier zur Pizza. Lokale Weine vertragen oft keinen Transport und sind in befriedigender Qualität nur an Ort und Stelle zu trinken, besonders wenn es ein *vino frizzante* ist, ein moussierender Wein (manche Trebbiano-Arten, der Lambrusco aus der Emilia, der piemontesische Freiza). Nicht *nur* die Euphorie verschönt im Urlaub italienischen Wein, nicht nur der fehlende Sonnenuntergang unter Pinien ist an der Geschmacksenttäuschung schuld, wenn man die Flasche zu Hause entkorkt. Für einen toskanischen Brunello oder piemontesischen Barolo, der jahrelang lagern kann und mit einem guten Bordeaux wetteifert, gilt das nicht, für die Weine, die in Barriques ausgebaut werden, den kleinen Eichenfässern, die nach französischem Vorbild zunehmend benutzt werden, ebenfalls nicht.

Nicht nur in Indien, auch in Italien gibt es Opfer des Methylalkohols. 1986 gab es ein paar Tote. Ausnahmslos kam eine Art von Opfern zu Schaden: *pensionati* und ältere Arbeitslose, die ihr Dasein an der Grenze zum Existenzminimum mit dem billigsten verfügbaren Alkohol freudvoller machten. Sie tranken »Weine«, deren Preis allein sie schon als Produkte der Panscherei entlarvte. Die halbe Million Alkoholiker in Italien, von denen die Statistik redet, sind ein Zeugnis für zweierlei: den Mangel an politischer Bereitschaft, etwas gegen das gesellschaftlich akzeptierte Rauschgift zu tun, und den Bedarf an der Weltverschönerungsdroge. Auch der Wohlstandsalkoholismus wächst in einem Land, das seit fast dreitausend Jahren maßvollen Umgang mit Wein kennt, aber heute zum größten Importeur von Whisky und Wodka in Europa geworden ist. Gerade in einer der reichsten Regionen, im Veneto, ist Alkoholismus am stärksten verbreitet.

Mit einem zweiten Suchtgift steht es besser oder, wenn man den Rauchern glaubt, schlechter. Die intoleranten Nichtraucher beginnen, vorerst nur im Norden, ihr Recht auf unverbrauchte Luft durchzusetzen. Der Prozentsatz an Rauchern steigt im Süden, bei Frauen, Jugendlichen, Arbeitslosen: Rauchen ist da noch immer, mitunter ersatzweise, ein Symbol für Emanzipation und Wohlstand. Das Essen aber ist unantastbar: Wer freundlich darum bittet, die *maccheroni* ungeräuchert essen zu dürfen, darf mit Entgegenkommen rechnen. Vielleicht wird, wie in alter Zeit, die Erfüllung gastronomischer Grundbedürfnisse wieder häufiger: Sie wollen doch sicher nichts anderes von einem Gasthaus, als daß Sie das Essen essen können, die Getränke trinken, die Luft atmen, und ihren Gesprächspartner hören. Das ist wohl auf der ganzen Welt selten geworden.

Was aber, wenn Sie sich trotzdem plötzlich unwohl fühlen sollten? Ein Stechen im Bauch / in der Brust / im Hals? Fieber? Übelkeit? Schwindel? Auch dagegen wird in Italien vorgesorgt, wenngleich anders als jenseits der Alpen.

1 Eine gute deutsche Ausgabe im Verlag Klett-Cotta, Stuttgart 1983.

2 Folco Portinari im Vorwort zum »Guida all'Italia gastronomica« von Massimo Alberini und Giorgio Mistretta, Touring Club Italiano, Mailand 1984.

3 Jenes panierte Schnitzel, das dem Pendant aus Wien wie ein Zwilling ähnlich schaut und vom Prioritätsstreit der Gastronomiehistoriker umtost wird. Unstrittig ist, daß es sich um die Leibspeise des Mailänder *feldmaresciallo*, nämlich des Feldmarschalls Joseph Graf Radetzky von Radetz, gehandelt hat, wenn dieser nicht gar an der Transplantation des Schnitzels in die eine oder andere Richtung beteiligt war.

4 Ein raffiniertes Gericht in Olivenöl, aus frittierten Melanzane mit Stückchen von Sellerie, Zwiebeln, Kapern, Oliven und Tomaten in *agrodolce*, einer süßsauren Sauce aus Zucker, gelöst in Essig, Rosinen, Pinienkernen, kandiertem *cedro* (nicht Zeder, sondern Citrus medica, eine große Zitronenart).

Die besten Ärzte und die armen Kranken

oder: Wie der Mensch unter den besten Absichten leiden kann. Kleine Erläuterung, warum Blut in Italien ein ganz besondrer Saft ist, und wie Geisteskrankheiten verschwinden.

Als schwerste Krankheit, die einen sonnenhungrigen Autonomaden aus der englischen oder deutschen Arktis oder den Gebirgssteppen vom österreichischen und schweizerischen Dach Europas treffen kann, gilt allgemein die schon erwähnte fiebrige, stark entzündliche Liebe zu Italien. Sie durchläuft drei oder vier charakteristische, ineinander übergehende Stadien. Das erste ist von einer kaum nachlassenden Euphorie geprägt. »Bontschoano«, sagt der Kranke begeistert zum Hotelier, der zwanzig Jahre lang in Deutschland gearbeitet hat, aber italienisch antwortet, um den Gast nicht zu enttäuschen. In Hochstimmung gießt er den Hotelfrühstückskaffee, den trübsten Quell des Mißvergnügens in der italienischen Gastronomie, mit genießerischem Schlürfen hinunter: »Der Espresso is klasse.« Er jubelt über das blaue Meer und den blauen Himmel. Er freut sich über Süßes von der *zuppa inglese* zum *zabaione*, über Saures von den Zitronen zu den Zitronenblüten (endlich!), über das Rauschen der Zypressen und das Quäken der *zampogna*[1]. »Mir haben sie die Geldbörse geklaut«, murmelt er verzückt, als hätte man ihn zum Senator auf Lebenszeit gewählt oder ihm den Titel *cavaliere* verliehen. In diesem Stadium ist Heilung durch einen mittleren Schock noch ohne weiteres möglich. Es genügt, daß der Urlauber ein angenehmes Hotel, einen sauberen Strand (das gibt es noch), eine ruhige Zwischensaison und eine ehrliche Küche gefunden hat. Dann wird er sagen, das ist ja genau so wie auf den Bahamas, in Tunesien, in der Türkei. Warum sollte ich da nach Italien fahren, wird er fragen. Wenn er gar sagt: Da kann ich ja genausogut zum Italiener um die Ecke gehn, ist er bereits unwiderruflich auf dem Weg der Besserung.

Das zweite Stadium wird von einem andersartigen, krankheitsbedingten Schock ausgelöst. Es ist der Zustand nach einer anfänglichen Überdosis Italien. Er äußert sich in einer trüben Ernüchterung, die in eine tiefe, nur von cholerischen Anfällen unterbrochene Lustlosigkeit und Niedergeschlagenheit übergeht. Der Kranke hat keinen Appetit oder ißt zuviel. Er empfindet alles Mißgeschick der Welt über seinem Haupt ausgegossen und möchte nur eines – weg aus diesem scheußlichen Land, wo nichts funktioniert, wo ihn alle begaunern, wo ihm die ewigen Spaghetti zum Hals heraushängen, die Strände nach Abwasser und die Skandale zum Himmel stinken. Er kann sie nicht mehr sehen, die Marmorstatuen und Renaissance-Palazzi.

Unerklärlicherweise fährt er dennoch nicht anderswohin, oder nur, um bei nächster Gelegenheit wiederzukommen. So hat die Italienliebe Zeit, in ihre unheilbaren chronischen Stadien einzutreten. Die Phase der zunehmenden Landeskenntnis, der Angleichung und Anpassung wird abgelöst von einem Zustand tieferen Verstehens. Die Unglücklichen sind schließlich außerstande, die Realität ernstzunehmen, unfähig, ihren gefährlichen Zustand zu erkennen, und ungeeignet, in einem anderen Land zu leben.

Bedauerlicherweise gibt es Krankheiten, die nicht mit diesem subjektiven Wohlbefinden verbunden sind, ferner Unfälle und anderes Unangenehme wie Zahnweh. Ich kann nicht verschweigen, daß dann die Italienliebe cholerische Rückfälle erleidet. Ein geflügeltes Wort unter Ausländern in Italien beginnt einzuleuchten: Bei schwerer Krankheit ist das beste Rezept ein Flugticket nach Zürich, München oder Frankfurt, je nach Dialektvorliebe. Mit einer Mischung aus Beklommenheit und gedämpfter Freude läßt sich ein Patient etwa in Bologna behandeln. Mit Freude, weil er nicht in einer süditalienischen Provinzstadt hängengeblieben ist.

Dabei sind nicht nur Italiens Ärzte hervorragend, sondern auch Italiens Krankenhäuser besser als ihr Ruf. Der Gesetzgeber schließlich hat es ebenfalls gut gemeint. Aber das ist es ja gerade. Das Gesundheitssystem ist staatlich. Die medizinischen Versorgungseinrichtungen verschlechtern sich kontinuierlich von Norden nach Süden, wenn man sich an die Statistiken hält: immer weniger Ärzte, bezogen auf die Einwohnerzahl, weniger Kliniken, weniger Apotheken, weniger Erste-Hilfe-Stationen, weniger Rettungswagen.

Den gesetzlich krankenversicherten Ausländer (be)trifft das alles in vollem Umfang wie die Einheimischen. Er genießt die fragwürdigen Segnungen internationaler Verträge. Mit anderen Worten: Er bezahlt die (hohen) deutschen oder österreichischen Beitragssätze und erhält normalerweise die katastrophalen Leistungen der italienischen Krankenversicherung, der *ASL*. Die *ASL* ist die reformierte *USL*. Die *USL* hieß früher *SAUB*. Diese ersetzte das *INAM*. Alles klar?

Das Gesetz 833 vom 23. Dezember 1978 über die Krankenversicherung suchte die Schwächen der einstigen nationalen Krankenkasse *INAM* (*Istituto Nazionale per l'Assicurazione contro le Malattie*) zu beseitigen. Das *SSN* (*Servizio Sanitario Nazionale*) erfüllte seine Aufgaben in einer Übergangszeit zunächst in den *SAUB* (*Strutture Amministrative Unificate di Base*), lokalen Gesundheitsämtern, bis die *USL* und *USSL* (*Unità Sanitarie Locali, Unità Socio-Sanitarie Locali*) geschaffen waren. Seit 1992 werden die *USL* reorganisiert, was sich vor allem, wie einst beim Landwirtschaftsministerium, durch den neuen Namen seit 1997 ausdrückt: Jetzt heißen sie *ASL* (*Aziende Sanitarie Locali*) oder *AUSSL* (*Aziende Unità Socio Sanitarie Locali*) oder so. Ihnen obliegt: die Registrierung der Patienten, Wahl und Widerruf des Vertrauensarztes, Bestandsaufnahme und Krankenstatistiken als Basis für die Planung geeigneter Gesundheitseinrichtungen, ambulante Behandlung von Kassenpatienten, Durchführung gesundheitspolitischer Maßnahmen, Kontrolle der Einhaltung von Gesundheits- und Umweltschutzbestimmungen in Betrieben und Schulen, Trinkwasser- und Immissionskontrollen.

Ausgesprochen werden solche Abkürzungen übrigens, wofern sie die Zunge nicht verknäueln, als wären sie ein richtiges Wort: die Usl oder Asl, wie ein österreichisches Beisl. Allerdings gibt es auch Abkürzungen, die buchstabiert werden: die *Banca Nazionale di Lavoro, BNL*, heißt *Bi-Enne-Elle*. (Im Telefonbuch führt das dazu, daß beispielsweise die Firma von zwei Herren namens Savini und Bertoldo, die deswegen S. B. heißt, unter E zu suchen ist: Esse-Bi.) Im Radio und Fernsehen hören Sie darum ein Italienisch, das steht in keinem Wörterbuch und klingt ungefähr so: »Die Rai meldet: Gestern haben sich Tschisl und Uil mit der Konfkommertscho über den Upimkonflikt geeinigt, Ptschi und Psi zeigen sich befriedigt, die Konsob ist vom Anstieg des Mib befriedigt, übt aber Kritik an der Kariplo. Fiat, Snia und Snam äußern sich zuversichtlich. Stet und Iri erwägen eine Umgliederung von Italtel und Italstat. Das Istat hat neue Zahlen über die Entwicklung von Irpef und Ilor veröffentlicht.« Von all den Firmennamen, Institutionen, Parteien, Gewerkschaften, Steuern haben Sie vielleicht nur Fiat (*Fabbrica Italiana Automobili Torino*) verstanden.

Das Reformstückwerk der *USL/ASL* hat jedenfalls nicht viel geändert. Es hat die zentral verwaltete Gesundheit, vielmehr den zentral verwalteten Mangel dezentralisiert. Unglaublich starr ist das System geblieben. Patienten mit einem akuten Kieferabszeß müssen mitunter wochenlang auf einen Termin warten und bekommen auf ihre verzweifelte Frage, was sie in der Zwischenzeit tun sollen, Antworten wie: »Nehmen Sie Aspirin!«

In jedem Fall muß ein Krankenkassenpatient – das Wort bedeutet wohl: jemand, der an der Krankenkasse leidet – zuerst zu seinem Arzt. Der überweist ihn gegebenenfalls an Fachärzte, an Ambulatorien oder zum stationären Krankenhausaufenthalt. Einspruchsmöglichkeiten oder Wahlfreiheit bestehen praktisch kaum. Es ist schon ein Fortschritt, daß man jetzt das Recht hat, nicht nur seinen Vertrauensarzt selbst zu wählen, sondern ihn auch zu wechseln. Dann jedoch hören die Rechte so ziemlich auf. Das System ist statisch und geht davon aus, daß Italiener sich an einem Ort aufhalten und keine Nomaden sind. Berufsreisende, die unterwegs krank werden, haben regelmäßig zur körperlichen noch die bürokratische Unbill zu tragen.

Der Ausländer mit privater Krankenversicherung ist finanziell zunächst schlechter dran. Er muß vorläufig selbst die Arztrechnung bezahlen, ohne zu wissen, wieviel davon er erstattet bekommt. Gleich gut wie andern ergeht es ihm, was die Krankenpflege in Hospitälern betrifft. Besser dran als Kassenpatienten ist er wegen der freien Arztwahl und der bevorzugten Behandlung als Privatpatient, ohne Wartezeiten und mühselige Behördenwege. Das Mitglied einer öffentlichen Krankenkasse muß nur da, wo die italienische Krankenversicherung weniger leistet (Zahnersatz zum Beispiel überhaupt nicht!), mit Rechnungen eine Rückerstattung beantragen. Fazit: Ausländer versuchen, unter Umgehung der *ASL* sich wie ein Privatpatient behandeln und das Ausgelegte hinterher, zu Hause, erstatten zu lassen. Oder sie schließen für die Reisedauer eine zusätzliche Kranken- und Unfallversicherung ab.

Insbesondere die Krankenhäuser erfreuen sich, wenn man so sagen darf, eines üblen Rufs. Sie genießen ihn einesteils zu Unrecht, weil ihre Mängel nicht hausgemacht sind. Andererseits zu Recht, weil diese tatsächlich bestehen. Drittens aber: Deutsche Mediziner beklagen sich über die nämlichen Strukturschwächen. Die sind in der Mehrzahl keineswegs landestypisch. Und nicht das, was ein penibler Deutscher mediterranen Schlendrian nennen würde.

So führen viele Ärzte den heroischen Kampf Don Quichottes gegen die Windmühlen einer Krankenhausbürokratie, welche es am liebsten sähe, wenn das lästige Anhängsel der Mediziner und Kranken verschwände. Es gab und gibt spektakuläre Beispiele unmenschlicher Gleichgültigkeit, wenn lebensgefährlich Erkrankte an der Pforte überfüllter Krankenhäuser barsch abgewiesen werden. Krankenwagen irren mit Blaulicht von Klinik zu Klinik, bis vielleicht die telefonische Intervention über den »richtigen« Draht das Recht des Kranken auf Versorgung herstellt. Ausländer genießen im Schnitt, besonders bei Unfällen, eine Vorzugsbehandlung. Die Instinktreste einer archaischen Gastfreundschaft, das Bedürfnis, *figura* zu machen, das helle Bewußtsein für die Bedeutung des Fremdenverkehrs und für ein gutes Image: Vieles spielt zusammen.

Man muß unterscheiden zwischen der Qualität der Mediziner, der Versorgungseinrichtungen und der staatlichen Krankenversicherung. Dort herrscht eine Mentalität, die den Patienten nicht als Leidenden ansieht, sondern als Verwaltungsakt. Nach einer aktuellen Umfrage über das Gesundheitswesen erbosen sich die meisten Italiener (70 Prozent) über die Bürokratie der Krankenversicherung. Allein das Schlangestehen vor den

Versicherungsschaltern während der Arbeitszeit kostet die Volkswirtschaft umgerechnet drei Milliarden Mark jährlich. Erst an zweiter und dritter Stelle sind die Italiener mit der ständig steigenden Selbstbeteiligung (23 Prozent) und der schlechten Krankenhausversorgung (17 Prozent) unzufrieden.

Wie Kostenerstattung durch die *USL* nach italienischem Recht für einen Ausländer aussieht? Eine harmlose Entzündung kostete mich umgerechnet etwa hundert Mark für zwei Arztbesuche und Medikamente. Das mühsam gefundene zuständige Büro zitierte den Bittsteller aufs Amt. Schon beim zweiten Besuch bekam er ein Formular für den Erstattungsantrag. Der wurde samt den Unterlagen als Einschreiben von der italienischen Post zuverlässig befördert. Die Reaktion ließ kaum auf sich warten. Bereits nach drei Monaten kam ein Scheck über neun Mark. Ich rieb mir verwundert die Augen, mußte mich aber aufklären lassen, daß alles nach dem Erstattungstarif seine Richtigkeit habe. Der Scheck deckte jedenfalls die Portokosten.

Agnelli, Berlusconi oder andere Milliardäre ihresgleichen sind wie der ärmste Rentner zwangsversichert. Auch hier wirkte die juristische Zaubermedizin der Umbenennung: Der Italiener zahlt keinen Krankenversicherungsbeitrag, sondern die *tassa per la salute*, die Gesundheitssteuer. Ein Ausländer, der eine Ferienwohnung in Italien besitzt und sie gelegentlich vermietet, also italienische Einkünfte versteuert, bezahlt für ein Gesundheitssystem, das er nie in Anspruch nimmt. Doch wer nur irgend kann, hustet ohnehin auf die Leistungen der *ASL* und hat eine Privatversicherung. Wer sich eine solche nicht leisten kann – das ist die Mehrzahl –, geht im Ernstfall zum Arzt seiner Wahl, den er selbst bezahlt, ruiniert eher seine Finanzen als seine Gesundheit. Die Konsequenzen: Ärzte behandeln lieber Privatpatienten. (Mit einer Schachtel für Bargeld, Sie wissen schon, warum.)

Natürlich beginnen hier die Gesetze der freien Marktwirtschaft zu wirken. Je gefragter ein Arzt, desto mehr kann er verlangen. Wie unter Anwälten, Malern, Schauspielern, Sängern oder Dirigenten entwickelt sich das Startum mit seinem speziellen Kult. Ganz wie auf anderen Gebieten sind unter den Ärzten die Stars keineswegs immer die Besten ihres Fachs, doch gewiß jene mit der wirksamsten Werbung.

Erstaunlich daran ist, wie Italien von einem Extrem ins andere fällt: Dem weltfernen Ideal der Gleichbehandlung aller Kranken, das in der Praxis zur Gleichschlechtbehandlung geführt hat, steht eine aus deutscher Sicht fast schrankenlose Liberalität gegenüber. Sie verstärkt ohne die Hemmnisse strenger Standesordnungen die Ungleichheit. Jeden Abend sieht man in den unzähligen privaten Fernsehprogrammen offene und Schleichwerbung für Schönheitsoperationen, Privatkliniken, Heilgymnastiker, Fitness- und Rehabilitationszentren, bis herab zum Warzenbesprecher, Handaufleger und Astrologen, der sich gesundheitlicher Probleme annimmt.

Die Apotheken ähneln manchmal amerikanischen Drugstores. Sie verkaufen auch Süßigkeiten, Spielzeug und Unterwäsche. Ausländer profitieren davon, daß die meisten Medikamente erheblich weniger kosten als bei den nördlichen Nachbarn. Während Norditaliener ihren Benzintank in der Schweiz auffüllen, tanken die Schweizer ihre Hausapotheke mit Schweizer Präparaten in Italien voll. Der politische Preis der Pharmaka hat nicht nur das Gesundheitssystem ruiniert, sondern auch die Pharmaindustrie des Landes.

Das starke Einkommensgefälle innerhalb der italienischen Gesellschaft bestimmt auch das Leben im Krankenhaus. Hie große Krankensäle mit restriktiver Besuchszeit, dort modern ausgestattete Zweibettzimmer. Sie sind Kranken vorbehalten, die die erhebliche Preisdifferenz zahlen können und dafür Besuche zu allen Stunden des Tages empfangen dürfen. Die Besuchszeit ist ein wichtiger Heilfaktor. Denn die Krankenschwestern sind weniger zahlreich als in einer deutschen Klinik. Wie so oft springt Privatinitiative ein. Schlecht dran ist, wer keine hilfsbereiten Verwandten hat, die ihn mit Getränken, Handtüchern, Bademantel, Toiletteartikeln, nötigen Handreichungen versorgen. Selbstlosigkeit der Angehörigen ist durch Geld ersetzbar: Wohlhabende Patienten in öffentlichen Krankenhäusern engagieren private Krankenpfleger hinzu. Besonders in Süditalien wirken starke Familienbande und schwache Leistungen der Spitäler zusammen, um ein malerisches Ensemble zu schaffen. Wie einst in Lambarene, Albert Schweitzers Buschklinik, verbringen Verwandte den ganzen Tag beim Kranken, schlafen im Bett neben ihm, um ihm stets beizustehn, bekochen und ermuntern ihn, was dem Heilprozeß gewiß förderlich ist – einer an Hygiene und Asepsis orientierten deutschen Krankenschwester stünden die Haare zu Berge.

Blut ist ein ganz besonderer Saft. Trotzdem hat sich, wo Privatinitiative die Lücken der staatlichen Versorgung schließen muß, auch dieser Saft in Handelsware verwandelt. Das Blut fließt nach den Gesetzen von Angebot (klein) und Nachfrage (groß). Für eine offene Herzoperation braucht man, um die Herz-Lungen-Maschine zu betreiben, die geeignete Saftsorte von einem guten Dutzend Spendern. Die Spender sind selbstlos, weil sie von der Werbung für Bluttransfusionen bei ihrer Menschlichkeit gepackt werden und sich packen lassen. Sie schmeißen eine Runde mit ihrem eigenen Blut gratis. Aber Selbstlosigkeit ist rar. In Italien hat sich herumgesprochen, daß ein florierender Schwarzmarkt hohe Preise zahlt. Wer heute vom eigenen Leib zapfen läßt, hält zugleich die Hand auf. Die Preise schwanken, bewegen sich aber auf dem Niveau erlesener Spitzenweine, von hundert Mark pro Liter aufwärts. Logisch, daß die öffentlichen Krankenhäuser, ohnehin notleidend, über viel zu wenig Blutkonserven verfügen. Sie haben gegenüber Privatkliniken das Nachsehen – Folge der allgemeinen Ineffizienz des Gesundheitswesens.

Kliniken müssen so die Bedarfsdeckung auf dem Markt einfach ihren »Kunden« überlassen. Operationstermine werden oft erst zugesagt, wenn der Patient für die Auffüllung seines Kontos in der Blutbank gesorgt hat. Wie er das macht, ist sein Problem. Im Süden ist der Zusammenhalt der Verwandten groß wie die Großfamilie. Arme brauchen nicht zu verzweifeln, wenn sie unters Messer müssen: Die Onkel, Tanten, Kinder und Enkel, Neffen und Nichten treten zum Blutspenden an. Aber wenn die Verwandten ins ferne New York, ins noch fernere Mailand emigriert sind oder die falsche Blutgruppe haben? Auch da findet sich eine Lösung. Ein Bekannter sollte sich im Ospedale San Camillo in Rom einer schweren Herzoperation unterziehen. Nichts einfacher als das: Seine Frau kannte einen Arzt, der in Latina tätig war, kaum hundert Kilometer von Rom entfernt. Im dortigen Krankenhaus bekam sie den besondren Saft ohne Umstände, gegen das Versprechen, eine gleiche Menge Nachschub zu liefern. Dann telefonierte sie abwechselnd mit der Klinik, um zu erfahren, wie es dem Herzpatienten auf der Intensivstation geht, und mit Freunden, um sie zum Blutspenden in Latina zu bewegen.

In archaischen Gesellschaften werden Schwerkranke manchmal ausgestoßen. Besonders gegenüber Geisteskranken ist auch in Europa noch viel irrationale Angst, Abwehr und Verdrängung im Spiel. Die Geschichte der Psychiatrie in Italien ist ein trauriges Beispiel dafür. Das *Archivio critico dell'informazione* in Mailand stellte fest, daß in den Massenmedien »die Irren« bis 1969 fast nur auf den Seiten der Skandalchronik vorkamen. Die öffentliche Meinung setzte fast stereotyp »wahnsinnig« mit »gewalttätig« gleich. Nach 1968 begann ein langsamer Wandel. Damals erschien bei Einaudi in Turin das Buch »L'istituzione negata« (Die verweigerte Institution) des Psychiaters Franco Basaglia und seiner Frau, der Soziologin Franca Ongaro. Basaglia denunzierte die vorsintflutliche, unmenschliche Behandlung psychisch Kranker im traditionellen Irrenhaus: Anstalten wie Gefängnisse, wo bisweilen wenig qualifiziertes Personal mit den Foltermethoden der Zwangsjacke, der Fesselung ans Bett, des Elektroschocks, des Insulinkomas, der Lobotomie, der berüchtigten Gehirnlappenoperation, weniger den Kriterien der Wissenschaftlichkeit als der Bequemlichkeit folgte.

Basaglia zeigte in Görz gegen den Widerstand der Öffentlichkeit, der ihn schließlich vertrieb, daß es auch anders ging. Mit gezielten Therapien und ohne Zwangsmethoden wurde die Zahl der Patienten in stationärer Behandlung von siebenhundert auf hundertsechzig verringert. Basaglias Kampf in der Öffentlichkeit für eine menschenwürdige Psychiatrie hatte nach zehn Jahren Erfolg. Am 13. Mai 1978 verabschiedete das Parlament das nach ihm benannte Gesetz 180. Es verfügte die Auflösung der psychiatrischen Kliniken und die Behandlung der Kranken in Ambulatorien und Wohngemeinschaften. Es war ein Pyrrhussieg.

Viele Gesetze in Italien, von rasch wechselnden Regierungen rasch zusammengestoppelt, die ihre Nachfolger vor vollendete Tatsachen stellen wollen, bleiben ohne Ausführungsbestimmungen oder aus anderen Gründen wirkungslos. Als das Gesetz 800 vom Jahr 1967 die private Künstlervermittlung für Opernhäuser verbot, aber die staatliche Arbeitsvermittlung die zu diesem Zweck nötigen Agenturen nicht schuf, handelten die Operndirektoren zwangsläufig illegal, um den Betrieb aufrechtzuerhalten. Erst 1978, als einige berühmte Intendanten verhaftet wurden, schuf der Skandal Abhilfe. Auch der *Legge Basaglia* ging es so. Der zweite Schritt – nach dem radikalen Achtundsechziger-Slogan »Schafft die Irrenhäuser ab!« – wurde vor dem ersten – Einrichtung der Ersatzstrukturen – getan. Die Folgen waren fatal.

Die Ambulatorien, deren Finanzierung ungewiß blieb und deren Aufbau in vagen Ausführungsbestimmungen den Regionen zugeschoben wurde, standen vielfach nur auf dem Papier, die hilflosen Kranken auf der Straße. Angehörige fühlten sich überfordert. Die Zahl der *barboni* und *barbone*, der Stadtstreicher beiderlei Geschlechts, stieg nach 1978 scharf an. Gegner Basaglias nahmen das Gesetz beim Wort und ließen verwirrte Patienten im Pyjama durch die Straßen irren, um nach vereinzelten Gewalttaten und Unfällen zu »beweisen«, daß Wahnsinnige eben alle hinter Gitter gehören. Psychopathen wurden unfreiwillige Werbeträger für Privatkliniken und Versicherungen (»Fliehen Sie die Schrecken der öffentlichen Krankenversorgung!«). In den Gebieten, wo Politik, Privatwirtschaft und organisiertes Verbrechen zusammenarbeiteten, wurden die Ambulatorien sabotiert oder boykottiert, um die zahlungskräftigen Patienten – natürlich nur sie – den wie Pilze aus dem Boden schießenden Privat-»Sanatorien« in die Hände zu treiben. 1980 starb Basaglia, ab 1984 wurde das Gesetz 180 novelliert, und heute sind von den hoffnungsvollen Ansätzen nur ein paar Ruinenstümpfe übriggeblieben. Die Politisierung einer Wissenschaft – radikale Psychiater wollten die Schulmedizin insgesamt aushebeln, die »Barone« (die konservativen Lehrstuhlinhaber) jede Veränderung unterbinden – wurde eine Tragödie zu Lasten der Kranken.

Eine andere medizinische Tragikomödie, bei der sich die Grenzen zwischen Wunderglauben, Wirtschaft und Wissenschaft verwischten, begann 1997. Sie erinnerte an Polemiken um medizinische Außenseiter, die es auch in Deutschland gab, ohne daß sie über die Stichhaltigkeit einer medizinischen Hypothese Gültiges aussagten. So hatte der im Mai 1997 gestorbene Physiker Manfred von Ardenne seine »kombinierte Mehrschritt-Therapie« propagiert, um die es wieder still geworden ist. Der Krebsarzt und ganzheitliche Naturheilkundler Josef Issels, 1998 mit neunzig Jahren gestorben, entfesselte einen medizinischen Parteienstreit, der auch vor Gerichten ausgetragen wurde. Die Massenmedien Italiens berichteten über angeblich fabelhafte Heilerfolge der Krebstherapie des 85 Jahre alten Modeneser Arztes Luigi Di Bella. Der charismatische *Professore* wendete den Wachstumshemmer Somatostatin, dessen Wirkung nur bei wenigen bestimmten Tumoren statistisch nachgewiesen ist, in individuell modifizierten Kombinationen mit anderen Medikamenten bei einer Vielzahl von Karzinomen an. Er begeisterte die Patienten und stieß auf Skepsis bei der Schulmedizin. Er seinerseits hatte über seine Methode nie wissenschaftlich Stichhaltiges veröffentlicht. Dank dem Eingreifen des Fernsehens und der Presse wurde jedoch aus einer Fachauseinandersetzung ein brisanter politischer Streit, der alle Züge des Irrationalen trug.

Es ging darum, ob die Handelspräparate des Somatostatins für Kassenpatienten gratis abgegeben werden sollten oder nicht. Die Gesundheitsministerin machte sich unbeliebt und wurde getadelt – nicht weil sie Dummheiten anstellte, sondern weil sie das Vernünftige (die Forderung nach seriöser klinischer Erprobung) in einer Fernsehshow ungeschickt verteidigte. Ein Amtsrichter in der hintersten Provinz, in Apulien, übernahm die Rolle der Gelehrtenrepublik und bestimmte aus eigener Machtvollkommenheit und in richterlicher Unabhängigkeit, was medizinisch vertretbar sei. Er verfügte die Gratisabgabe des erstaunlich teuren Medikaments durch die *ASL*. Drei Milligramm, monatelang täglich zu verabreichen, kosteten als fertiges Medikament mehr als fünfhundert Mark, als Grundsubstanz jedoch nur zwei bis fünf Mark. Hysterische, verzweifelte Krebspatienten, die zum Teil all ihren Besitz verkaufen mußten, um die Kur zu bezahlen, reisten massenweise nach Apulien. Der Ansturm wurde abgewehrt: Nicht mehr die Diagnose entschied, ob und wie ein Kranker behandelt wird, sondern der Wohnort. Fremde wurden zurückgewiesen. Ärzte in staatlichen Ambulatorien wurden in Gewissenskonflikte gestürzt. Sie riskierten Strafanzeigen, wenn sie eine approbierte Krebstherapie nicht durch eine ihnen unbekannte mit unbekanntem Ergebnis ersetzen wollten. Di Bellas Kur wurde dann auch in anderen Regionen gerichtlich statt klinisch sanktioniert. Der Schwarzmarkt entwickelte sich wie beim Blut. Apotheker bedauerten, sie seien ausverkauft, doch die Freundlichen unter ihnen wußten die Nummer irgendeines Funktelefons, über das man bei netten Menschen das Mittel bekommen konnte – wobei der vielfach überhöhte Marktpreis bis zu seinem Zehnfachen, auf tausend Mark für die Tagesdosis, steigen konnte. Merkwürdigerweise wurde kein einziger Somatostatin-Dealer dingfest gemacht. Der Preis von drei- bis fünfhundert Mark pro Tagesdosis wurde per Dekret auf 23 Mark herabgesetzt. Aber das Präparat, dessen Produktion nicht beliebig schnell gesteigert werden kann, blieb vom Markt verschwunden. Auch das spezielle Injektions-Kit war überteuert, schwer zu bekommen. Manche studierten die Sterbeanzeigen, um es bei den Erben hingeschiedener Krebskranker zu kaufen. Verzweifelte verbrauchten ihre letzten Ersparnisse, reisten durch Europa, ja nach Rußland, um den begehrten Stoff zu erwerben. Bei Apothekeneinbrüchen wurden plötzlich nicht Opiate, sondern Wachstumshemmer gestohlen.

Doktor Di Bella und sein Sohn, ebenfalls Mediziner, wurden gefragte Studiogäste in Talk-Shows und riefen öffentlich dazu auf, konventionelle Therapien zu verlassen. Die Kranken pilgerten nach Modena, als wäre dort in einer Arztpraxis die heilige Jungfrau von Lourdes, Fatima und Medjugorje gleichzeitig erschienen. Genosse Trend machte sich bemerkbar. Längst vergessene andere obskure Therapien wurden wieder gefragt. Die Nachfrage nach dem »Bonifacio-Serum« belebte sich wieder: Der süditalienische Tierarzt Bonifacio hatte in den fünfziger Jahren festgestellt, daß Ziegen nicht unter Tumorerkrankungen litten, und messerscharf geschlossen, ein Serum aus Ziegenfäkalien müsse Krebs heilen. Der Sohn nahm 1997 selbstlos die Herstellung wieder auf. Und Di Bella, der trotzige Heilsbringer, suspendierte schließlich seine Therapie und kündigte seine Emigration an.

Dennoch hat die medizinische Versorgung in Italien ihre erfreulichen Seiten. Es sind, der Bürokratie und Infrastruktur zum Trotz, die Ärzte, zumindest die Spitzen auf verschiedenen Fachgebieten. Es ist kein Zufall und nicht nur mit der geographischen und mentalen Gemeinsamkeit der Mittelmeerländer zu erklären, daß so mancher orientalische Krösus, so mancher Ölscheich aus Nahost und mancher russische Politiker im Krankheitsfall gerade nach Italien kommt, wenn er sich nicht nach Amerika fliegen läßt. Ein römischer Patient, der nach Deutschland fuhr, um seinen Kehlkopf untersuchen zu lassen, war verblüfft, als der untersuchende Spezialist seinerseits Verblüffung äußerte. Darüber, daß der Patient den weiten Weg gemacht habe, wo doch das angewendete computerszintigraphische Verfahren in Italien entwickelt worden sei.

Verblüfft war auch eine Mailänderin, die gegenüber der Medizin ihres Landes ein tiefes Mißtrauen hegt und den Weg in die Bundesrepublik nicht scheute, um ein Ohr untersuchen zu lassen. Der deutsche Chefarzt, eine berühmte Kapazität auf seinem Gebiet, schlug eine Operation vor. Aber als er hörte, sie komme aus Italien, nannte er auf Anhieb Spezialisten in drei italienischen Städten, darunter eine im gefürchteten tiefsten Süden, die das »genauso gut wie ich selber« besorgen könnten.

Nicht anders ist es, nach den Erfahrungen Betroffener, auch des Autors, in der Augenheilkunde. Leidgeprüfte Italiener wissen, daß sie auf die einstmals fast schon obligate Pilgerschaft in eine Klinik in Lyon (wo sich auch herzkranke Italiener mit Vorliebe einfinden) verzichten können: Siena und Mailand etwa haben bei Netzhautgeschädigten keinen schlechteren Ruf als Essen, Zürich oder Lyon.

1 Das dudelsackartige Instrument der Hirten. Zu Weihnachten kommen die *zampognari* und die *pifferari* von ihren Weidegründen in die Städte und blasen den Passanten die Ohren voll, um sie gegen eine kleine Spende daran zu erinnern, daß die ersten Zeugen der Geburt Jesu die Hirten waren.

Herr Pronto antwortet nicht

und der heldenhafte Kampf mit dem Telefon, benebst einer Abschweifung über die hohe Schule des Telegramms, die Vernetzung und eine neue drahtlose Krankheit.

Der Urlauber ist in gewisser Hinsicht das Gegenteil eines Fußballers. Im Fußball hat die gastgebende Mannschaft den Heimvorteil. Bei Post, Telefon und Telegraf in Italien hat der Einheimische einen Heim*nach*teil – er ist auf sie angewiesen. Der Urlauber ist im Normalfall viel besser dran: Er kann um diese Einrichtungen einen großen Bogen machen. So fährt er am besten.

Am zweitbesten fährt er, wenn er sich darauf beschränkt, ein paar Ansichtskarten zu schreiben oder gelegentlich vom Hotel zu Hause anzurufen. Das scheint einfach. Wenn ich nicht aus Deutschland gebeten worden wäre, doch bei Gelegenheit ein paar hübsche Ansichtskarten aus Mailand zu schicken, ich hätte niemals die Achillesferse des kapitalistischen Systems entdeckt. Zwar wurden dessen Schwächen längst prägnant formuliert. Der amerikanische Wirtschaftswissenschaftler Benjamin R. Barber schrieb, der Kapitalismus könne »es sich gar nicht mehr leisten, den wahren Bedürfnissen und Wünschen zu dienen«. In Italien dient er tatsächlich, viel eindeutiger als in Deutschland, bestenfalls den Wünschen relativer Minderheiten. Im neunzehnten und zwanzigsten Jahrhundert hat sich hier das feudale Verhältnis von einer kleinen Zahl aristokratischer Großgrundbesitzer zur Masse praktisch rechtloser Leibeigener, Höriger, Hintersassen, Kleinpächter und anderer Dienstleister ohne viel Umschweife in den nicht minder krassen Gegensatz zwischen einer wohlhabenden Minderheit und einem breiten Proletariat überführen lassen, dem sich ein intellektuelles Proletariat zugesellte, ohne daß sich in relevantem Maß ein wirklich staatstragendes Bürgertum, geschweige Bildungsbürgertum entwickeln konnte.

Aus der Zeit des kalten Krieges ist der Dialog im Moskauer Kaufhaus GUM überliefert: »Haben Sie keine Herrensocken?« – »Keine Herrensocken gibt es im ersten Stock, hier haben wir keine Damenstrümpfe.«

Im Unterschied zur kommunistischen Mangelgesellschaft verschafft die kapitalistische Überflußgesellschaft den Überfluß nur jenen, die sich dem Angebot beugen, zumindest in Mailand. Einen Ferrari? Etwas Modisches, von Fendi, Gucci oder Armani? Sofort. Aber Ansichtskarten vom Castello Sforzesco, von der Basilica Sant'Ambrogio und anderen Mailänder Sehenswürdigkeiten habe ich, gewiß ein zufälliges Mißgeschick, erst nach stundenlanger Suche gefunden. Nicht einmal auf dem riesigen Hauptbahnhof, mit einer Unzahl Zeitungsständen und Läden aller Art, die den vermeintlichen Bedürfnissen der Reisenden abhelfen sollten – obwohl doch dort die Besucher der Stadt, also die potentiellen Ansichtskartenkäufer ankommen.

Zunächst suchte ich, ahnungslos, wie Touristen eben sind, überhaupt an ganz falschen Orten, nämlich denen für Touristen, an denen jeder Bahnhof oder Flughafen reich ist: Andenkenläden mit Souvenir- und Nippeskram, an Zeitungsständen, in Buchhandlungen oder Papiergeschäften, die Stadtpläne, Illustrierte, Porno-Videos und Geschenkartikel verkaufen, in Läden für Kunstdrucke und Fotobedarf. Ich entdeckte: Ansichtskarten sind, jedenfalls theoretisch, ein gesetzliches Monopol der Tabakverkäufer, die auch das Salz- und Briefmarken-Monopol wohl schon seit den Punischen Kriegen innehaben, jedenfalls seit es Kriegsversehrte und Kriegerwitwen gibt, die der Staat billig versorgen wollte. Diesen war, wie früher einmal in Österreichs Tabaktrafiken, der Verkauf der Staatsmonopolprodukte anvertraut: Salz, Tabak, Streichhölzer, die berühmte *carta bollata*, Gebührenmarken und Briefmarken. Heute befinden sich die Tabakverkaufsstellen meistens in Bars, erkennbar am charakteristischen, weithin sichtbaren weißen T im schwarzen Rechteck und der kleinen Aufschrift *SALE TABACCHI VALORI BOLLATI*. Wie der *giornalaio* für einen der – noch – monopolartig betriebenen, gleichfalls lukrativen Zeitungsstände, so muß der *tabaccaio* für eine Lizenz, längst nicht mehr Bedürftigen vorbehalten, an die fünfzigtausend Mark und mehr hinblättern.

Wer Ansichtskarten verkauft, ohne dazu autorisiert zu sein, riskiert schwere Verwaltungsstrafen. Ordnung muß sein, auch auf dem Drogenumschlagplatz Hauptbahnhof. Zweitens aber – Ansichtskarten bringen nicht viel ein – verzichten die *tabacchi*-Läden dann meist auf den Verkauf. Manche scheinen den Wunsch nach einer simplen Ansichtskarte für eine Zumutung zu halten. Warum, wurde ich gefragt, kaufen Sie kein Video? Auch die CD-ROM-Scheibe können wir Ihnen empfehlen. Oder soll's was Konservatives sein? Ein Bildband? Oder ein typisches Andenken aus Mailand, hier, dieses Kistchen mit drei Flaschen Chianti? Lieber die venezianische Gondel? Oder eine klimatisierte Box Davidoff-Zigarren? Nein? – Nein! Eine Ansichtskarte!!

Im Sommer, in Rimini oder Jesolo, wäre das ja kein Problem gewesen. Da bekäme ich Postkarten und Briefmarken, wenn auch offiziell unerlaubt, nicht nur in allen Läden, sondern auch beim Hotelportier, sogar beim *Vu cumprà*, der keinen Gewerbeschein, ja nicht einmal eine Aufenthaltserlaubnis hat – vor der Nase des *Vigile Urbano*, der das großzügig übersieht.

Das Salz- und Tabakmonopol besteht nur noch cum grano salis: mit einem Körnchen Salz. Selten ist die bildhafte Wendung so angebracht wie im vorliegenden Fall. Sie sagt, was sich in Italien fast immer von selbst versteht: Man darf die Behauptung nicht zu genau und nicht zu ernst nehmen. Salz wird natürlich längst im Supermarkt verkauft. Wer vom *tabaccaio* ein Paket Salz verlangte, würde als Sonderling angesehen, ungefähr so, als wolle er sich vom Schmied ein Fahrrad nach Maß bauen lassen.

Auch das staatliche Monopol der Tabakerzeugung hat sich gewandelt, in eine Form der Steuerabgabe. Die ausländischen Zigarettenmarken sind natürlich zu haben, werden natürlich kräftig besteuert und tragen zur Besiegelung einen bedruckten Klebestreifen auf der Packung. Die Küste Italiens, wir wissen es, ist lang, die Steuer hoch – es gibt, besonders im Süden, mehr *contrabbandieri*, die von geschmuggelten Zigaretten leben wollen, als der tausendäugige Fiskus Augen hat. Die einheimischen Zigaretten sind kaum zu finden, und so gut wie gar nicht die legendäre billigste: *Nazionali*. Selbst überzeugte Raucher bedauern das nicht übermäßig, weil der *Nazionali*-Geschmack ein Liebhaberverhältnis voraussetzt, das mehr in die Kategorie des Masochismus gehört. Dennoch hat die Marke eine große Bedeutung: Sie gehört, wie andere Standardprodukte und Grundnahrungsmittel, zum Warenkorb für den Lebenshaltungskostenindex, den das *ISTAT* errechnet, das zentrale Institut für Statistik. Am Index orientieren sich Preis- und Mietenanpassungen oder die Verhandlungen über Lohnerhöhungen, auch wenn die berühmte, seit 1975 funktionierende »Rolltreppe« aufwärts, die automatische Lohnanpassung der *scala mobile*, mit einem Abkommen zwischen Gewerkschaften und Arbeitgebern im Juli 1993 abgeschafft wurde, um das Inflationskarussell zu bremsen. Der *ISTAT*-Index wirkt über Preise, Lohnkosten und Konkurrenzfähigkeit des Landes beim Export auch zurück auf die Wechselkurse. Ihn niedrig zu halten, manchmal mit den schönsten Tricks, erleichtert die Sanierung des Staatshaushalts.

Eben deswegen sind Zigaretten oder Grundnahrungsmittel in der »normalen«, billigsten Qualität fast nirgends aufzutreiben. Ihr Preis ist ein politischer Preis. Er wird bewußt kaum erhöht, was die Gewinnspanne des Handels gegen Null schrumpfen läßt. Kein Händler reißt sich um solche Waren. Aber selbst wenn sie nur auf dem Papier stehen, verringern sie, ebenfalls auf dem Papier, die Inflation. Ist dann eine, wie sage ich es nur, also eine Preisanpassung nicht zu umgehen, gibt es noch einen Ausweg. Die Mailänder Molkereibetriebe haben 1987 die gewöhnliche pasteurisierte Vollmilch durch eine Superspezialvollmilch mit kontrolliert-konstantem Fettgehalt, Fünfganggetriebe, Satellitenempfang und Echtheitsbescheinigung ersetzt, die das einstige Naturprodukt weit hinter sich läßt. Die besondere Qualität rechtfertigt selbstverständlich einen höheren Preis. Eine Preiserhöhung ist das nicht, sondern eine Angebotserweiterung. In den Jahren danach hat die Milch selbstverständlich verstärkte Stoßdämpfer mit Immunfaktoren und einen vitaminangereicherten sechsten Gang hinzubekommen. Das kostet wieder etwas mehr. Die gute alte normale Vollmilch kostet, was sie immer kostete. Nur bekommen Sie sie nicht mehr.

Die Kontraste der italienischen Klassengesellschaft nehmen eher zu als ab. Die »Rand«-Schichten am unteren Ende der ökonomischen Skala vergrößern sich. Die Abgrenzung läßt sich immer öfter präzis technisch, durch die unterschiedliche Zugänglichkeit von Dienstleistungen definieren: Die Geschwindigkeit des Sendens und Empfangens von Gegenständen und Informationen und die Kosten dafür sind klare Merkmale bestimmter sozialer Klassen. Allen Beteuerungen zum Trotz funktioniert beispielsweise die Post, auch wenn ihr Management allmählich modernisiert wird, weiterhin immer schlechter – aber das kratzt nur die, die sich keinen Faxanschluß leisten können. Sie sind von gewöhnlicher schriftlicher Kommunikation in vernünftiger Beförderungsgeschwindigkeit ausgeschlossen.

Die Finanz- oder technische Schwelle der Kommunikation kann jedoch auch beim Empfänger liegen. Wie benachrichtige ich jemand schnell, der sich weitab von Telefon oder Fax aufhält oder keines von beidem hat? (Das gibt es.) In jedem Postamt läßt sich auch ein Telegramm abschicken. Telefonische Telegrammaufgabe in Fremdsprachen aber gehört ins Kapitel Kunst, Unterabteilung Nonsens-Lyrik. Und auch wenn Sie in Druckbuchstaben schreiben, könnte die ankommende Botschaft vielleicht lauten:

ALLES GOT AUGEN OMEN. ZAHCUUG VIE VEHEIUBART.
VORWANDLUEGEN ATOMSPHAERE BESTENS.

Dieser Grad von Verschlüsselung (Beispiel authentisch) bewegt sich noch auf der Anfängerstufe. Auch wenn der Satz, daß alles gut angekommen ist, sich in ein geheimnisvolles – gotisches? göttliches? – Orakel verwandelt hat und nur ein intelligenter Empfänger aus dem Kontext erraten kann, daß sich der Geheimdienst keine nuklearen Sorgen zu machen braucht, es sich vielmehr um Verhandlungen in bester Atmosphäre handeln dürfte. Auf die Idee, das Originalblatt eines Kunden, mag es auch Telegramm heißen, einem postinternen Fax anzuvertrauen, ist die Post offenbar noch nicht gekommen. Wohl auch, weil das über eine Telefonleitung ginge. Und die ist kein posteigenes Medium.

Die Geschwindigkeit der Briefpost hat dialektische Wirkung. Sie behindert, aber sie verhilft manchmal zu unfreiwillig rascher Erledigung eines Briefs: Wenn die Einladung zur Eröffnung, zur Theaterpremiere, zum Kongreß erst Tage oder Wochen *nach* dem Ereignis eintrifft, genügt der Papierkorb. Organisatoren von Veranstaltungen haben sich damit abgefunden, bei wichtigen

Terminen telefonische Vorwarnungen zu übermitteln. Der Mailänder *Corriere della Sera* rechnete einmal mit diabolischer Genauigkeit aus, daß der Spitzenreiter unter den langsamen Briefen – viele Tage für ein paar Häuserblocks – die Durchschnittsgeschwindigkeit von 10,37 Metern in der Stunde entwickelte. Als 1997 der Brescianer Unternehmer Soffiantini von sardischen Entführern monatelang in einem Waldversteck in der Toskana festgehalten wurde, klappte die Freilassung beim ersten Versuch nicht, weil ein Brief der Erpresser, der genaue Angaben über Zeit und Ort einer Lösegeldübergabe enthielt, lange nach dem angegebenen Termin bei der Familie ankam. Erst ein zweiter Brief mit einem abgeschnittenen Stückchen Ohr des Entführten wurde rechtzeitig zugestellt, Anfang 1998 kam Soffiantini frei.

Schuld an allem ist der Weihnachtsberg. Dieses geologische Phänomen gehört zur Gruppe der Sedimente. Es entsteht so: In der Vorweihnachtszeit, wenn die Postmenge stark zunimmt, bricht alljährlich überraschend eine Grippe aus. Sie befällt ausschließlich Postangestellte. Diese sind dann in großer Zahl gezwungen, Krankenurlaub zu nehmen, der sich bis über die Weihnachtsfeiertage erstreckt. Sie fahren nach Hause, in der Regel nach Unteritalien. Am Dreikönigstag werden die Postler schlagartig wieder gesund. Die in der Zwischenzeit verbleibenden Angestellten sind von der Überlastung furchtbar mitgenommen und daher gezwungen, Urlaub zu nehmen. Die wenigen dann noch vorhandenen Kräfte können begreiflicherweise nur einen Bruchteil der Post befördern und sortieren. Der leider von Ende November an wachsende Anteil der unerledigten Postsäcke wird in Depots aufgeschichtet. Wenn die Grippe- und Urlaubsopfer wieder zurückkommen, räumen sie die Rückstände von oben nach unten, von vorn nach hinten zügig auf. Das letzte, was in den Depots obenauf liegt, ist knapp vor Weihnachten eingelangt. Es erreicht die Empfänger zuerst, schon in der ersten Januarhälfte. Was Mitte Dezember im Bestimmungspostamt ankam, wird Mitte Januar zugestellt, und so spiegeln sich im Abbau der Schichten die Daten: Anfang Dezember – Ende Januar, bis in den ersten Februartagen Briefe einlangen, die der Absender im November dem Briefkasten anvertraut hat.

Ein technisches Weltwunder der Post, das diese Sedimentation verhindern soll, steht in der Nähe von Mailand, südlich von Gorgonzola (da hat der berühmte Käse zwar seinen Namen her, er wird aber in Novara hergestellt). Ein hochmodernes Sortierpostamt mit astronomischen Leistungen sucht auf der Welt seinesgleichen – aber die Beförderung des Postguts von den Bahnhöfen und Postämtern aus der Stadt hinaus und zurück zum Weitertransport kostet Tage. Expreßbriefe, die aus New York nach Mailand einen Tag brauchen, benötigen deswegen vom Flughafen zum speziellen Eilbriefpostamt im Stadtzentrum eine Woche, bis sie nach nur wenigen weiteren Tagen bis zwei Wochen zugestellt werden. Die Postverwaltung hat erkannt, daß die beschriebenen Briefablagerungen in Depots, zu Weihnachten, zu Ostern oder im August, von der Grippe abhängen. Also haben kluge Verwaltungsspezialisten gedacht, dann muß eben der (Post-)Berg zum Propheten kommen. Wenn die süditalienischen Angestellten in den Süden fahren, um im Kreis der Lieben zu gesunden, so müssen halt die Postsäcke den Postlern nachreisen. Wenn in Palermos Sortierpostämtern Kapazitäten frei sind, fliegt daher die Alitalia Postsäcke, die eigentlich für Mailand bestimmt sind, quer durch Italien nach Sizilien und dann, sortiert nach Empfängern, wieder zurück nach Mailand.

Die Versendungsarten haben in Italien eine andere Bedeutung als in Deutschland. Die Bezeichnung *Stampe* (Drucksache) heißt: Es handelt sich um nichts Dringendes und die Sendung kann warten. In der Tat wartet der Empfänger bis zu drei, vier Monaten. Auch der rote Aufkleber für den Expreßversand hat eine mehr psychologische Bedeutung. Er signalisiert, daß der Absender ernsthaft Wert darauf legt, daß sein Brief auch ankommt. Dasselbe gilt für Einschreibebriefe (*raccomandate*). Sie werden mitunter auch in den Hausbriefkasten gelegt. Wer die Empfangsbestätigungen unterschreibt, habe ich noch nicht herausgefunden. 1998 soll eine »Poste prioritaire« mit relativ geringem Mehrporto eingerichtet werden. Ob sie schneller oder langsamer wird als die teure *Posta celere*, weiß noch niemand.

Die Erfindung der Langsamkeit, an der ein Nadolny seine Freude hätte, spaltet die Gefühle des Postbenutzers zwie: Er haßt die Post, aber manchmal liebt er sie auch, weil sie ihm eine stichhaltige Entschuldigung für die eigenen Verspätungen liefert. Leider hat der Italiener es schwer im Ausland, die Post als Entschuldigung glaubhaft zu machen, weil die Langsamkeit nicht symmetrisch ist. Die größten Verzögerungen treten nach der Ankunft einer Postsache im Bestimmungsort auf, bei der Sortierung und Zustellung. In der Gegenrichtung liegt beides ja meist in einem Land, das die Langsamkeit noch nicht entdeckt hat. Was schon der zitierte Barzini über Italien als Ganzes sagt, gilt hier im Besonderen: Leider kann man sich nicht einmal mehr auf die Unzuverlässigkeit verlassen. Es gibt Katastrophenfälle: Briefe erreichen schon nach zwei Tagen den Empfänger.

Am besten beschränken Sie sich im Land der reichen Phantasie, wenn es schnell gehen soll, auf Karten und Briefe im phantasielosen Normformat. Deswegen, weil nur deren Tarif auch dem *tabaccaio* bekannt ist. Andernfalls ist das richtige Frankieren kompliziert. Sie müssen dazu ein Postamt aufsuchen. Nur dort weiß der Beamte – vielleicht –, welche Marken Ihr Brief braucht. Die Posttarife ändern sich nicht mehr jährlich oder halbjährlich wie früher, als die Inflation die Tarife auf das Schönste verwirrte. Damit es mit den Briefmarken nicht zu einfach ging, wurden Auslands- und Inlandstarife zu verschiedenen Zeiten erhöht. Es konnte vorkommen, daß kurzfristig Inlandsbriefe teurer waren als die ins Ausland. Noch jetzt blicken nicht einmal die Postbeamten durch das Chaos. Der Kunde hat kaum eine Chance, die meist handgeschriebenen Tariflisten zu überprüfen. Ein gedrucktes Tarifverzeichnis bekommt er nicht etwa bei der Post, sondern in jenen raren *cartolerie*, die auf Formulare und amtliche Drucksorten spezialisiert sind. Die nach einer Tariferhöhung nötigen Wertzeichen hat die Post auch nicht. Man muß sich das so vorstellen, daß das Postministerium von den Änderungen, die es veranlaßt, dermaßen überrumpelt wird, daß es ein paar Monate braucht, um sich von der Überraschung zu erholen und Briefmarken mit den richtigen Werten zu drucken.

Bei Dokumenten, Büchern, Fotos oder Videos stößt das – oder der – sonst unentbehrliche Fax an physikalische Grenzen. Die Post auf dem Mailänder Hauptbahnhof mußte den Kunden, der ein Buch verschicken wollte, an ein anderes Postamt verweisen: Es hatte keine Waage für Poststücke über zwei Kilogramm.

Der Besucher erinnert sich: Mailand, anderthalb Millionen Einwohner, Industrie-, Banken- und Messezentrum. In einem anderen Postamt, weit weg, hat man die größere Waage, ist willig und fähig, berechnet aber – sicher ist sicher – unter Berufung auf ein leider nicht auffindbares Rundschreiben einen weit überhöhten Tarif. Wer ungewöhnliche Formate verschickt, aber die Probleme am Schalter umgehen will, rechnet den Tarif selber aus und geht glückselig einen Briefkasten suchen.

Hat er dann eine rote *buca postale* gefunden, ist er weniger glücklich. Die Einwurfschlitze reichen nur für Größen bis etwa DIN A5, sind eng und schmal. In der Millionenstadt, siehe oben, gab es einmal einen einzigen Briefkasten an versteckter Stelle in der Nähe des Hauptbahnhofs, der größere und dickere Briefsendungen aufnahm. Er wurde zum Briefkasten für *Posta celere* (beschleunigte Post) ernannt und 1997 stillschweigend gänzlich geschlossen. Vielleicht weil die Postlergewerkschaft die Angst ihrer Mitglieder vor eingeworfenen, Aids-verdächtigen Heroinspritzen zum Argument für eine arbeitsverringernde Rationalisierung gemacht hatte. Wer keine Schwierigkeit darin sieht, statt sieben Mark Porto für eine Buchsendung einem Kurierdienst das Zehnfache zu bezahlen, der das Paket auch noch zu Hause abholt, findet das belanglos. Was also tun, wenn es einmal um etwas wirklich Eiliges geht? Dafür gibt es seit 1987 einen besonderen Dienst der Post, natürlich zu einem Vielfachen des Tarifs. Die *Posta celere* gewährleistet – man staune – die Ankunft des Briefs beim Empfänger mit an Wahrscheinlichkeit grenzender Sicherheit nur einen Tag nach der Absendung. Damit versucht die Post den vielen privaten Kurierdiensten Konkurrenz zu machen. Ein schwacher Abglanz des Postmonopols besteht noch in der skurrilen Pflicht, auch einen Umschlag, der von einem Kurier befördert wird und nie ein Postamt oder einen Postsack von innen sehen wird, ordnungsgemäß zu frankieren. Überflüssig zu sagen, daß sich fast niemand daran hält.

Die Kurierunternehmen (unter dem Stichwort *corrieri* im Branchenverzeichnis, auf den *pagine gialle*, den Gelben Seiten) haben sich in einer Grauzone zwischen Frachtspedition, Bahnstückgutverkehr und dem Staatsmonopol der eigentlichen Post eingenistet und in den achtziger Jahren vermehrt wie die Kaninchen. In der Regel arbeiten sie rasch und zuverlässig, wie einst das Thurn-und-Taxis'sche Unternehmen. Allerdings ist ihr Netz lückenhaft, auf die Ballungsräume beschränkt. Abgelegene Orte zu bedienen lohnt eben nicht. Manche Kuriere sind Allrounder (etwa DHL oder TNT), andere spezialisiert. Es gibt auch Stadtkuriere. Sie heißen, nach einem Vorbild im Wilden Westen, *Pony Express* – nur sind die Mustangs zu Mopeds geworden. Statt der Colts haben die Wilden Reiter ein Funkgerät umgehängt.

Die Oberitaliener, besonders die Mailänder, kennen für eilige Auslandssendungen in beide Richtungen einen Geheimtip. Er lautet: Wenn du von Mailand über die Schweizer Grenze nach Chiasso fährst, brauchst du hin und zurück auch nicht länger als in der Stoßzeit durch den Stadtverkehr zur Hauptpost im Zentrum. Dazu kannst du so billig tanken, daß die Fahrt und vielleicht noch das Porto bezahlt sind. Sehr geheim ist der Tip allerdings nicht: In grenznahen Schweizer Postämtern ist weder für Geld noch gute Worte ein Postfach zu bekommen, die Wartelisten sind auf Jahre hinaus voll. Alles von lombardischen Firmen ausgebucht. Die tägliche Fahrt über die Grenze zur Post ist für viele Routine. Aber auch deutsche Firmen verschicken ja ihre Post schon aus Dänemark oder Luxemburg.

Die Normen in Europa beginnen sich anzugleichen. Unterschiede gibt es nur noch in Nuancen. Deutsche ordnen das Adreßfenster auf einem Kuvert links an, Italiener rechts (mit Fenster links ist der Brief kein Normbrief und kostet mehr). Die Postleitzahl (*codice postale*) ist schon viel länger als in Deutschland fünfstellig. Die elektronische Briefsortierung ist eingeführt. Die herkömmliche Zustellung gleicht das wieder aus. Sie bleibt ein Vabanque-Spiel: Stehen die richtige Postleitzahl und ein falscher Name da, reist der Brief sicher in den falschen Ort. Ist der Name einer Stadt wie Milano oder Napoli richtig angegeben, aber die Postleitzahl verschrieben, wird sich die Briefsortierung unter Garantie an diese halten und der Brief ebenfalls mit dem Stempel »Adressat unbekannt« zurückkommen. Wenn er zurückkommt. Es ist nicht gesagt, daß eine ausländische Postleitzahl auch richtig erkannt wird. Es empfiehlt sich, ohne Rücksicht auf politische Präzision *Austria, Svizzera, Repubblica Federale Tedesca, R.F.T.*, *Germania Federale* oder nur *Germania* hinzuzufügen.

Europa: Wenn Sie in Italien einen persönlichen Feind haben, ist es schwerer geworden, ihm etwas Schreckliches anzutun. Das Rezept, das vor dem Zusammenwachsen der Europäischen Union leicht anzuwenden war, ist zwar immer noch gültig, geht aber nur von außerhalb der EU. Sie schicken ihm einfach ein paar Flaschen billigen Wein, knapp über der Freimenge für die Mehrwertsteuer. Es wird ein Danaergeschenk sein, der Adressat bekommt mehr Ärger als Wein. Die übliche erste Benachrichtigung geht gewöhnlich verloren; böse Zungen behaupten, sie werde gar nicht erst zugestellt. Eine zweite mahnt an. Die Verzollung erfordert Anrufe, Wartezeiten, die Ausfüllung vieler Formulare und persönliche Anwesenheit, dazu Lagergebühren. Der Beschenkte wird es Ihnen nicht vergessen. Er hätte dieselbe Menge Wein mit weniger Mühe und Geld kaufen können.

Ungewöhnlich ist, wenn die Post mit einem Mal ganz ausbleibt. Man merkt das nicht gleich. Expreßbriefe kommen trotzdem noch an, auch all das, was Firmen und Institutionen längst schon privaten Kurierdiensten anvertrauen. Ein Streik? Daran denkt man immer zuerst. Erkundigungen bringen es an den Tag: Der zuständige Briefträger ist krank, Ersatz nicht vorhanden. Nach Tagen begibt sich der Kunde zornbebend zum Postamt, fest entschlossen, nicht zu weichen, bis ihm die überfällige Post ausgehändigt wird. Er rennt offene Türen ein. Wird im Sortiersaal (ohne Elektronik) von einem bereitwilligen Beamten zwischen unsortierten Postbergen durchgeschleust. In zwei Waschkörben mit der Post des ganzen Viertels kann er sich, dank routinierter Hilfe des Fachmanns, aus Tausenden Briefen die seinen heraussuchen. Erst hinterher wird ihm auch ein Dokument abverlangt. Man stelle sich das in einer ordentlichen deutschen Behörde vor. Da werden die Folgen einer Organisationspanne, tritt sie einmal ein, bis zur Neige ausgekostet. Was eine perfekte Organisation ist, in der hat auch die extreme Störung, der GAU, seine perfekte Maximalwirkung. Die Italiener sind mit ihrer Post und den unwahrscheinlichsten Ausreden, die sie ermöglicht, hochzufrieden. Gott schütze uns vor der Perfektion, sagen sie.

Aus alledem wird deutlich, daß die Hauptaufgabe der italienischen Post darin besteht, die Menschen von der Kunst des Briefeschreibens ab- und zum Telefonieren anzuhalten.

Erschrecken Sie nicht, wenn Sie hören, daß auch das *telèfono* ein paar kleine Tücken bereithält. Normalerweise verhält es sich friedlich. Sie brauchen nur eines zu suchen, das funktioniert. Wenn es funktioniert, ist nicht gesagt, daß es die nächsten Minuten so bleibt. Leitungen brechen oft zusammen. Darum sind Italiener beim Telefonieren im allgemeinen zwar nicht höflicher, lassen sich aber nicht so leicht aus der Ruhe bringen. Man nimmt nicht von vornherein an, der andere habe bei einer leicht erhitzten Diskussion den Hörer auf die Gabel geschmissen.

Freistehende öffentliche Telefone, Zielscheibe von Vandalenakten, waren in Italien seit je selten. Sie werden immer seltener, immer öfter nur mit Telefonkarten benutzbar und sind häufig ohnehin defekt. So boomen die *telefonini*, nicht nur wegen des ausgeprägten Sinns der Italiener für Statussymbole. Die Epidemie nährt sich selbst. Wer keines hat, ist nicht nur bei Autounfällen, auch beruflich stark benachteiligt. Der soziale Abstand zwischen PC-Benützern mit E-Mail-Adresse oder Internet-Anschluß und Leuten ohne Computer wächst. Schon gilt eine Online-Stellenbewerbung nicht nur als schick, sondern als Kennzeichen für technisch versierte Aufgeschlossenheit, mithin als Wettbewerbsvorteil für Computerbenutzer. Wer noch an den Bankschalter geht, statt Homebanking zu treiben, zahlt mehr für sein Konto.

In diesem Zusammenhang fand ich es begreiflich, daß ein junger, fortschrittsbewußter Familienvater das *telefonino* im Kinderwagen vor sich herschob und, als es piepte, sich darauf stürzte, als müsse die Windel gewechselt werden. Der wirkliche Windelträger wackelte neben dem Kinderwagen her. Ein guter Ton für den Umgang mit dem *telefonino* hat sich noch nicht entwikkelt. Trotz Verbot hört man immer wieder bei Kongressen, Vorträgen, im Theater, auch im Opernhaus, natürlich im empfindlichsten Moment, wenn Mimì ihr Leben aushaucht, das melodische Läuten eines Telefons aus einer Loge. Trotz strengem Verbot wegen Beeinträchtigung der Flugzeugelektronik gibt es Leute, die unbeirrt im Flugzeug telefonieren und sogar beleidigt sind, wenn die Stewardess bittet, das *telefonino* auszuschalten. In Turin wurde 1998 erstmals deswegen eine Dame der guten Gesellschaft zu einer Haftstrafe verurteilt. Ganz zu schweigen vom

Pesthauch der Banalitäten, die wir unfreiwillig im Restaurant, im Zug, in der Schalterhalle, auf dem Schiliftsessel hören:

»Hallo, Gianni! Wo bist du? Ich bin gerade auf dem Lift. Wir fahren zur Bergstation. Alles in Ordnung. Ciao, bis gleich. Ja. Wir treffen uns wie besprochen, nicht? Wie gesagt, ich bin auf dem Lift. Es dauert noch ein paar Minuten. Ciao, grüß dich. Du kannst mich ja jederzeit anrufen. Ich bin immer erreichbar. Wie gut, daß es die *telefonini* gibt! Was täten wir nur ohne? Ciao. Ciao ciao. Jetzt hat er aufgelegt, der Gianni. Kurz angebunden. Warum er es immer so eilig hat? Ich werde ihn gleich noch einmal anrufen müssen.«

Wenn Sie kein Handy haben: Begehen Sie nicht den Fehler, ein Telefon für Ferngespräche in einem gewöhnlichen Postamt zu suchen. Höchstens zufällig (in Mailand nahe der Piazza Cordusio, in Venedig an der Rialto-Brücke, im Zentrum Roms an der Piazza San Silvestro) sind öffentliche Telefone in Nachbarschaft der Post zu entdecken. Sie stehen im Telefonbuch. Unter T wie *Telecom*? Falsch. P wie *Poste Italiane*? Wieder falsch. Unter A: *Azienda di Stato per i Servizi Telefònici* (*ASST*).

Normalerweise sind öffentliche Telefone in Bars, nicht im Freien zu finden. Manchmal begegnen Sie statt einem Münztelefon einem *telèfono a scatti*, einem Telefon mit Einheitenzähler. Es ist nach der ersten Einheit erheblich billiger. Die Tarife sind so kompliziert wie jene der Post. Die private Konkurrenz beim herkömmlichen Leitungstelefon gibt es noch nicht, die Anbieter sitzen in den Startlöchern. Beim Handy haben sie den Tarifdschungel nicht gelichtet.

In Hotels liefert Ihnen bei automatischen Telefonzentralen die Hausvorwahl (meist 0 oder 9) eine Amtsleitung. Bei älteren Nebenstellenanlagen hilft der Zauberspruch *Mi passi una linea, per favore* (Bitte geben Sie mir eine Leitung). Noch ältere Hoteltelefone haben gar keine Wählscheibe, Sie müssen die gewünschte Nummer der Telefonistin diktieren. Daß sich die Telefonanlage rasch amortisiert, liegt im Interesse des Hotels, aber nicht in Ihrem. Sie merken das am räuberischen Preis pro Einheit und tun als Gast gut daran, sich zurückrufen zu lassen.

Neuerdings sorgt die Telecom im eigenen Interesse auf eine besondere Art für rasche Modernisierung. In alten Witzzeichnungen streut der Inhaber der Autoreifenwerkstatt listig Nägel aus, die Kundschaft zu vermehren. Der Glasermeister verkauft nicht nur Scheiben, sondern verschenkt, ein wahrer Kinderfreund, auch Steinschleudern. Nun gibt es ausgefeiltere Marktstrategien, den Umsatz durch exzessiven Gebrauch eines Produkts zu stimulieren, um dann auch die technische Abhilfe für lästige Folgen anzubieten: natürlich nicht gratis. Vieltelefonierer erhalten von der *Telecom Italia* das Angebot der bekannten Anklopffunktion aufgedrängt: einen Monat gebührenfrei. Wenn man gerade telefoniert, unterrichtet ein Tonband weitere Anrufer, daß der gewählte Anschluß besetzt ist, und den Angerufenen mitten im Gespräch, daß ihn jemand zu sprechen wünscht. Der Nutzen ist beschränkt. Ich würde einem unbekannten Anrufer zuliebe kein Gespräch vorzeitig beenden – ich bin nicht sein Zeitsklave. Der Anrufer erfährt auch nur, was sonst schon das Besetzt-Zeichen sagte. Aber der Mechanismus hat einen ungeheuren Vorteil – für die Telecom: Die Verbindung ist hergestellt, der Zähler läuft. Der Angerufene zahlt auch noch mit, später, mit der Gebühr für die Zusatzfunktion.

Die Telecom-Vertreterin wollte uns das schmackhaft machen mit dem Argument, sie könnte ohne Anklopffunktion zu Hause gar nicht mehr anrufen, selbst wenn es wichtig sei. Ihre Kinder, Dauertelefonierer, hielten die Leitung ständig besetzt. Der Einwand, die Erziehung zum sparsamen Gebrauch des Telefons sei pädagogisch wertvoller und auch billiger, löste bei ihr eine gewisse Verstimmung aus. Viel verstimmter ist der Telefonkunde, der erfährt, daß die Telecom Abonnenten, die mehrere Anschlüsse haben, etwa kleineren Firmen, kleine Vermittlungsanlagen gratis anbietet. Deren Automatik reagiert schnell und gewährleistet, daß der Telecom keine Kosteneinheit verloren geht. »Unsere Leitungen sind zur Zeit alle besetzt« oder »Wir melden uns in Kürze« sind die Leerformeln, hinter denen sich eine Telefonkraft verbergen kann, die gerade Kaffee trinkt, zeitungliest, mit dem Kollegen plauscht oder aus anderen Gründen keine Lust hat, den Hörer abzunehmen. Hauptsache, die Verbindung ist hergestellt – mit Musik – und der Anrufer zahlt. Manchmal, nach Minuten, bricht sie auch wieder zusammen, ohne daß ein Gespräch stattgefunden hat.

Die italienische Verbraucherorganisation Codacons hat 1997 herausgefunden, daß im Telefonverkehr bereits rund zweiunddreißig Mark im Jahr pro Kopf nur dafür ausgegeben werden, elektronisch anzuklopfen oder auf eine Verbindung zu warten und dabei unerwünschte Musik zu hören. Bestimmte auffallend häufige Modelle von Telefonanlagen erkennt man schon an ihrer Musik, mit der sie den Anrufer stereotyp belästigen. Der Anrufer kann dagegen nur wenig tun. Der Angerufene aber kann sich wehren. Er teilt anrufenden Telefonistinnen oder Sekretärinnen, die zum Chef verbinden wollen, kurzerhand mit, daß er über eine raffinierte Telefonanlage verfügt, die beim Erklingen von Gedudel leider sofort die Verbindung trennt. Die Notlüge als Notwehr hat den Nachteil, daß niemand daran verdient. Ich habe gewettet: Das Bedürfnis, weniger belästigt zu werden, wird bald auch seinen Markt schaffen. Mein bisher nur fiktiver Apparat wird käuflich zu erwerben sein.

Ich weiß, wie die Telefonistin heißt, mit der ich noch nie gesprochen habe. Ihr Name ist Pronto. Am Telefon heißen alle Italiener Pronto. *Pronto*, wörtlich: bereit, sagen sie, wenn sie angerufen werden und den Hörer abnehmen. Auch der Anrufer nennt sich Pronto, ohne unhöflich zu sein. Erst danach sagt er, daß er mit Herrn Rossi sprechen will. Die Antwort besteht im ungünstigen, nicht seltenen Fall darin, daß der Angerufene schweigend auflegt, wenn sich der Anrufer verwählt hat. Das tut dieser oft auch dann, wenn er eigentlich richtig gewählt hat. Fehlschaltungen kommen häufig vor. Im günstigeren Fall verbindet die Telefonistin, wie bei uns, mit der knappen Formel *Un attimo!* (Einen Moment, bitte). Auch Herr Attimo verleugnet, *wenn* er antwortet, seinen Namen und nennt sich wieder Pronto.

Telefonnummern sind Glückssache. Die Auskunft ist selten in der Lage, Behördennummern ausfindig zu machen. Zu kompliziert. Auch haben viele Ämter, Institute, Behörden nicht eine Sammelnummer, sondern Dutzende Einzelanschlüsse. Wenn sich überhaupt jemand meldet – *Pronto!* –, erwischen Sie gewöhnlich den falschen, der höflich bedauert, erstens unzuständig zu sein und zweitens nicht zu wissen, welche Stelle denn zuständig sei. Haben Sie mehr Glück, werden Sie von der freundlichen Signorina Pronto sofort zu Herrn Pronto weiterverbunden.

Ferngespräche funktionieren (fast) wie daheim. Sie wollen zu Hause anrufen? Es gilt die in vielen Ländern übereinstimmende internationale Vorwahl – für Deutschland 0049, für die Schweiz 0041, für Österreich 0043. Italien selbst hat 0039. Die Monzesen haben mit den Luzernern einen Schmerz gemeinsam. Beider Vorwahl ist mit der internationalen Vorwahl identisch, ausländische Anrufer glauben oft, wenn sie eine Telefonnummer notieren, die Verdopplung der zwei Ziffern sei ein Irrtum, und erreichen den gewünschten Teilnehmer nie.

In den fünfziger Jahren, als Italien sein Wirtschaftswunder erlebte und der Staat das mangelhafte Funktionieren seiner Monopolbetriebe wie der Post vor Augen hatte, wurden Ausbau und Betrieb des Telefonnetzes nach amerikanischem Vorbild einer privaten, effizienten Aktiengesellschaft anvertraut, die in kürzester Zeit den Selbstwählfernverkehr aufbaute. Aber die Rahmenbedingungen des Arbeitskampfes, des *menefreghismo*[1], der Bürokratie verwandeln auch private Kolosse den staatlichen Elefanten an. Die *SIP* (*Società Italiana per l'Esercizio delle Telecomunicazioni*) war dazu ohnehin zu einem Gutteil in Staatsbesitz. Als großer Monopolverwalter begann sie an den gleichen Lähmungserscheinungen zu leiden wie die Behörden. Das Netz mit zwanzig Millionen Teilnehmern und dreißig Millionen Apparaten ist in großen Teilen des Landes überaltert, überlastet, unzuverlässig. Dank dem explodierenden Markt der *telefonini* verlangsamte sich sein Wachstum.

1995 wurde die *SIP* zur *Telecom Italia*. Mit dem neuen Schub der Privatisierung der Staatsbetriebe und der Drohung privater Konkurrenz vor Augen beschleunigte sie den Ausbau der Glasfasernetze und der elektronischen Vermittlungsknoten, die die alten elektromechanischen, analogen Anlagen durch digitale ersetzen. Wie auf anderen Gebieten waren beim Telefon die geschaffenen Tatsachen stärker als die Gesetze. Auch als das Staatsmonopol nicht an einer Telefonsteckdose aufhörte, sondern den fest verkabelten Apparat einschloß, bastelte jeder unbekümmert illegal an seinem Telefon herum, schloß Billigapparate aus Taiwan oder Anrufbeantworter ohne Postzulassung an. Als die ersten schnurlosen Telefone aus Fernost zur (eigentlich nicht zugelassenen) Mode wurden, stellten die Schlaueren freudig fest, daß sie mit ein bißchen Ausprobieren verschiedener Codes auf Kosten anderer telefonieren konnten, die auch ein Schnurlostelefon hatten. Die Freude wurde bald von der eigenen Telefonrechnung gedämpft: Sie waren eben nicht die einzigen, die das billige Telefonieren mit billigen Apparaten entdeckt hatten. Inzwischen ist der Markt der Endgeräte längst privatisiert, der technische Standard homogener. Fernkopierer als Postersatz für Geschäftszwecke wurden unentbehrlich. Das Angebot des Telecom-Netzes schließt Bildschirmtext ein (der hier *Videotel* heißt), Angebote für den Datentransport von Computer zu Computer (*Itapac, Rete Fonia Dati*, die beiden Standleitungssysteme *Collegamenti Diretti Analogici* und *Collegamenti Diretti Numerici*), den für Anrufer gebührenfreien Anschluß (*Numero Verde*).

Die Verbreitung von Computern und Fax-Geräten, Internet, E-Mail und *telefonino* hat die Kommunikation nicht immer vereinfacht. Wer anruft, dringend mit dem Herrn Rossi sprechen will, aber nur das Faxgerät pfeifen hört, reagiert gereizt. Eine besondere Freude, nicht nur in Italien, ist die Kommunikation von Faxen miteinander. Wenn auf beiden Seiten Fax-Weichen installiert sind, die auf ein Fax-Signal vom anderen warten, um automatisch auf Faxbetrieb umzuschalten, wird nie was draus.

Seit je gab es bei der Telecom ein breites Angebot automatischer Ansagedienste. Bis zu den absurdesten: Wer braucht schon einen telefonischen Englischkurs vom Tonband? Wer will den Schlager der Woche in Telefonqualität hören? Schon eher vielleicht das Horoskop, wenn man Aufheiterung braucht. Die sprichwörtliche Kinderfreundlichkeit der Italiener wird telefonisch ernstgenommen: Der elektronische Babysitter läßt unter einer Nummer mit verschiedenen Endziffern eines von hundert Gute-Nacht-Märchen hören. Wie das eingeschlafene Kind den Hörer wieder auflegt, ist nicht das Problem der Anbieter. Alle diese Dienste wurden privatisiert, erotische *chat lines*, wenn auch offiziell verboten, kamen hinzu, häufig unter Nummern, die verschleiern, daß man ein Interkontinentalgespräch mit Chile oder den Bahamas führt und zusätzlich die Benutzerkosten für den Service berappt.

Die mehr oder weniger seriösen Anbieter erreicht man unter den Vorwahlen 144- und 166- und weiteren sechs Ziffern, kostenpflichtig in fünf Tarifstufen, erkennbar an der ersten Ziffer (0, 2, 6, 8, 1 von der billigsten zur teuersten, bei der ein paar Mark pro Minute kassiert werden). Mit einer gewissen Schadenfreude stellt der italienische Telefonbenutzer fest: Die Gewinnsucht der telefonischen Privatwirtschaft, die zu Lasten der Verbraucher geht, legt sich selber lahm. Die Telecom hat einträgliche Ansagedienste verloren und sieht nicht ein, warum sie für ihre Konkurrenten werben soll. So hält sie die von der Gesellschaft *SEAT* hergestellten offiziellen Telefonbücher und Gelben Seiten trotzig frei von diesen Nummern. Wer beispielsweise Horoskope, Börsendienste oder Fahrplanauskünfte liefert, läßt sich über keine Auskunft eruieren. Die derzeit zwei privaten Betreibernetze für *telefonini*, *TIM* (*Telecom Italia Mobile*, mit der Telecom verbunden) und *Omnitel*, sehen ihre vornehme Aufgabe darin, Kunden zu gewinnen. Ein Mobilfunktelefonbuch gibt es nicht. Handwerker, die erreichbar bleiben wollen, müssen Kunde um Kunden einzeln informieren.

Nur noch wenige, überwiegend telefontechnische Ansagedienste sind bei der Telecom geblieben: die Zeitansage, die Telefonstörung, die Auskunft, nicht immer hilfreich, wenn man an einen tapsigen Operator gerät. Sehr nützlich für vergeßliche Leute, die Telefonnummern auf Zettel notieren und dann nicht mehr wissen, zu wem sie gehören, ist die Adreßauskunft über Teilnehmer, wenn man nur die Telefonnummer kennt: vollautomatisch und unfehlbar, wenn es nicht eine Geheimnummer oder ein *telefonino* ist. Praktisch, auch wenn Sie nicht italienisch können, ist der telefonische Weckdienst (114) mit Eingabe der vierstelligen Weckzeit über die Tastatur. Die Digitalisierung trägt zur Globalisierung bei: Was die Elektronik in den fortgeschrittensten Ländern kann, kann sie auch in Deutschland, in Italien und in Ghana, von der Rufumleitung bis zur Rückruffunktion. Die nationalen Besonderheiten verlagern sich auf die Sitten und Gebräuche des Telefonvolks.

Sie rufen an, haben Glück, die Leitung ist frei, Herr Pronto meldet sich, und Sie fragen nach Signor Rossi. Die abweisend klingende Antwort lautet unweigerlich: Wer möchte ihn sprechen? Jetzt erst geben Sie zu, daß Sie nicht Pronto heißen, sondern Mayer. Nun erst hält auch der andere den Moment für gekommen, dem Anrufer zu eröffnen, daß er selber Signor Rossi sei. Worum es sich handle? Damit ist das obligate Eröffnungsritual im einfachsten Fall abgeschlossen.

Wer Geheimnisse hat, soll sein Anliegen nicht zu offenherzig mitteilen. Es gibt viele Leitungs- und Schaltungsdefekte, Isolationsmängel und Induktionsphänomene. In bestimmten Gegenden Mailands fallen bei starkem Regen regelmäßig die Verkehrsampeln, in anderen Vierteln die Telefone aus. Von einer Stadt wie Rom wollen wir gar nicht erst reden. Sie wissen auch nie, wer – unabsichtlich, versteht sich – mithört. Manchmal ist die Verständigung schwierig, weil Sie unversehens in fremde Gespräche intimen Charakters geraten.

Vor das Telefonieren haben die Götter das Telefonbuch gesetzt. Es ist, ich sagte es schon, labyrinthisch wie die Straßenverzeichnisse (siehe dort). Warum ist der Schriftsteller Luciano De Crescenzo unter D zu suchen? (Leicht.) Warum Beethoven unter V? (Etwas schwieriger.) Warum der Zollhof von Concorezzo bei Mailand, die *Dogana*, entgegen meiner eigenen Erklärung nicht unter U (logisch), sondern unter M??! (Antwort für Fortgeschrittene: Der unergründliche Ratschluß der Behörde hat die Dogana nicht unter *Uffici finanziari*, sondern unter *Magazzini generali* eingeordnet.) Bei Doppelnamen wird es vollends unübersichtlich, und kryptisch bei Verheirateten. Sie lernen Herrn und Frau Rossi kennen, Sie finden einander sympathisch, aber Herr Rossi hat vergessen, Ihnen seine (nicht geheime) Telefonnummer zu geben. Sie finden ihn nie. Denn verheiratete Italienerinnen behalten amtlich ihren Mädchennamen. Frau Rossi heißt in Wirklichkeit Frau Bianchi, aber das wissen nur die engsten Freunde. Und das Telefon ist aus irgendwelchen Gründen oft unter dem Namen der Ehefrau eingetragen.

Ich hoffe, Sie tragen einen Namen, der erstens einfacher ist als meiner, und der zweitens nicht zufällig einem italienischen Schimpfwort ähnlich klingt. Heißen Sie teuflischerweise Przywalski oder wollen Sie von der Auskunft die Nummer von Sir Llewellyn Mac Mhaighstir, der gerade in der Puszta, sagen wir in Hajdúböszörményi auf Urlaub weilt, müssen Sie buchstabieren. Auf gut italienisch heißt das *spelling*. Sie werden sagen, das klingt englisch. In der Tat. Es gibt auch ein wirklich italienisches Wort (*compitare*), doch das kennen nicht einmal die meisten Italiener. Wer deutsch spricht, hat ja auch keine Ahnung, daß seine Muttersprache für den Hydranten das Wort »Oberflurbrauchwasserzapfstelle« bereithält.

Sie kündigen also an, daß Sie buchstabieren: *Le faccio lo spelling!* Anton – Berta – Cäsar? O nein. Sie brauchen unweigerlich das italienische Buchstabieralphabet. Es ist nicht ohne touristischen Reiz:

Ancona	Nàpoli
Bologna	Òtranto
Como	Pádova
Domodòssola	Quarto
Émpoli	Roma
Firenze	Savona
Gènova	Torino
Hotel	Ùdine
Ímola	Venezia
I lunga / Jersey	Washington
Kursaal	Ics / Xeres
Livorno	York / Yacht
Milano	Zara

Sagen Sie für »J« nur *I lunga* oder *Jersey*, nie »Jot«, denn sonst verstünde der Italiener ein Ypsilon – annähernd englisch spricht nämlich auch er die Yacht aus.

Sie wollten also die Auskunft anrufen. Ja, welche denn? Für das Inland? 12. Für Fernauskünfte? 176, aber nur für Europa und die afrikanischen Mittelmeeranrainer. Interkontinentale Auskünfte werden seit Monopolzeiten bei einer anderen Gesellschaft (*Italcable*) unter einer anderen Nummer (170) eingeholt. Daß bei einer Geheimnummer der größte Charme nicht weiterhilft, ist bekannt. Fast genauso schlimm wie eine Geheimnummer (für den Besitzer angenehm) ist der unbekannte Name der Ehefrau oder ein Name wie Rossi (allein im Mailänder Telefonbuch weit über dreitausend). Nicht einmal der Vorname hilft weiter. Die Namen Carlo, Giovanni oder Giuseppe Rossi gibt es je an die hundert Mal. Ihre Inhaber sind praktisch anonym, außer man kennt die Adresse. Die Schwierigkeiten der Telefonbuchbenutzung gemahnen an Island, wo noch das alte System der Vatersnamen gilt und ein Geir Hallgrimsson, also Sohn des Hallgrim, als Geir zu suchen ist. Zum Glück hat Island nur zweihunderttausend und nicht 58 Millionen Einwohner.

Mit einiger Übung sind Sie so weit, daß Sie den obligaten Tobsuchtsanfall beim Umgang mit den Staatsmonopolen hinauszögern. Sie verzweifeln nicht mehr, wenn Sie sich mit einer *raccommandata*, einer Überweisung und einer Drucksache an drei verschiedenen Schaltern anstellen müssen. Als Fortgeschrittener wissen Sie, wann sich die Warteschlangen um den halben Häuserblock ringeln und Sie das Postamt, auch die Banken grundsätzlich meiden sollten: An bestimmten Tagen des Monats werden Pensionen oder Renten ausgezahlt (13./14., 17./18., 25., teilweise nur jeden zweiten Monat), alle zwei Monate läuft irgendwann die Frist für die Einzahlung der letzten Telefonrechnung ab; einmal im Jahr ist bei den meisten die Kraftfahrzeugsteuer fällig, Mieten werden für drei Monate zum Quartalsbeginn gezahlt, zweimal im Jahr ist die Einkommensteuervorauszahlung zu entrichten.

Die bedeutsameren dieser Ereignisse lassen das völlige Chaos aus- und den Verkehr zusammenbrechen. Jetzt wissen Sie endlich, warum dann, wenn Ihnen, dem arktischen Brausekopf, längst die Zornesader schwillt, ein Italiener noch immer freundlich lächelt und höchstens resigniert seufzt: *Che casino!* Er hat von Kindheit auf ein hartes Training im Alltag hinter sich.

1 Siehe Wörterbuch.

Homer und die Folgen

oder: Wie wirklich ist die Wirklichkeit in den italienischen Medien? Mit einer Überlegung, ob die private oder die öffentliche Unwahrheit vorzuziehen ist, und einer Erklärung, warum sich Italiener schämen, in amerikanischen Flugzeugen politische Zeitschriften zu lesen.

»Haben Sie eine unabhängige Zeitung?«

»Unabhängig von wem?«

Dieses Zwiegespräch ist die Weltformel der italienischen Zeitungslandschaft. Es wird trotzdem nie geführt. Jeder in Italien weiß: Eine unabhängige Zeitung gibt es ohnehin nicht. Die italienische Presse ist jedoch weder der gleichgeschalteten Presse eines totalitären Staats noch der gleichgültiggeschalteten Presse einer totalen Konsumgesellschaft am entgegengesetzten Ende der Welt ähnlich. Sie hat wenig vom nüchternen Ernst der Neuen Zürcher Zeitung und der Frankfurter Allgemeinen Zeitung, deren steifleinene Seriosität nur von der Gewohnheit durchbrochen wird, die Namen abgekürzt auszusprechen. Sie betreibt auch nicht die Informationsverhinderung wie deutsche Millionenblätter, die für halbe Analphabeten konzipiert sind. Nur äußerlich sind italienische Zeitungen überwiegend schwarzweiß. Ihr Inhalt ist jedenfalls bunter als das sirupartige Einerlei, das aus den Fernsehkanälen tropft. Sie sind ein schillernder Spiegel, manche sagen Zerrspiegel, einer Wirklichkeit, die kaum objektiv darzustellen ist, daher auch parteiisch gezeichnet wird. Schon der Geschichtenerzähler Homer fand die Heldentaten Achills bewundernswert und die des trojanischen Feindes Hektor schrecklich. Homer fand nichts dabei, daß der listenreiche Odysseus die Gefährten seiner Irrfahrten opfert – er weint dann immer um sie –, um selber den fürchterlichsten Ungeheuern zu entgehen, und daß er es hie und da mit der Treue zu Penelope nicht so genau nahm, wenn er sich mit der Zauberin Circe, der Nymphe Calypso, vielleicht auch der Phäakenprinzessin Nausikaa einließ, die er alle mit einem gewissen Sinn für Symmetrie nach längerem oder kürzerem Techtelmechtel sitzenließ.

Normalerweise ist für den Ausländer die bequemste Art, seine Neuigkeitsgier zu befriedigen, die, eine der großen ausländischen Zeitungen zu kaufen. Enrico Cuccia, geboren 1907, Ehrenpräsident der Mediobanca, des mächtigsten Instrumentes der italienischen Hochfinanz, eine graue Eminenz seit Jahrzehnten, der die Zügel noch mit neunzig Jahren fest in der Hand hält, ist für seine Entscheidungen, bei denen es um das Wohl und Wehe ganzer Wirtschaftszweige geht, auf gute Informationen angewiesen. Cuccia liest keine italienischen Zeitungen. Cuccia beherrscht italienische Zeitungen.[1]

Aber was, wenn die ausländische Zeitung ausverkauft ist? Keine Katastrophe, sagen Sie. Wir verstehen ja Italienisch. Mit dem Wörterbuch, notfalls. Ich kann mir ja eine italienische Zeitung kaufen. Die ist außerdem billiger – ein politischer Preis, weil im Warenkorb für den Preisindex enthalten: 1988 waren es 900 Lire, 1998 1500 Lire. Die doppelte Wirklichkeit Italiens sieht man sofort daran, daß die Zeitungen nicht immer um den Standardpreis zu haben sind. Die früher kommunistische, nach 1990 der Nachfolgepartei des PCI (*Partito Comunista Italiano*), dem PDS (*Partito democratico della sinistra*) nahestehende, noch von Antonio Gramsci gegründete Tageszeitung *L'Unità* verlangt, zum Schaden für die verkaufte Auflage, zweihundert Lire mehr, gewissermaßen als Solidaritätszuschlag. Mit ihrem Wochenmagazin *Diario* kostet sie sogar das Doppelte. Am Freitag verlangt die römische Tageszeitung *La Repubblica*, mit der Magazinbeilage *Venerdì di Repubblica* geschmückt, das Anderthalbfache, am Donnerstag und Samstag tut es ihr der Mailänder *Corriere della Sera* mit der Beilage *Sette del Corriere* und dem Frauenmagazin *Io Donna* gleich, am Samstag bringt die Turiner Zeitung *La Stampa* ihr schönes Wochenendmagazin *Specchio* heraus und will mehr Geld.

Weil der Grundpreis aller Zeitungen gleich ist, auch nicht ohne weiteres erhöht werden kann, produzieren Zeitungen mit kleinerer Auflage teurer und haben deswegen meist geringere Umfänge. Ein kurioser Extremfall ist die winzige, aber als politisches Sprachrohr wichtige Zeitung *Il Foglio* (Das Blatt), die 1996 gegründet wurde: wenig Telefone, eine Rumpfmannschaft von acht Redakteuren, die nur ein Doppelblatt täglich produziert (davon eine Seite Werbung), die verkaufte Auflage beträgt 18 000 Exemplare. Gründer und Chefredakteur ist Giuliano Ferrara, auffallend dick, weswegen er seine Leitglossen selbstironisch mit einem kleinen Elefantensymbol signiert.

An Ferraras exemplarischer Biographie erkennt man die demonstrative »Unabhängigkeit«. Er war bis vor etwa fünfzehn Jahren Kommunist, dann Sozialist im Umkreis Bettino Craxis, ab 1989 arbeitete er als Showmaster in *Canale Cinque* von Silvio Berlusconis Fininvest (jetzt Mediaset). Er wurde Europa-Abgeordneter für Berlusconis rechtslastige Partei *Forza Italia*, war in Berlusconis Kabinett 1994 Minister für die Beziehungen zum Parlament, nach einer Umfrage von RAI 3 das damals unbeliebteste Regierungsmitglied. Das *Foglio* gehört zu dreißig Prozent Veronica Lario, der Frau Silvio Berlusconis (bürgerlicher Name Miriam Bartolini) und liegt auf der Linie Berlusconis (was es eher zu verschleiern sucht), ist also prononciert antikommunistisch, gegen die Mitte-Links-Gruppierung des *Ulivo* von Romano Prodi, gegen die »übertriebene« Macht der Justiz.

Dem Einsichtigen ist klar, daß der gleiche Preis nicht Chancengleichheit bedeutet. Trotz ihrem geringeren Umfang wären kleinere Blätter bald am Ende, wenn sie nicht als Meinungsblätter von einer Partei oder Interessengruppe erhalten würden. In der Tat geht das Zeitungssterben weiter, obwohl die Zahl der Zeitungsleser insgesamt zunimmt (1995 etwa sieben Millionen). In keinem Land ist daher, gerade wegen der Anlehnungsbedürftigkeit, also geringen Standfestigkeit der Presse in jeder Bedeutung, das Schlagwort von der »Vierten Gewalt« so unzutreffend. Die Kontrolle der Macht findet nicht statt. Nicht nur, daß es Zeitungen gibt, die gleicher sind als die andern. Der Staat subventionierte und subventioniert noch: nicht nur die Parteizeitungen, sondern alle, nach komplizierten Schlüsseln, deren Anwendung den Geflechten der Macht in Rom folgt. Der Staat subventioniert zudem über viele institutionale und individuelle Privilegien die, die ihm auf die Finger schauen sollen. Daß so ein System ziemlich paradox ist, fällt Ausländern stärker auf als Italienern. Eine auch in anderen Ländern bestehende Sorge kommt hinzu. Ohne eine effiziente Selbstkontrolle der Informationsmedien stellt sich die Frage: Wer kontrolliert die Kontrolleure?

Wenn man eine verkaufte Auflage von 100000 als Untergrenze annimmt, gibt es anderthalb Dutzend großer überregionaler und regionaler Tageszeitungen. Es folgt eine große Zahl mittelgroßer und eine Unzahl kleinerer Regional- und Lokalzeitungen mit verkauften Auflagen zwischen 30000 und 60000. Die Parteiblätter waren schon in den achtziger Jahren mit Ausnahme der gut gemachten *Unità* wenig bedeutend. Nach dem Fall der Mauer in Berlin, dem Zerfall des Sowjetblocks und der damit vielfältig zusammenhängenden Krise der Parteien in Italien schrumpften sie auf Zwergenformat oder gingen ein, wie 1993 der sozialistische *Avanti!*.

Daß die großen Zeitungen nicht offen das Sprachrohr einer Partei sind, heißt nicht, daß sie unabhängig arbeiten. Besitzverhältnisse, verdeckte Querverbindungen zu Parteien, Parteiflügeln oder Interessenverbänden, Rücksichten auf persönliche Beziehungen zu Personen des öffentlichen Lebens bestimmen den Kurs einer Zeitung: was sie bringt und was nicht, welche Meinungen im Blatt vertreten sein können, welche nie. Kein intelligenter Italiener liest daher eine italienische Tageszeitung. Er liest entweder, wie Cuccia, gar keine, oder mindestens zwei bis drei. Im Prinzip ist das Lesen und Interpretieren einer Notiz nicht viel schwieriger als die Arbeit mit Logarithmentafeln oder Navigationstabellen.

Welche Zeitung soll man lesen? Wenn in mehr Köpfen mehr Klugheit ist als in wenigen, eine Behauptung, die schon ein griechischer Philosoph angezweifelt hat, dann die mit der höchsten Auflage? Eine Reihe kurzer, subjektiver Steckbriefe, nicht ohne Abschweifungen, soll die Übersicht erleichtern.

Um die höchste Auflage wetteiferten in den letzten Jahren der *Corriere della Sera* und *La Repubblica*. Auch andere große Tages- und Wochenzeitungen beteiligten sich an diesem seit 1994 besonders erbitterten Kampf um Leser, Auflagen und Werbeeinnahmen: mit Gewinnspielen, Gadgets, verbilligten Videokassetten im Kombiverkauf, faszikelweise mitgelieferten Enzyklopädien und Ähnlichem. Warum sie statt dessen nicht einfach versuchen, eine bessere Zeitung als die Konkurrenz herzustellen, hat sich anscheinend noch kein Italiener gefragt.

Der *Corriere della Sera* (verkaufte Auflage 1995: 800000 Exemplare), das traditionsreiche Blatt des Mailänder Bürgertums, engagierte sich in der Zeit der Studentenbewegung und danach stark links bis zur Einseitigkeit. Das veranlaßte 1974 Indro Montanelli und eine Gruppe konservativer Gleichgesinnter, auszusteigen und mit dem Rückhalt Mailänder Industrieller die journalistisch gut gemachte, sehr konservative Tageszeitung *Giornale Nuovo* zu gründen. Dann pendelte der *Corriere* wieder zu einer liberalen Mitte, litt erneut im Wirbel finanzieller Schwierigkeiten, die der Verleger Angelo Rizzoli Anfang der achtziger Jahre hatte. Die Verlagsgruppe Rizzoli-Corsera konsolidierte sich ab 1986 und steht unter verstecktem Einfluß des Mitbesitzers Fiat.

La Repubblica wurde von Eugenio Scalfari 1977 als linkes bis linksliberales Intellektuellenblatt gegründet. Sie verdankt einen Teil ihres Rufs jener elitären Vergangenheit, noch jetzt, nachdem sie zum Massenblatt (1995: 700000 verkaufte Exemplare) aufgestiegen (oder abgesunken?) ist. Am umfangreichsten und in der Vielfalt einem deutschen Feuilleton ähnlich ist ihr gut gemachter Kulturteil. *La Repubblica* hatte mit ihrem Aufstieg von 1990 bis 1995 den *Corriere* knapp überholt. Der Gründer hatte sie (und sich) 1989 der Verlagsgruppe Mondadori verkauft und kam so mittelbar in die Hand seines Feindes Berlusconi. 1991 wurde *La Repubblica* zusammen mit der Gruppe *L'Espresso* an De Benedetti veräußert und gehört jetzt zu dessen Konzern. Im erbarmungslosen Krieg um Aktualität litt die Zuverlässigkeit. Boshafte meinen, ihre Exklusivberichte dürfe man nicht lesen ohne das Dementi am darauffolgenden Tag. Bei wichtigen Theater- oder Opernaufführungen gehen Kritiker schon in die Generalproben und warten in der Premiere bloß ab, ob nichts Ungewöhnliches geschieht, um telefonisch das Signal für den Druck der längst geschriebenen Rezension zu geben. Der imaginäre Text einer Sensationsmeldung lautet: »Gestern fiel in der Scala zu Beginn der Premiere von *Nabucco* der Kronleuchter herab und erschlug einige Besucher, darunter unseren Musikredakteur. Seine Kritik lesen Sie auf Seite 14.«

Viel länger schon eine Art Hauspostille des Fiat-Konzerns ist die Turiner *Stampa*, deren boulevardhaftere Abendausgabe *Stampa Sera* 1991 eingestellt wurde. *La Stampa* (Auflage 1995: 450 000) hat eine hervorragende, vielleicht die beste Wirtschaftsberichterstattung. An einer bestimmten, leicht zu erratenden Stelle schielt sie ein bißchen. Sie hat ein maßgebendes Literaturblatt und ist auch deswegen überregional bedeutsam.

An zur Zeit vierter und siebter Stelle der Auflagenrangliste stehen zwei Sportzeitungen: *La Gazzetta dello Sport* (1994: 405 000), die gleichfalls Fiat gehört, und *Corriere dello Sport* (1994: 255 000). Sie bringen reinen Sport, nur Sport und nichts als Sport. Im Mittelpunkt steht der Fußball. Die Sprache ist sportlich, die Tabellen der Fußball-Ligen sind wissenschaftlich ausführlich. Die Spielverläufe – eine Sammlung dramatischer Novellen. Zeitweise können sich kurzlebige Sensationen in den Vordergrund schieben, wenn sie dem italienischen Selbstbewußtsein förderlich sind: der Schirennläufer Alberto Tomba, oder »Schumi«, der Formel-1-Rennfahrer Michael Schumacher, solange er für Ferrari fährt. Dann rückt der Fußball wieder an den ihm gebührenden Platz. Und sonst? Vom eingewachsenen Zehennagel des Mittelstürmers von Real Madrid bis zur letzten Liebesromanze des »amtierenden« Weltmeisters im Rasentennis, von den Trainingsmethoden der Eishockey-Mannschaft Saudi-Arabiens zu den Ergebnissen des Freundschaftsspiels der Jugendmannschaften der Handballclubs Pordenone gegen Treviso, vom Zieleinlauf beim Radrennen in der Valbrembana bis zu den Problemen, die Ferrari gerade mit dem Ventilspiel seines Zwölfzylinders hat – nichts, aber auch gar nichts fehlt. Wenn es nur Sport ist. Mit der dritten landesweit gelesenen, kleineren Sportzeitung *TuttoSport* (1994: 104 000) kommt die Sportpresse auf fünf Millionen Leser.

Es folgt *Il Sole 24 Ore*, deren Auflage im letzten Jahrzehnt stark gestiegen ist (1995: 350 000). Die ausführlichste Wirtschaftszeitung des Landes mit knapp zusammengefaßten grundlegenden politischen Nachrichten hat in der Wochenendnummer eine gut gemachte Kulturbeilage. Der eigentümliche Name rührt her von den Zeitungen *Il Sole*, die 1951, und *24 Ore*, die 1961 vom Industriellenverband *Confindustria* erworben wurde. 1965 wurden sie vereinigt. Das 1987 gegründete Konkurrenzblatt *Italia Oggi* blieb chancenlos.

Zwar sind auch *Corriere della Sera* und *La Stampa* ihrer Entstehung nach Regionalzeitungen. Als solche deutlicher erkennbar, mit dem Akzent auf der lokalen Berichterstattung und deswegen auch überwiegend in eng umrissenen Verbreitungsgebieten gelesen, folgen die eigentlichen Regionalzeitungen. In Rom erscheint *Il Messaggero*. Für die Emilia Romagna erscheint in Bologna *Il Resto del Carlino*, mit einer Reihe lokaler Trabanten im Kopfblatt-System beinahe ein Monopolist in seiner Region. Erklärungsbedürftig ist der sonderbare Name: Das noch im vorigen Jahrhundert gegründete Blatt kostete damals eine kleine Münze, den Bruchteil, also Rest eines *Carlino*. (So hieß in manchen Regionen der gängige Taler nach einer sizilianischen Goldmünze Karls von Anjou). In der Toskana herrscht die Florentiner Zeitung *La Nazione* mit immerhin noch mehr als 200 000 verkaufter Auflage. Beide gehören, wie auch die kleinere Zeitung *Il Tempo* in Rom, zur Monti-Verlagsgruppe, dem Rest des einstigen Imperiums von Attilio Monti, im Weltkrieg ein kleiner Faschist, danach zum Erdölmagnaten aufgestiegen.

Auf den Rängen folgen in Mailand *Il Giornale* (konservativ), auf dessen Geschichte ich noch zurückkommen werde, und *Il Giorno*. Die früher Craxi nahestehende Zeitung – das, was man in Wien eine Hausmeisterzeitung nennt – wurde 1997 von der schon erwähnten Monti-Gruppe gekauft. *Il Mattino* ist in Neapel und Kampanien der Platzhirsch. Er kämpft wenigstens zeitweise, wovon manche Opfer unter seinen Redakteuren zeugen, gegen die Camorra. *Il Secolo XIX* erscheint in Genua und wird in Ligurien gelesen. Niemand wird das neunzehnte mit einem anderen Jahrhundert verwechseln, nämlich der beinahe verschwundenen neofaschistischen Zeitung *Il Secolo d'Italia* (siebentausend Auflage). In Venedig hat der Monopolist, *Il Gazzettino* (konservativ), mit dem skandalfreudigen Blättchen *La Nuova Venezia* eine stimulierende Konkurrenz bekommen. Die *Unione Sarda* hat als Tageszeitung Sardiniens ein Beinahemonopol inne. Sie wird von ihrem Besitzer Nicola Grauso, der sich als Progressist sieht, autokratisch geführt und hat seit 1994 eine sachte Rechtswendung vollzogen. Grauso gehört auch ein regionaler Fernsehsender.

Besonders fatal zeigt sich über Jahre das Interessen- und Besitzgeflecht am *Giornale di Sicilia* in Palermo. Für die Zeitung gab es zwar die Mafia nicht, aber die Skandalchronik konnte nicht umhin, die von der nicht existierenden Mafia umgebrachten Opfer zur Kenntnis zu nehmen.

Die Auflage der größten Parteizeitung, *L'Unità*, war in der Krise des PCI von weit über 200 000 verkauften Exemplaren auf ein Drittel geschrumpft und hat sich seither verdoppelt. Die anderen Parteiblätter erscheinen, soweit sie noch dahinvegetieren, praktisch unter Ausschluß der Öffentlichkeit. Nur das linke Blatt *Il Manifesto*, existenzgefährdet, findet wegen des intellektuellen Niveaus mancher Autoren noch Interesse, *Lotta Continua* der gleichnamigen linksradikalen Bewegung hat wegen eines politisierten Strafprozesses wieder Aufmerksamkeit erregt. Adriano Sofri, einer ihrer Köpfe, wurde in einer grotesken Reihe von Prozessen nach acht Instanzen (!) 1997, vermutlich zu Unrecht, wegen Anstiftung zum Mord verurteilt und ist in Pisa inhaftiert.[2] Die größte noch bestehende »Partei«-Zeitung ist *L'Avvenire* (Die Zukunft, Auflage 1995: 100 000), herausgegeben von der CEI, der Italienischen Bischofskonferenz. Sie steht an der Spitze katholischer Presseerzeugnisse, vom ausländischen (vatikanischen) *Osservatore Romano* für eine intellektuelle Minderheit bis zum unbedarften Wochenblatt *Famiglia Cristiana* und einem Heer von Kirchenblättchen. 1994 versuchten katholische Unternehmer mit *L'Informazione* eine Neugründung, die nach kurzem Anfangserfolg wieder verschwand.

Die Unabhängigkeit der italienischen Zeitungen zeigt sich in der traurigen Geschichte Indro Montanellis. Der Chefredakteur des *Giornale*, wie er seine Zeitung ab 1983 nannte, widersetzte sich mannhaft den Versuchen des Medienzaren Silvio Berlusconi, auf das Blatt redaktionellen Einfluß zu nehmen, und nahm den Hut. Dabei hatte Berlusconi nach der *Legge Mammì*, dem Medien-Antitrustgesetz von 1990, seine Zeitung bereits verkauft: nämlich an Paolo Berlusconi, seinen Bruder. Das Gesetz des Postministers Mammì hatte nicht berücksichtigt, was das Wort Familienbande in Italien heißen kann.

Montanelli gründete zusammen mit anderen Dissidenten 1994 *La Voce*. Die Stimme der Unabhängigkeit fand Respekt, ging aber nach kurzem Anfangserfolg ein Jahr später ein. 1991 wurde von oberitalienischen Unternehmern *L'Indipendente* gegründet, an dem das Unabhängigste der Name war. Er stand der Lega Nord nahe, deren Stern zu sinken beginnt, starb 1995, wurde kurz wiederbelebt und ist schon wieder eingestellt. Dem boulevardhaft knappen *Telegiornale* war nur ein Leben beschieden, ein noch kürzeres. *L'Opinione* flammte 1994 kurz auf wie eine Sternschnuppe.

Die meistgelesene Wochenzeitung ist nach wie vor *TV Sorrisi e Canzoni* (*Canale Cinque*, Berlusconi); diese und andere Fernsehprogrammzeitschriften und Klatschblätter sind wichtig für Sie, wenn Sie an den neuesten Hits der Unterhaltungsmusik, an den Programmen privater Fernsehkanäle und den Ferienplänen des Fürsten von Monaco interessiert sein sollten. Sie gehören zur *stampa rosa*, der Regenbogenpresse.

In den klassischen Sparten Politik, Kultur, Wirtschaft und Gesellschaft gibt es nur noch zwei ernstzunehmende Wochenmagazine hoher Auflage: *L'Espresso*, am deutlichsten dem deutschen SPIEGEL ähnlich, und *Panorama* (die Konkurrenz aus dem Haus des Mailänder Medienriesen Mondadori, der zu Berlusconis Fininvest gehört). Die Verlagsgruppe Rizzoli hat ihr Wochenmagazin *L'Europeo* 1995 eingestellt, als die Auflage auf 70000 gesunken war. Der New Yorker Fiat-Repräsentant Furio Colombo, vielseitiger Journalist und Fernsehjournalist, der alle Hürden der Unvereinbarkeit spielend überhüpft, erzählte einmal, daß er sich genieren muß, wenn er in einem amerikanischen Flugzeug *L'Espresso* oder *Panorama* liest. Die Titelseiten zeigen meist ein barbusiges Mädchen als Kaufanreiz. Amerikaner, für die eine Verpackung den Inhalt ankündigt, würden dann vermuten, er läse irgendein pornographisches Schmuddelprodukt. Italienische Zeitschriften sind von innen anders – meistens besser – als außen. Also landestypisch.

Ein italienisches Überlebenswunder sind intellektuelle Zeitschriften. Die verkauften Auflagen sind mit wenigen Tausend marginal, gemessen an den populären Wochenmagazinen *L'Espresso* (1994: 400000 verkaufte Exemplare) und *Panorama* (1994: 540000). Am erfolgreichsten (mit dem Verlag *L'Espresso* im Rücken) ist die linke Zeitschrift *MicroMega* von Paolo Flores d'Arcais. Am Zeitungsstand begegnen sich manchmal des Lesens Kundige. Sie werden auf die letzte Nummer von *MicroMega* oder die rechtsorientierte *IdeAzione* aufmerksam gemacht, sind neugierig auf die Zeitschrift *Reset*, die der Doyen der italienischen Philosophie, der laizistisch-liberale Staatsrechtler Norberto Bobbio, 1994 als Mitherausgeber ins Leben rief, und kaufen die 1995 gegründete, neokatholische Wochenschrift *Liberal*[3]. Aber das gilt nur in Mailand, Bologna oder Rom – der Zeitungshändler auf dem Land kennt alle diese Produkte nicht einmal dem Namen nach. Sein Großhändler, der das Monopol der Auslieferung hat und den er bei Unzufriedenheit nicht etwa wechseln könnte, liefert sie ihm gar nicht erst. Meinungsfreiheit ist die Freiheit reicher Leute, ihre Meinung drucken zu lassen? Das ist falsch, nicht erst seit Internet und World Wide Web. Jeder Zeitungsgroßhändler in Italien weiß: Meinungsfreiheit ist die Freiheit der Verteilungssysteme.

Die haben bisher ein entscheidendes Monopol: Nur sieben Prozent der Zeitungen werden im Abonnement verkauft (überwiegend konfessionelle), Tageszeitungen müssen vom freien Verkauf (ausschließlich beim *giornalaio*) leben. Das begünstigt, unabhängig von der Unabhängigkeit, den Skandal- und Sensationsjournalismus. In anderen Ländern gibt es vom elitären Intelligenzblatt bis zur letzten Boulevard-Klebrigkeit verschiedene Zeitungen für verschiedene Zielgruppen. Italienische Zeitungen müssen gleichzeitig *alle* Leser zum Kauf animieren. Mit anderen Worten: Alle, auch die besten Zeitungen, haben Oberleib und Unterleib, Analysen für den Kopf und Schmuddelecken für die Sensationsgier, Intellektuelles und Populistisches, Gescheites und Unsinn. Daher finden es die besten Köpfe – von Norberto Bobbio zu Umberto Eco, vom Historiker Enrico Rusconi zum Philosophen Massimo Cacciari, von der Medizin-Nobelpreisträgerin Rita Levi Montalcini zum Verleger Roberto Calasso, vom Kunsthistoriker Federico Zeri zum Musikologen Raffaele De Grada – nicht unter ihrer Würde, sich in der Nachbarschaft von Texten drucken zu lassen, die sie nicht einmal mit der Feuerzange angreifen würden: Es gibt ja keine Alternative.

Mit diesen Grundkenntnissen ausgestattet, werden Sie die richtigen Zeitungen für die jeweilige Information kaufen, die Sie brauchen. Sie werden die Tendenzen, die Sie kennen oder vermuten, gegeneinander aufrechnen. Sich fragen, wer warum so und nicht anders über ein Thema geschrieben haben mag. Mit einem Wort, Sie werden so kritisch lesen wie der Italiener. Der ist bei Skandalmeldungen zunächst gar nicht erschrocken. Er überlegt bei Sensationsüberschriften sorgfältig, ob er sich aufregen soll. Er prüft bei erfreulichen Ankündigungen zuerst schnell, ob die andern Zeitungen auch ..., bevor er sich freut. Alles mögliche denkt der italienische Leser. Eines denkt er nicht: daß ein Artikel unbesehen wahr ist, selbst wenn er wahr ist. Doch wäre er noch angesichts einer schreiend offensichtlichen Unwahrheit gar nicht erstaunt darüber, daß sie erscheint. Vielmehr fragt er sich, bei wahren und falschen Pressemeldungen: Wer hat ein Interesse daran? Und warum gerade jetzt? Die *dietrologia*, die Wissenschaft, aus dem Kaffeesatz herauszulesen, was dahinter (*dietro*) steckt, ist hoch entwickelt. Der Schein einer gezielten Informationspolitik, einer raffinierten Medienintrige will dem schlauen Leser besser einleuchten als der blinde Zufall.

Das Mißtrauen der Leser ist begründet – auch in der Vergangenheit der Presse. Mussolini begann seine Laufbahn als Journalist. Der Fachmann wußte, wie wichtig ein harmonisch gestimmtes, wohltemperiertes Medienklavier ist. Er schuf die Journalistenkammer als Kontrollinstrument (später von Goebbels im Dritten Reich nachgeahmt). Im Unterschied zu Deutschland, das sich, auch institutionell, seiner Vergangenheit entledigte, lebt sie in Italien in vielen Gesetzen und Einrichtungen weiter. Versuche, den *Ordine dei giornalisti* abzuschaffen, schlugen bisher fehl. Ohne Aufnahme in das *albo professionale* keines der Journalistenprivilegien, keine Anstellung. Der beste Musikwissenschaftler und Publizist kann Intendant, aber niemals Pressechef eines Opernhauses werden, hat er nicht die Journalistenprüfung abgelegt und den braunen Ausweis in der Tasche. Die Journalisten waren vor 1945 kirre geworden, viele blieben es danach. Mario Missiroli (1886–1974), Schlüsselfigur des faschistischen und des Nachkriegsjournalismus, der geschickt seinen Überzeugungsmantel wendete, sagte zynisch über die Gewissenserforschung der vergangenen Arbeit: »Ein übles Geschäft, der Journalismus – aber immer noch besser als arbeiten.«

Der Druck auf die Journalisten von seiten der Politik und der Wirtschaft hat nach dem Weltkrieg nicht aufgehört. Das Zuckerbrot direkter oder indirekter Gefälligkeiten, die Peitsche drohender Klagen und Gerichtskautionen, des Boykotts gegen einzelne Journalisten oder ganze Zeitungen wirkt gelegentlich. Leider gerade nicht auf den Skandaljournalisten, der einen starken Verlag als Rückendeckung hinter sich weiß.

Statistisch wahrscheinlicher als der Zusammenstoß eines Kopfes mit einem Buch oder wenigstens einer Zeitung ist in Italien die Begegnung mit einem Fernsehschirm. In den Statistiken der täglichen Zeitungslesezeit (vierzehn Minuten), der Zahl der Zeitungsleser (zwanzig Millionen, also jeder dritte), der Zahl der Zeitungen (78 gegenüber 375 in Deutschland), der Gesamtauflage (achteinhalb Millionen gegenüber einundzwanzig Millionen in Deutschland) liegt Italien weit zurück. In der Entwicklung des Fernsehens, der Anzahl der Sender, der Sendezeit, der Einschaltzeiten gehört Italien zur Avantgarde.

Fernsehen ist, mit einiger Umsicht betrieben, die vielleicht schnellste Art, Italienisch zu lernen. Das gilt auch für die Italiener selber. Noch in den fünfziger Jahren war für viele einfache Leute in abgelegenen Alpentälern oder auf schwer erreichbaren Inseln Italienisch eine Fremdsprache. Lassen Sie sich nichts vormachen. Die wirkliche sprachliche Einigung des Landes erfolgte nicht durch die Jahrhunderte dauernde Vorbildwirkung der »Göttlichen Komödie« Dantes, nicht durch Alessandro Manzonis berühmten Roman »I promessi sposi« (Die Verlobten), den er 1826 in einem lombardisch gefärbten, dann (1840) in toskanisch gereinigtem Italienisch herausgab. Die sprachliche Einigung erfolgte in der zweiten Hälfte des zwanzigsten Jahrhunderts durch das Fernsehen, durch die Fernsehsprecher, durch den (meist römischen, neapolitanischen oder Mailänder) Tonfall volkstümlicher Filmschauspieler: Gina Lollobrigida, Bud Spencer (mit bürgerlichem Namen Dr. Carlo Pedersoli), Sofia Loren, Alberto Sordi, Monica Vitti und so weiter.

Legen Sie Wert auf die *parolacce*, die Vulgärwörter, dann konzentrieren Sie sich auf italienische Komödien, Krimis und Wildwestfilme. Legen Sie Wert auf Prügelszenen, können Sie hoffnungsfroh die Beratung kontroverser Gesetze im Parlament verfolgen. Neapolitanischen Tonfall bringen Ihnen Theaterstücke von Eduardo De Filippo bei. Wie fortgeschritten Ihr Sprachverständnis ist, testen Sie in Talkshows, wenn über ein heißes Eisen diskutiert wird und vier Leute gleichzeitig immer lauter und immer schneller reden. Leerformeln und Sprechblasen in Hülle und Fülle bieten die Stars von Verkaufssendungen. Den Sportjargon lernen Sie in Direktübertragungen großer Fußballspiele.

Die Programme sind von amerikanischer Vielfalt und Einfalt. Das Intelligenzniveau der meisten Sendungen ist nicht überraschend. Deutschsprachige Gäste in Italien wird höchstens die Zahl der Kanäle verwundern. In Oberitalien können Sie, je nach Lage und Antenne – Kabelfernsehen ist so gut wie inexistent – etwa zwanzig bis dreißig Programme empfangen, darunter einige ausländische. Nach Süden zu sinkt die Zahl. Die Glotze ist nicht mehr auf dem Vormarsch, weil – zumindest in Oberitalien – die Sättigungsgrenze erreicht ist. Landesweit stehen in zwanzig Millionen Haushalten mehr als zwanzig Millionen Fernsehgeräte. Sie stehen in jedem besseren Hotelzimmer, im Fernsehraum billiger Hotels, werden jeden Sonntagnachmittag während der Fußballübertragungen zum umjubelten Mittelpunkt der Bar, wo sich die Anhänger desselben Klubs treffen.

Die Entwicklung des Fernsehens in Italien ist die exemplarische Geschichte einer fortschreitenden Publikumsverblödung durch das Zusammenwirken unzureichender Gesetze, egoistischer Politiker und privater Macht- und Geldgier. Deutschland ist auf dem besten Weg, Italien darin nachzueifern. Das ursprüngliche Sendemonopol der staatlichen *RAI-Radiotelevisione Italiana* wurde sehr früh sehr schnell aufgeweicht. Gerichtsentscheidungen ließen 1974 lokale Ausstrahlungen privater Radio- und Fernsehprogramme zu, aber bald nahmen findige Unternehmer statt des kleinen Fingers die ganze Hand und umgingen die Beschränkungen. Als die Sendemasten aus dem Boden schossen wie Pilze nach dem Regen, versprachen sich viele eine belebende Wirkung auf das verkalkte Staatsfernsehen. Diese Wirkung war schwach, das Ergebnis der »Neben«wirkungen verheerend. Zuerst hatten die TV-Zwerge einen Sympathievorschuß. Sie verlangten keine Gebühren, lebten von ein bißchen Werbung und verhalfen der Phantasie an die Macht.

Viele Privatsender wurden von »Dissidenten« der RAI gegründet, die Know-how mitnahmen, und manchmal auch gleich die Ausrüstung. In den Gründerjahren verschwanden auffallend viele Kameras, Scheinwerfer, Kabel, und im Studio Mailand sogar ein ganzer Konzertflügel. Den meisten dieser Sender ging trotz billiger Improvisation bald die Luft aus. Vollends solche Erscheinungen wie Schwarzsender, die um zwei oder drei Uhr nachts auf der abgeschalteten Frequenz eines offiziellen Netzes »alternativ« sendeten, meistens Porno, blieben begreiflicherweise Eintagsfliegen. Nur wer genügend Werbeaufträge an Land zog, überlebte. Die Werbung nahm zu. Es kam die Stunde der professionellen Unternehmer.

Der aus bescheidenen Verhältnissen kommende Entertainer Silvio Berlusconi hatte es auf unbekannte Weise, die von der Justiz nie ergründet wurde, zu Geld und als Bauunternehmer zu noch mehr Geld gebracht. Sein Freund Bettino Craxi, Parteisekretär der Sozialisten, von 1983 bis 1987 in zwei Regierungen Ministerpräsident, half ihm mit rechtswidrigen Dekreten bei der Eroberung des Frequenzraums. Schon Mitte der achtziger Jahre verfügte Berlusconi über fünf Sender: *Italia Uno*, *Retequattro*, *Canale Cinque*, *Euro-TV* und *TV-Report*. Es gab kein Interesse, ihn zu bremsen und auf dem Staatsmonopol zu beharren. Auch andere drängten in den Äther. *Telenova* mit seinen *Telenovelas* etwa. Der Sender gehört den Edizione Paoline, einem Mailänder Verlag für Frommes, der dem Kardinal-Erzbischof nahesteht. Es gab rein italienische Sender wie *Telemontecarlo*[4] und *Koper/Capodistria*, deren Namen daran erinnern, daß sie ursprünglich von schlauen Füchsen knapp jenseits der Grenzen gegründet wurden, um italienischen Gerichten entzogen zu sein.

Bis 1987 betraf das Monopol der Staatssender noch die Nachrichtensendungen, dann fiel auch dieses Bollwerk. Die drei Programme der RAI und die der Fininvest (*Italia 1*, *Rete 4*, *Canale 5*) lagen in einem harten Wettbewerb Kopf an Kopf und teilten sich in einem Oligopol neunzig Prozent der Werbeeinnahmen und Zuschauer: 144 Stunden Fernsehangebot täglich. Nur eine Minderheit sieht gar nicht fern, ein Drittel der Bevölkerung mehr als drei Stunden, bei Kindern und Jugendlichen steigt der tägliche Fernsehkonsum bis auf fünf Stunden.

Die Wechselwirkung zwischen Berlusconis Fininvest, einem verschachtelten Beteiligungsimperium, das später die Fernsehunternehmen und die Fernsehwerbung in der Tochtergesellschaft Mediaset zusammenfaßte, und der RAI war für deren einst gerühmte Qualität tödlich. Der Wettlauf um Werbeeinnahmen ist zwangsläufig einer um Einschaltquoten. Dabei ist das niedrigste gemeinsame Niveau nie zu niedrig. Die Tendenz, Konkurrenten niederzubügeln, kann das Niveau scheinbar sogar wieder heben. Die Strategie der Marktbeherrschung füllt auch Nischen aus. Im Meer der Banalitäten gibt es auch anspruchsvolle Filme, Opernübertragungen, Sendungen über Kunst, ernste Diskussionen über politische, soziale, wissenschaftliche Themen. Der eigentliche Zweck der Zuschauereroberung ist die Verwandlung der mündigen Bürger und die rechtzeitige Erziehung der Kinder in gefügige Verbraucher.

Der Zapper versucht zwar, mit der Fernbedienung der totalitären Behämmerung zu entgehen. Die Fernsehwerbung hat neue Sehgewohnheiten hervorgerufen – klack, klack, flüchtet man aus der Werbung und hüpft zum nächsten Kanal. Der listige Kampf zwischen Zapper und Werber ähnelt dem Wettlauf zwischen Hasen und Igel. Der Zapper zappt – aber die Werbung ruft: »Ich bin schon da!« Denn die Sender haben die Werbeblökke synchronisiert. Der Zapper verweigert sich und schaltet den Fernseher stumm, bis der Film weiterläuft – die Werber reagieren und senden nun ohne Vorwarnung oder Trennung vom Programm alle paar Minuten sekundenlange Spots. Bis der Zapper reagieren kann, sind sie schon wieder vorbei.

Die flüchtige Aufmerksamkeit und die flüchtige Reizbarkeit wollen immer stärkere Reize. Die Brutalität der Fernsehinformationslieferanten entwickelt sich entsprechend. Im Bewußtsein der Macht, zum ganzen Land zu sprechen, und mit dem Zartgefühl von Metzgerhunden rücken die Interviewjäger aus: »Ihr Haus ist verschüttet worden. Wie fühlen Sie sich?« Menschen, die den Verlust von Angehörigen zu beklagen haben, fährt das Objektiv mit Zoom-Effekt wie ein Besen ins tränenüberströmte Gesicht: »Ihre Familie ist weg. Was denken Sie darüber?«

Noch Anfang der neunziger Jahre waren die Nachrichtensendungen der RAI ein Spiegel des Parteienproporzes. Das *Tele-*

giornale in *RAI Uno* galt als christdemokratisch, *RAI Due* war mehr sozialistisch, *RAI Tre* galt als Trutzburg der Linken, gar der Kommunisten. Die inzwischen eingetretene Austauschbarkeit der staatlichen und der privaten Programme zeigt sich darin, daß die Stars unter den Moderatoren und Meinungsjournalisten ebenfalls zu Zappern zwischen Überzeugungen geworden sind. Sie hüpfen bedenkenlos von der RAI zu Berlusconi, zappen von Berlusconi zur RAI, wenn ihnen nur möglichst viel gute Sendezeit und gute Honorare angeboten werden. Ein linker, kritischer Journalist wie Michele Santoro ging von *RAI Tre* zu *Canale Cinque*, dem Sender eines ideologischen Widersachers: Da sind einstige Überzeugungstäter auf die Einschaltquote gekommen.

An manchen Stellen, wie Mauerblümchen in einer Steinwüste des Trivialen, blühen Versuche einer Gegenbewegung auf. Haben sie eine Möglichkeit, wenigstens in Nischen zu überleben? Das kritische Volkstheater im toskanischen Dorf Monticchiello. Die mühevolle Revitalisierung der Höhlenwohnungen von Matera, Symbol des äußersten Elends. Kunstausstellungen, wo die Mafia herrschte, im ehemaligen Gewerbegebiet um den Palast der Zisa in Palermo. Die »Passions«-Spiele in Gibellina, eine Überwindung der Hoffnungslosigkeit, die ein Erdbeben hinterließ. All das sind Lebenszeichen, die anderswo verblichen sind, weil ihre Träger und ihr Publikum allabendlich stumm auf die Mattscheibe glotzen. Wie lebendig ist Italiens Kulturleben?

1 Über die Beteiligungen der Mediobanca.

2 Carlo Ginzburg: Il giudice e lo storico. Einaudi 1990. Deutsche Ausgabe: Der Richter und der Historiker. Wagenbach, Berlin 1991.

3 Die Adresse der Redaktion in Rom hat Symbolwert: Es ist die Via del Sudario, die Straße des Schweißtuches. In der Tat schwitzen Italiens Intellektuelle Blut bei der Arbeit, einem schwach gebildeten Publikum von Fernsehabhängigen differenzierte Argumentation beizubringen.

4 Heute zusammen mit dem Kanal *Videomusic* im Besitz des Unternehmers Vittorio Cecchi Gori, der versucht, eine dritte Kraft neben RAI und Mediaset zu etablieren.

Das Effimero

oder das Ewige an der Vergänglichkeit im kunstreichsten Land der Welt, samt einer Marginalie über Ruinenbaumeister, Schatzgräber und den unverbesserlichen Don Quichotte.

Zuerst die sensationelle Nachricht oder die gute? Die Sensation ist: Italiens Kunstschätze werden gepflegt und restauriert, sie sind überall zugänglich, das Musikleben ist das ganze Jahr aktiv, Kultur wird überall groß geschrieben, die Städte sind sauber, die Umwelt intakt.

Die gute Nachricht: Die Sensation kann schon morgen wahr werden. Wie immer natürlich: cum grano salis. Im März 1998 verkündete Kulturminister Walter Veltroni, künftig würden Italiens Museen von morgens neun bis zehn Uhr (abends!) geöffnet bleiben. Mit der Ankündigung, die Sonne würde rund um die Uhr scheinen, hätte er nicht mehr Aufsehen machen können. Was man in der einstigen DDR kurz vor der Wiedervereinigung »die Wende« nannte, gab es auch in Italien. Denn etwas hat sich in den letzten fünf Jahren geändert / nicht geändert.[1] Das alte politische System, bekannt als »Erste Repubik«, ist zusammengebrochen / nicht zusammengebrochen.[1] Das geschah 1. am 17. Februar 1991 / 2. am 5. April 1992 / 3. am 21. April 1993.[1] Nämlich als 1. die Mailänder Staatsanwälte um Francesco Saverio Borrelli mit der Verhaftung von Mario Chiesa, dem Direktor eines Mailänder Altenheims, den Anfang des Fadens in die Hand bekamen, mit dem sie nach und nach das ganze korrupte Geflecht der »Partitokratie« entknäueln konnten / als 2. der alte Fuchs, wie er allgemein hieß – Giulio Andreotti –, von seiner siebten und letzten Regierung zurückgetreten war, worauf die Übergangsregierung Giuliano Amatos begann / als 3. Amato, der letzte Ministerpräsident aus der alten Parteiennomenklatura, zurücktrat und Carlo Azeglio Ciampis Regierung aus »Fachleuten« Platz machte. Mit den Regierungswechseln wechselten auch die Kulturminister und die Umweltminister. Aber alles der Reihe nach.

Jeder weiß es: Die Kunstlandschaft Italiens, im Unterschied zu anderen europäischen oder gar exotischen Ländern, fasziniert mit ihrer nirgendwo in der Welt übertroffenen Dichte. Von einem Baudenkmal in Indien zum nächsten fährt der Bewunderungswillige viele Stunden über ödes oder dichtbevölkertes, jedenfalls kunstloses Land. In Italien gibt es Kulturdenkmäler um jede Ecke. Sie haben keinen Seltenheitswert. Das ist zugleich ihre Krankheit. Wenn sich die Kunst drängt, verliert das einzelne Kunstwerk an Wert. (Das ist immer noch besser als das Gedränge der Menschen.) Wenn es zu viele Kirchen gibt, aber zu wenig Platz für Autos: Was ist dann schon Böses dabei, macht man ein nicht mehr benötigtes Gotteshaus zur Garage oder Werkstatt? Es gibt so viele Etruskergräber. Was macht es schon, wenn der *tombarolo* eines ausräumt und den Inhalt verscherbelt? Es warten ja noch Hunderte andere auf ihre Entdeckung. Wir sind in der Heimat eines vielfachen Sisyphus. Während er einen Stein seiner Restaurationsarbeit aufwärts wälzt, rollen Dutzende andere zu Tal.

Die natürliche Landschaft hat Schaustücke, die gehören zu den schönsten der Welt. Flußauen und Dolomitenwände, Sandstrände und Gletscherbrüche, Weinberge und Felsenküste, Tropfsteinhöhlen und Urwälder – nichts, was es nicht gäbe. Wer die landschaftlichen Schätze öfter aufsucht, erinnert sich bei jedem Mal der Vergangenheit: Wie war der Park schön, sagt er, als noch nicht diese Würstelbude ... Oder: Das Tal ist auf immer dahin, seit sie diese *superstrada* gebaut haben ... Der Wettlauf zwischen der Bodenspekulation und den Gesetzen, die sie verhindern sollen, geht selten zugunsten der letzteren aus.

Italienische Musiker, insbesondere Sänger, haben einen ausgezeichneten Ruf. Wer kennt nicht Dirigenten wie Claudio Abbado und Riccardo Muti, Claudio Scimone und Giuseppe Sinopoli, den Pianisten Maurizio Pollini oder die Geiger Salvatore Accardo und Uto Ughi, Sänger wie Luciano Pavarotti oder Luciana Serra, Piero Cappuccilli oder Cecilia Gasdia? Aber fast alle beklagen die schlechte Ausbildung in den Konservatorien. Und selbst wenn die Musiker durchaus gleichwertig sind: italienische

Orchester, wenn sie nicht gestorben sind, können mit denen Englands oder Deutschlands nicht konkurrieren. Denn auch das kommt dazu: Die Konkurrenz, in der die RAI den privaten Sendern Berlusconis und den hohen Einschaltquoten nachläuft und ihren Kulturauftrag nicht mehr wahrnimmt, hat bewirkt, daß 1995 alle Rundfunksinfonieorchester bis auf eines in Turin und sämtliche Rundfunkchöre aufgelöst wurden. Statt dessen gibt man lieber Geld für Shows aus: Ein einziger Abend des Schlagerwettbewerbs in San Remo kostet rund eine Million Mark. Davon könnte ein Ensemble ein ganzes Jahr leben.

Italienische Künstler – seit den siebziger Jahren die *Arte povera,* dann der Neodadaismus, der Neofuturismus und noch neuere Künste – stellen auf der ganzen Welt aus. Doch Museen zeitgenössischer Kunst haben kein Geld, weder für Ankäufe noch für Konservierung. Für die anderen Museen gilt das auch. Private Sammlungen zeitgenössischer Kunst – etwa die des Mailänders Giuseppe Panza di Biumo oder jene von Gianni Mattioli (1903–1977) – wurden ins Ausland verkauft. Es gibt ein Gesetz, das die Ausfuhr national bedeutender Kunstwerke verbietet und den ständigen kulturellen Aderlaß verhindern soll. Bei zeitgenössischen Künstlern hat das nur zur Folge, daß sie öfter im Ausland arbeiten – denn sie dürfen unter Umständen ihre eigenen Werke nicht aus Italien mitnehmen.

Von Luchino Visconti zu den Brüdern Taviani, von Federico Fellini, Pier Paolo Pasolini zu Francesco Rosi – den italienischen Film kennt jeder. Aber das alltägliche Programm der Kinos besteht aus dümmlichen Komödien oder Softpornos. Das Fernsehen zeigt amerikanische Serien. Das Theaterleben? Italien hat große Regisseure wie Giorgio Strehler und Luca Ronconi, Renato De Simone oder Giorgio Barberio Corsetti hervorgebracht: Aber Strehler selbst, der 1997 gestorben ist, sah als seine größte Leistung an, daß er zusammen mit Paolo Grassi, später Direktor der Mailänder Scala, nach dem Krieg fertigbrachte, ein *ständiges* Theater, ein *Teatro stabile* einzurichten und am Leben zu erhalten. Die meisten Theaterkompanien leben noch heute als reisende Ensembles von der Hand in den Mund.

Italienisches Design? Von Bruno Munari über Ettore Sottsass zu Mario Bellini, die für Olivetti arbeiteten, eine Ahnengalerie erlauchter Namen. Ghia, Giorgetto Giugiaro, Pininfarina oder Bertone prägten das Erscheinungsbild des Automobils. Die von Corradino D'Ascanio entworfene Vespa war so erfolgreich, daß sie zum Synonym für Motorroller schlechthin wurde. Die Lampe Tizio von Artemide hat Richard Sapper so perfekt entworfen, daß keine Weiterentwicklung mehr möglich war, nur schlechtere Nachahmung. Wie bei berühmten Objekten von Alessi ist der Name des Designers nur der Fachwelt bekannt. Italienisches Design hat Spitzenprodukte hervorgebracht, die im Museum of Modern Art in New York stehen. Doch die gewöhnliche Einrichtung italienischer Wohnungen ist vom Gelsenkirchner Barock nicht zu unterscheiden. Italienische Architekten und Ingenieure von Nervi bis Giò Ponti, Aldo Rossi und Renzo Piano waren und sind tonangebend. Sie haben, auch in Deutschland, in vielen Wettbewerben für Großprojekte gesiegt. Doch die Neubauviertel im Umland Mailands und Roms sind nicht viel besser als sowjetische Plattenbauten, die Einfamilienhäuser sprechen die Sprache einer weithin verbreiteten Gartenzwerg-, Schmiedeeisen- und Rumpelstilzchenarchitektur, die die eigenen Traditionen mißachtet.

In der Mode, von Armani zu Trussardi, von den Schwestern Fendi zu Missoni – da stimmt hingegen alles. Auch das Verhältnis zwischen den Leithammeln und der Herde. Gegenüber Durchschnittsdeutschen ist auch der Durchschnittsitaliener ein Ausbund an Geschmack und Eleganz, die Italienerin eine Modeschönheit, kosmetikbewußt, allezeit auf das Äußere bedacht. Die Mode wechselt rasch, aber die Form ist immer wichtig. Die Form, wenn sie der Mode unterliegt, ist vergänglich. Das Vergängliche wird wichtig genommen.

Das Vergängliche nennen die Italiener *effimero*, das Ephemere. Der Begriff kam so recht in Schwang mit einer Ära, der die Kommunalwahlen im Mai 1985 ein Ende machten. In Rom war bis dahin Renato Nicolini der weit über seine Stadt hinaus, ja im Ausland bekannte *Assessore alla Cultura*. Der umtriebige Kulturdezernent hatte versucht, Rom aus seiner kulturellen Lethargie zu wecken. Er erfand 1977 das Sommerfestival *Estate Romana*. Zunächst nur ein Filmfest, dann immer größer, wurde *Estate Romana* zum Inbegriff des *effimero*. Aufwendige Gastspiele, renommierte Künstler wurden eingekauft. Spätestens 1980 begannen auch die Polemiken. Die Gegner sagten, die kommunistische habe sich in eine konsumistische Kultur verwandelt. Der Publizist Alberto Arbasino attackierte den Mißbrauch antiker Ruinen, der mit den Bestimmungen des Denkmalschutzes nicht vereinbar war. Doch *Estate Romana* hatte mit dem berühmten Schirm Karl Valentins (ohne Bespannung) eines gemeinsam: Viel besser als gar nix!

Das *effimero* wird von vielen italienischen Kulturkritikern als charakteristisch für einen gewandelten Kulturbegriff betrachtet. Die Veranstaltung, die Sensation, das Ereignis, kurz: *lo spettacolo*. Alles, was zum *spettacolo* gehört, fällt folgerichtig nicht unter die Kompetenz des Kulturministers, sondern der Direktion für *spettacolo* und Tourismus. Hier ist eine kurze Erklärung über das Verhältnis der italienischen Politik zur Kultur fällig. Wo in Form von soviel Kunst aus drei Jahrtausenden die Kultur allgegenwärtig ist, hat man lange nicht die Notwendigkeit empfunden, ein Ministerium dafür einzurichten. Es gibt ja auch kein Ministerium für den Alltag. Das an Kunstschätzen reichste Land der Erde hatte keine zentrale staatliche Institution zu deren Verwaltung und Schutz.

Ursprünglich hütete das Unterrichtsministerium auch Italiens Kunsterbe. Erst 1975 wurde von ihm das *Ministro per i Beni Culturali* abgespalten. Nicht weil Italien erkannt hatte, daß die Kultur wichtig sei. Sondern aus dem taktischen Bedürfnis, im Parteienproporz der Regierungskoalitionen mehr Ministerposten zu schaffen. Mit dem 1994 verstorbenen liberalen Historiker Giovanni Spadolini bekam Italien den ersten, für lange Zeit einzigen kompetenten Minister für die Kulturgüter. Die Ministerien sind ungleichwertig. Während das Unterrichtsministerium mit großem Kompetenzbereich auch im Gezerre um den Staatshaushalt mehr Kraft hatte, galten bis 1996 das Kulturministerium und das mit dem Referendum am 18. April 1993 abgeschaffte Ministerium für Tourismus und Schauspiel als schwach. Beide waren früher traditionelle Schacherobjekte, typische Sprungbretter für Auf- oder Ruhebetten für Absteiger, die sich nur widerwillig damit befaßten: Das Schauspielwesen dem PSI, Kulturgüter den süditalienischen *Democristiani*. Die Politik war ein gewichtiger Faktor mehr der Zerstörung als der Erhaltung von Kunstwerken.

Mit Schaudern entsinnt man sich der geballten Kulturminister-Inkompetenz der Vergangenheit. Da waltete Anfang der achtziger Jahre der tüchtige und korrupte Vincenzo Scotti. Er spielte eine unrühmliche Rolle, als er Bilder der konfiszierten Kunstsammlung von Ponti und Sofia Loren auf nicht existierende Museen in Marino (eine Ministersommerfrische bei Rom) und Caserta (Scottis Geburtsort) aufteilte. 1983 folgte der Apulier Nicola Vernola, zum Glück nur sieben Monate. Antonino Gullotti, ebenfalls Süditaliener, richtete drei lange Jahre Unheil an. 1987 wurden die Kulturgüter eine Pfründe der Sozialdemokraten, um diese koalitionstreu zu halten. Weiterhin aber blieb die Kultur ein Trostpreis für Politiker aus dem Süden. Ab 1987 ignorierte Kulturminister Carlo Vizzini die Kultur. Ab 1989 untertraf ihn Vincenza Bono Parrino, die als Fachberater einen Gastwirt und den Pfarrer aus ihrem sizilianischen Heimatdorf berief. Dann trat Ferdinando Facchiano an und machte sich verdient, als er in der Krise von Juli 1990 zurücktrat. Ministerpräsident Andreotti hatte die demissionierenden Minister nicht ersetzt. »Um fruchtlose Auseinandersetzungen zu vermeiden« (das heißt, die Kultur wieder der DC zuzuführen), waltete er »provisorisch« als interimistischer Kulturminister. Traditionsgemäß: indem er die Kultur ignorierte. Es hatte sich eine institionelle Schizophrenie entwickelt. Nur auf Verwaltungsebene, in der Generaldirektion für Kulturgüter, führten engagierte Fachleute den quichottesken Kampf gegen die Windmühlen veralteter Gesetzgebung und der Politik.

Erstmals einen engagierten Kulturminister berief Amato: den Publizisten Alberto Ronchey. Er erreichte wenig, aber im geschickten Umgang mit den Massenmedien rückte er den Italienern die Kultur ins Bewußtsein mit der Klage, daß das Aschenbrödel unter den Ministerien eine Hungerdiät bekam, die ihm nicht bekam. Es erhielt 1990 ganze 0,24 Prozent des Staatshaushalts. Ronchey mußte unter den Regierungen Amato und Ciampi, die versuchten, das dramatische Staatsdefizit zu verringern, 1992 und 1993 Kürzungen auf 0,21 und 0,19 Prozent hinnehmen. Dem konservativen, den Neofaschisten nahestehenden

Politologen Domenico Fisichella als Kulturminister machten es seine Parteifreunde in der Regierung Berlusconis 1994 noch schwerer. 1995 kam, zum ersten Mal in der Geschichte Italiens, ein wirklicher Fachmann: der Superintendent für die Kunstgüter der Toskana, Antonio Paolucci. Der Etat blieb klein, aber organisatorisch ging es aufwärts. Und 1996 nahm Walter Veltroni als stellvertretender Ministerpräsident zugleich das Kulturministerium und das Ressort *Spettacolo* in die Hand, was eine gewaltige Aufwertung darstellt. Angesichts der Personalunion sehen Optimisten am Horizont das Heraufkommen eines Ministeriums für die gesamte Kultur. Der Charakter des *effimero*, des Schauspielhaften in der Kultur hat sich allerdings wenig verändert.

Das eigentliche Schauspiel, die darstellenden Künste insgesamt (Film, Theater, Tanz, Musik, Oper), war aus unerfindlichen Gründen dem Ministerium für Fremdenverkehr zugeschlagen. Als das Volksbegehren für die Abschaffung des Ministeriums 1993 seinen Zweck erreicht hatte – die Regionen wollten die Kompetenzen (und das Geld) für die Lenkung und Förderung des Tourismus an sich ziehen –, ging es wie mit dem Landwirtschaftsministerium: Es änderte sich nur ein Etikett. Die staatliche Generaldirektion für *Spettacolo* ist unverändert vorhanden, nur daß jetzt kein eigener Minister mehr über sie wacht, sondern die Ministerpräsidentschaftskanzlei.

Auch ohne zuständiges Ministerium ist Italien das Land des *spettacolo*. Nicht umsonst hat die Show, vorzugsweise live, im Fernsehen die höchsten Einschaltquoten (natürlich auch, wenn sie Fußball heißt). Das ganze Leben ist ein Theaterstück. Darunter leidet das richtige Theater ein wenig, besonders in einer theatralischen Stadt wie Neapel. Das dramatische Talent des Neapolitaners ist unerreichbar. Wozu ins Theater gehen, wenn Theater permanent zu Hause und auf der Straße stattfindet? Die Theater und Opernhäuser spielen seit Kriegsende die dramatischeren Stücke nicht auf der Bühne, sondern hinter den Kulissen.

Zum Beispiel die noch heute unvergessene Komödie um Gefälligkeiten in Neapels Opernhaus San Carlo. Eine Firma, begünstigt vom Theaterausschuß, hatte die Ausschreibung für die überfällige Erneuerung der Bühnentechnik gewonnen. Erst nachdem die Firma Millionenvorschüsse kassiert hatte, stellte sich heraus, daß sie zur Zeit der Auftragserteilung noch gar nicht existiert hatte und für die saftige Anzahlung die Faktura Nummer 0001 (eins) ausstellte. Sie war nicht nur nicht kompetent, sondern bestand nur aus einem Schreibtisch. Ganz Neapel lachte. Es gab Rücktritte, Anklagen. Ein Scherbenhaufen. Tragödie. Die Bühne bedeckt von den Leichen der Verantwortlichen. Von heute auf morgen: alles kaputt. Dann aber: ein Tusch, Vorhang, die dahingemetzelten Akteure erwachen wieder zum Leben, verbeugen sich, Applaus. Daß dieses *spettacolo* ziemlich teure Eintrittspreise hatte, vergaß das Publikum.

Beim Ablegen einer Fähre in Neapel gab es Streit zwischen einem Maat oben auf dem Schiff und einem Hafenhelfer unten am Kai. Es war wie ein Operndue tt: Steigerung, Furioso, Stretta, Finale. Das Schiff fuhr ab, die Entfernung wurde immer größer, die Lautstärke der Streithähne auch. Ein letztes gebrülltes *Stronzo!* (Scheißkerl) – dann brachen die an der Reling versammelten Passagiere, ein Publikum von Kennern, in donnernden Beifall aus. Es wäre nicht als verkehrt empfunden worden, hätten die beiden sich verbeugt.

Ohne Beifall gilt das *spettacolo* nur halb. Die Beifallerzeugung wurde in Opern und Theatern früh in professionelle Hände genommen. Die Claque der Mailänder Scala und anderer Opernhäuser war im neunzehnten Jahrhundert eine straff organisierte Einrichtung mit festen Sätzen: Jedes *Bravo!* hatte seinen Preis, jeder Hervorruf kostete Geld. Am teuersten von allen Einzelleistungen war – darin verrät sich das italienische Gespür für den dramatischen Effekt – eine gut inszenierte heftige Auseinandersetzung im »Publikum«: Die frenetischen Klatscher setzen sich am Ende gegen erboste Schlüsselpfeifer und Zischer überzeugend durch. Auch gar keine Reaktionen mußten bezahlt werden – sonst lieferte die Claque gratis Pfiffe und andere Störungen. Nur Sänger mit eigener Hausmacht konnten sich erlauben, Erpressungen der Claque Widerstand zu leisten.

Daß die Musik *effimera* war, die Musikliebe bei aller Begeisterung im neunzehnten Jahrhundert keine Ersatzreligion, zeigt ein wichtiger Bestandteil aller historischen Opernhäuser im Zuschauerraum. Über dem Bühnenportal ist die große Uhr angebracht, die den aristokratischen Kunstgenießern nicht nur sagte, um wieviel sie sich verspätet hatten, weil es unanständig war, pünktlich zu erscheinen. Die Uhr sagte auch, wann es Zeit sei, sich ernsthaften Dingen zuzuwenden, zur *cena* zu schreiten und Oper Oper sein zu lassen. Die Oper war immer Gesamtkunstwerk, in dem das Publikum mitspielte. Das 1991 nach vielen Jahrzehnten von Aldo Rossi wiederaufgebaute Teatro Carlo Felice in Genua ist nicht nur wegen schwerwiegender architektonischer Mängel kein richtiges Opernhaus. Es hat keine Uhr.

Das ruhmreiche Mailänder Opernhaus der Scala (mit Uhr) ist geradezu ein Symbol des *effimero*: Ort, wo Bewunderer den Primadonnen die Pferde ausspannten, um selber die Kutsche zu ziehen, Schauplatz der Triumphe Verdis, Arena heftiger Schlachten zwischen den Anhängern der Callas und der Tebaldi, der Ort, an dem der rabiate Arturo Toscanini die meisten Taktstöcke seines an zerbrochenen Taktstöcken reichen Lebens in Kleinholz verwandelt hat, um unmusikalische Großstimmbesitzer zu dressieren, ein Improvisationswunder, seit Jahrhunderten am Rande des Bankrotts, ein Seismograph der Kultur und Politik, ein Intrigendschungel der Musik – und ein Mythos, mit dem die Wirklichkeit schwer Schritt halten kann.

Der Mythos ist weniger unzugänglich als früher. Das einstige System geheimer Telefonnummern, persönlicher Beziehungen, verborgenener Gegengeschäfte ist durch den phantasielosen Computer ersetzt worden. Bestellung über Fax, Telefon und Fernschreiben ist möglich, aber von vielen Stolperklauseln behindert. Ausländische Bestellungen müssen früher einlangen, werden also zuerst befriedigt. So lassen schlaue Mailänder ihren Kartenwunsch brieflich aus Melbourne äußern. Die Abonnements werden, wie in Wien, vererbt; es soll schon Erbschaftsprozesse darum gegeben haben.

Der sportliche Weg in die Scala ist die Warteschlange an der Vorverkaufskasse, wie vor der Wiener Staatsoper. Am längsten warten Fans auf eine Karte im *loggione*, der Galerie mit 150 Stehplätzen. Spitzenleistungen liegen bei 60 (sechzig) Stunden Anstellen mit eisigen winterlichen Biwaks vor dem versperrten Kasseneingang. Der teure Weg ist, einen Hotelportier einzuschalten, der Kontakte zu den *bagarini* hat, den Schwarzhändlern, die Karten mit Aufschlag weiterverkaufen.

In keiner Stadt der Welt ist das Mondäne, die kollektive Selbstbestätigung so sehr an den Eröffnungstag des Opernhauses gekoppelt wie in Mailand. Besonders zur *Inaugurazione* übertrifft die Nachfrage das Angebot weit, wie in Bayreuth oder Salzburg. Prestigebedürfnis und Repräsentationsdruck lasten; die 2000 Plätze (bei Premieren dreihundert davon für Ehrenkarten) sind keine vermehrbare Ware. Der Preis für eine Karte bewegt sich längst in Liebhaberdimensionen: Tausende Mark. Angebote auf dem Schwarzmarkt gehen bis zum Dreifachen.

Wem das kostspielige, nicht immer ganz ungetrübte Glück lacht, eine Eintrittskarte für die Scala zu ergattern, dem winkt ein exklusiver Trost: Nur in Mailand kann er in der Pause einer Oper das Vergnügen an der Kunst fortdauern lassen und durch das Foyer im Obergeschoß, vorbei am schnöden Diesseits, an Schallplattenverkauf und Buffetgedränge, unmittelbar zu den erlauchten Olympiern der Operngeschichte eintreten: in das Scala-Museum.

Multis und Banken kaufen Karten en bloc. Wallstreet und Scala: Es ist geschäftlich lebensnotwendig, zu zeigen, daß man sich das Ereignis leisten kann. Was zählt, ist das Dabeisein. Nicht das geistige. In einem Atemzug mit hohen Politikern, dem Prinzen von Wales und Wally Toscanini genannt zu werden, ist besser als eine ganzseitige Zeitungsanzeige. Darum erkoren sich im wildbewegten 1968 und danach die faulen Eier und fliegenden Tomaten die Smokings und Abendgarderoben des Klassenfeinds vor der Scala zum Ziel – ebenfalls mit sicherem Instinkt für den theatralischen Effekt. Zeitweise zogen sich die prominenten Opernfans in die Mimikry zurück. Nicht mehr Perlencollier und Smoking, sondern unauffälliges Grau beherrschte einige Jahre hindurch die Szene. Auch das gehörte zum Theater.

Die *Inaugurazione* der Scala findet traditionell am 7. Dezember statt, dem Namenstag des heiligen Ambrosius, Schutzpatron Mailands. Aber zum *effimero* gehört, daß es sich seit Anfang der neunziger Jahre nur noch um eine fiktive, sozusagen Potjomkinsche Eröffnung handelt. Die Spielzeit dauert wie in anderen europäischen Opernhäusern von Herbst bis in den Frühsommer. Doch was vor dem 7. Dezember liegt, wird der vorhergehenden Saison zugeschlagen. Was zählt, ist das Etikett.

In abgemilderter Form gilt alles das auch für andere Festivals. In der römischen Arena von Verona und im *sferisterio* (einem historischen Ballspielstadion) in Macerata gibt es viele tausend Plätze, die Chancen für eine Karte stehen besser, wenn auch nicht die Chancen für außerordentlich gute Aufführungen. Neuerdings, im Zeichen zunehmend privat finanzierter Kultur, drängen sich auch die Sponsoren an werbekräftige Subventionsempfänger wie die Scala heran.

Sigi Sommer sagte einmal, die Münchner Opernfestspiele glichen einem Schwarzbrot mit der Aufschrift »Kuchen«. Das gleiche gilt in Italien deswegen so oft, weil schon drei Konzerte in einem Dorf, das sonst jahrelang in aufrichtiger Kulturferne lebt, Festival heißen. Die wichtigen Ausnahmen (die Opernfestspiele in Verona, das Antike Drama in Syrakus, die Festivals der Biennale in Venedig, der Florentiner *Maggio Musicale*, das Festival von Spoleto, das Rossini-Festival in Pesaro und noch ein paar andere) bestätigen nur die Regel. Die *Stagione lirica*, keine lyrische Jahreszeit, wie der Wörterbuchbenutzer glauben möchte, sondern die Opernspielzeit, dauert, abgesehen von der Scala, nur kurz: in den *Enti lirici*[2] und den *Teatri di tradizione*[3] meist weniger als ein halbes Jahr. Sie besteht aus Zyklen von je vier bis sechs Aufführungen einer Inszenierung. Danach wird das manchmal aufwendige Bühnenbild nicht mehr gebraucht, wird vielleicht noch für eine Übernahme ausgeliehen, schlimmstenfalls weggeworfen: *effimero*. Für die *Stagione di balletto* gilt dasselbe. Die *Stagione sinfonica* ist gewöhnlich im Herbst. Kontinuierliche Spielpläne gibt es nicht, geschweige Abwechslung darin.

Um die *Stagione di prosa*, die Sprechtheatersaison, ist es noch karger bestellt. Die meisten Theater, privat geführt, beherbergen nur Gastspiele reisender Ensembles, die en suite spielen. Zu den Theatern mit einer dauerhaften Organisation gehören neben Strehlers verwaistem *Piccolo Teatro* in Mailand das *Teatro stabile* in Catania, jenes in Turin und das *Teatro Argentina* in Rom. Gerade die interessantesten und besten Theatertruppen leben manchmal wie früher fahrende Komödianten zwischen Sein und Nichtsein. Kleinere Städte haben weder eine *Stagione lirica* noch eine *Stagione di prosa* – aber häufig mindestens ein regelmäßig stattfindendes Festival.

Dabei können Sie wiederum erstaunliche Entdeckungen machen. Das toskanische Montepulciano engagiert sich für seinen von Hans Werner Henze gegründeten *Cantiere d'Arte* (Kunstwerkstatt). In Monticchiello spielt ein kleines Dorf sich selber. 1982 wurde die *Orestiadi di Gibellina* gegründet, ein sonderbares Theaterfest in einem sizilianischen Städtchen, das vom Erdbeben im Val Belice 1968 gänzlich zerstört und zwanzig Kilometer entfernt in einer seismisch sichereren Zone wiederaufgebaut wurde. Die Ruinen der alten Stadt dienen jetzt als Festspielkulisse.

Tarifverträge laufen leider auch an Opernhäusern und Museen ab. Dann drohen Streiks, Ultimaten, Arbeitskampf. Besonders gern, weil weitreichende Aufmerksamkeit erregt wird, bestreiken Bühnentechniker, Chöre oder Orchester eine *Inaugurazione*. An der Scala ist diese sakrosankt, da genügt schon die Streikdrohung, um allgemeine Hysterie auszulösen. Musikliebhaber, die zu Premieren oder Festivals anreisen, müssen sich grundsätzlich vor der Abreise, am besten noch am Tag der Aufführung erkundigen, ob der Abend mit einiger Wahrscheinlichkeit stattfindet. Mit Sicherheit garantiert das sowieso niemand.

Nur bei einer Art von *effimero*, der wichtigsten, haben die Schauspieler Streiks bisher nur angedroht, nie beschlossen: beim Fußball, für viele dies- und jenseits der Alpen die schönste Nebensache der Welt. Ob eine Fußballmannschaft in der Nationalliga spielt, ist normalerweise eine sportliche Frage. Im tiefen Süden kann die Nebensache zur Existenzfrage werden. So kochte 1986 die sizilianische Volksseele, als das Schiedsgericht der Fußball-Liga entschied, der FC Palermo müsse wegen Insolvenz absteigen und in der Amateurklasse spielen. Fußballpräsident Matarrese erhielt Morddrohungen, selbst Minister und Abgeordnete setzten ihn unter Druck. Man könne ja nicht eine Stadt von über einer Million Einwohnern, die Hauptstadt Siziliens, vom nationalen Fußball ausschließen! Die These wurde selbst von der Regierung mit viel Verständnis akzeptiert. Und als der Medienunternehmer Vittorio Cecchi Gori 1996, der sich dabei allerdings übernahm, für mehr als zweihundert Millionen Mark jährlich der staatlichen RAI die Direktübertragungsrechte für Nationalliga-Spiele wegschnappte, brach fast eine Revolution aus. Linke und rechte Politiker erklärten Fußball im Fernsehen zu einem Grundversorgungsrecht. Bricht dagegen eine politische Krise aus und tritt die Regierung zurück, regt sich niemand so sehr auf. Die Börsenkurse steigen in der Regel sogar. Vielleicht, weil die Italiener wissen, daß ihre Regierungen einem Kartenspiel vergleichbar sind: Immer neu gemischt, doch immer dieselben Karten – seit Jahrzehnten.

Und die Kunst? Hier hat sich in den achtziger und neunziger Jahren die Tendenz zum *effimero* verstärkt. Die großen und berühmtesten Museen, besonders in Rom und Florenz, erleben einen Publikumszulauf, der beginnt, die Kunstwerke zu gefährden. Jedoch Provinzmuseen und Baudenkmäler abseits der touristischen Trampelpfade schlummern zu ihrem Glück oft einen Dornröschenschlaf. Damit Sie eine Öffnungszeit erfahren oder den *custode* aufstöbern, der den Schlüssel hat, und ihn zum Aufsperren bringen, bedarf es gelegentlich kriminalistischen Spürsinns, einiger Schmeicheleien und Finten («Ich komme aus Norddeutschland nur wegen dieser Kreuzigung von Piero della Francesca, und morgen muß ich schon wieder zurück«), einiger Geduld und der beiden wirksamsten Waffen, des Lächelns und der *mancia*. Vielfach werden Sie nicht nur Ihr Ziel erreichen, sondern eine Herzlichkeit und Gastfreundschaft erfahren, die in den Touristenzentren längst von geschäftsmäßiger Freundlichkeit oder Unfreundlichkeit abgelöst wurde.

Das allgemeine Interesse wird nicht vom Beständigen, sondern vom *effimero* angezogen. Wenn irgendein Kunstwerk, das geruhig in seinem Museum dahindämmert, plötzlich von einer Ausstellung ans Licht der Aktualität gezerrt wird, nimmt die Aufmerksamkeit hektische Züge an. Die Politiker wissen das. Die Städte, Rom an der Spitze, organisieren kurzlebige Ausstellungen, die Millionen Mark kosten – dabei lehrt ein Spaziergang durch eine Altstadt, wie rasch historische Bauten verfallen, wie nötig Restaurierungen wären, für die das Geld fehlt. Wo ein Cézanne zu sehen ist, stehen die Leute Schlange, kommt ein van Gogh nach Rom, suchen selbst die, welche den Namen kaum vom Hörensagen kennen, in der Galerie nach dem abgeschnittenen Ohr. Als Ausländer sind Sie privilegiert: Sie sind nicht dem van Gogh nachgereist, können diese Anlässe meiden.

Nicht oder schwer können Sie die Vermarktung der Sehenswürdigkeiten meiden. Ihnen bleibt das Antizyklische: Museen und Ähnliches möglichst außerhalb der Stoßzeiten zu besuchen. Sonst bleibt nur der Humor. Wie herrlich weit gebracht hat es die Kitschindustrie mit ihren Fetischen! In Pisa verkauft man schiefe Türme in Gips, in Porzellan, in Plastik, in Onyx und Achat, in Chrom, aus heimischem Marmorstaub gepreßt oder aus Holz geschnitzt, in allen Größen bis zu einem halben Meter, mit und ohne magische Beleuchtung von innen, als Aschenbecher, als Schreibgarnitur, als Anhänger oder Aufkleber, als Fächer, Halstuch oder T-Shirt, mit witziger, anzüglicher oder obszöner Beschriftung, als Olisben, auf Stiefel gemalt oder auf Puppen oder Brieftaschen oder Teller. Und wenn Sie den Schiefen Turm schon nicht besteigen können, gibt es das original Pisaner Marmorsteinchen samt Urkunde (zehntausend Lire), die dem glücklichen Besitzer garantiert, daß es sich um das nämliche Gestein handelt, aus dem der Schiefe Turm besteht.

Vielen authentischen Kunstwerken können Sie heute nicht mehr unbefangen gegenübertreten, weil sie sich in allgegenwärtige Stereotypen verwandelt haben. In Florenz waten oder tauchen Sie durch den multiplizierten und verhackstückten David des jungen Michelangelo, eine Davidsuppe aus Bildbänden und Postern und Postkartenständern und Gipsfiguren und Marmornippes in allen Dimensionen bis zur Originalgröße: Der richtige an der falschen Stelle, leicht angeschlagen von der Verwitterung und 1873 in die Accademia geflüchtet, der falsche an der richtigen Stelle, seit 1905 auf dem Platz des echten vor dem Palazzo Vecchio, weniger verwittert, insgesamt der ursprünglichen Gestalt näher, insofern also echter als der echte, und der noch falschere falsche aus Bronze auf dem Piazzale Michelangelo.

Wo das *effimero* eine zentrale Qualität des Lebens wird, vieler Anstrengungen wert – wie sollte da nicht die Politik zum *effimero*, zur Inszenierung, zum Schauspiel, zur *Grande Magia* tendieren? Zu denen, die es am besten begriffen haben, gehört *Sua Emittenza*, »Seine Emittenz« Silvio Berlusconi, der Fachmann für *effimero* par excellence. Große Unternehmer und Politiker lassen sich nicht nur mit Argumenten hören, sondern erscheinen gern bei spektakulären Massenereignissen, vorzugsweise im Fußballstadion. Zu Agnellis Konzern gehört die Fußballmannschaft Juventus, Berlusconi kaufte den populäreren der beiden großen Mailänder Clubs, den A. C. Milan, Cecchi Gori in Florenz hält sich natürlich Fiorentina.

Als Berlusconis politischer Schutzgeist Bettino Craxi und mit ihm die ganze sozialistische Partei in den Korruptionsskandalen von *Tangentopoli* unterging, reichte die Popularität eines Milan-Präsidenten nicht für eine erfolgreiche Unternehmenspolitik. Berlusconi hatte zwei Möglichkeiten: entweder sich als Schutzbefohlener einen anderen *Santo in paradiso* zu suchen, oder selber als Politiker seine Interessen zu vertreten. Er wählte die zweite Option und tat es als Regisseur ganz professionell: Mit den Spitzenmanagern seiner Fininvest zog er in Blitzesschnelle – nicht eine Partei, sondern ein System von gewissermaßen politisierten Fanclubs auf. Welcher Name wäre für die Clubs natürlicher gewesen als der Anfeuerungsruf der Schlachtenbummler: »*Forza Milan!* – Vorwärts, Milan!«? Seine politische Bewegung heißt denn auch *Forza Italia*. Man muß zugeben, daß Berlusconi die Politik als Volkstheater nicht erfunden hat. Aber er hat das Prinzip konsequent wie kein anderer angewandt.

Nirgendwo ist das Ewige so ephemer, aber dafür das Provisorium so haltbar wie in Italien. Die als spezifisch österreichisch geltende Antwort auf plötzliche Katastrophen oder unhaltbare Zustände gibt es auch hier. Die Antwort besteht aus zwei Teilen. Zuerst die auffahrende Entschlossenheit: »Da muß sofort was gschehn!« Und unverzüglich resigniertes Zurücksinken: »Da kamma nix machn!« Seit hundert Jahren muß für die rißdurchzogene Domkuppel Brunelleschis in Florenz sofort was gschehn. Manche Untersuchungskommission, manches Restaurierungsprojekt ist seither wieder sanft entschlafen. Information für Florenz-Freunde: Die Kuppel steht vorläufig noch. Die Restaurierung der Fresken von Vasari und Federico Zuccari ist nach vielen Jahren 1994 abgeschlossen worden. Das Vergrößerungsprojekt der sogenannten *Grandi Uffizi* wurde seit Jahrzehnten diskutiert, seit Jahrzehnten geschah nix, außer daß ein Kran, der hohe Mietgebühren kostete, im Hof hinter den Uffizien vor sich hin rostete. Das Bombenattentat der Mafia vom 27. Mai 1993 setzte ungeahnte Energien frei. Zur Dauer der Provisorien kommt das Unvorhergesehene. Italien ist ein Land der Katastrophen, und kaum wurde ein Wunderwerk der Kunst wiederhergestellt und der Öffentlichkeit übergeben, muß Alarm für ein anderes geschlagen werden, zuletzt nach dem Erdbeben in Umbrien und den Marken im September 1997, als einige Gewölbezwickel der Franziskus-Basilika von Assisi einstürzten und unersetzliche Fresken verlorengingen. Sisyphus.

Anfang der achtziger Jahre hatte es den Anschein, sofort, gleich morgen, werde in Rom auf dem Ruinenfeld des Forum Romanum und der anschließenden Kaiserforen ein *parco archeologico* entstehen. Alle Verantwortlichen waren einverstanden. Das Geld stand bereit. Eine Ausstellung präsentierte das Projekt – dann stürzte die Regierung, und nichts geschah. Seit zweitausend Jahren ist das so. Als ich siebzehn Jahre später nachfragte, ob das Projekt ad acta gelegt worden sei, sagte mir der archäologische Superintendent Roms, Eugenio La Rocca: »Nein, wieso? Wir arbeiten ja erst seit kurzem daran. Ein paar Kleinigkeiten müssen noch anders geplant werden, aber wir sind schon recht weit gekommen.«

Das Leben im *effimero* hat Dauer. *Panem et circenses*, Brot und Spiele für das Volk – die römische Weisheit, wie man wirksam regiert, ist klassisches Allgemeingut geworden. In Italien: *Pane e spettacolo*. Das gefällt allen, auch den Fremden. Denen sind Italiens bildende Kunst und die Musik – wenigstens teilweise – ohne Sprache zugänglich. Theater und Film schon weniger. Die Menschen erst recht nicht. Wollen Sie nicht Italienisch lernen?

1 Weil die Vorgänge gegensätzlich interpretiert werden und niemand weiß, wem die Geschichte Recht geben wird, das Nichtgewünschte bitte streichen.

2 Die vom Gesetz 800 aufgezählten, staatlich subventionierten Opernhäuser (ungefähr nach ihrer gegenwärtigen Bedeutung gereiht) von Mailand, Florenz, Turin, Bologna, Neapel, Venedig, Verona, Palermo, Genua, Triest, Cagliari, Rom; außerdem merkwürdigerweise die *Accademia Nazionale di Santa Cecilia* in Rom, eine reine Konzertorganisation, vielleicht, weil sie hinter den Kulissen opernhaft ist.

3 Die bedeutenderen: in Toscaninis Heimatstadt Parma, in Catania, Bari, Bergamo, Modena, Reggio Emilia, Treviso.

Si parla italiano

und der Zweifel, ob Italienisch außer bei Touristen und Fernsehsprechern eine lebende Sprache ist. Wie ein Deutscher das Geheimnis verraten hat, auf fünf Arten die Zukunft auszudrücken, und warum Italiener italienische Filme mit Untertiteln sehen.

Die meisten leerstehenden Häuser, auch halbfertige, gehören dem Herrn Vendési. Die meisten Tankstellen gehören der Mineralölfirma Chiuso, sind aber so gut wie immer geschlossen. Mehr Glück hat man bei den – nicht ganz so häufigen – Tankstellen der Konkurrenz namens Aperto.

Natürlich werden Sie, auch wenn Sie nicht italienisch sprechen, schnell merken, daß *Vendesi* (betont auf der ersten Silbe) kein reicher Immobilienbesitzer ist. Es ist die geschäftsmäßig altertümliche Form von *si vende* und bedeutet »Zu verkaufen«. Und daß *chiuso* »geschlossen« heißt, *aperto* »offen«. So dumm ist das Mißverständnis nicht, wie es scheinen möchte. Namen wie Chiuso und Aperto gibt es wirklich. Erstaunlich viele italienische Familiennamen sind nur leicht oder gar nicht veränderte Wörter der Alltagssprache – doch die wenigsten Italiener denken an die Etymologie. Bei Eigennamen erinnert sich niemand mehr an die Bedeutung. Aber welcher Deutsche denkt schon – gerade bei den häufigsten Namen – an einen Beruf und hat beim Herrn Müller eine Mühle, beim Herrn Maier (Meier, Mayer, Mayr) einen Hausverwalter (Maiordomus) vor Augen? Den Doppelsinn italienischer Namen illustriert die hübsche Anekdote der zwei Herren, die sich vorstellen:

»Permetta che mi presento: Remo La Barca.«

»Piacere! Guido La Vespa.«

(Gestatten Sie, daß ich mich vorstelle: Remo La Barca. – Erfreut! Guido La Vespa.) Zwar wissen wir schon, daß in mehrteiligen Namen auch Partikeln und Artikel groß geschrieben werden, aber der Großschreibung entspricht leider keine Großsprechung. Darum kann man die Namen auch so hören: *Remo la bar-*

ca – ich rudere das Boot. Und: *Guido la vespa* – ich lenke den Motorroller.

Die schönsten Namenskalauer gibt es im Italienischen. Italien ist berühmt für das hohe Können seiner Restauratoren. 1991 schickte Rumänien Bilder aus der Bukarester Nationalgalerie, die bei den Kämpfen 1989 gelitten hatten, und eigene Restauratoren nach Italien. Sie wurden vom Restaurator Ottorino Nonfarmale unterwiesen. Der Name heißt: Tumirnichtweh oder Machsnichtschlecht. Ein Senator in Rom, der sich besonders in Ernährungsfragen profilierte, heißt Antonio Ventre – Anton Bauch. Und ein berüchtigter Senator, der einem Diskussionsgegner schon mal ein Glas Wein ins Gesicht schüttet oder ihn mit einem Fausthieb niederstreckt, macht seinem Namen alle Ehre: Vittorio Sgarbi. *Sgarbi* sind Rüpeleien. Nicht minder treffend ist der Name der berühmtesten Manager- und Geldverdienerschmiede Italiens, der Bocconi-Wirtschaftsuniversität in Mailand. Er ist unfreiwillig ein Programm. Die *bocconi* sind die dicksten Happen, die fetten Bissen, die Gustostückerl auf dem Teller.

Auch das Gegenteil kommt vor: Die einstmals mächtige Mafia-Familie Salvo (»gerettet«) hatte die Funktion staatlicher Steuereinnehmer, vor denen sich kein ehrlicher Sizilianer retten konnte. Und der Bürgermeister von Monza, der sich für das Autodrom im einzigartigen Park von Monza einsetzte und den Forderungen des mächtigen Formel-I-Managements entgegenkam, aus Sicherheitsgründen viele Dutzend jahrhundertealte Bäume zu fällen, hieß, zur Freude der Umweltschützer, Aldo Moltifiori – »viele Blumen«.

In fremden Sprachen wird die Namensbedeutung oft zum Vorteil ihres Trägers verhüllt, schlicht despektierliche Namen werden gerettet durch das ebenso schlichte Unverständnis. Das italienische Wirtschaftswunder ist mit dem Namen des *avvocato* Gianni Agnelli verknüpft, der den Fiat-Konzern groß gemacht hat. Einem Hänschen Lämmlein würde man im deutschen Sprachraum mit weniger Respekt und mehr Schmunzeln begegnen. Ein Pianist namens Moritz Hühnchen könnte der Marketingabteilung seiner Schallplattenfirma ein wenig Kopfzerbrechen bereiten. Als Maurizio Pollini atmet der Name Eleganz, italienisches Virtuosentum, große Welt – nicht anders als der Name des überirdischen Violinhexers Nicolò Paganini, der als handfest irdischer Klaus Heidelein seine magische Aura verlöre.

Ein aufmerksamer und neugieriger Mensch wird beim Versuch, Wegweiser, Warnungstafeln, Firmenschilder und Speisekarten in Restaurants zu lesen, eine ganze Menge lernen und oft verwundert sein, wieviel er versteht. Besonders, wenn er in der Schule eine andere romanische Sprache gelernt hat oder gar mit Latein gequält wurde. Italienisch ist ja ganz leicht, wird er froh ausrufen, sobald er sich mit *Mille grazie* bedankt, passabel mit *Buon giorno!* und *Arrivederci!* grüßt und *Mezzo litro di vino rosso, per favore!* bestellen kann.

Er hat die erste Stufe der Sprachkenntnis erklommen, die er daran erkennt, daß der Kellner auf die Verständigungsversuche unverzüglich – je nach der Herkunft des Gastes – in flüssigem Kölsch oder Schwäbisch (mit apartem Akzent) die richtige Antwort gibt. Das ist besser als die nullte Stufe. Wer einen »Tschianti« bestellt, muß damit rechnen, daß der Kellner von der Sprach- auf die Weinkenntnis schließen wird; wer auf dem Bahnhof in seinem Privatitalienisch nach Tschifasso oder Bress Tschija fragt und dabei Chivasso oder Brescia meint, darf sich nicht wundern, wenn er die merkwürdigsten Auskünfte erhält. Ein Römer wird zur Verblüffung des Touristen weder auf »Engelsburg« noch auf »Kapitol« mit richtungweisenden Gesten reagieren, wenn er nicht zufällig deutsch kann. Die Örtlichkeiten nennt er *Castel Sant'Angelo* und *Campidoglio*. Nur Mut: Bald haben Sie die zweite Stufe erklommen.

Behauchen Sie nie die harten Mitlaute, wie das vor allem ein Norddeutscher tun würde. Rollen Sie immer das R (nicht ganz so rasselnd wie ein Spanier). Sprechen Sie das E im italienischen Wort für »offen« offen aus, dann sind Sie schon nahe dran. Sagen Sie *aperto* – nicht, wie etwa »Abhärtung« bei einem Hamburger klingt (also ungefähr: »app-heeathoo«), sondern: abbbärrdddo. (Die wichtigsten Ausspracheregeln sind ganz einfach, stehen in jedem Wörterbuch und sind in einer halben Stunde zu lernen.)

Jetzt haben Sie zwar noch keine Chance, für einen Italiener gehalten zu werden. Der venezianische Andenkenverkäufer oder Kellner wird Ihnen auf den Kopf zusagen, aus welchem Land Sie kommen, und selten falsch tippen. Das ist oft ein Spiel nebenher, sein privates Quiz-Vergnügen. Immerhin wird er die Aussprache, die seinen Ohren nicht ganz so arg wehtut, geschmeichelt zur Kenntnis nehmen. Und sich sofort mit einer Schmeichelei revanchieren. Spräche man Französisch mit solcher Unvollkommenheit – ein kultivierter Franzose würde sich, angewidert von der Verhunzung der Sprache Balzacs und Voltaires, bestenfalls taktvoll abwenden.

»Sie sprechen aber gut italienisch«, bekommen Sie zu hören. Das Kompliment hat zwei Bedeutungen. Aus dem Mund von Freunden und Bekannten ist es eine liebenswürdige Ermutigung und bedeutet, daß das Gegenüber ahnt, was Sie ausdrükken wollen, und daß die Aussprache nicht ganz hoffnungslos ist. Aus dem Mund von Leuten, die etwas anbieten, soll es ein listiges Einlullmanöver sein, das dazu dient, die Aufmerksamkeit vom überhöhten Preis oder dem Addierfehler auf der Rechnung abzulenken.

Dieses Stadium haben Sie ebenfalls bald hinter sich gelassen. Sie erkennen es daran, daß die Komplimente aufhören. Statt dessen werden Sie sachlich gefragt, ob Sie Amerikaner sind (heißt im Klartext: Noch viele phonetische Übungen!) oder Deutscher (harte, aber ganz passable Aussprache). »Sind Sie Franzose?« ist schon besser – das Zäpfchen-R schadet in solchem Fall nicht. In Piemont gilt es, wegen seiner Nähe zu Frankreich und der Erinnerung an das Königshaus Savoyen, fast als aristokratisch. Auch der *avvocato* Gianni Agnelli hat es. Darum wird das französische R von manchen bewußt gepflegt. Vorsicht: Das kann in den gegenteiligen Effekt umschlagen, wenn man den Sprecher deswegen einfach für einen Snob hält. Unter weniger Gebildeten kann das Gaumen-R als Zeichen homosexueller Veranlagung gewertet werden und den Hohn der »wahren Männer« hervorrufen.

Fragt man Sie am Ende gar, ob Sie aus Spanien kommen, haben Sie Lob verdient. Sie dürfen sich als Anwärter auf die nächste, vorletzte Stufe betrachten. Auf diese sind Sie gestiegen, wenn Ihnen nach mehreren Sätzen einer einfachen Konversation die Frage gestellt wird, ob Sie sich erst kurz oder schon länger in Italien aufhalten. Sie dürfen sich – wenn Sie wissen, wie das geht –

innerlich auf die Schulter klopfen. Die Vollendung schließlich haben Sie erreicht, wenn Sie sich in einem Disput unter Autofahrern über den freiwerdenden Parkplatz hinreichend kräftig zur Wehr setzen können und der Gegner Sie so aufrichtig wie unflätig beschimpft. Dann überrieselt es Sie freudig. Sie wissen: Jetzt wird Ihnen unterstellt, daß Sie auch die Vokabeln beherrschen, die in keinem Wörterbuch stehen.

Die Schwierigkeiten für den Anfänger fangen schon viel früher an. Fallen lauern überall. Wenn Sie kaltes Wasser brauchen und den Hahn aufdrehen, auf dem *CALDO* steht, wird normalerweise wirklich kaltes Wasser herauskommen – obwohl *caldo* eigentlich »warm« bedeutet. Nur wenn Sie Glück haben (mit der Warmwasserinstallation, nicht mit der Sprache), verbrühen Sie sich. Immerhin ist es einfacher, die Bedeutung von *caldo* zu lernen, als in jedem Hotel erneut ausprobieren zu müssen, wie ein geheimnisvoller unbeschrifteter Hebel zu bewegen ist, damit Wasser von der gewünschten Temperatur aus der richtigen Öffnung fließe.

Chiuso per ferie (wegen Urlaub geschlossen) steht im August an vielen Läden und Restaurants. Ein *giorno feriale* ist trotzdem kein Ferientag, wie Sie vermuten mögen, sondern ein Werktag. *La carta* ist nicht die Post-, nur die Speisekarte, zu der Sie aber auch *menù* – nicht etwa Menü – sagen dürfen. Italiener kennen unsere und die französischen Umlaute nicht.

Mißverständnisse sind um so wahrscheinlicher, je besser wir uns zu verstehen glauben. Sie werden fragen: Ist das nicht trivial? Auf deutsch schon. Doch sagen Sie das bitte nicht in Italien: *triviale* hat dort nicht die Bedeutung der Binsenweisheit, des Alltäglichen, Abgedroschenen, sondern bedeutet unanständig, ordinär. Wollen Sie »ordinär« mit *ordinario* übersetzen, werden Sie nicht unbedingt verstanden oder vielleicht für einen Toskaner gehalten. Geläufiger ist *volgare*, vulgär.

»Andiamo al bar?« ist keine Aufforderung zu verruchtem nächtlichen Treiben. Was in deutschen Landen Bar heißt, nennt man im Süden *night* (gesprochen nait). *Locale* wird zur Not als Lokal verstanden. Fragen Sie hingegen auf dem Bahnhof danach, vermutet man, Sie wollen wegfahren: *il locale* ist der *treno locale*, der Nahverkehrszug.

Erkundigt sich der Italiener nach den *servizi*, braucht er keine Dienstleistungen, sondern eine Toilette. Begegnen Sie Claudio Abbado und machen ihm das Kompliment, er sei ein *grande dirigente*, wird er kalt reagieren, denn Sie haben den bedeutenden *direttore* zum leitenden Angestellten gemacht. Nur der Chef einer Zeitung, auch wenn er keinen Taktstock in die Hand nimmt, heißt dann doch wieder *direttore*, nicht *dirigente*.

Wenn ein Werkstudent von seinem *stipendio* sprechen sollte, fragen Sie nicht, warum er denn außerdem noch arbeiten muß. Sein *stipendio* ist ja gerade das Gehalt, das er für die Arbeit kriegt; ein Stipendium wäre eine *borsa di studio*. Sollte er das Gespräch mit der Bemerkung abbrechen, er müsse jetzt schon wieder in die *aula*, denken Sie nicht, daß das Studentenleben in Italien eine Folge von Festakten sei. Es handelt sich schlicht um den Unterrichtsraum.

Ein *statista* tritt nie als Statist auf die Bühne, höchstens auf die der Weltpolitik: Es ist ein Staatsmann. Sollten Sie sich nach dem *porto* für Ihre Ansichtskarten erkundigen, wird man Sie zum nächsten Hafen schicken und nicht zum Tabakhändler, der Briefmarken verkauft.

Eine besondere Heimtücke ist, daß bei vielen zusammengesetzten Wörtern der Hauptbestandteil als selbstverständlich vorausgesetzt wird und daher verschwindet. *Una volante* ist keine fliegende Untertasse, sondern eine *pattuglia volante*, eine »fliegende« Polizeipatrouille im Auto. Manchmal läßt nur das Geschlecht erkennen, was gemeint ist. *L'espresso* ist je nach der Situation der Eilzug, seltener das Getränk. Was ein Deutscher einen Espresso nennt, ist an der Bar schlicht *un caffè*. *Una espresso*, weiblich, ist jedoch kein grammatischer Fehler, sondern ein Eilbrief (*una lettera espresso*). *Lampo* heißt zwar Blitz. Wenn der Schneider *una lampo* erwähnt, meint er nicht die rasende Geschwindigkeit, mit der er arbeitet, sondern eine *cerniera lampo* (Reißverschluß).

Lo squillo, männlich, ist das Schrillen des Telefons –*la squillo* bezeichnet eine Dame, die gegen Geld Freude spendet und zu diesem Behuf ihre Telefonnummer in Zeitungsanzeigen bekanntgibt. *La grana* hat schon mit seinem richtigen Geschlecht drei Bedeutungen: Es ist der Zaster, die (reichliche) Pinke, oder –

ganz das Gegenteil – die Bredouille, in der man sitzt, die Scherereien, die man hat, oder schließlich die Körnung (einer Oberfläche). Davon kommt unter Weglassung von *formaggio* (Käse) *il grana*, den man über die *pasta* reibt, also der Parmesan. *Il minerale* ist das Mineral, *la minerale* im Kellnerjargon das Mineralwasser (*acqua minerale*).

Die Stolpermöglichkeiten sind immer da versteckt, wo Sie sie am wenigsten erwarten. Deutschsprachige Bergsteiger nennen einen berühmten Turm (italienisch *la torre*) in den Dolomiten Guglia di Brenta. Das klingt perfekt italienisch. Aber die Italiener heißen ihn *Campanile basso* (niedriger Glockenturm). Der Felscampanile in der Brenta-Gruppe trägt keine Glocken (*campane*). Eine wirkliche Glocke kann der Bergsteiger auf dem Gipfel des Montasch in den Julischen Alpen anschlagen: doch der wurde nie zum Campanile ernannt. Um das babylonische Turm- und Sprachverwirrungssystem zu ergänzen, sei vermerkt, daß der besonders campanilehafte riesige Campanile des Doms von Cremona selbstverständlich nicht Campanile heißt, sondern *Torrazzo*.

Es kommt oft vor, auch heute noch, daß ein Wort von einer Sprache in die andere hinüberwandert. Der Vorgang kann aufschlußreich sein: Wie hören uns die andern sprechen? Was hören sie uns sprechen? Die Weltanschauung ist wohl etwas sehr Deutsches, wie die Philosophie überhaupt, jedenfalls für Italiener: Sie heißt *la weltanschauung*. Der Weltschmerz ist ebenfalls unverändert ins Italienische eingegangen: *il weltschmerz*. Manchmal ist die Wertschätzung für den andern und das damit verbundene Minderwertigkeitsgefühl auf einem bestimmten Gebiet wechselseitig. Für die nördlichen Völkerscharen ist Italien das Land der Musik: Denken Sie nur an Palestrina, Monteverdi, Vivaldi, Rossini, Verdi, Puccini, nicht wahr? Italiener halten Deutschland für das Land der Musik und sagen Bach, Mozart, Beethoven, Brahms. Das Lied, eine für die deutsche Romantik typische musikalische Form, verändert als *il lied* nur sein Geschlecht, ein italienischer Wagnerianer versteht seinen Freund sofort, wenn der *il leitmotiv* erwähnt. *Il valzer* und *lo jodel* sind die Begriffe, die er mit Musik in den Alpenländern verbindet. Nicht immer bleibt das Wanderwort auf der Reise ungeschoren. Es verliert unterwegs die alte Form, die alte Bedeutung, oder beides. Dabei ist es nicht so, daß der einen Sprache zwangsläufig fehlt, was sie aus der andern übernimmt. Das illustrieren groteske gegenseitige Entlehnungen.

Beim überfallartigen Eingreifen der Kriminalpolizei sprechen wir auf gut deutsch von einer Razzia, auf gut italienisch heißt so etwas *blitz*, vermutlich von der *guerra blitz*, nämlich Hitlers »Blitzkrieg« abgeleitet. Das italienische *razzia* (betont auf dem i) gibt es zwar auch, aber das ist ein räuberischer Beutezug, und wollte man es auf eine Polizeiaktion anwenden, hätte man ein Verfahren wegen Verleumdung der Staatsorgane auf dem Hals.

Von Rechts wegen müßte auch eine Verleumdungsklage gewärtigen, wer eine dieser weichgekochten Nudeln, die in Deutschland irrtümlich für etwas Italienisches gehalten werden, mit dem Ehrentitel *spaghetto* (Mehrzahl: *spaghetti*) schmückte, wo es sich doch nur um einen Schpagetti (Mehrzahl: die Schpagettis) handelt. Auch ein deutsches Tortellini (Mehrzahl Tortellinis) darf man nicht mit *il tortellino* (Mehrzahl: *tortellini*) verwechseln. Das Rätsel harrt noch der Lösung, warum ein hoher Sänger ein Tenor ist, nicht ein Tenori (Mehrzahl: Tenoris), das Blasinstrument nicht das Fagotti (Mehrzahl: Fagottis), die Geige nicht das Violini (Mehrzahl: die Violinis).

Es gibt sprachliche Indizien, daß »die« Deutschen noch immer recht kriegerische Assoziationen auslösen. Nicht nur wegen alter und neuer Fachausdrücke, wie *i lanzichenecchi* (die Landsknechte, richtiger: Lanzknechte, die sich als Plünderer beim *Sacco di Roma* 1527 ins Gedächtnis eingruben) oder *il bunker*. Ein unwiderstehlicher Fußball-Libero wird in Sportzeitungen mit dem zweifelhaften Ehrentitel *il panzer* geschmückt. Eine noch immer existierende Comic-Serie mit jenem schwachsinnigen Humor, der auch den deutschen Landser-Film auszeichnete, heißt »Sturmtruppen«. Das Wort *il lager* ist für Konzentrationslager üblich, obwohl es ein italienisches Wort gäbe, und wird für alles auch nur entfernt Ähnliche von sibirischen Straflagern über die südafrikanischen Homelands bis zum Gaza-Streifen benutzt.

Eine besondere Anmerkung verdient der Buchstabe K. Er ist für das italienische Alphabet ein häßlicher Buchstabe, ein Unbuchstabe gewissermaßen. Die Römer verwandten ihn gelegentlich für griechische Fremdwörter. Fremd blieb er auch bei den Nachfahren. Allerdings wird er heute mehr mit dem Deutschen assoziiert als mit dem Griechischen. So wird das K am Telefon mit dem Wort »Kursaal« buchstabiert, löst aber keine Assoziationen an gehobene Bourgeoisie, Promenadenkonzerte und mondänes Flanieren im Park aus. Das K ist der Lieblingsbuchstabe der Anarchisten, Chaoten, Autonomen, Radikalen, außerparlamentarischen Oppositionellen, »antiimperialistischer« Deutschlandgegner oder Amerikahasser.

Das K gilt als aggressiv, originell, ein Symbol für den Ausstieg, für das Fallen aus der Norm, nicht nur der orthographischen. Es ist Symbol für das Böse schlechthin. In Mailand heißt ein Treffpunkt alternativer Jugendlicher *Centro sociale Leoncavallo* nach der gleichnamigen Straße, wo es sich ursprünglich befand. Dort wohnten, als Hausbesetzer, »die Autonomen«. Sie nennen noch heute, längst zwangsweise umgesiedelt, ihr Refugium das *Leonka*, mit K, zur Abschreckung und zur Drohung. So wie in manchen gesprühten Parolen das Doppel-S anklagend in zackigen »Runen« geschrieben wird, um Nazi- und SS-Assoziationen auszulösen, verwendeten die Gegner Craxis das K, um seine autokratischen Allüren zu denunzieren: *Kraxi*. Um anzudeuten, daß ein schillernder Ex-Staatspräsident mit den Mächten der Finsternis im Bunde stehe, mindestens mit der Loge P2, den Geheimdiensten und der verschwörerischen Organisation »Gladio«, wenn nicht telepathisch mit den Nationalsozialisten, schrieben seine Widersacher: *Francesko Koϟϟiga* (mit dem ominösen doppelten Runen-S). Wer die USA nicht mag, verwandelt im Italienischen *America* in *Amerika*. Die Modefirma Moschino nannte eine Serie pseudoanarchischer Werbeposter *Kaos*. *Kaos* heißt der böse, faszinierende Episodenfilm der Brüder Taviani nach Erzählungen von Pirandello.

Noch immer geläufige Begriffe wie *Heil!, il Führer, lo junker* (gemeint ist der preußische), *il lebensraum* umschreiben, welche Erinnerungen das Deutsche Reich in Italien bis heute hinterlassen hat. Die Bundesrepublik hat mit *Mercedes, Bi-Emme-Wu* (BMW) und *Woswágen* (Volkswagen) bisher nur ein schwaches Gegengewicht geschaffen. Neutrale Anleihen kommen auch vor: Mit *hinterland* bezeichnet man die Umgebung großer Städte wie Mailand oder Rom. Besonders apart ist *kaputt* als italienische Entlehnung aus dem Deutschen: Das Wort kommt aus dem Italienischen. *Far cappotto* heißt seit dem 17. Jahrhundert: jemanden total, vernichtend besiegen – dies jedoch nur unkriegerisch, im Wettkampf oder im Kartenspiel.

Alt! rufe ich an dieser Stelle militärisch: *Basta!* Es reicht. Natürlich rufe ich nicht »Halt!« Der Italiener kennt kein gesprochenes H; es bereitet ihm Schwierigkeiten bei der Aussprache. Sollte er, phonetisch begabt, jene Sprachen nördlich des Alpenhauptkamms imitieren lernen, die er insgeheim für Halskrankheiten hält, macht er das wieder gut, indem er das H stark haucht hund so hoft wie möglich hanwendet: Er fährt nach Holdenburg, in den Hodenwald, nach Hamsterdam oder Hamburg an der Halster. Warum?

Der Italiener hat es schwer, Fremdsprachen zu lernen. Alfredo Panzinis »Grammatica Italiana« aus dem Jahr 1933 beginnt mit Sätzen, die sind wie Donnerworte. Das erste Kapitel über Vokale und Konsonanten hebt an wie ein Vers aus dem Alten Testament: »Die italienische Sprache, harmonisch und klar, hat großen Reichtum an Selbstlauten, und die Selbstlaute sind: a, e, i, o, u.« Und zur Bekräftigung führt er uns gleich zu jenen berühmten Blumenbeeten, auf denen neben allen fünf vokalischen Orchideen nur eine konsonantische Distel steht: *aiuole*.

Zwar: Ganz so einfach, harmonisch und klar ist das auch wieder nicht. O und E gibt es als offene und geschlossene Vokale. Nehmen Sie etwa das Wort *la pesca* in den Mund, sollten Sie es sich zweimal überlegen, wie es schmecken soll. Sagen Sie »Päska«, heißt es Pfirsich, sagen Sie »Péska«, reden Sie von der Fischerei. Immerhin: Die Umlaute, wie schon erwähnt, fehlen, komplizierte Konsonantenverbindungen auch.

Ein deutscher Herbst ist das Gegenstück zur *aiuola*: fünf sperrige Konsonanten, ein Vokal. Für den normalen Italiener ist das unaussprechbar – er sagt etwa: *'Ärb*^{Ä}*st*^{Ä} –, so unaussprechbar wie Tschechisch, Gälisch oder der Wiener Zungenbrecher (in H. C. Artmanns phonetisch angenäherter Orthographie): *Du hosdzbschdeggzschbadbschdööd!* (Zu deutsch: Du hast das Besteck zu spät bestellt.)

Doch die Italiener waren seit je erfinderisch und praktisch begabt. Sie haben das Problem gelöst, unaussprechbare Wörter auszusprechen: durch Zurechtstutzen, auch in der Orthographie. Daran wäre wenig auszusetzen, würden dadurch nicht für Ausländer manchmal unlösbare Rätsel und beiderseitige Mißverständnisse erzeugt. Besonders antike Namen und lateinisch-griechische Fremdwörter, die sonst in allen Sprachen ziemlich gleich sind, werden zur Unkenntlichkeit verfremdet. Ein italienischer, ein deutscher und ein englischer Arzt könnten sich ohne viel Umstände über Diagnosen und Therapien verständigen, wenn, ja wenn nicht ...

So zerhaut der Italiener den gordischen Sprachknoten: Alle komplizierteren Laute werden vereinfacht. Das H wird in fremden Wörtern einfach gestrichen. Die griechischen Buchstaben Psi und Xi werden unterschiedslos zu Doppel-S – Kollaps wird *collasso*, Mexiko zu *Messico* –, aber nicht immer (es gibt Ausnahmen). Chi wird wie K ausgesprochen, dafür das griechische K oft wie C, also »Tsch«, Diphthonge verschmelzen zu gewöhnlichen Vokalen, das Th verliert das H, Endungsbuchstaben fallen weg, gelegentlich kommen welche hinzu. Mit einem Wort: ein Gemetzel.

Wollen Sie sich von einem italienischen Lexikon erklären lassen, was eine Hydrosphäre ist, suchen Sie unter H? Nein, unter Y? Auch nicht. Unter I müssen Sie nachschlagen: Sie entdekken das Wort verkleidet, als schlichte *idrosfera*.

Unter I steht auch Hippokrates als *Ippocrate*, der Perserkönig Xerxes findet sich unter S, als *Serse*, desgleichen Xenophon (*Senofonte*); Alexander, auch der antike, heißt *Alessandro*. Das Xylophon hat sein X gerettet und ist mit leichten Verletzungen davongekommen: *xilòfono*. Der ägyptische Pharao Necho II., auf dessen Befehl eine phönizische Flotte um 605 vor Christus Afrika umsegelt hat, heißt *Necao*, die Segler sind die *Fenici*. Aus dem schwierigen Sohn des griechischen Sonnengottes Phaëton, über dessen tragisches Schicksal einige barocke Opern komponiert wurden, wurde ein unerkennbarer *Fetonte*.

Fidia ist kein seltener Mädchenname, sondern das italienische Kostüm des athenischen Bildhauers Phidias; seine Skulpturen haben wie die berühmte Dichterin Sappho Ppfedern gelassen, und übrig blieben *sculture* und *Saffo*. Der Italiener kennt den biblischen *Oloferne*, den Dichter *Orazio* und den griechischen Götterthron *Olimpo* – alle unter O. Der *elicottero*, die schöne *Elena* oder die *ellisse* stehen unter E. Nun lüftet sich das Geheimnis. Es heißt Überkompensation. Wenn der sprachlich interessierte Italiener so wie wir eine solide klassische Halbbildung besitzt, beginnt er seine Fremdwörter zurückzuübersetzen und sagt mühselig hauchend: Holofernes, Horatius oder Holymp. Er rekonstruiert Helikopter und Helena, nur bei der *ellisse* tut er sich schwer. Er könnte es wahlweise mit Hellypse, Hellixe oder – Ha! Gewonnen! – Ellipse versuchen. Wer kann schon griechisch? Oder deutsch?

Ein großer Musikkritiker in Mailand ereiferte sich über die unerträgliche englische Arroganz, den Komponisten Georg Friedrich Händel ohne die Punkte über dem A zu schreiben. In der Tat führt das zu Mißverständnissen. Das British Council in einer deutschen Stadt kündigte einmal den Vortrag eines Musikhistorikers mit dem (englischen) Titel »Handel in England« an. Ein Publikum aus lauter Geschäftsleuten und Finanzexperten war ziemlich verblüfft, als der Gast über Musik redete. Der Italiener hingegen erklärte im Brustton seiner genauen Kenntnis der Sprache, Händel sei nun einmal ein deutscher Komponist und deutsch zu schreiben, auch wenn er lange in London gewirkt habe, und das klang so: »Endel si scrive sempre con Humlaut!« (Händel schreibt man immer mit Umlaut!)

Italiener sind ganz begeistert, wenn sie erfahren, daß man ein Ü aussprechen kann, indem man die Lippen zu einem U spitzt und gleichzeitig ein I zu sprechen versucht, ein Ö, indem man mit O-gerundeten Lippen ein E artikuliert. Ohne Kenntnis dieser Übungen zählen sie *Geete* und *Elderlin* zu den größten deutschen Dichtern. Sobald sie aber die Umlaute aussprechen gelernt haben, sind sie so hingerissen davon, daß sie sie möglichst oft in deutschen Wörtern unterbringen.

Jede Fremdsprache erweist sich als der, die, das Dschungel, der, die, das sie für Laien ja auch ist. Kleinere Versehen fallen nicht ins Gewicht, so der unausrottbare deutsche Ehrgeiz, italienische Orthographie zu verbessern. Giuseppe Verdi mutiert immer zu Guiseppe, der New Yorker Bürgermeister Giuliani zu

Guiliani, D'Alema wird klein zu d'Alema. Die Vendetta gegenüber nordischem Gekrächz ist schrecklich. Italiener wissen: Im Deutschen kommen Umlaute, unaussprechliche Hauchlaute, das H an den merkwürdigsten Stellen, Bindestriche und Großschreibung vor. Zu die autentizhitaet Erhöhen wird das mit ein Zufalls-zalhen-generator zwanglos in den text gestreüt. Die Umlautpünkte stehen gern über dem U. Eine große deutsche Zeitung heißt sudlich von Brennero meist Frankfürter Alghemeine. Man würzt sicherheitshalber lieber mit zu viel als zu wenig H. Man ißt zwar Ausgemachte Gemusen Süppe, die ich auf der schönsten Speisekarte südlich der Alpen gefunden habe, haucht aber dafür hangestrengt: Hanorak oder Hautobahn.

Der Komponist Luciano Berio liebt die deutsche Sprache. Das Programmheft eines Konzerts in Venedig kündigte einmal die Uraufführung zweier Stücke namens »Herdenklavier« und »Lüftklavier« an. Natürlich hatten die Kompositionen weder mit Vieh noch mit Lüftung zu tun. Nach dem Gesagten ist es leicht, an die vier Elemente zu denken und die richtigen Namen zu erraten.

Umgekehrt beschreibt ein(e) deutsche(r) Schriftsteller(in) – ich möchte nicht verraten, wer – in einem Roman, der im sonnigen Italien handelt, eine sympathische Familie, die hat zwei Töchter: Andrea und Nicola. Der (die) Autor(in) bedachte nicht, daß der mittelalterliche italienische Zoll bei der Einreise von Andreas, Lukas oder Nikolas den letzten Buchstaben konfisziert hat. Zum Ausgleich gab es italienische Freunde der Sowjetunion, die nicht ihre Söhne, sondern ihre Töchter *Nichita* oder *Sascia* nannten, ohne zu wissen, daß Nikita eine Koseform von Nikolaj, Sascha eine liebevolle Kurzform von Alexander ist.

Nun rufe ich nochmals *Alt!*, verbessere mich aber den Jüngeren zuliebe sofort und rufe *Stop!* Nicht nur die Beat-, Hiphop- oder Techno-Generation spickt inzwischen ihren Slang mit Amerikanismen. Man fährt mit dem *offroad* zum *uikénd* in den exklusiven *clebb*, den die Fortgeschrittenen *clöbb* nennen, wo sie einen *cocktell* und dann einen *lentsch* oder *löntsch* zu sich nehmen. *Yuppies* geben sich im *nait* einem *flert* hin und werden dabei vielleicht von einem *paparazzo*[1] mit einem *flesch* geknipst, um so vielleicht als ein *Vip* oder gar als ein *Big* zu erscheinen.

Das *Anglitaliano* entspricht dem, was Sprachreiniger in Frankreich höhnisch »Franglais« nennen, und die deutsche Sprachmode ist davon nicht allzu verschieden. Wer einen *background* hat, spricht von der *escalation* – was sich ungefähr anhört wie Eskaléschan – wenn sich die *leaders* (neuerdings auch schon die *lider*) beim *summit* nicht einigen. *Compagno* sagen heute fast nur noch die kommunistischen Genossen, moderne Menschen haben einen *partner*.

Die große weite Welt, oder was der Konsument amerikanischer Fernsehserien dafür hält, findet ihren entfernten Widerhall noch in den modischen Vornamen der jüngsten Zeit. Der Pop-Star Michael Jackson schwebte Eltern vor, die ihren bedauernswerten Sohn *Maicol* (in dieser Orthographie) nannten. Nach dem tödlichen Unfall von Diana Spencer schnellte die Zahl der Mädchen hoch, die künftig ebenfalls unfreiwillig Zeugnis von den Englischkenntnissen der Eltern geben werden: mit dem Vornamen *Daiana*. Einstmals waren, wie in allen christlichen Ländern, die Namen aus der Bibel und die Namen der Märtyrer (mit den beschriebenen Vereinfachungen) beinahe die einzig zulässigen. Bei seltenen Formen kann es unter den Frommen noch heute Streit geben. Ein nach Sizilien umgezogener Venezianer wollte 1996 seinen Sohn auf den Namen Alvise taufen lassen. Der venezianische Vorname (die Etymologie vermischt die Heiligen Aloysius Gonzaga und Louis von Toulouse) ist in Italiens Rest so ungewohnt, daß sich der Pfarrer weigerte: So einen Heiligen gebe es nicht. Doch es gibt ihn, und dem Bischof von Toulouse ist die venezianische Kirche Sant'Alvise geweiht.

Aus dem Süden Italiens, der einst von griechischen Kolonisatoren besiedelten *Magna Graecia*, kamen griechische Namen wie Achille, Elena, Eliseo, Ettore (Hektor), Filomena, Mino und andere. Das antike Erbteil des eigenen Landes waren lateinische Namen wie Romolo, Remo, Cesare oder Claudio, Beinamen wie Augusto (der Erhabene), Serena (die Heitere), Fortunato (der Glückliche), und Herkunftsnamen wie Sabina (die Sabinerin), Tosca (die Etruskerin). Von den nüchternen Zählnamen, mit denen die organisationsbesessenen Römer chronologische Ordnung in die Kinderschar brachten, scheinen nur noch Primo und Quinto übriggeblieben zu sein; Sisto kommt nicht von Sextus, wie man meinen könnte, sondern vom griechischen Xystos. Eine andere Quelle manchmal fragwürdiger Sprachbereicherungen ist der Euphemismus, bisweilen verschärft durch Aküspra, die abgekürzte Sprache, nicht nur in Verwaltung und Politik. Es ist herabwürdigend und deswegen nicht mehr politisch korrekt, von einer Putzfrau zu reden, die früher einfach *domestica* oder, noch einfacher, schlechthin *la donna* hieß. Dementsprechend gibt es sie auch nicht mehr. Wie in Deutschland der Azubi den gewöhnlichen Lehrling verdrängen möchte, so arbeitet bei feinen Leutens in Mailand nur noch die *colf* (Abkürzung von *collaboratrice familiare*), manchmal *part-time*, also mit einem Teilzeitvertrag. Analog heißt ein Straßenkehrer jetzt *operatore ecologico*, ökologischer Operator. Blinde und Taube gibt es nicht mehr, es wäre herzlos, sie so zu nennen. Jetzt gibt es nur noch *non-vedenti* (Nichtsehende) oder *non-udenti* (Nichthörende). Was den *storpio* betrifft, den Krüppel: Die deutsche Sprache tröstete ihn, indem sie ihn zum Körperbehinderten, dann Behinderten machte. Das Italienische ist noch eine Stufe weiter: Aus dem *storpio* wurde der *invalido*, diesen adelte das *Anglitaliano* zum *handicappato*, und weil das auch zu direkt ist, vornehm zum *portatore di handicap*, zum Träger einer Behinderung. So ist die Behinderung fast verschwunden, und man muß dem Behinderten fast nicht mehr helfen.

Das Merkwürdige ist: Wie *kaputt*, so kommen auch die *escaléschan* und die *parrrti* und viele andere aus dem romanischen Sprachraum über einen verwandelnden Ausflug ins Germanische oder Angelsächsische wieder nach Italien heim und finden dann plötzlich Anklang. Es sieht so aus, als hätten die Italiener kein rechtes Interesse an der eigenen Sprache und schon gar nicht an Mutter Latein.

Daß sie Latein klangvoll genau nach den phonetischen Regeln des heutigen Italienisch aussprechen, mag ja noch angehn – englisches Latein ist entschieden schwerer verständlich. Auch die modernen Griechen glauben ja fest daran, Homer und Xenophon hätten genauso gesprochen wie sie. (Deutsche studienrätliche Altphilologen meinen, daß sie es viel besser wüßten.) Durchschnittsitaliener verstehen sonderbarerweise kein Wort der alten Sprache, aus der sich ihre eigene entwickelte, nicht einmal eine Redewendung wie *cum grano salis*, die italienisch nicht so sehr anders lautet: *con un grano di sale*.

Der Blick auf die sprachwissenschaftliche Literatur und Unterrichtsbücher scheint diese merkwürdige Nachlässigkeit zunächst zu bestätigen. Als Ende 1982 Panzinis kleine Grammatik aus der Zeit des *Duce* wieder aufgelegt wurde, rühmten und begrüßten sie die Literaturkritiker als großartigen, lang entbehrten Klassiker. Ich griff also begierig danach – und war enttäuscht. Ein mehr als knapper Leitfaden, mit eingebautem Lob, wie kraftvoll erneuernd, bereichernd und zugleich reinigend der Faschismus auf die Sprache einzuwirken beginne. Weil ich mehr wissen wollte, entdeckte ich schließlich eine sehr ausführliche praktische italienische Grammatik für Italiener. Sie verbarg sich unter einem populären Titel (»Wie spreche und schreibe ich besser«) im italienischen Ableger – ausgerechnet – des amerikanischen Verlags The Best of Reader's Digest. Die Suche nach einer wissenschaftlichen Grammatik brachte ein Ergebnis, das für Sprachlaien noch überraschender wirken muß: Ein Hauptwerk auf diesem Gebiet, die »Historische Grammatik der Italienischen Sprache und ihrer Mundarten«, ist aus dem Deutschen ins Italienische übersetzt worden – nicht etwa umgekehrt. Der Autor ist der in Berlin geborene Gerhard Rohlfs, im September 1986 mit 94 Jahren gestorben. Ein Blick in das Literaturverzeichnis jener Grammatik zeigt, wie ansteckend die Liebe zur italienischen Sprache ist. Sie nennt bald ebenso viele germanische Autoren wie romanische.

Der Blick auf die Dialekte und ihre Literatur ergibt wieder ein anderes Bild des Verhältnisses, das Italiener zu ihrer Sprache haben. Noch stärker als Deutsch ist das Italienische in Mundarten aufgesplittert, die an den Rändern ihrer Verbreitungsgebiete ineinander übergehen, sich aber insgesamt gewaltig unterscheiden. Da rehabilitieren sich die italienischen Sprachwissenschaftler wieder. Es gibt umfangreiche Wörterbücher und Grammatiken des Mailänder, neapolitanischen, römischen, toskanischen Dialekts.

Hier werden die Kenner und die Toskaner aufschreien: In der Toskana gibt es gar keinen Dialekt! Das Toskanische ist ja die Grundlage des heutigen Italienisch! Der große Manzoni, so werden sie sagen, hat von 1840 bis 1842 seinen Roman »I promessi sposi«, das Nationalheiligtum der italienischen Literatur, nach einer ersten, allzu mailändisch regional gefärbten Fassung zwecks größerer Verbreitung mit Hilfe von Freunden ins Toskanische umgeschrieben, »die Wäsche im Arno gespült«, wie er es nannte. Doch daß Toskanisch die italienische Hochsprache sei, stimmt wieder nur cum grano salis. Zwar haben einige Florentiner Literaten schon 1583 die *Accademia della Crusca* gegründet. Die Sprachakademie, noch heute in Florenz, bekam ihren Namen, weil man sich vornahm, die ordentliche Sprache von der Spreu unreiner Wörter zu trennen: *crusca* sind die Spelzen, die Spreu des Korns. Um das erste »Vocabolario della Crusca« herauszugeben, brauchte man einundzwanzig Jahre (1591–1612). Die im zwanzigsten Jahrhundert erscheinende Ausgabe soll, nach den gegenwärtigen Vorhersagen, mit Hilfe des Computers ungefähr im Jahr 2020 fertig werden – wenn überhaupt.

Bei einem Kongreß in Turin stritten sich über die Existenz der italienischen Sprache Antonio Tabucchi, der sie rundweg leugnete, und Vittorio Sermonti. Bis Cesare Cases, der große Germanist, salomonisch eingriff und witzig-versöhnlich bemerkte: Wenn zwei Literaten, die noch dazu aus demselben toskanischen Dorf stammen, in einer gemeinsamen Sprache sich über sie so uneinig sein könnten, bedeute das – mag sie auch sehr literarisch geblieben sein – den schönsten Nachweis ihrer Existenz.

In der Aussprache hat auch die Toskana ihre Dialekte. Am auffälligsten ist, daß man dort das K wie ein rauhes H spricht. Die schadenfrohen Regionalnachbarn nehmen die touristische Amerikanisierung von Florenz mit der Bemerkung aufs Korn, die Toskana sei nicht mehr das Land des Chianti, sondern das Land des *Hoha-Hola*. Der toskanische *spiritaccio*, eine Mischung aus ironischer Hellsicht und leichter Boshaftigkeit, die in ihrer verfeinerten Form Geistern wie Boccaccio und Machiavelli zu Gebote stand, zahlt mit gleicher Münze heim.

Als ich mit großem Stolz das dritte oder vierte Stadium des Erlernens der Sprache erreicht hatte und den Eindruck hatte, jetzt verstünde ich Italienisch, erlitt diese Selbstsicherheit bei der Theaterbiennale in Venedig eine schwere Erschütterung. Unvorbereitet sah ich eine Theatertruppe aus Neapel. Sie spielte das Stück eines gewissen Viviani. Zuerst dachte ich, es wäre ein experimenteller, dadaistischer Text. Ich verstand gar nichts! Ich begriff nicht einmal die Handlung! Es war aber bloß Neapolitanisch. Raffaele Viviani (1888–1950) ist ein realistischer Autor. Das Vertrauen in meine bescheidenen Sprachkenntnisse richtete sich erst wieder auf, als sich in der Pause der ältere Venezianer auf dem Sitz nebenan zu seiner Frau wandte:

»Hast du irgendwas kapiert?«

Und auf ihr ratloses Kopfschütteln:

»Also ich habe kein einziges Wort verstanden. Komm, gehn wir nach Hause!«

Er sagte nicht »Wort«, er verwendete einen sehr viel kräftigeren Ausdruck. Er fühlte sich betrogen, weil er ohne Vorwarnung in eine fremdsprachige Aufführung gelockt worden war.

In der Tat. Die Unterschiede zwischen Sizilianisch und Venezianisch sind nicht geringer als die zwischen Plattdeutsch und dem Walliser Dialekt im Lötschental, den selbst die übrigen Schweizer nicht verstehen. Zwar werden die Dialekte offiziell als solche bezeichnet, sind jedoch der Grenze zu selbständigen Sprachen sehr nahe oder – im Fall des Sardischen oder des Friulanischen – überschreiten sie. Ein Roman der friaulischen (friulanischen) Autorin Maria Drigo (»Barbe Zef«) wurde in den siebziger Jahren hinreißend milieugetreu verfilmt. Er mußte von der RAI mit italienischen Untertiteln ausgestrahlt werden, weil ihn sonst niemand verstanden hätte. Auch das Bergamaskische, das für einen ahnungslosen Ausländer, beispielsweise einen Römer, mit seinen vielen merkwürdigen Zischlauten klingt wie Tschechisch, gehört zu den schwierigen Dialekten. Einer der besten Filme Ermanno Olmis, »L'albero degli zoccoli« (1978), lief für das italienische Publikum ebenfalls mit Untertiteln.

Die Grammatik von Rohlfs bietet für die abgrundtiefen Unterschiede Beispiele in Hülle und Fülle. Nehmen wir ein alltägliches Wort. Was heißt »übermorgen«? *Dopodomani.* Aber ein Bergamaske sagt (in unwissenschaftlicher, angenäherter Umschrift) *pusdumá*, ein Piemontese *pasadumáng*, der Ligurer *pödmáng*, der Nordkalabrese *puscrái*, ein Neapolitaner vielleicht *paschkráje*. Dazu kommen im Süden noch Ausdrücke für über-

übermorgen und den darauffolgenden, also von morgen an gerechnet den vierten Tag. Das klingt dann in der Campania so ähnlich wie: *paschkrinja* und *piskròzzi*. Im Salento, auf dem »Absatz« des italienischen Stiefels, geht die Reihe gar von »morgen« bis zum fünften Tag: *crai, puscrai, puscriddi, puscridazzu, puscriddòne* – ein gewöhnlicher Italiener von anderswo, also ein exotischer Ausländer, hat da längst aufgegeben.

Der Blick auf die Geschichte Italiens lehrt, warum die Sprache so vielfältig ist. Darüber später mehr. Immerhin: Dank der Schulpflicht, und noch mehr dank Radio und Fernsehen versteht heute, abgelegene Dörfer ausgenommen, so gut wie jeder das normale Italienisch. Es folgt theoretisch dem toskanischen Modell. Weil jedoch die Massenmedien mit ihrer Vorbild- und Multiplikationswirkung ihren Sitz hauptsächlich in Rom und Mailand haben, kommt es im Tonfall langsam dem *romanesco* und der Mailänder Redeweise näher.

Zwei Dinge liefern die Dialekte immer wieder neu nach, auch wenn sie sich abzuschwächen scheinen: den reichen, unerschöpflichen Sprachwitz, der in Sprichwörtern, Schimpfwörtern, Kalauern, farbigen Redewendungen und bildhaften Umschreibungen jeden Tag neu geboren wird, und die tiefsitzende Unsicherheit jedes Italieners im Gebrauch seiner Hochsprache. Alle romanischen Schwestersprachen, besonders die auf der Halbinsel selbst, haben, seit sie sich aus dem Vulgärlatein entwickelten, aufeinander und auf das Italienische zurückgewirkt. Bei vielen Wörtern gibt es zulässige orthographische Varianten, die Grammatik selber ist im Fluß.

Bevor ich dieses Kapitel schließe, muß ich Sie noch in den Gebrauch der beiden wichtigsten Wörter einführen, die es neben *Sì* und *No* gibt. Das erste steht harmlos im Wörterbuch unter der Bedeutung »aber«: *ma*. Die Wirkungskraft jedoch, die es entfaltet, ist eine ungeheure. Von den deutschsprachigen Völkern begreift sie am besten ein Bayer, denn ihm steht ein beinahe gleichwertiger Ausdruck zu Gebote: Ja mei!

Ma heißt je nach Tonfall, Stimmlage, begleitender Geste, Situation und Zusammenhang:

– Aber, aber! (Leichter Tadel)
– Verflixt noch einmal! (Überraschung und Ärger)

– Wieso fällt es mir nicht ein? (Faust gegen die Denkerstirn gepreßt)
– Ogottogottogott! (Resignierendes Lamento, mit ausgebreiteten Händen)
– Ich kann nichts dafür!
– Wenn ich das geahnt hätte!
– Keine Ahnung! (Etwas gedehnt, dann oft *Mah!* geschrieben, mit einem gegen O eingefärbten A, begleitendes Achselzucken)
– Da kann man nix machen!
– Wir werden noch sehen, was sich machen läßt!
– Das muß man abwarten!
– Was geht mich das an?

Das sind sozusagen nur die Grundbedeutungen, die ein schauspielerisch begabter Neapolitaner leicht auf ein paar hundert Nuancen vermehrt. Sie werden begreifen, daß dieses Wort als Sprachkleingeld mehr wert ist als manch prächtiges und vielsilbiges Glanzstück des Vokabulars. Was können Sie schon mit dem Wort *scioglilingua*[2] anfangen? Richtig. Die Antwort lautet: *Mah?!*

Die zweite dieser wichtigen Scheidemünzen wird Ihnen ebenso häufig begegnen. Das Wort steht trotzdem nicht einmal im Wörterbuch. Doch Sie werden mit einiger Einfühlungsgabe schnell merken, daß Sie es auch ohne verstehen. Es lautet: *Bo?* Seine Grundform wird folgendermaßen ausgesprochen:

Lockere Beinstellung, hängende Schultern, die beim Aussprechen des Wortes leicht hochgezogen werden, während gleichzeitig der Unterkiefer, mehr noch die Unterlippe etwas vorgeschoben werden; geschlossenes O wie in französisch *beau* (die Varianten mit offenem O sind nur etwas für Fortgeschrittene), mittlere Vokallänge, Vokalmelodie zuerst eventuell abwärts, danach ein wenig aufwärts, mit entschiedenem Kehlkopfverschluß am Ende, Stirn leicht gefurcht, Augen blicken nachdenklich in die Ferne. Die Abstimmung der Feinmotorik sei hier vernachlässigt.

Die annähernde Übersetzung von *Bo* lautet:

Lieber Freund, ich verstehe ja Ihre Probleme und begreife, daß Sie diese brennende Frage beantwortet wissen wollen, gebe mir auch alle Mühe, Ihnen zu helfen, kann aber beim besten Willen und nach reiflicher Überlegung keinen Weg finden, Ihnen zu Diensten zu sein, weswegen Sie sich besser an jemand mit größerer einschlägiger Kompetenz wenden sollten.

Notfalls kann *Bo* auch durch *Mah* in der Bedeutung »Keine Ahnung!« ersetzt werden. Den Gebrauch beider Wörter beleuchtet auf das schönste ein Witz, der nebenbei Aufschlüsse über Sprache, Regionalismus, italienische Politik, Geschichte und Administration vermittelt. Es ist einer der epidemischen Carabinieri-Witze. Die Carabinieri gelten (längst zu Unrecht) im Volksmund als beschränkt (Warum gehen sie immer zu zweit auf Streife? – Weil der eine nur lesen, der andere nur schreiben kann). Das lag schlicht daran, daß der noch junge Staat im vorigen Jahrhundert seinen Beamten Hungerlöhne zahlte und daher seine Polizisten, Zöllner, Finanzer kaum im industrialisierten Norden, sondern überwiegend im armen Süden rekrutierte, wo Analphabetentum, Arbeits- und Hoffnungslosigkeit verbreitet waren. Man konnte es selbst in einer so wenig begehrenswerten Laufbahn meist nur zu etwas bringen, wenn man *un Santo in Paradiso* hatte, einen heiligen Fürsprech. Im Klartext: den Onkel im Ministerium. Noch heute ist der Andrang auf öffentliche Posten enorm. Immer wieder werden für Anstellungen im öffentlichen Dienst die dafür gesetzlich vorgeschriebenen Wettbewerbe veranstaltet, bei denen das Mißverhältnis zwischen der Anzahl der freien Stellen und der Menge der Bewerber die juristische Gerechtigkeit zum Glücksspiel macht. Darüber später mehr.

Der Witz ist – wie so vieles in Italien zugleich sein eigenes Gegenteil ist – zugleich veraltet und auch wieder nicht. Er ist insofern historisch, als die Autokennzeichen geändert worden sind, die Änderung aber wieder (natürlich nur halb) zurückgenommen wurde. Einst stand am Anfang des Kennzeichens eine Kombination aus zwei Buchstaben, die die Provinz bezeichnete: MI für Milano, TO für Torino, bis zu so entlegenen wie NU für Nuoro. Als die Verwaltungsreform von 1992 einige neue Provinzen schuf, war die Freude mancher Lokalpatrioten darüber, endlich ein eigenes Kennzeichen zu haben, nur von kurzer Dauer. Seit 1993 zeigen die Kennzeichen anonyme Buchstaben-Zahlen-Kombinationen, aus denen man die Herkunft des Fahrzeugs nicht mehr erkennen kann. Die Befürworter meinten, damit vermindere man die regionalistischen Reibereien zwischen Autofahrern. Aber die Lokalpatrioten gaben sich nicht geschlagen, und die Provinzkennung kann oder darf wieder hinzugefügt werden. Also die Geschichte:

Die Prüfungskommission in einer Carabinieri-Kaserne hat über die Offiziersanwärter zu entscheiden. Ein Wink von oben war gekommen, daß der Kandidat Calogero Piccirilli, leider kein großes Licht, unbedingt zu bestehen habe. Natürlich müssen die Formen gewahrt, einschlägige Fragen gestellt und beantwortet werden. Der Vorsitzende muß eben die richtigen Fragen finden, die mit Sicherheit nicht zu schwer sind.

»Sagen Sie, Gefreiter, wie lautet das Autokennzeichen von *MI*lano?«

Der Gefragte denkt lang nach, hebt fragend die Hände und sagt: »*Bo*?«

»Aber Sie werden wenigstens wissen, wie das Kennzeichen von *Roma* heißt?«

Das weiß nun wirklich jedes Kind. Dennoch die gleiche ratlose Antwort: »*Bo*?«

Da kommt dem Vorsitzenden eine glänzende Idee, wie man den Prüfling und den korrekten Anschein wenigstens einer richtigen Antwort rettet:

»Also wie lautet das Kennzeichen von *BO*logna?«

Jetzt verfällt der Prüfling in tiefes Nachsinnen, Schweiß bricht ihm aus, er stemmt schließlich beide Fäuste gegen die Stirn, siehe oben, es will ihm nicht einfallen, und er antwortet trotzig-verzweifelt: »*Mah*?!«

Soviel Dummheit ironisch als typisch darzustellen, kann sich nur ein Volk leisten, in dem außerordentliche Gewitztheit alltäglich ist, die Gerissenheit der Kaufleute oder die Verschlagenheit der Schwindler niemanden vom Stuhl reißt. Die Mitteilungen stecken im Italienischen öfter als anderswo zwischen, nicht in den Wörtern. Vieles ist verschlüsselt. Und zur Gewitztheit gehört auch die Kenntnis des richtigen Rituals. Der Mafia-Richter Falcone berichtet, wie ein Staatsanwalt 1980 den eben verhafteten Boss Frank Coppola verhören wollte und ihn, den zeremoniellen Respekt außer acht lassend, mit der Frage zu provozieren gedachte:

»Signor Coppola, was ist die Mafia?«

Der dachte ein wenig nach und antwortete:

»Herr Richter, drei höhere Justizbeamte möchten heute Generalstaatsanwalt werden. Einer ist äußerst intelligent, der zweite genießt die Unterstützung der Regierungsparteien, der dritte ist ein Kretin. Und genau der kriegt den Posten. Das ist die Mafia.«

Übersetzt in unverschlüsselte Sprache sagte der Mafioso: »Verehrter Staatsanwalt, Sie sind nicht klug, sie sind nicht einmal klug genug, um Protektion zu haben, Sie gehören zu den Idioten, die Staatsanwalt werden. Auf so idiotische Fragen wie Ihre kann man nicht antworten.« Fortan schwieg er. Die tödliche Beleidigung Coppolas entbehrt nicht der Hellsicht, weil der Staatsanwalt, wenn er sie denn verstanden hätte, sie nicht ins Protokoll aufnehmen oder gar an die Öffentlichkeit hätte dringen lassen.

Zwischen den Worten gibt es nicht nur Bedeutungen, außer den Worten nicht nur *omertà*. Es gibt Geräusche, die auch aus dem Mund kommen, aber trotzdem nicht zur Sprache im engeren Sinn gehören. Nein, nicht was Sie denken. Es gehört zwar in bäuerlichen Gegenden Afghanistans oder bei den Bachtiaren noch immer zum guten Ton, nach einer Mahlzeit, die ausgezeichnet geschmeckt hat, dankbar und kräftig zu rülpsen. Ich brauche nicht darauf hinzuweisen, daß solches in Italien wenig Verständnis fände.

Rülpsen *sollen* in Italien nur Kleinkinder, wie überall sonst auf der Welt. Rülpsen *dürfen* in Italien sonst die Schauspieler auf der Bühne, zum Beispiel *Arlecchino*. Der Diener zweier Herren hat in Goldonis gleichnamiger Komödie (»Servitore di due padroni«) nur einen Gedanken: Essen. Ist er ausnahmsweise einmal satt, drückt er es entsprechend drastisch aus. Als 1997 das Mailänder Piccolo Teatro und mit ihm der Harlekin in Giorgio Strehlers Inszenierung den fünfzigsten Geburtstag feierte, den letzten zu Lebzeiten des Regisseurs, da war der volkstümliche Held Tausende Male aufgetreten. Zwei legendäre Schauspieler verkörperten ihn – der inzwischen gestorbene Moretti und Ferruccio Soleri, der jahrzehntelang mit immer gleicher Virtuosität und jugendlicher Beweglichkeit Teller jonglierte, rülpste und im Handstand weglief, als wäre er nicht schon sechzig gewesen.

Es gibt noch ein anderes absichtlich (mit dem Mund) hervorgebrachtes Geräusch. Es ist der *pernacchio* oder die *pernacchia*. (Wie so oft, ist der Italiener flexibel. Dem Deutschen bereitet es fast körperliches Unbehagen, wenn ein Wort wie Dschungel verschiedene Artikel haben kann.) Das Wörterbuch der italienischen Sprache (Devoto-Oli) erklärt, was ein *pernacchio* ist: Ein geräuschvoller und vulgärer Akt der Verspottung, der ausgeführt wird, indem man einen starken Luftstrom zwischen den gepreßten Lippen ausstößt (aus dem Lateinischen *vernacula*).

Vernaculum war bei den Römern das, was mit Haushalt und Sklaven zu tun hat, das Volkstümliche, Gewöhnliche, Ordinäre. Neapolitanische Schriftsteller und Dialektwörterbücher widmen der *pernacchia* ganze Abhandlungen. Sie kann in verschiedenen Varianten, mit vorgehaltener Hand oder ohne, mit verschiedenen Fingerstellungen, freundschaftlich sanft oder resolut beleidigend, melodisch trompetend oder in barschem Baß produziert werden. Weil aber niemand, wenn er einen *pernacchio* hört, das Geräusch im Italienisch-Wörterbuch nachschlagen kann, gehört es zu einem anderen Italienisch. Und das ist ein anderes Kapitel.

1 Siehe Wörterbuch.

2 So viel wie Zungenbrecher, nur viel weniger angriffslustig. Wörtlich übersetzt ist es nämlich ein Zungen*löser*: So friedfertig und menschenfreundlich ist das Italienische.

Das andere Italienisch,

welches mit dem ganzen Körper gesprochen wird. Ergänzt durch eine genaue Beschreibung der wichtigsten und wuchtigsten Gesten, einschließlich der lebensgefährlichen.

Die Diskotheken der Adriastrände sind auch für ihre Lautstärken berühmt. Italien hat wohl von allen europäischen Ländern die Kunst am weitesten entwickelt, sich auch ohne Stimmaufwand, bei Lärm, über einige Distanz verständlich zu machen, schon vor der Entstehungszeit der Disko. Die Kunst könnte aber gerade für sie erfunden worden sein: die Gestensprache. Nirgendwo wiegt der Irrtum, daß die Sprache etwas sei, was ausschließlich mit dem Mund hervorgebracht wird, so schwer wie in Italien. Der Italiener spricht, wie die anderen Anrainer des Mittelmeeres auch, mit dem ganzen Körper. Wenn irgendwo die Unzulänglichkeit des alten Dampfradios und des Telefons besonders stark empfunden wird, dann hier. Nicht umsonst hat sich die Telecom beeilt, ihr lange Zeit rückständiges Telefonnetz zu modernisieren und die integrierten Datenübertragungsnetze der Zukunft aufzubauen, die das Bildschirmtelefon ermöglichen.

Italien ist gewiß das Land, wo sich das Fernsehtelefon am raschesten durchsetzen wird. Sichtbar muß der Sprecher sein. Das erklärt die Beliebtheit jener Showsendungen des Fernsehens, in denen die Zuschauer den Moderator anrufen können und dann sehen, wie er ihnen antwortet – ob sie ihm auch zuhören, ist eine andere Frage. In keinem anderen Land wird schon jetzt die Gegensprechanlage für die Haustür, das *citofono*, an Banken wie privaten Häusern so häufig mit dem Auge der Videokamera ausgestattet. Der körperlosen Stimme allein glaubt man nicht. Aussehen und Gesten, so meinen wohl unbewußt die meisten Italiener, können nicht trügen. So unrecht haben sie nicht. Desmond Morris hat beschrieben, welche unauffälligen, unbewußten Körpersignale verraten, was einer wirklich denkt. Ich erinnere daran, daß bei der merkwürdigerweise im Süden, und besonders im Orient häufigeren Links-Rechts-Insuffizienz[1] dann, wenn die Erklärung und die Gebärde nicht übereinstimmen, immer die Geste, nie das Wort verläßlich angibt, welche Richtung der Sprecher meint.

Jene jiddischen Witze des vorigen Jahrhunderts, in denen die deutschen assimilierten Juden ihre orientalischen Vettern aufs Korn nahmen, würden – cum grano salis – nicht anders den Unterschied zwischen deutscher Gestenarmut und italienischer Körpersprache beschreiben:

»Wie wärs mit einem gemeinsamen Abendessen und einem romantischen Spaziergang nachher?« fragt der Pappagallo am Strand die blonde Schönheit, bei der er eine gewisse Geneigtheit vermutet, seinen Avancen nachzugeben.

»Gehen wir lieber ins Wasser«, antwortet sie, »damit die Leute nicht *sehen*, wovon wir wir reden.«

Eine boshafte, bestimmt nur halb stichhaltige Antwort auf die Frage nach dem Unterschied zwischen einem Gasthaus und einer Trattoria: Im Gasthaus sieht man die Leute essen und hört sie sprechen, in der Trattoria sieht man sie sprechen und hört ... – doch das zweite ist nicht wahr.

Ein witziger Gemüseverkäufer entgegnete mir jedenfalls auf eine Frage: »Ich kann Ihnen im Augenblick nichts sagen, Sie sehen ja, ich habe beide Hände voll.« Die Logik der Antwort leuchtet sofort ein, wenn Sie sehen, wie italienische Autoinsassen miteinander plaudern. Sie werden die Virtuosität italienischer Autofahrer bewundern, die am Steuer reden und trotzdem (!) gleichzeitig (!!) lenken können.

Hängt es (auch) damit zusammen, daß so viele berühmte Dirigenten Italiener sind? Beim Dirigieren kommt es doch – abgesehen von den technischen Voraussetzungen wie dem Lesen einer Partitur, dem guten Gehör und dem Gefühl für Rhythmus – vor allem darauf an, durch Gesten und Mimik den Orchestermusikern, allenfalls noch Opernsängern und einem Chor so überzeugend wie möglich Lautstärke und Tempo zu vermitteln, und wann sie mit welcher Intensität einzusetzen haben. Ihnen seine Anweisung zurufen? Das geht nicht, obwohl viele Dirigenten und Pianisten, angefangen bei Toscanini und seinem Schwiegersohn Horowitz, in der Hitze des musikalischen Gefechts ihre körperliche Tätigkeit mit Singen oder unartikuliertem Brummen begleiten. Es ist die Umkehrung der Rangordnung zwischen der Sprache und ihrer sinnlicheren Schwester, der Gebärde. Gewöhnlich begleitet diese die abstraktere Sprache der Wörter und unterstützt die Stimme als Gefühlsträger.

Da ist Körpersprache noch am unverfänglichsten. Ein Teil der Gesten und der Mimik hat keine eigene genaue Bedeutung. Es sind Unterstreichungen, Anführungszeichen, Ausrufezeichen, in die Luft gemalte Pünktchen des unvollendet gelassenen Satzes. Eine Art Kurbelbewegung aus dem Handgelenk scheint zu sagen »Undsoweiter, undsoweiter«, als wollte der Sprecher eine imaginäre handbetriebene Gebetsmühle schwenken, die für ihn stumme Segenswünsche leiert.

Die energische Hervorhebung, sozusagen der Fettdruck der Gebärdensprache, wird von Herbert Rosendorfer anschaulich beschrieben, als »Auf- und Abfahren mit der im Gelenk stark angewinkelten Hand an einem imaginären Brett in Körpernähe, oder jene Geste, die fast stets das Wort *dunque* begleitet: Aus Daumen und Zeigefinger wird ein Ring gebildet, mit dem rasch und entschlossen eine unsichtbare Stange etwas seitlich des Körpers (in selteneren, aber desto wirksameren Fällen unmittelbar vor der Körpermitte) von oben nach unten gerieben wird, wobei die drei anderen Finger (manchmal nur der kleine Finger) weggestreckt werden.«

Schwieriger wird es schon, wenn die Geste das Wort nicht unterstreichen, sondern ersetzen soll. Der Dirigent befindet sich da kommunikationstechnisch in einer ähnlichen Lage wie ein neapolitanischer Fischer oder ein Hirt im Gebirge. Er soll wortlos über größere Entfernungen eine direkt verständliche Mitteilung machen.

Hirten auf der kanarischen Insel Gomera haben die inzwischen fast ausgestorbene Pfeifsprache des *Silbo* entwickelt, mit der sie sich über Schluchten und Täler hinweg verständigten. Bei den Dirigenten hat sich das *Silbo* begreiflicherweise nicht so recht durchgesetzt. Sie haben, wie die Fischer bei ihrer Verständigung von einem Boot zum andern, die Körpersprache, unser aller tierisches Erbteil, verfeinert, rationalisiert und in den Dienst präziser Mitteilungen gestellt.

Auf der Bahnstation von Lecce in Apulien, wo die Bahnlinie zum italienischen Stiefelabsatz endet, setzt sich pfeifend der Zug in Bewegung. Unverständliche Lautsprecheransagen quäken, Kinder brüllen, auf dem Bahnsteig ist die ganze Großfamilie versammelt, denn der Zug fährt in den hohen Norden, ins Veneto, wo der junge Mann in Turnschuhen und mit Plastikreisetasche seinen Wehrdienst wird ableisten müssen. Das ist keine Kleinigkeit. Die Schule der Nation und der nationalen Einheit ist hart, die Selbstmordrate der Rekruten liegt weit über dem Durchschnitt der Bevölkerung. Die *mamma* hat noch viel zu sagen, im letzten Moment. Verkühl dich nicht, mahnt sie, da oben in den Alpen ist es kalt, zieh dich immer gut an, und wenn du Hunger hast, iß die eingelegten *pomodori* und die Wurst, und wenn du ankommst, telefoniere uns, und schreib' bald, wie es beim Militär geht, und laß es dir gut gehn, und – ... Es klingt unwahrscheinlich: Das sagt die *mamma* nur mit Gebärden, unterstützt von ein paar stummen Lippenbewegungen. Hören kann ihr Liebling im allgemeinen Tohuwabohu nichts, verstanden hat er alles.

Natürlich werden Sie nicht erwarten, im Blitzkurs auf das Niveau solcher Kunst zu gelangen. Halten Sie den Ausdruck »Kunst« für übertrieben? Ein Signor Bonifacio veröffentlichte 1616 in Vicenza ein Buch mit dem schönen Titel »Die Kunst der Gebärden, mit welcher man eine sichtbare Sprache hervorbringt, maßen es sich um stumme Beredsamkeit handelt, als welche nichts anderes ist denn ein beredtes Schweigen«[2]. Seither erschienen Bücher über die sizilianische, die neapolitanische, die venezianische Gestensprache. Italienische Kinder nehmen diese Kunst mit der Muttermilch auf. Es wird nicht verwundern, daß manche Geste auf uralte, antike, prähistorische religiöse Vorstellungen zurückgehen dürfte, daß die Gebärden- und Körpersprache dem Aberglauben, der Magie besonders nahesteht, und daß sie als unmittelbarer Ausdruck von Gefühlen auch viel unmittelbarer als die Wörtersprache Gefühle hervorrufen kann. Beschränken wir uns auf das Wichtigste und Wuchtigste von dem, was Gesten und Gebärden sagen können – und was Sie unter gar keinen Umständen sagen sollten.

Einen primitiven, geradezu armseligen Grundwortschatz an Gebärden, verglichen mit dem italienischen, hat selbst der Mitteleuropäer. Ein Italiener erkennt Sie sofort als Ausländer, auch wenn Sie sich in der Via Montenapoleone mit Mailänder Eleganz eingekleidet und kein Wort gesprochen haben. Wollen Sie zum Beispiel in Deutschland jemand herbeiholen, machen Sie, je nachdem, mit den Fingern, der ganzen Hand, auf größere Distanz schließlich mit dem ganzen Unterarm eine winkende Bewegung, wobei die Handfläche nach oben, zum Winkenden gerichtet ist. Der Italiener wird das meistens als Gruß begreifen.

Er grüßt zurück. Entweder mit der gleichen Geste, oder er schüttelt die offene Handfläche, die zum andern zeigt, hin und her. (Sind die Finger geschlossen und die Schüttelbewegungen kurz und heftig, heißt es nicht *Ciao!*, sondern *No!*, oder »Nicht näherkommen!«.) Zum Herbeiwinken hingegen wendet der Italiener die geschlossene Handfläche nach unten. Er vollführt mit ihr eine wiederholte Bewegung aus dem Handgelenk nach unten, zum eigenen Körper hin, die der Deutsche, wenn sie sehr energisch ist, als »Runter, marsch, marsch!« deuten könnte, oder als Aufforderung: »In die Knie!«, und kopfschüttelnd fragt er sich: Was will denn der? Vielleicht versteht er das als grüßendes Winken – dann beantwortet er es in der gleichen Weise, auf und ab. Ergebnis: Aufforderungen zum Näherkommen, oft ein wichtiges Kontaktsignal bei Verständigungsschwierigkeiten, werden beiderseits nicht begriffen. Beiderseits denkt der Winker, der andere sei beschränkt oder ein Dickschädel. Umgekehrt: Kaum haben Sie gelernt, daß der Italiener Sie mit der Handfläche nach unten herbeizuwinken pflegt, laufen Sie Gefahr, das mit dem entgegengesetzten Zeichen zu verwechseln. Die offene Hand, in derselben Haltung, schnellt in Schleuderbewegungen aus dem Handgelenk vom Körper fort. Das heißt dann: »Raus mit dir! Weg! Das ist nichts für dich!«

Wenn mit den Fingern gezählt wird, bedeutet der hochgereckte Daumen mit den geschlossenen anderen Fingern auf amerikanisch *okay*, auf deutsch »eins«. Auf italienisch ebenfalls – doch nur, wenn weitergezählt wird. Sonst ist *uno* der hochgereckte Zeigefinger, Handrücken zum Zuhörer. Mit dem Handrücken mehr zum Sprecher gedreht ist der Zeigefinger dagegen ein »Achtung«-Zeichen. Beide Zeigefinger – die restlichen Finger sind zu Fäusten geballt, die Handrücken zeigen nach oben – werden vorgestreckt und mehrmals von der Seite gegen die Mitte aufeinander zu bewegt und gegeneinander geschlagen: Da haben sie mit Ziffern gar nichts mehr zu tun. Jetzt bedeuten sie, zwei sind *pappa e ciccia* (Brei und Fleisch), das heißt, ein Herz und eine Seele, sie stecken unter einer Decke.

Macht der Zeigefinger der geschlossenen Hand eine drehend-bohrende Bewegung gegen die Wange, dann heißt das: »Mmm, schmeckt himmlisch.« Sollte sich ein Portugiese von den Azoren nach Neapel verirren, drückt er das auf eine Weise aus, die ihn gefährlichen Mißverständnissen aussetzt: Der Azoreaner sagt »Mmm! Guut!«, indem er das Ohrläppchen faßt und mehrmals leicht daran zieht – der neapolitanische Koch würde das schmeichelhafte Kompliment als schrecklichen Angriff auf seine Manneswürde auffassen. Am Fuß des Vesuv ist das die Gebärde für einen Homosexuellen. Dreht der Zeigefinger dagegen an der Schläfe oder an der Stirn, versteht das der deutsche Autofahrer ziemlich richtig: Ihm wird ironisch der Vogel gezeigt. Häufiger als dieser Vogel ist die Vorhang-Geste. Die offene Hand mit gespreizten Fingern fährt wie ein Scheibenwischer vor dem Gesicht hin und her, als wollte sie sagen: »Du siehst wohl nicht richtig, vielleicht etwas benebelt, wie?«

Ähnliche Zweifel an der Zurechnungsfähigkeit einer Person oder der Logik einer Schlußfolgerung können Sie ausdrücken, indem Sie den Kopf leicht schieflegen und die erhobene, offene Hand mit leicht gespreizten Fingern schnell um die vertikale Achse hin und her drehen. Auf die Frage *Come va?* (Wie gehts?) heißt das: »*Così - così*, soso lala.« Sonst drückt die Geste Zweifel im allgemeinen aus: »Nicht Fisch, nicht Fleisch. Ich weiß nicht recht. Ob das Wetter halten wird?«

Wenn wir schon bei den Beleidigungen sind – es gibt zwar davon eine unübersehbare Menge, zum Teil vulgärer Art, doch keine ist so wirksam und deswegen so gefährlich (für den, der sie ausführt) wie *le corna*, die Hörner. Dabei hängt es nur von einer winzigen Nuance ab, ob aus der Beleidigung nicht ein abergläubischer Segenswunsch wird, ein *scongiuro* zum Bannen des Bösen, wie etwa das Klopfen auf Holz. Diese Banngeste hat übrigens wieder ein Pendant in Italien: Sie müssen Eisen anfassen, oder das, was männlich ist am Mann – Emanzipation und Chancengleichheit hat man früher bei der Dämonenabwehr wohl nicht ausreichend bedacht. Nicht jede hat immer das Geeignete zur Hand. Notfalls genügt statt Metall auch ein Geistlicher.

Die Hörner werden von der geballten Faust gebildet, aus der Zeigefinger und kleiner Finger gerade ausgestreckt werden – ein stilisiertes Gehörn. Wird es mehrmals nach unten gestoßen, dahin, wo die Dämonen hausen, in die Unterwelt, ist es die glückbringende Gebärde. Sollte Ihnen der Teufel oder ein böser Geist begegnen, können Sie die *corna* auch gegen denselben, also vorwärts stoßen, zur größeren Sicherheit vielleicht mit beiden Händen. Eine gleichwertige Methode des *scongiuro*, um den *fascino* abzuwehren, die schädlichen Einflüsse durch Neid, bösen Blick oder Behexung, ist die *fica* oder *figa*, die berühmte »Feige«. Dazu wird die Faust geballt und der Daumen zwischen Zeige- und Mittelfinger durchgesteckt.[3] Es gilt, die »Beschreiung« mit einem Zauberspruch zunichte zu machen: Im Deutschen sagt man denn auch beschwörend »Unberufen!« Um die böse Verzauberung von einem anderen abzuwenden, macht man die Geste gegen das Opfer hin, doch um das Mißverständnis zu vermeiden, sie könnte als Beleidigung gemeint sein, versteckt man sie unter dem Mantel oder in der Hosentasche. Die Römer waren weniger schamhaft. Priapus, der phallische Gott, galt als Abwender des Unheils, sie hängten sein Symbol an Eingangstüren und Zäune, und siehe, es trug den Beinamen *fascinum*. Wenn wir Priapus begreifen, begreifen wir, warum die Männer zur Abwendung des bösen *fascino* den guten *fascino* in der Hose be-greifen.

Steht das Gehörn hingegen nach oben, meint es den Gehörnten, den Hahnrei. Wehe! Die Ehre des Mannes ist tödlich verletzt, sogar wenn er nicht verheiratet ist. Klappen Sie in der beidhändigen Version die beiden Zeigefinger ein und halten die Fäuste benachbart, dann bilden die beiden kleinen Finger ein Supergehörn, in Cinemascope sozusagen. Auch ohne diese Steigerung können Sie bei Süditalienern Tobsuchtsanfälle und Prügeleien hervorrufen. Im Verkehr, dem auf der Straße, provozieren Sie wilde Verfolgungsjagden und Ramm-Manöver, wenn der Gehörnte symbolisch und ersatzweise mit dem Automobil zustößt statt mit dem ihm zugeschriebenen Kopfschmuck. In Sizilien ist nicht auszuschließen, daß er die Beleidigung mit einem gezielten Pistolenschuß aus der Welt schafft. Also benutzen Sie diese Geste trotz ihres hohen kulturhistorischen Denkmalwerts nie und unterdrücken sie die Eitelkeit, sich mit ihrer Anwendung als Kenner der Materie auszuweisen.

Es geht dabei nicht um die Ehre der Frau. In der Patriarchenwelt hat die Frau keine besondere Ehre, sie ist lediglich deren »Trägerin«, etwa wie das glänzend polierte Auto. Das Thema wird in den mediterranen Gesellschaften noch heute für so wichtig gehalten, daß in Palermo – wo denn sonst? – 1987 ein Kongreß von Juristen und Anthropologen über das Thema »Ehre und Geschichte« stattfand. Wo unter anderem Giovanni Raffaele (Universität von Messina) die Erkenntnis vortrug, daß unter einfachen Leuten in Palermo die schlimmste Beleidigung lautet: »*Cornuto e sbirro*!« Etwa: »Hahnrei und Bulle!« *Lo sbirro*, früher der Häscher, ist heute der verächtlichste Ausdruck für Polizist oder Polizeispitzel. Am 1. Januar 1980 hat ein Palermitaner wegen dieser beiden Worte seinen besten Freund umgebracht. Mit größerem körperlichen Aufwand verbunden, noch vulgärer, aber – wenn diese Nuance überhaupt eine Rolle spielt – nicht ganz so beleidigend ist der berühmte *gesto dell'ombrello*, die sexuelle »Regenschirmgeste«, von Volksschauspielern wie Totò in italienischen Filmkomödien der ganzen Welt bekannt gemacht: Die eine Hand schlägt in die Ellenbeuge des anderen Arms, die andere Faust fährt, den Handrücken nach vorn, das Handgelenk angewinkelt, aufwärts. Überflüssig zu sagen, daß auch in diesem Fall dringend zu empfehlen ist: Lassen Sie Ihre Hände lieber am Lenkrad oder in der Jackentasche.

Zwischen der Unterstreichung der Rede, der wortlosen normalen Geste (einhändig) und ihrer beidhändigen Verstärkung gibt es fließende Übergänge. Die häufigste Fragegeste sieht so aus: Die Hand ist geformt, als wollten Sie mit allen Fingern ein paar Brösel von der Tischplatte aufnehmen, jedoch die fünf aneinandergelegten Fingerspitzen zeigen nach oben, der Handrükken zum Gegenüber. Lockere Auf- und Abbewegung heißt ungefähr: »Ich habe nicht verstanden. Wie bitte?« Leicht gesteigert: »Ich versteh' gar nicht, was Sie von mir wollen?« Mit beiden

Händen: »Was zum Teufel willst du denn, du Trottel?« Kann auch heißen: »Warum, verdammt, habe ich mich nur darauf einlassen müssen?« Es hängt alles vom Kontext ab.

Eine verwandte Geste, die religiösen Ursprung hat, sind die gefalteten, zum Gebet flach aneinandergelegten Hände: Wenn die Gebetsform sich unordentlich auflockert – nur die Fingerspitzen der lockeren, leicht gespreizten Hände aneinandergelegt – und mit einer rhythmischen Drehschüttelbewegung verbunden wird, verkehrt sich die einstmals demütige Bittgebärde fast ins Gegenteil: »Bitte, laß' mich doch in Ruhe damit! Was soll denn dieser Unsinn? Wie kann man nur so etwas Blödes anstellen?« Der Gestensprecher hat in der ruhigeren Form die Unterarme am Körper, mit dem Grad der Aufgeregtheit heben sich auch die Arme etwas vom Körper weg und bis in Gesichtshöhe. Sie sehen: Auch bei der stummen Sprache können Sie die Stimme erheben und die Lautstärke, also die Eindringlichkeit der Mitteilung genau dosieren.

Die Dosierung dient auch dazu, den sozialen Rang auszudrücken, besonders bei Antworten. Wer es sich erlauben kann, das *No* lediglich mit dem schon beschriebenen Zungenschnalzen und einer kaum merklichen Kopfbewegung nach oben auszudrücken, und wer die gnädige Zustimmung gewährt, indem er gerade noch müde die Augenlider senkt, weil für den armseligen Bittsteller schon die Kopfbewegung zuviel der Mühe wäre, der bekundet damit auch, unter Umständen bis zur wortlosen Beleidigung, seine unendliche Überlegenheit.

Es folgt mitunter sofort darauf die Geste, die lästige Ermahnungen oder Gedanken abschüttelt oder entsetzliche Langeweile ausdrückt: Sie halten die Unterarme auf Brusthöhe angehoben, ungefähr wie ein Tanzbär, lassen die Hände locker hängen und schütteln sie leicht (wie eine Frau, die den Nagellack schneller trocknen lassen will). Vielleicht noch ein leicht angewiderter Gesichtsausdruck dazu, will sagen: »Mein Gott, was geht mir das alles auf die Nerven!« Die Geste nur mit einer Hand, dazu die Lippen geleckt, und Sie sagen etwas völlig anderes: »Wie gut das schmeckt!«

Natürlich gibt es Dialektunterschiede auch bei den Gesten. Über die Regionsgrenzen hinweg verständlich ist die verletzende

Bekundung der restlosen und vollständigen Gleichgültigkeit: Sie heben den Kopf etwas und stülpen die Unterlippe vor. Sie greifen mit einem oder zwei Fingern, oder der ganzen Hand (Finger aneinandergelegt, Handrücken nach vorn) an den Hals, als wollten Sie sich da kratzen oder den Hemdkragen lockern, und streichen mit ihr schwungvoll unter dem Kinn hervor, in einer Art Rasierbewegung, auf das Gegenüber zu. So sagen Sie *Me ne sbatto!* oder *Me ne frego!* – es ist Ihnen piepegal, wurscht, Sie pfeifen darauf. Wie wichtig dieser Satz ist, erkennen Sie an der Wortbildung *menefreghismo*. Das ist keine politische Ideologie. Es ist eher ihre Abwesenheit, eine negative Lebensphilosophie, weit verbreitet und beklagt: der Verzicht darauf, sich zu engagieren, die Wurstigkeit als Gesellschaftsform, der Bock als ewiger Gärtner. In der römischen Villa der Papyri bei Herculaneum trug ich einem Herrn die brennende Zigarette nach, die dieser achtlos auf den antiken Mosaikboden fallengelassen hatte. Ich wollte ihm höflich-ironisch eine goldene Brücke bauen:

»Ihnen ist die Zigarette aufs Mosaik gefallen«, sagte ich.

»Die habe ich weggeworfen«, erwiderte er. »Schon zu viel Teer im Stummel.«

»Das gibt einen Fleck«, sagte ich. »Wenn das der Custode sieht, wird er Sie hinausschmeißen.«

»Aber ich bin doch der Custode!« antwortete er gekränkt.

Der Beamte sieht Sie, plaudert mit dem Kollegen und läßt Sie warten – *menefreghismo*. Der Handwerker hat getan, als hätte er etwas repariert, und es funktioniert natürlich noch immer nicht – *menefreghismo*. Sie haben es eilig (ein schwerer Fehler, nebenbei!), und der Taxifahrer fährt auf dem freien Flughafenzubringer unerschütterlich mit dreißig – *menefreghismo*. Der Verkehr stockt, Autos in dritter Spur geparkt, Hupkonzert, Streit, Aufregung – der Polizist schaut interessiert in eine andere Richtung, weil er sonst amtshandeln müßte: *menefreghismo*. Sie rufen zu normaler Bürozeit ein Amt an, und nicht einmal die Zentrale meldet sich: *menefreghismo*, gesteigert zum *assenteismo*, der Abwesenheitskrankheit, die zeitweise in Ämtern grassiert. *Menefreghismo* ist der Fels der Resignation in der Brandung der Widerwärtigkeiten des Lebens. Der *menefreghista* sagt: Mir ist alles gleich. Mir kann keiner. Mich können sie alle.

Das wichtigste wortlose Verständigungsmittel ist auch eine Waffe gegen den *menefreghista*. Sie brauchen es in vielen Situationen, offiziellen und privaten. Sie beherrschen es ohne spezielle Unterweisung in Gebärdensprache und Mimik. Es ist das Lächeln. Wie kein anderes Mittel trägt es in gespannter Atmosphäre dazu bei, erstens das Klima zu verbessern, zweitens das Gesicht zu wahren. Und Ihre Nerven zu schonen, besonders wenn der *menefreghista* eine sadistische Begabung hat. Wer die Geduld verliert, unbeherrscht brüllt, seine Meinung laut und feindselig sagt, mag hundertmal recht haben. *Ha perso la faccia*, oder: *Ha fatto brutta figura* – er hat die Fassung, das Gesicht, die Wertschätzung der anderen verloren. Und somit hat er unrecht. Er wird nicht mehr ernstgenommen.

Nach unseren Maßstäben wäre für reichliche Gestikulation ein gewisser Sicherheitsabstand nötig. Trotzdem gehört zur südlichen Sprechweise eine größere Nähe der Gesprächspartner, als sie im Norden üblich ist. Das führt fast zwangsläufig zu Mißverständnissen. Als Kinder erlernen wir die Körpersprache des Kulturkreises, in dem wir aufwachsen, und reagieren auch instinktiv darauf. Der Skandinavier fühlt sich unbehaglich, wenn sein italienischer Bekannter den ihm gewohnten Abstand weit unterschreitet und weicht zurück. Der Italiener wiederum merkt instinktiv eine Ablehnung, bezieht sie aber auf seine Person oder das Gesagte. Also legt er begütigend seine Hand auf den Arm des Gegenübers, was der Nordeuropäer irrigerweise als Aufdringlichkeit deutet. Der Italiener hängt sich vielleicht vertraulich bei ihm ein. Für den peinlich berührten Nordeuropäer ist das bereits ein Zeichen größerer Intimität. Der Italiener legt ihm nun gar den Arm auf den Rücken oder um die Schulter. Er will ihn bloß ohne Gesprächsunterbrechung, sozusagen gestisch, an die Bar dirigieren, um ihn auf einen *caffè* einzuladen – ein unverbindlicher Akt der Höflichkeit. Jetzt fühlt sich der Wikinger vollends umzingelt und gerät in Panik. Was hat er nur getan, denkt er, um eine erotische Attacke herausgefordert zu haben?

Dabei sprechen beide bloß verschiedene Gebärdensprachen. Dasselbe gilt für die Lautstärke, das Sprechtempo, die Emphase. Wenn Sie zwei Neapolitaner sehen, die den Eindruck machen, als wollten sie einander gleich prügeln, diskutieren sie wahrscheinlich nur freundschaftlich darüber, welchen Mittelstürmer der Trainer von *Napoli* beim nächsten Meisterschaftsspiel einsetzen wird. Fernsehübertragungen aus dem Parlament wirken auf Ausländer – besonders wenn sie die Sprache nicht verstehen – wie ein Theaterstück aus revolutionär-aufgeregten Zeiten.

Die sichtbare Sprache geht von der vagen Geste zur Gebärde, deren Bedeutung wie die ältesten chinesischen Schriftzeichen vom Gegenstand abgeleitet ist. Sie schlagen mit der Daumenkante der flach gehaltenen Hand gegen den Magen: »Hunger!« Sie formen die eine Hand zur Was-willst-du-Geste und bewegen sie gegen den Mund, die andere Hand liegt auf dem Bauch: »Gehen wir was essen!«

Manche Gebärde, zivilisationsabhängig, entstand erst im zwanzigsten Jahrhundert. Wer mit einer schwunghaften Bewegung den Zeigefinger in Anschlag bringt wie John Wayne seine Pistole, sagt freundschaftlich ironisch: »Du ärgerst mich, ich bring' dich um.« Die beiden Fäuste in Unterarmlänge vor der Brust, die ein imaginäres Lenkrad drehen, sagen: »Ich fahre mit dem Auto.« Die Geste »Wir telefonieren noch! Ich ruf' dich an!« hat sich geändert. Früher imitierte der kreisende rechte Zeigefinger auf der linken flachen Hand die Wählscheibe. Heute formt die Faust am Ohr, mit weggestrecktem kleinen Finger und Daumen, den imaginären Telefonhörer. Die andere dreht noch immer an der gedachten Wählscheibe, aber neuerdings sieht man statt des kreisenden Zeigefingers einen, der eine rasch tippende Bewegung macht. Die Gestensprache entwickelt sich zusammen mit der Technik weiter. Neue Gesten und neue Bedeutungen entstehen. Eine der jüngsten Gesten, die der Zeitgeist erfunden oder uminterpretiert hat, ist eine flache Hand, die in einer leicht kurvigen Bewegung stoßend nach vorwärts gleitet: »Schick mir ein Fax.« Früher besagte eine sehr ähnliche Geste: »Verstecken wir das, kehren wir es unter den Teppich.«

Nicht nur in der gesprochenen Sprache der Gegenwart dringen Amerikanismen vor. Das in der ganzen Welt verbreitete »Okay« für »alles in Ordnung« ist angeblich um 1840 im amerikanischen »O. k.-Club« entstanden und soll »Old Kinderhook« bedeutet haben. Das O im Taubstummenalphabet wurde zur Geste dafür: ein aus Zeigefinger und Daumen geformter Ring der erhobenen Hand, wobei die restlichen drei ausgestreckten Finger nach Ansicht mancher das fehlende K ergänzen. Auch im mediterranen Raum hat sich die Geste durchgesetzt, trotz der Nähe zu einer viel älteren, beleidigend obszönen, der *pistola*, die darin besteht, daß der Zeigefinger der einen Hand in den Ring stößt, den die andere mit Zeigefinger und Daumen bildet.

Kein Amerikanismus dagegen ist der Rockefeller-Finger, zu deutsch der Stinkefinger: Die berüchtigte Geste mit dem aufgereckten Mittelfinger war schon den alten Römern bekannt. Die Beinamen, die der Mittelfinger trug, sprechen für sich: *digitus impudicus, infamis* oder *obscoenus*. Die gleiche obszöne Bedeutung hat in manchen Mittelmeerländern, beispielsweise auf Sardinien, noch immer der Daumen. Auch da sind Mißverständnisse programmiert. Der von Piloten her bekannte hochgereckte Daumen bedeutet in der Neuen Welt überall *okay*, in Brasilien hat er eine universale Bedeutung als Gruß-, Dank- und Freundschaftsgeste erlangt. Er ist die (nach Desmond Morris mißverstandene) Umkehrung des bei Gladiatorenkämpfen vom Zuschauer nach unten gereckten Daumens: »Töte ihn!« Als in Europa Jugendliche noch vergleichsweise gefahrlos per Anhalter reisten, im Jahrzehnt nach Kriegsende, brachten Erfahrenere den Anfängern bei, im Süden niemals den Daumen zur Autostoppergeste zu verwenden. Das konnte ins Auge gehen.

Ihre konkrete Bedeutung können Gebärden, ganz wie Wörter, zur bildlichen, übertragenen weiterentwickeln. Sie ziehen mit dem Zeigefinger das untere Augenlid etwas hinunter: *Occhio!* – Auge. Das bedeutet: Aufgepaßt! Sie streifen die inneren Handflächen aneinander ab, befreien sie von unsichtbarem Staub nach einer imaginären Arbeit: »So, das wäre erledigt!« Eine müde lockere Bewegung, halb als wollten Sie sich Luft zufächeln oder etwas über die Schulter hinter sich werfen: »Aber das liegt sooo weit zurück, das ist schon gar nicht mehr wahr!« Der Daumen der Faust macht, als wäre er ein Messer, mit kurzem Ruck einen imaginären lotrechten Schnitt über Ihre Backe, vom Jochbein abwärts: *E' un dritto!* – So ein Schlauberger! (*dritto* bedeutet zunächst gradlinig, ordentlich, und dann das Gegenteil – wie wir sagen: Das hat uns gerade noch gefehlt!, wenn wir etwas ganz gut entbehren könnten.)

Von der Metapher schreitet die Gebärde schließlich fort zum handfesten Zwick, wollte sagen Zweck. Es handelt sich um den *pizzicotto*, das berühmte Kneifen in die Backe, die obere oder die hintere, je nach Alter und Geschlecht der gezwickten Person. Das liebevolle Kneifen der Wange ist nur dem in der Freundschafts- oder Familienhierarchie Höherstehenden erlaubt. Der Onkel zwickt den halbwüchsigen Neffen, der Lehrer anerkennend den Grundschüler. Dem Zwick zur Begrüßung entspricht eine rauh-herzliche Kopfnuß zum Abschied. Genauso drückt(e) der Kniff in den Po als grob-erotisches Kompliment die Unterlegenheit und Untergebenheit der Gezwickten aus.

In seinem satirischen Buch »How to be an Italian«, erschienen in Los Angeles, beschrieb D'Angelo den *pizzicotto* als alltäglichen Gebrauch, anzuwenden bei hübschen Mädchen, entwirft eine ironische Parallele zum »Kama Sutram«, das »Kama Pizza«, und erklärt, wie man sich vom *pizzicato* über das *vivace* zum *sostenuto* steigert. Er hat damit Fürchterliches angerichtet. Amerikaner verstehen keine Ironie. (Italiener übrigens auch nicht immer, was nach manchen ironischen Bemerkungen die rituelle Reinigungsformel verlangt: *Ma sto scherzando!*) Es gibt keine Statistik, wie viele Amerikaner die Anleitung für bare Münze nahmen, von temperamentvollen Römerinnen Ohrfeigen bezogen und an Italien irre wurden, und wie viele Amerikanerinnen, niemals gezwickt, am eigenen Sex-Appeal zweifelten. Ist es mit *amore* doch nicht so, wie man sich das im Ausland vorstellt?

1 Es gibt Physiologen, die behaupten, das hinge mit der Schreibrichtung von rechts nach links zusammen, die die beiden Gehirnhälften anders als beim Abendländer beanspruche. Beim europäischen Rechtshänder hat das motorische Sprachzentrum seinen Sitz in der linken Gehirnhälfte, beim Linkshänder und beim Benutzer der arabischen Schrift werden dagegen manche Funktionen von der rechten Hirnhälfte gesteuert.

2 G. Bonifacio: L'arte dei cenni con la quale formandosi favella visibile, si tratta di muta eloquenza, che non è altro che un facondo silentio. Vicenza 1616.

3 Ein tiefschürfender »Exkurs über den Ursprung und die Bedeutung der Redensart ›Die Feige weisen‹« von Felix Liebrecht findet sich in der von ihm übersetzten, von Walter Boehlich herausgegebenen Sammlung »Italienische Märchen – Der Pentamerone des Giambattista Basile« (Insel Verlag, Frankfurt 1991).

Amore, Famiglia, Bambini

und Scheidung auf Italienisch. Betrachtung der wirklichen, der virtuellen, der kriminellen und der italienischen Familienbande und ihr Beigeschmack von Wahrheit nach Karl Kraus.

Im Anfang war alles ganz einfach. Gott schuf Himmel und Erde, und schließlich erschuf er aus der Rippe des Mannes die Frau mit Hinterbacken, in welche der Mann die Frau hie und da zwickte, wenigstens in Italien. Und beide waren katholisch. Und es war gut so. Und damit alles so blieb, besiegelte das Königreich Italien unter der Federführung des *Duce* Benito Mussolini 1929 mit dem Vatikan die Lateranverträge, das lange (seit 1861) vergeblich angestrebte Konkordat, in dem festgelegt wurde, daß die katholische die Staatsreligion sein solle. Und die Frau war dem Manne untertan, nach dem Bibelwort, aber nur bis zum 18. Februar 1982, als die italienische Republik ein neues Konkordat schloß, das den geänderten Verhältnissen Rechnung trug.

Zu den – gegen heftigen Widerstand der Kirche – geänderten Verhältnissen gehörte, daß schon elf Jahre früher ein neues Gesetz (1. Dezember 1970) das Parlament passiert hatte, das die Scheidung sowohl der Zivilehe wie der vielfach noch an ihrer Statt geschlossenen kirchlichen Ehe (mit zivilrechtlicher Wirkung) zuließ. Damit war das frühere *divorzio all'italiana*, die Scheidung auf italienisch mit der Waffe in der Hand,[1] überflüssig geworden. Auch die Vermißtenmeldungen gingen etwas zurück. Daß der Ehepartner einen Reisepaßantrag mitunterschreiben muß, gilt noch immer: Das soll das Verschwinden des andern mit den gemeinsamen Kindern in ein fernes Land verhindern. Die Vorschrift hat nichts mit patriarchalischen Traditionen zu tun, sondern gilt symmetrisch. Ein anderes Zeichen erfreulicher, obzwar nur scheinbarer Gleichberechtigung ist seit 1983, daß die verheiratete Frau ihren Mädchennamen behält. Ausländer, die bei einem Ehepaar (und logischerweise bei Mutter und Kind) einen gemeinsamen Familiennamen erwarten, werden in Verwirrung gestürzt; es kann zu komödienhaften Mißverständnissen kommen.

Die entstehen, weil doch jeder weiß: Die Italiener haben nur das eine im Kopf. Erkennbar an den unflätigen Wörtern, die sie dauernd im Mund führen. Mit der Moral nehmen sie es nicht so genau. Ganze Scharen von *pappagalli*[2] fallen als sexuell ausgehungerte Heuschrecken über Ausländerinnen her, weil sie bekanntlich dank den strengen Sitten bei den italienischen Mädchen nicht landen können. Beide Geschlechter sind so temperamentvoll wie erotisch potent und eifersüchtig. Gina Lollobrigida war das Sexsymbol einer Generation.

Die Schwierigkeit dabei: Die Vorurteile sind alle zugleich ein bißchen wahr und ein bißchen sehr falsch. Sie betreffen Unvereinbares: ganz verschiedene Umstände, verschiedene Regionen, Gesellschaftsgruppen, Altersstufen und Bildungsgrade. Das spezifisch Italienische, wenn man es zu fassen sucht, zerbröselt einem unter der Hand in lombardische, venezianische, toskanische, römische, neapolitanische, kalabrische, sizilianische Elemente. Italien ist ein Problemfall statistischer Verallgemeinerungen.

Statistik ist eine exakte Wissenschaft. Wie würde ein Statistiker die Lage eines Menschen beschreiben, der ein Fußbad nimmt, mit dem linken Fuß in einer Schüssel mit flüssigem Sauerstoff – minus 170 Grad Celsius – und dem rechten in einer Schüssel mit ebenfalls flüssigem Lötmetall, also bei plus 240 Grad Celsius? Er würde sagen: Die Füße dieses Menschen befinden sich in einer Umgebung mit durchschnittlich sehr angenehmer Temperatur. In Italien funktioniert die Statistik ähnlich. In gewöhnlichen Ländern ist Statistik gewöhnlich ganz brauchbar. Es gibt einen Durchschnittswert, der mit geringen Abweichungen für eine große Mehrheit gilt. Und dann gibt es die immer größeren Abweichungen bis zu den Extremwerten, repräsentiert von immer weniger Individuen: eine Verteilung, die der Gaußschen Glockenkurve ähnelt. In Italien nimmt diese Kurve oft ein ungewöhnliches Aussehen an: Statt gottgefälliger Symmetrie weist sie teuflische Verzerrungen auf, statt einem Buckel in der Mitte hat sie womöglich deren zwei, oder drei; oder das

Maximum befindet sich da, wo es niemand vermutet. Den gewöhnlichen Mittelwert gibt es in Italien oft nicht, oder fast nicht.

Denken wir an den durchschnittlichen Jahreshaushalt einer mittleren Familie. Das wirtschaftliche Nord-Süd-Gefälle läßt einen sinnvollen Mittelwert für die südlichen und einen fast doppelt so hohen für die Regionen des industrialisierten Nordens angeben – doch zwischen den beiden klafft ein statistischer Abgrund. Mit allen gesellschaftlichen und psychischen Folgen, allen Kontrasten und gegenseitigen Mißverständnissen. »Der« Italiener eignet sich entschieden weniger als andere Nationalitäten zum Objekt einer Durchschnittsberechnung. Mentalitätsentfernungen zwischen Italien und Italien messen nach Lichtjahren. Jeder weiß: Selbst in den freiesten Ländern gibt es Tabus. Da es auch eine Tabuverletzung sein kann, eine begangene Tabuverletzung auszusprechen, gibt es eine doppelte Moral. Es gibt Dinge, die geschehen, aber – pfui – wer wird darüber reden? So bedient sich fast jeder bei seiner Rechenschaft vor anderen der einheimischen Erfindung der mehrfachen Buchführung. Die eine Wahrheit wird in mindestens zwei relative Wahrheiten aufgespalten. Als Italien noch streng katholisch war, nach dem alten Konkordat, gab es zwar die Scheidung nicht. Verschiedene legale, halblegale und illegale Möglichkeiten gab es dann eigentlich doch, Ehefrau oder Ehemann loszuwerden. Die geschickte Umgehung der Probleme, das Improvisationstalent, die Erfindungsgabe kannten im wahrsten Sinn des Wortes keine Grenzen. Die exemplarische Geschichte von Sophia Loren und Carlo Ponti ist so phantastisch wie ein Roman von Italo Calvino: der Versuch, eine bestehende Ehe von der *Sacra Rota* nach kanonischem Recht annullieren zu lassen, eine Trauung im Ausland, eine Anklage wegen Bigamie, Wechsel der Nationalität, Verhaftung bei der Einreise nach vielen Jahren, Beschlagnahme von Gütern wegen Steuerhinterziehung ...

Heute ist das einfacher. Doch noch immer hat mancher Wohlhabende eine wirkliche Ehefrau, die juristisch und steuerlich relevant ist, eine offizielle Gefährtin, die in der Gesellschaft gewissermaßen als virtuelles Ehegespons gilt, daneben womöglich noch »ganz« inoffizielle soziale Bindungen. Nur ein bißchen Übertreibung ist dabei, wenn analog behauptet wird, südlich der

Alpen benötige ein Unternehmen verschiedene Bilanzen gleichzeitig. Die herzzerreißende für den Fiskus. Die bedingt hoffnungsvolle für Subventionsansuchen oder Antrag auf Kurzarbeit (damit die Arbeiter den Lohnausgleich von der *Cassa integrazione* kassieren können). Die rosige mit Goldrand für die Aktionäre, um ihre Investitionslust nicht abschlaffen zu lassen. Die solid pessimistische für die Abwehr von Gewerkschaftsforderungen. Die ganz ehrliche bleibt streng geheim, nur der Firmenleitung bekannt. Daß die Übertreibung von der Wirklichkeit nicht allzu weit entfernt war, zeigten die 1991 beginnenden Prozesse gegen die Korruption: Wer Schmiergelder zahlt, muß auch Schwarzkonten unterhalten, den illegalen Ausgaben müssen auch illegale Einnahmen die Waage halten, und bei der Manipulation von Gewinnen und Verlusten zerbrach plötzlich mancher Konzern, der gestern noch unerschütterlich gesund schien, wie zum Beispiel 1993 die Ferruzzi-Gruppe.

Die mehrfache Buchführung gilt sowohl in der Sexualmoral wie bei der Bekämpfung der Sünde. Nach der Jahrhundertmitte, 1958, hatte die sozialistische Abgeordnete Angelina Merlin das nach ihr benannte Gesetz durchgebracht, mit dem sie versuchte, die doppelte Moral zu heben. Ob sie gehoben wurde, ist nicht sicher. Doppelt blieb sie. Angelina Merlin wollte die (staatlich kontrollierten) Freudenhäuser aufheben und die Versklavung der Prostituierten beenden. In Wirklichkeit schmiedete sie eine Tabu-Kausalkette: Was verboten ist, gibt es nicht; was es nicht gibt, braucht nicht mehr bekämpft zu werden. Da es keine Geschäftslokale mehr gab, gab es kein Geschäft mit der Liebe mehr. Die laut Gesetz nicht mehr existierenden Prostituierten bedurften naturgemäß keiner Gesundheitsüberwachung. Erstaunlicherweise blieb und bleibt die Statistik der Geschlechtskrankheiten trotzdem alarmierend. Das neue Immunschwäche-Virus verbessert sie nicht: Nach dem Statistischen Handbuch der Europäischen Union von 1998 liegt Italien mit 92,6 Neuerkrankungen im Jahr auf eine Million Einwohner hinter Spanien (167,7) und vor Portugal (91,1) in Europa an zweiter Stelle. Während vordem Straßenmädchen und Animierdamen klare Absichten zeigten, gab es danach in gewissen Straßen »Spaziergängerinnen« mit ebenso deutlichen Absichten.

Inzwischen hat sich die doppelte Moral, der Abstand zwischen Gesetz und Praxis, und auch der Abstand zwischen den Zielgruppen der Sex-Industrie konsolidiert. Offiziell gibt es ja keine, ebensowenig wie die verbotenen Glücksspiele. In Wirklichkeit sind beiderlei Geschäfte mit den Freudebedürfnissen kaum verhüllt. Die Spielbank greift den Spielernaturen in die Tasche, die Kurtisane den Liebeshungrigen. Das Italienische hat die Verwandtschaft noch in der Ähnlichkeit zweier Wörter bewahrt, die ahnungslosen Fremden peinliche Verwechslungen bescheren können: Die Spielbank heißt *casinò*, betont auf der letzten Silbe – das *casino*, betont auf der zweiten wie im Deutschen, ist das euphemistische »Häuschen«, das Freudenhaus, in juristischen Texten nicht minder euphemistisch *casa di tolleranza* genannt. Nur venezianische Hotelportiers, die mit ihren germanischen Gästen umzugehen wissen, werden auf die Bekundung Ihres Wunsches, ins Casíno zu gehen, keine überraschenden Antworten geben.

Die Perfektion der Marktwirtschaft in der immer vollkommeneren Dienstleistungsgesellschaft sorgt dafür, daß risikofreudige Spieler und Wetter ihr Geld auf jeder sozialen Stufe, legal oder illegal, mit beliebig kleinem oder hohem Einsatz verlieren können. Von ein paar Lire für einen Totoschein über die hundert Mark beim (verbotenen) Hütchenspiel in den Parks Mailands oder Roms, die (Mark-)Tausender, die bei illegalen Brieftauben- oder Hundekampfwetten den Besitzer wechseln, bis zu vielen Millionen Lire an einem Abend im *casinò*: jeder darf sich schröpfen lassen.

Ebenso viele Wege kann der mehr oder weniger risikofreudige und finanzkräftige Kunde je nach Geschmack und Vermögen beschreiten. Er kann die vielen Anzeigen konsultieren, die berufliche Kontakte mit einem Fotomodell, Massagen, Maniküre, Freundschaft mit Studentinnen, Mannequins und wohl auch mancher braven Hausfrau offerieren. Die kontaktarmen Damen inserieren in der Rubrik *Relazioni sociali*, soziale Beziehungen. Er kann jene Straßen aufsuchen, die das organisierte Verbrechen in jeder Großstadt verschiedenen Einflußzonen und Geschäftszweigen zugeschlagen hat: junge Mädchen weißer Hautfarbe, sogar Kinder, die von überwiegend osteuropäischen und balkanischen Zuhälterringen ausgebeutet werden, dunkelhäutige Schönheiten aus Nigeria und Ghana, junge Männer (einheimische Ware), ferner die *viados*, südamerikanische Transvestiten, und viele mehr. Der Sexbedürftige kann natürlich auch einen der vielen Privatclubs aufsuchen, die nichts anderes sind als die »eigentlich« verbotenen *casini* unter anderem Namen. Und wenn er all das zu unappetitlich findet, bleibt ihm der virtuelle Sex über *chat lines* am Telefon oder die Pornozeitschrift. Aus dem gleichen Grund, der Furio Colombo daran hindert, auf amerikanischen Binnenflügen ein seriöses Magazin zu lesen, weil den Umschlag in der Regel ein verkaufssteigernder Busen ziert, braucht sich umgekehrt in Italien niemand zu schämen, in der Öffentlichkeit ein Porno-Magazin in der Hand zu halten: Es könnte ja eine seriöse, nur etwas kurvig bebilderte Zeitschrift sein.

Das gilt im wesentlichen für den Norden. Die vielfach noch patriarchalisch gefärbte Toleranz der Grauzone, die Frauen hier genießen, ist nur eine Seite der Medaille. Weit im Süden auf dem Stiefel ist zwar die Moral auch nicht mehr intakt, jedoch die starre Vorstellung davon, wie sie zu sein habe. Männer töten ihre eben Angetraute, weil sie glauben, an deren Jungfräulichkeit zweifeln zu müssen, oder sich selbst. Ein Mädchen, das sich allzu selbstbewußt und emanzipiert gibt, gerät schnell – zu Unrecht – in schlechten Ruf. »Sie war ja einverstanden«, lautet die stereotype Rechtfertigung nach Vergewaltigungen. Was eine unbefangene Touristin aus Nordeuropa als harmlosen Flirt ansehen mag, bedeutet für einen südlichen Mann je nach Herkommen und Erziehung vielleicht schon eine eindeutige Aufforderung. Tatsächlich endet das Mißverständnis nicht selten vor dem Richter. Der urteilt dann ungewöhnlich rasch und ungewöhnlich hart zugunsten der Ausländerin, unter zwei Voraussetzungen: Er hat nicht süditalienische Moralvorstellungen, und er weiß, wie sehr so ein Vorfall das Fremdenverkehrsland Italien in schiefes Licht tauchen kann.

Die patriarchalische Gesellschaft lebt in verschiedenen Entwicklungsstadien gleichzeitig. In ihr hat die Frau desto weniger Rechte, je weiter nach Süden man kommt. Ein neues Gesetz gegen geschlechtliche Gewalt wurde von 1983 an in Parteien, Verbänden und Ausschüssen diskutiert und über viele Hürden gebracht, einschließlich der Approbation in der Abgeordnetenkammer im Herbst 1984, nur um schließlich wieder im Senat zu scheitern. Das Risiko von Senatoren, vergewaltigt zu werden, ist gering. Senatoren sind vorwiegend Männer über sechzig. Daß das Gesetz schließlich, verwässert, 1997 doch noch in Kraft getreten ist, grenzt an ein Wunder.

Ohne daß es in Urteilsbegründungen vorkommt, gibt es in den südlichsten Regionen noch immer jenes Rechtsgut, das viel wert ist, die »Ehre«. In Sizilien wollte ein Bruder seine dreizehnjährige Schwester auf den rechten Weg bringen und erschlug sie dabei. Es gebe Milderungsgründe, weil das Mädchen ein »flatterhaftes Leben geführt« und ihn »provoziert« habe, sagten die Richter – 1987, nicht 1887. Die Flatterhaftigkeit und die Provokation hatten darin bestanden, daß sie abends zu spät (um acht Uhr) nach Hause kam. Und als im Frühling 1998 zwei apulische Gymnasiastinnen eine Mitschülerin ermordet hatten, wurde die Tote, als *virgo intacta*, traditionsgemäß im Brautkleid zu Grabe getragen, als Braut Christi. Sollte sich herausstellen, daß die Tat, wie die Polizei annimmt, einen nicht ganz sauberen Hintergrund von »über jeden Verdacht erhabenen Personen« hat, wäre das für die Angehörigen und ihre Ehre schlimmer als der Mord selbst.

Für die Praxis des Nordens hat nicht einmal mehr der Paragraph 528 des Strafgesetzbuchs (Verletzung des Schamgefühls in der Öffentlichkeit) die einstige Bedeutung. Allen Liberalen (und Libertins, natürlich) ist er längst ein Dorn im Auge. In den fünfziger Jahren verlangten Polizisten von Paaren, die sich in der Öffentlichkeit umarmten, den Nachweis, daß sie verheiratet seien (und zwar miteinander). In den sechziger Jahren gingen die Jugendlichen auf den Bahnhof, um sich zu küssen: Auf dem Bahnsteig konnten sie sich, bevor ein Zug abfuhr, nach Herzenslust »zum Abschied« umarmen. Auf einer Parkbank mußten sie mit der Festnahme rechnen. In den siebziger Jahren riskierten zur dankbaren Freude der Zeitungen in der Sommerflaute immer wieder Mädchen die Verhaftung, weil sie an den Stränden der Romagna, in Rimini oder Riccione, das Bikini-Oberteil fallen ließen. Inzwischen haben sich die Schamgrenzen in jeder Hinsicht mehr gegen den Äquator verschoben.

Hier gilt wie auf anderen Gebieten: Strenge Gesetze sind in Kraft, werden aber nicht immer oder fast gar nicht angewandt – außer Sie legen es darauf an. Wer an einem übervölkerten Massenstrand der Adria alle Hüllen abstreift, erregt Ärgernis und braucht auf Ärger nicht lange zu warten. In Kalabrien oder Sizilien sind die Sitten noch strenger; das Baden oben ohne provoziert – neugierige Knaben, Männer, Mütter oder Polizisten. An Klippenküsten oder herbstlich einsamen Stränden nimmt sich jeder alle Freiheiten. Es ist wie beim Falschparken. Sie brauchen Ihr Fingerspitzengefühl. Eindeutig zweideutig ist die Auskunft der Touristik-Ämter in den Regionen: Nudistenstrände gebe es zwar schon – offiziell gebe es sie nicht.

Seit den Achtzigern riskieren, wenigstens in Großstädten, nicht die Gesetzesverletzer, sondern die Polizisten etwas: nämlich die Lächerlichkeit, sollten sie versuchen, eine leichtgeschürzte Dame wegen Verletzung des öffentlichen Schamgefühls zu verhaften. Wer abends im Auto über eine der großen Alleen Roms oder Mailands fährt, bekommt Mitleid mit den wetterharten Freudenmädchen und -knaben aller Art und aller Hautfarben, die selbst im April-Schneegestöber auf Freier warten und in allen Bedeutungen des Wortes im Freien stehen. Und in den Neunzigern ist man versucht, zyklischen Geschichtstheorien Glauben zu schenken: Alles geht wieder von vorn los. Immer dringender wird die Aufhebung der *legge Merlin* gefordert. Ganz im Sinn der doppelten Moral wollte 1997 in Mailand ein rechter Bürgermeister die Straßenprostitution auf Umwegen bekämpfen, indem Polizisten die Kunden als Falschparker fotografieren sollten. Und 1998 verbot die Zensurkommission – von der selbst manche Intellektuellen nicht wußten, daß es sie noch gab – den Episodenfilm »Totò che visse due volte« (Totò, der zweimal lebte) von Daniele Ciprì und Franco Maresco als blasphemisch. Ganz wie einst Luc Godards »Je vous salue, Marie« (1985, Jugendverbot), Pasolinis »Salò o le 120 giornate di Sodoma« (1975, verboten) oder Bertoluccis »Ultimo Tango a Parigi« (1972, gerichtlich verboten), der den Regisseur eine Verurteilung zu zwei Monaten Haft und Aberkennung der bürgerlichen Rechte für fünf Jahre kostete, erlebte auch dieser Film schließlich die Aufhebung des Verbots.

Im Touristenland Italien noch ein Wort zur richtigen Hülle. Da es unter Touristen, Inländern wie Ausländern, nicht wenige Barbaren gibt, die in der Ausnahmesituation des Urlaubs auch Urlaub von Rücksichten auf die Empfindlichkeit anderer nehmen, sind überempfindliche Reaktionen nicht verwunderlich. Gutbürgerliche Restaurants in Meeresnähe, die ihren gepflegten Speisesaal von halbnackten Horden in Badehosen überschwemmt sehen, werden sich verbarrikadieren. Ab einer gewissen Grenze ist die Würde wichtiger als die Devisen. (Nur sehr wenige, besonders vornehme Etablissements bestehen auf Anzug und Krawatte.)

Noch allergischer reagieren Geistliche und Gläubige auf die Verletzung selbstverständlicher Anstandsregeln in der Kirche. Was selbstverständlich ist, bestimmt der Hausherr. Pfarrer, manchmal bigotte Mesner sind es, die festlegen, daß der liebe Gott den Anblick nackter Schultern oder braungebrannter Oberschenkel nicht erträgt. Die Empfindlichkeit nimmt nach Süden zu. Wer im unerschütterlichen und intoleranten Glauben an die Überlegenheit der eigenen, toleranteren Anstandsregeln von einem abruzzischen Dorfpfarrer Toleranz fordert, trägt wenig zur Verständigung bei. Umgekehrt wird ein Paar Stiefel daraus. Mit dem Respekt vor lokalen Gepflogenheiten, die Ihnen lächerlich vorkommen mögen, bekunden Sie Respekt vor den Menschen des Gastlandes, erwerben selber Respekt und das, was jedem Gast gut zupaß kommt: Sympathie. Der Vorwurf, man sei *maleducato*, schlecht erzogen, ist eine der schlimmsten Beleidigungen.

Wie schwierig, beinahe unmöglich es ist, auch nur die simpelsten Verallgemeinerungen zu versuchen, zeigt jede kirchliche Trauung. Auch mancher gestandene Atheist legt auf sie Wert – wenigstens um *figura* zu machen. Die rechte *figura* hat eben noch immer einen katholischen Heiligenschein. Giovanni Guareschi hat in »Don Camillo und Peppone« schadenfroh den Typ des italienischen Laizisten gezeichnet: Bei Peppone kommt unter der antiklerikalen Tünche rasch der in der Wolle gefärbte Katholik zum Vorschein. Die Schadenfreude war voreilig, er hat nicht tief genug gekratzt. Dann nämlich hätte er schon bei einer Trauung, wenn der traditionelle Reis über das Brautpaar geworfen wird, merken können, daß im ideologierot übertünchten, christlich gewandeten Adam noch der alte Heide steckt, der die *corna* zeigt, die Dämonen mit überkreuztem Zeige- und Mittelfinger abwehrt (und durch deren hinterrückses Kreuzen einen Schwur insgeheim ungültig macht), niemals auf der Hochzeitsreise und auch sonst im Hotelzimmer 17 übernachten würde, wo das doch Unglück bringt, während die 13, im Unterschied zum deutschen Sprachraum, eine außerordentliche Glückszahl ist.

Heidnisch ist auch das frenetische Hupen. Besonders Abergläubische versuchen im Stau, mit ausdauerndem Hupen die hinderlichen Autos der anderen zum Verschwinden zu bringen, meist mit wenig Erfolg. Mit Hupen werden böse Geister vertrieben. Entweder vor einem Fußballspiel in Gestalt des nervös gemachten gegnerischen Libero, oder nach der Trauung, wenn die Wilde Jagd mit Bändern und Blumen an den Autos zum Hochzeitsmahl stiebt. Tucholsky zählt verschiedene Gründe auf, warum ein Hund bellt. Aus ähnlich vielfältigen Gründen wird gehupt (wir wissen schon: je weiter südlich, desto mehr). Aus Ärger, weil die Straße versperrt ist. Aus Freude darüber, daß die Straße frei ist. Weil ein anderer hupt. Weil kein anderer hupt, aus Langeweile. Weil das Auto von einem Parker in zweiter Spur blokkiert ist. Weil die Freundin sich zur Abfahrt beeilen soll. Weil sie bei der Ankunft etwas im Auto vergessen hat. Um einen Bekannten zu grüßen. Um einen Fußgänger von der Fahrbahn zu verjagen. Um einen Fußgänger vom Betreten der Fahrbahn abzuhalten, damit man ihn nicht mit Hupen verjagen muß.

Seit etwa 1990 hat eine verfeinerte Technik, die ihre Benutzer Technologie nennen, die Notwendigkeit des Hupens verringert. Die neuen Barbaren lieben die Musik. Heutzutage sind die römischen Nächte klangerfüllt. Früher hörte man von Autos Motorenlärm. Der wurde mit hohem technischen Aufwand verringert. Mit gleich hohem technischen Aufwand wurde die Leistungsfähigkeit von Lautsprechern verbessert. Akustisch ersetzt den »männlich« blubbernden Auspuff jetzt das bis zum Anschlag aufgedrehte Autoradio. Auch die »Zentauren«, wie man die Rossebändiger schwerer Motorräder nennt, haben leistungsfähige Stereoanlagen. Der Tourist in Italien tut übrigens gut daran, vor dem Cup-Spiel »seiner« Fußballmannschaft gegen die einheimische das Auto in eine Garage zu stellen. Italiener, die in Deutschland leben und ein Auto mit deutschem Kennzeichen fahren, ergreifen dieselbe Vorsichtsmaßnahme. Auch Mailänder in Turin bei einem Spiel von Milan gegen Juventus.

Wie katholisch, wie prüde ist das offizielle Italien? Die Antwort ist klar und unentschieden wie vieles in diesem Land. In England oder in den noch puritanischeren Vereinigten Staaten muß ein Politiker den Hut nehmen, wenn er den offiziellen Sittenkodex verletzt. Die Meinung, das mehr oder weniger geordnete Privatleben eines Staatsmannes beeinflusse seine politischen Fähigkeiten, hatte in den angelsächsischen Ländern schon öfter fatale Folgen. Berechtigt ist sie höchstens insoweit, als die *public opinion* ja nicht nach Sachverhalten, sondern nach dem Augenschein richtet. Wer geschickter heuchelt, ist sicher der geschicktere, obgleich nicht unbedingt der bessere Politiker.

Der Katholizismus ist die sinnenfrohere Religion. In Italien kümmert das Privat- und Sexualleben der Politiker, von raren Ausnahmen abgesehen, niemanden. Noch niemals hat ein Politiker wegen einer Mesalliance, einem Seitensprung oder einem sonstwie gestörten Familienleben den Hut nehmen müssen. Ein lupenreines und frommes katholisches Leben wird nur im römischen Ausland gefordert: von Laien, die sich um ein Amt im Vatikan bewerben. Skandalluft weht eher dann, wenn jemand der Öffentlichkeit aufdrängt, was diese gar nicht wissen will. So hatte die Radikale Partei, eine Art linksliberaler Bürgerrechtspartei mit unbestimmtem Programm und der bestimmten Absicht zu provozieren, zu den Parlamentswahlen 1987 den Pornostar Ilona Staller auf einen sicheren Listenplatz gesetzt. Die Tochter eines ungarischen Funktionärs mit dem Künstlernamen *Cicciolina* war 1974 aus dem Land der Paprika in das Land der *peperoncini* emigriert und hat einen italienischen Paß. Sie stürzte die Feministinnen in tiefen Zwiespalt: Die sind zwar gegen Sexismus und Pornographie, die die Frau zum Lustobjekt herabwürdigt, aber ebenso gegen »patriarchalischen« Moralismus.

Die Wirklichkeit der italienischen Moral und ihrer Gesetze bietet dem Gast aus einem »normalen« Land eine grundsätzliche Verständnisschwierigkeit. Anderswo keucht das Gesetz hinter der sich wandelnden Wirklichkeit her, während es ihr in Italien vorausläuft. Die moderne Verfassung von 1948 formuliert moralische Normen, die durchaus noch nicht gleichförmig vom allgemeinen Bewußtsein akzeptiert sind. Jeder weiß zum Beispiel: Heilig ist die Familie. Eben wie die Verfassung im Artikel 29 erklärt: »Die Republik erkennt die Rechte der Familie als einer natürlichen Gesellschaft an, die auf die Ehe gegründet ist.« Die Verfassung will jedoch auch: »Die Ehe beruht auf der moralischen und rechtlichen Gleichstellung der Ehepartner.«

Wie Sie sich nach all den bisher erwähnten Unterschieden zwischen Theorie und Praxis denken können, klafft auch hier einer. Für einen Mailänder so fremd wie für einen Ausländer ist der in Sizilien noch vorkommende, auf die Antike zurückgehende wilde Brauch, die Ehe durch Frauenraub (nur im harmloseren Fall Verführung) zu erzwingen. Der Palermitaner Rechtsanwalt Ludovico Corrao, bis in die neunziger Jahre Bürgermeister des erdbebenzerstörten Städtchens Gibellina, hat nicht nur ein Festival und ein Museum moderner Kunst in seiner wiederaufgebauten Stadt ins Leben gerufen, sondern auch, in den siebziger Jahren, in einem Prozeß von historischer Bedeutung ein entführtes und vergewaltigtes Mädchen vertreten. Der Druck auf die Entführte ist vielfach: Die »Entehrung« des Mädchens kann und muß nach dem archaischen Sittenkodex Siziliens durch die Ehe, das *matrimonio riparatore*, gutgemacht werden. War die Entehrung eine Vergewaltigung, so entzog das Recht ihrer Strafverfolgung die Grundlage. Vergewaltigung unter Ehegatten ist erst seit 1997 ein Straftatbestand (wie die Praxis zeigt, auch nur theoretisch). Der Ent- oder Verführer setzt alles daran, um die Heirat zu erzwingen und sowohl straffrei wie als großzügiger *uomo d'onore*, als Ehrenmann dazustehen, der seine Pflichten kennt. Der Familie der Entehrten wiederum liegt an ihrer eigenen Ehre. Sie verstärkt also noch den Zwang zur Heirat. Im vorliegenden Fall bestand die Sensation darin, daß sich das mutige Mädchen gegen den Druck der Umgebung weigerte, den Entführer zu heiraten, der ein mächtiger Mafioso war. So erreichte sie erstaunlicherweise seine Verhaftung und Verurteilung.

Der Satz von Karl Kraus, das Wort »Familienbande« habe einen Beigeschmack von Wahrheit, trifft nirgendwo so vielfach zu wie in den Sippen und Clans des Südens. Es sind regelrechte Banden, die den einzelnen zwingen, das zu tun, was die Familie für gut hält. Und es sind Bande, die in Verhältnissen realer Blutsverwandtschaft die gleiche Rolle spielen wie in den Banden krimineller Pseudofamilien der Mafia. Die Familienbande ist oder sind nicht selten stärker als Recht und Gesetz.

Der *Settentrione*, der Norden, hat das einst auch hier geltende Männlichkeitsideal des gewaltigen, gewalttätigen Helden im Sinn der Industriegesellschaft abgewandelt. Hier springen Ferrari, Maserati, Lancia, Alfa Romeo, Fiat, MotoGuzzi und andere in die Bresche. Potenz- und Machtsymbole sind nicht mehr die Waffe in der Hand (dies höchstens noch in Sardinien oder Kalabrien) und die geraubte Frau, sondern deren beider technische Sublimation: Autos und schwere Motorräder. Sie sind auch die Potenzträume der Impotenten, die Machtträume der Ohnmächtigen. Beide Vehikel haben noch nicht so ganz wie in Mitteleuropa die Entwicklung zum Gebrauchsgegenstand geschafft.

Der Atem des Mannes geht schneller, er stöhnt lustvoll, und dann gesteht er seiner heißblütigen sizilianischen Braut, die im Hochzeitskleid auf die Abreise nach der Trauung wartet: »Jetzt hab ich zum ersten Mal einen Orgasmus gehabt!« Nein, nicht was Sie denken. Die Sexbombe heißt weder Gina, Carmen noch Sofia, sondern Regata. Familienname: Fiat. Im Italienischen sind die Autos weiblich. Im Film »Zucchero, miele e peperoncino« (Zucker, Honig und Peperoni) verzerrt Sergio Martino die motorisierte Version des Männlichkeitskults ins Surreale: Der Komiker Renato Pozzetto spielt einen leidenschaftlichen römischen Taxifahrer, der seine Geliebte streichelt, ihr die Heiserkeit am Auspuff kuriert, sie abends sanft zudeckt und ihr für den nächsten Morgen einen wohlschmeckenden Ölwechsel verspricht. Er würde sie sogar zu sich ins Bett nehmen, wenn er könnte, muß sich aber damit begnügen, sie neben dem Bett zu parken. Seine Geliebte ist die *macchina*, ein funkelnagelneues Taxi von bestrickend erotischem Gelb[3].

Die *macchina* als Gegenstand verdrängter oder sublimierter Erotik ist fast so heilig wie die Familie. Nichts Schlimmeres können Sie dem Durchschnittsitaliener antun, als wenn Sie – in dieser Reihenfolge – seinem Auto, seiner Frau oder seinen Kindern nahetreten. Versuchen Sie nicht, ein fremdes Kind auch nur zurechtzuweisen. Die Eltern verwandeln sich augenblicklich aus gezähmten Mitteleuropäern in reißende Löwen, die den Unvorsichtigen verschlingen. Und sollte Ihnen das Unglück geschehen, ein fremdes Auto anzuschrammen: Bewahren Sie kaltes Blut! Nicht wegen der Unfallgefahr, die Sie ja schon überstanden haben. Sondern wegen der Gefahr der noch bevorstehenden Auseinandersetzung. Nur mit einem kühlen Kopf wandeln Sie auf dem messerscharfen Grat zwischen einer Unterwürfigkeit, die als unvorteilhafte Schuldanerkenntnis verstanden werden kann, und einem aufreizenden Verhalten, das einen tigerhaften Grimm entfesseln könnte.

Auch in so bedrohlicher Lage vermag die höfliche Form viel, wenn nicht alles. Aufreizend kann bereits die Verweigerung des echten oder angemaßten Titels sein. Versöhnlich dagegen wirkt die großzügige Beförderung des Gegenübers zum *dottore* (nur wenn es den Titel nicht ohnehin zu Recht trägt). Kaum ein Land, das so titelsüchtig ist wie Italien – ausgenommen vielleicht Österreich mit seinen kakanischen Traditionen, wo zwar der Kaiserliche Hof längst in eine ferne Unwirklichkeit abgetaucht ist, der Wirkliche Hofrat sich jedoch in die Republik herübergerettet hat.

Als Faustregel können Sie sich merken, daß (je südlicher je mehr, wir wissen schon) der Titel der Karriere vorauseilt wie die italienische Verfassung der Wirklichkeit. Die Anrede darf mindestens eine Stufe schmeichelhafter sein, als dem Angesprochenen zukommt. Wer einen Dienstleistungsberuf ausübt, wird zum *signore* oder zur *signora*, in jugendlichem Alter zur *signorina*. Einen Kellner mit *cameriere* anzusprechen, den Barmann mit *barista*, zeugt von wenig Feingefühl. Der wirkliche Herr, hat er sein Bild dem *Portiere* einigemal mit einer *mancia* eingeprägt, avanciert zum *dottore*. Sollte er den akademischen Grad ohnehin führen, ernennt ihn der Dienstleister mindestens zum *professore*.

In der Kunst gibt es subtile Nuancen: *Professore* heißt jeder Orchestergeiger oder Gebrauchsgraphiker (weil er ja vielleicht am *conservatorio* respektive an der *accademia* unterrichtet). Den Maler von bedeutendem Rang reden Sie jedoch mit *maestro* an, auch den musikalischen Star, etwa einen Dirigenten. Der ist zwar ein *direttore d'orchestra*, darf aber nie als *direttore* angesprochen werden. Täuschen Sie sich nicht: *Illustrissimo maestro!* als Anrede hat nicht im mindesten den Hauch von altfränkischer Komik wie »Hochverehrter Meister!« im Deutschen. Hier gilt nicht, was ein Verehrer Roda Rodas diesem antwortete, als der sich die Anrede »Meister« verbeten hatte: »Schaun Sie, wenn einer kein Doktor ist, und kein Professor oder Direktor, wie soll man zu so einem Trottel sagen, verehrter Meister?!«

Wirtschaftsmacht gilt mehr als brotlose Kunst und Wissenschaft, und so stehen denn der *avvocato*, der *ingegnere* und der *cavaliere* höher im Rang als der *professore* (was sich mit dem Wirtschaftsprofessor Romano Prodi als Ministerpräsident ändern kann). Vielleicht strahlte auch der – in den neunziger Jahren etwas verblaßte – Glanz dreier Mächtiger auf ihre Titel ab: Mit dem bestimmten Artikel meint *l'avvocato* selbstredend Gianni Agnelli, den Ehrenpräsidenten von Fiat, in *l'ingeniere* erkennt jeder auch ohne Namensnennung Carlo De Benedetti, vormals Olivetti-Chef und inzwischen nur noch Ehrenpräsident, und *il cavaliere* ist niemand anderer als der RAI-Herausforderer Silvio Berlusconi. Der *commendatore*, in der eigentlichen Ordens- und Auszeichnungshierarchie etwas über dem *cavaliere*, wird von Hausbesorgerinnen, Friseuren und ähnlich einflußreichen Personen besonders gern verliehen, dank der zweiten Bedeutung des Titels: der *commendatore* ist, besonders im Klientelismus Süditaliens, auch jemand, der wirkungsvolle Rekommandationen ausspricht und sanft eindringlich an diese seine Fürsorgepflicht erinnert wird. Er wird für seine ärmeren Schützlinge zu einem metaphorischen Familienmitglied, einem guten Onkel h. c.

Die Titel symbolisieren, wie Zauberformeln, höhere Trinkgelder oder sonstige Wohltaten. Etwa gleichwertig, aber der Exekutive oder Verwaltung vorbehalten sind Titel wie *commissario* für den *brigadiere* und *brigadiere* für den einfachen *poliziotto*, oder *assessore*, *giudice* und *presidente*. Darüber geht's ins Politische und zu den Großbuchstaben. Der Stammgast mit besonderen Verdiensten kann es zum *Onorévole* bringen, zum Ehrenwerten (die Anrede für Parlamentsabgeordnete). Haben Sie dem Neffen der Putzfrau Ihres Nachbarn einen Aushilfsjob verschafft, steigen Sie vielleicht zum *Senatore* auf, in Neapel kann Ihre Karriere zur

Eccellenza führen. Haben Sie die Aura eines zweifelhaften, undurchsichtigen Erfolgsmenschen, wird Ihnen sicherheitshalber – nicht zu sehr festlegen! – der vage Titel *Vostra Signoria* zuerkannt. Gegenüber den rechtens erworbenen Titeln – die stehen ja nur auf dem Papier! – sind die unechten, verliehen vom Ekkensteher oder vom Vertreter der Aushilfe des Vizeportiers, entschieden die wertvolleren. Sie bedeuten Zuneigung und Verehrung, erinnern Sie an Rechte und soziale Aufgaben.

Persönliche Beziehungen werden nicht minder vorgreifend umschrieben. Dem Sie auf einer Party vor fünf Minuten zum erstenmal in Ihrem Leben die Hand geschüttelt haben, scheint es dringlich, Sie einem wichtigen Herrn vorzustellen, und er tut es mit den Worten: *Le presento un mio caro amico, il signor Brambilla …* Da merken Sie, daß Sie schon sein Freund geworden sind. Nach einem angeregten Gespräch werden Sie bereits zum *carissimo amico*, zum liebsten Freund ernannt. Jemanden als *conoscente*, als Bekannten zu bezeichnen, drückt fast schon mißtrauische Distanz aus. Rasch vollzieht sich auch der Übergang zu intimerer Anrede: das *Lei* (Sie) wird im Freundes- und Bekanntenkreis sehr schnell durch das *Tu* ersetzt. Die Konvention des fast obligatorischen Du unter Kollegen in verschiedenen Berufen begünstigt diese scheinbare Vertrautheit der Anrede: scheinbar, weil solch ein Du gewöhnlich mit dem Familiennamen oder gar dem Amtstitel des Angesprochenen verbunden wird.

Sonderfall der Titologie: die Aristokratie. Die Übergangsbestimmungen der republikanischen Verfassung von 1948 haben den Adel abgeschafft, nur Adelsprädikate aus der Zeit vor 1923 gelten als Namensbestandteile. Nicht abschaffen konnte die Verfassung feudalistische Denkweisen, hierarchische Unterordnung, Autoritätshörigkeit und den Snob-Appeal der Aristokratie. Ein echter *conte* verleiht dem Bourgeois schon durch seine herablassende Aufmerksamkeit einen Abglanz von Adel. Dazu funktioniert auch in der *nobiltà* das System der Gratis-Rangerhöhung. Nicht alle von mehreren Geschwistern erben den eigentlichen Titel, werden zum Beispiel *conte*. Manche müssen sich als genealogische Blindsäcke damit begnügen, ihre Abstammung mit der Formel *dei conti di …* (aus dem Geschlecht der Grafen von …) zu bezeichnen. Dieses halbe Adelsprädikat vererbt sich nicht mehr weiter. Angesprochen werden sie trotzdem alle mit *conte*.

Die Frage nach der Vererbbarkeit führt zurück zu den Kindern. Stets besänftigend wirkt im Gespräch die Frage nach den *bambini*. Kurz nach dem Kennenlernen wird sie Ihnen meist gestellt. Früher wurde einem Erwachsenen der Tatbestand auf den Kopf zugesagt. Es hieß bündig: *Wie viele* Kinder haben Sie? Heute wird nur noch gefragt, *ob* man verheiratet sei und Kinder habe. Die Geburtenrate in Italien liegt – das Statistische Jahrbuch der Europäischen Union 1998 bestätigt es erneut – mit 1,1 noch unter der von Deutschland mit 1,3 Kindern pro Frau. Doch die Angabe, wir wissen es schon, ist stark irreführend: Im Mezzogiorno ist die Familie mit drei, vier oder mehr Kindern noch immer die Regel, im hochindustrialisierten Norden werden Kinder immer seltener, werden Schulen verkleinert, nimmt die Arbeitslosigkeit der Lehrer zu. Einen Kindergartenplatz zu finden, ist nicht schwer, im Gegenteil: Die *Scuole materne*, staatliche, kommunale und private (oft katholische, von Schwestern geführte), beginnen einander die Kinder abzuwerben. In konservativen Gemeinden kann es dagegen geschehen, daß der Gemeinderat den öffentlichen Kindergarten absichtlich verludern läßt, weil er Geld kostet, dafür aber einen konfessionellen Kindergarten unterstützt (was dem Bürgermeister mit weniger Aufwand mehr Wählerstimmen bringt).

Das Verhör, wie es denn um seine Lendenkraft stehe, übersteht der italienische Familienvater nur dann ohne Gesichtsverlust, wenn er stolzgeschwellt seine Brieftasche zieht und die Fotos seiner Lieben herumreicht. Die gebührende Bewunderung wird ihm zuteil, auch wenn die Kinder von abschreckender Häßlichkeit sein sollten. Die manchmal brutale Ironie des neapolitanischen Dialekts hält für die Trübung der Urteilskraft durch Familienliebe das geläufige Sprichwort bereit: »*Ogne scarrafune è bello a mamma soja!* – Jeder Kakerlak ist für die eigene Mutter schön.«

Wenn die sprichwörtliche Kinderliebe noch immer ein stark in der Gesellschaft verwurzelter bedingter Reflex ist, aber ihr Gegenstand rar wird, müssen Ersatzobjekte her. Im Gespräch genügt es, wenn man wenigstens die Fotos von Neffen und Nichten als virtuelle Familie vorweisen kann. Weil die Abnahme der Geburtenrate nicht nur von der Familienplanung, sondern auch von der in den Industrieländern abnehmenden Fruchtbarkeit abhängt, versuchen immer mehr Italiener, sich den Wunsch nach Kindern, wenn er unerhört bleibt, durch eine Adoption zu erfüllen. Andererseits werden wenige italienische Kinder zur Adoption freigegeben: Selbst die ärmsten Eltern in den zurückgebliebensten bigotten und analphabetischen Winkeln des Landes, denen der liebe Gott pünktlich jedes Jahr ein Kind schenkt, haben noch den Ehrgeiz, alle ihre Kinder selber aufzuziehen. Wo sonst die Empfängnisverhütung – ein Dauerbrenner in der Diskussion zwischen Kirche und Laizisten – nicht hilft, hilft die Abtreibung. Uneheliche Kinder werden ebenfalls kaum zur Adoption freigegeben. Sie sind, je weiter im Süden, desto mehr, noch immer eine Schande, die stärker ist als Gesetz, Vernunft und Kinderliebe. Nur acht Prozent aller Kinder werden im Landesdurchschnitt unehelich geboren – im Süden fast gar keine, während Oberitalien dem europäischen Durchschnitt von dreiundzwanzig Prozent nahekommt.

Gegen die Schande gibt es da, wo die Gesellschaft noch archaisch fühlt und handelt, die geschlechtliche Aufklärung unzureichend und der moralische Druck unerbittlich ist, nur drei Mittel. Das humanste ist, schleunig zu heiraten. Deswegen kommen in Süditalien erstaunlich viele eheliche Kinder vier oder fünf Monate nach der Hochzeit zur Welt. Falls das nicht möglich ist, aber die junge Sünderin eine verständnisvolle Mutter hat, der sie sich anzuvertrauen wagt, kann sie zur »Kur« reisen. Sie fährt unter Umständen und mit Vorwänden dorthin, wo sie niemand kennt, um sich das Kind nehmen zu lassen. In raren Fällen bringt sie es zur Welt und gibt es zur Adoption frei.

Den letzten verzweifelten Ausweg beschreiten hilflose junge Mütter deutlich häufiger als in Mitteleuropa: Sie »entsorgen«, noch im Geburtsschock, ihr Kind unmittelbar nach der Geburt im Müllsack, oder sie suchen schon vorher selbst den Tod. Wenn die Schwangerschaft bemerkt wird, springen manchmal freundlicherweise Bruder oder Vater ein und töten die Pflichtvergessene. So ist die wertvolle Familienehre wieder hergestellt. Sollte der Kindesvater ausfindig gemacht werden können, ist auch er seines Lebens nicht sicher. Das italienische Strafgesetz enthält noch Erinnerungen an einen Sittenkodex, der heutzutage unmenschlich anmutet. Es kennt den Tatbestand des *infanticidio per causa di onore*, die Kindestötung aus Gründen der Ehre, die nicht unter die Kategorie der gewöhnlichen Tötungsdelikte fällt.

Stärker noch als die Bewohner der kinderarmen Länder Mitteleuropas haben sich die Italiener Adoptionen im Ausland zugewandt. Damit haben sie unfreiwillig einen Circulus vitiosus exportiert, den sie im eigenen Land bestens kennen. *Fatta la legge, trovato l'inganno* – kaum ist das Gesetz erlassen, ist seine Umgehung schon gefunden. Was den Gesetzgeber naturgemäß veranlaßt, auch das übersehene Schlupfloch zu stopfen, worauf ein anderer Schleichweg ausgeknobelt wird, welchen eine noch strengere Gesetzesnovelle verbaut, die zu einem anderen Ausweichmanöver zwingt, welches durch geeignete Maßnahmen verhindert wird, wonach ein neuer Trick ... und so weiter.

Die *Tribunali per i minorenni*, die Jugendgerichte, sind für die Ausstellung von Adoptionsfähigkeitszeugnissen zuständig. Diese beruhen auf Gutachten von Sozialassistentinnen, häufig verantwortungsvollen Junggesellinnen, denen nichts mehr am Herzen liegt als die exakte Befolgung der Gesetze und nichts weniger als das Wohl adoptierbarer Kinder. Der traurige Fall des Ehepaars Giubergia ist dafür exemplarisch. Die Eheleute, keineswegs wohlhabend, hatten 1987 völlig legal einen zweijährigen Knaben adoptiert. 1988 hatten sie, ebenfalls aus einem Elendsviertel in Manila, das anderthalbjährige Mädchen Serena Cruz nach Turin geholt.

Sie gaben das Mädchen als uneheliches Kind des Mannes aus, um es zu adoptieren. Die Erfüllung der Bedingungen einer legalen Adoption (ein Jahr Aufenthalt auf den Philippinen) hätten sie sich nicht leisten können. Eine eifrige Sozialarbeiterin entdeckte 1989 den Schwindel, die Gerichte entschieden durch alle Instanzen, das Kind sei dem Paar wegzunehmen. Die Einwände von Psychologen, der öffentlichen Meinung, die Bereitschaft Francesco Giubergias, für die falschen Angaben eine Strafe auf sich zu nehmen, wenn nur die Familie intakt gelassen werde, fanden kein Gehör. Das Kind wurde von der Staatsgewalt, die ihren Namen zu Recht führt, der Familie weggenommen: Dutzende von Carabinieri mit Blaulicht, Sirenen, Maschinenpistolen und viel Zartgefühl im Anschlag fuhren auf und verbrachten das Kind in ein Heim. Eine Welle von Solidarität erhob sich, Komitees wurden gebildet, Hunderttausende Unterschriften gesammelt, ein Krankenpfleger begann einen Hungerstreik aus Solidarität.

Warum aber beschreitet ein unbescholtenes Ehepaar, das bereits eine legale Adoption vorgenommen hat, viel soziales Engagement aufbringt und in dem engen Rahmen, der ihm gegeben ist, seinen Beitrag zur Verminderung des Elends der Dritten Welt leisten möchte, einen illegalen Weg? Warum? Wer das italienische Gesetz 184 aus dem Jahr 1983 und seine Anwendung kennt, weiß es. Das »Gesetz zum Schutz Minderjähriger vor Betrug, Ausbeutung und Verkauf von seiten Volljähriger« schützt zwar die Kinder in ärmeren Gegenden Italiens nicht vor sechzehnstündiger Arbeit am Tag, nicht davor, als Sklaven gehalten, verkauft, prostituiert, als Drogenhändler oder sogar beauftragte Mörder verwendet zu werden, die nicht bestraft werden können. Aber es erschwert mit Altersgrenzen, Verfahrensschwierigkeiten, umständlichen Prüfverfahren und einem oft zu Ungunsten von Adoptiveltern ausgelegten Ermessensspielraum die Aufnahme von verlassenen Kindern in intakte Familien.

Das Argument der Juristen, dem Kinderhandel müsse ein Riegel vorgeschoben werden, fällt mir immer dann ein, wenn ich auf den Bahnhöfen Neapels oder in der römischen Stazione Termini die Vierjährigen auf den Armen ihrer bettelnden »Mütter« sehe. Sie reichen einander die Kleinen in unbeobachteten Winkeln zum »Schichtbetrieb« weiter. Die Kinder, nicht quicklebendig, sondern unnatürlicherweise den ganzen Tag schlafend (wie Sozialarbeiter vermuten, unter Drogen gesetzt), haben die präzise Funktion, Mitleid zu erregen.

Eine Adoptionsbestimmung, die buchstabengenau angewandt wird, stillschweigend selbst jetzt noch, obwohl seit 1997 nicht mehr in Kraft, ist der zulässige Altersabstand von höchstens vierzig Jahren zwischen dem Adoptivkind und den Adoptiveltern (dem älteren Elternteil). Ein Ehepaar hatte 1997 einen zwölfjährigen Buben in einem weißrussischen Heim, Strahlenopfer der Reaktorkatastrophe von Tschernobyl, ins Herz geschlossen und sich für seine Pflege engagiert. Aber die Einreise des Kindes nach Italien und die Adoption wurden vom Jugendgericht verweigert, weil der Knabe um 26 Tage »zu jung« war. Die Chance, das Heim zu verlassen, wird er kaum mehr erhalten.

Einem Mailänder Paar, das ein Kind in Brasilien adoptiert hatte und ihm ein Geschwister schenken wollte, wurde die zweite Adoptionsbewilligung zunächst verweigert mit dem Argument, man müsse zuerst einige Jahre abwarten, um zu sehen, ob die erste Adoption erfolgreich verlaufe. Ein anderes Paar wurde für ungeeignet befunden, weil es »zu intellektualisiert« sei. Solche Willkür steigert die Motivation, sie zu umgehen. Was nur den illegalen Kinderhandel fördert. Aus Diplomatenkreisen einer brasilianischen Stadt war zu erfahren, daß eine gewisse italienische Konsulin gegen entsprechende Erkenntlichkeit sehr hilfreich sei, Adoptionen zu »arrangieren«. Worauf wiederum Brasilien, das seinerseits versucht, die Korruption zu bekämpfen, reagierte, indem es von allen Europäern nur die Italiener, die zum Zweck einer Adoption einreisen, einem Visumzwang unterwarf.

Ob Italien ein kinderfreundliches Land ist? Manche Indizien sprechen dafür, manche dagegen, manche dafür und dagegen zugleich. Dafür spricht die wenig autoritäre Erziehung im Kleinkindalter. Italienische Kinder sind häufig regelrechte Tyrannen, weil sie wissen, daß sie (fast) alles dürfen. Der Schock der Frustrationen kommt frühestens im Schulalter. Ein ungeschmolzener Rest des schwindenden Patriarchats ist die verwöhnende Bevorzugung, mitunter Affenliebe, welche die Söhne von den Müttern erfahren. Entsprechend häufig sind starke Mutter-Sohn-Bindungen. Die Fürsorge wird zur sanften Tyrannei und kann bis ins hohe Alter dauern. Ist die Macht der italienischen *mamma* also vielleicht ein noch älterer Rest der matriarchalischen Gesellschaft, in der die Mütter Einfluß durch den Einfluß auf ihre Söhne ausüben?

Gegen oder für die Kinderfreundlichkeit, je nach Weltanschauung, spricht der Umstand, daß Kinder im Alltag wie Erwachsene behandelt werden, oder fast. Die Kinderfreundlichkeit in Hotels schließt die Rechnung nicht ein, Kinder zahlen meist voll, Rabatte sind auf Kleinkinder beschränkt. In Restaurants kann man zwar eine halbe Portion (*mezza porzione*) für Kinder verlangen. An Portionen der Nouvelle Cuisine nach homöopathischer Art gibt es nichts mehr zu halbieren. Das sind unerhebliche Einwände. Ernsthafter gegen Kinderfreundlichkeit spricht, daß die Kleinen unter Mißachtung aller Sicherheitsregeln im Auto mitgenommen werden, als wollten Italiener ihre Nachkommen möglichst rasch loswerden. Jedenfalls wachsen Kinder mühelos, manchmal frühreif in eine Gesellschaft hinein, welche die Beherrschung der Kunst verlangt, sich zu arrangieren. Ist das kinderfreundlich?

1 1961 entstand Pietro Germis polemische Filmkomödie gleichen Namens, in der Marcello Mastroianni als Baron Cefalù seine Frau erschießt, nachdem er sie beim (von ihm provozierten) Ehebruch »ertappt« hat. Aber auch heute werden Verbrechen »aus verletzter Ehre« noch immer geringer geahndet als solche aus »niedrigen« Motiven.

2 Zuerst Papageien im allgemeinen, dann jene der besonderen Art, die sich mit buntem Gefieder (in Form von Goldkettchen, Sonnenbräune, Rolex, Porsche und Missoni-Wear) vor der nordischen Schönheit spreizen, welche – das wissen sie genau – in ihrer sexuellen Freiheit nur darauf wartet, ins Bett geholt zu werden. Die Überraschung bei näherem Kennenlernen ist beiderseits groß.

3 Nicht aus erotischen Gründen: Steigen Sie nur in gelbe (ältere) oder weiße (neuere) Taxis! Besonders von Rom an südwärts gibt es nicht immer genügend davon. Da versucht sich mancher mit seinem Privatwagen ein Zubrot oder Brot zu verdienen. Es ist immer ein *abusivo*, ein nicht zugelassener Fahrer, der Sie auf dem Flughafen oder vor dem Bahnhof anspricht. Wenn Sie sich in den Gepflogenheiten genauestens auskennen oder das Ungewisse lieben, können Sie auf sein Angebot eingehen.

Die andere Familie

oder: Die Mafia gibt es nicht. Wer mit dem Kraken kämpft, warum das Leben lebensgefährlich ist, und wie segensreich sich die ausgleichende Ungerechtigkeit auswirkt.

In Südeuropa werden Kinder – meist ganz und gar gegen ihren Willen – rascher erwachsen, als es Sittenlehre und Gesetzgebung wahrhaben wollen. Beim nackten Überleben gibt es nicht Lehrzeiten noch Wartefristen. In den Großstädten Unteritaliens kommen viele Kinder schon beinahe erwachsen zur Welt. In eine Welt, die für Kinder wenig Platz hat. Ein (armes) Kind in Neapel lernt zuerst, sich durchzusetzen, für Sitte und Gesetz ist vielleicht später Zeit. Die Verkörperung dieses Überlebensprinzips ist der *scugnizzo*: der Knirps auf der Straße, mit allen Abwassern gewaschen. Der Sechsjährige verkauft Taschentücher oder Kaugummi, mit sieben ist er Detailhändler für Schmuggelzigaretten, mit acht kennt er das Viertel wie seine Hosentasche und kann schon mal den Laufburschen spielen, ist er neun, reicht sein Arm eine halbe Autobreite, weit genug, um an verstopften Kreuzungen Windschutzscheiben zu putzen. Geben Sie ihm tausend Lire und passen Sie gleichzeitig auf, daß er nicht mit raschem Griff durch ein Seitenfenster etwas mitgehen heißt. Mit zehn ist er vollwertiger Mitarbeiter im Familienbetrieb. Wenn er unwahrscheinliches Glück hat, gelingt ihm vielleicht später der Auf- und Ausstieg aus der Misere. Wenn er kriminell begabt ist, entwickelt sich der *scugnizzo* zum *scagnozzo*, dem vielseitig brauchbaren Frontsoldaten der Camorra.

Was ist die Camorra? Wie auch die Mafia eine Familie, die nicht durch Blutsbande zusammengehalten wird, sondern durch gemeinsame Interessen, die stärker sind als der schwache, ferne Staat. Der vielfachen Wahrheit in der italienischen Gesellschaft entspricht die vielfache Verhüllung dessen, was in Sizilien *Mafia*, in Kampanien *Camorra*, in Kalabrien oder der Basilicata *'ndrangheta* heißt und seit den frühen neunziger Jahren in Apulien als *Sacra Corona Unita* ins allgemeine Bewußtsein gedrungen ist. Wenn Sie sich mit leichter Gänsehaut nach der Mafia erkundigen, ist die Standardantwort in Sizilien vielfach noch immer jener berühmte Satz des Kardinalerzbischofs von Palermo Ruffini:

»Ach, die Mafia? *La mafia non esiste.*« Die Mafia gibt es nicht. Das sind nur böswillige Verleumdungen aus dem Norden. Die Skandalpresse. Nichts Wahres dran. Wirklich nannte sie sich nicht Mafia, als sie im neunzehnten Jahrhundert als eine Art Dachorganisation von konservativen Geheimbünden, Selbsthilfevereinen der Grundbesitzer entstand, sondern *Onorata Società,* Ehrenwerte Gesellschaft. Die arabische Wurzel des Wortes *mafia* hat mit Prahlen, Prunken, Repräsentation zu tun, und ein besonders eleganter Geck wurde früher *maffioso* (mit zwei F) genannt. Ähnlich Schmeichelhaftes gilt für die bourbonenfreundliche Terrorgesellschaft der Camorra (das Wort bedeutet »die Gruppe« schlechthin, »*die* Vereinigung«). Sie werden nicht erstaunt sein, daß die in Kalabrien (und Apulien) wirkende *'ndrangheta* ihre Vorzüge gleichfalls durch den Namen ins rechte Licht rückte. Das Wort kommt aus der Sprache der griechischen Minderheit, es verballhornt *andreía kai agathía*: Mannhaftigkeit und Ehrenhaftigkeit. Die berühmte *omertà,* die unverbrüchliche Schweigsamkeit des Mafioso oder Camorrista, hatte ursprünglich einen fast mönchisch-religiösen Charakter: *omertà* kommt von *umiltà,* Demut, Ergebenheit, Unterwerfung – die vollkommene Entsprechung des arabischen Wortes *Islam.*

Die *omertà* schließt jede Antwort auf eine ungehörige Frage aus. Ungehörig ist, was den Frager nichts angeht, was den Befragten nicht persönlich betrifft und worauf er nicht antworten darf oder kann. Viel bleibt nicht. *Omertà* ist ein bedingter Reflex. Mafiosi und Sarden schweigen so hartnäckig wie nur irgend ein Schotte oder Ostfriese, auch vor Gericht, selbst wenn die Aussage zu ihrem eigenen Vorteil wäre. Eine Geschichte, die man sich von Sarden oder Sizilianern erzählt, gleichviel, führt an den Kern dieser Verschwiegenheit.

Zwei alte Fischer sitzen am Strand. Sie tun, was die häufigste Beschäftigung alter Fischer ist. Sie schweigen. Da nähert sich ein deutscher Tourist und fragt:

»Sahrnsemal, wo issn hia das Hotel Al Sole?«

Die Fischer schweigen.

Nach einer stummen Weile fragt der Urlauber in gebrochenem Italienisch:

»Scusi, dove Albergo Al Sole?«

Die Fischer schweigen. Der Tourist hofft, daß die Unbekannten vielleicht eine andere Sprache verstehen. Er versucht es auf englisch. Dann auf französisch. Die Fischer schweigen. Der Tourist geht kopfschüttelnd weiter.

Eine Viertelstunde später sagt der eine Fischer zum andern voller Bewunderung:

»*Cazzo*! Hast du das gehört?! Vier Sprachen!!«

Nach ein paar Minuten Überlegung zuckt der andere die Achseln:

»Na und? Was hat's ihm denn genützt?«

Von »ehrenwert« kann bei der heutigen *Onorata Società* nicht mehr die Rede sein. Die kriminellen Energien einst politischer Bünde, die vor dem Verbrechen schützen wollten, sind allein übriggeblieben. Das können Sie jeden Tag in den Zeitungen lesen (nicht nur in Italien). Besonders im Ausland wird trotzdem, in der Tiefebene der Film- und Fernsehschnulzen von Sex & Crime, an einem Mafiabild gepinselt, das der Ehrenwerten nur recht sein kann: Sie wird bisweilen verniedlicht, mit dem Image des edlen Räubertums, oder gruslig-übertrieben gezeichnet, als unbesiegbar. Der gute Held, der sonst naturgemäß nach Heldenart das Böse besiegt, hat gegen die Mafia, die *Cosa nostra*, keine Chance.

Werner Raith beschreibt in »Mafia als Kultur?«[1], wie im »Maxi-Prozeß« von Palermo 1987 selbst der Kronzeuge, der Mafia-Boss Tommaso Buscetta, das Bild von der wahrhaft ehrenwerten Gesellschaft aufrechthielt, die selbstlos ihre armen, in Not geratenen Mitglieder unterstützt. Der Prozeß markiert eine entscheidende Wende im Kampf gegen die Mafia: Es gab eine große Zahl von Verurteilungen im Unterschied zu den gewöhnlichen »kleinen« Mafia-Prozessen. Davor waren Freisprüche häufig, niemandem konnte ein Verschulden nachgewiesen werden. Inzwischen ist der Kassationsrichter Corrado Carnevale abgesetzt, der *ammazzasentenze* (Urteilskiller), der im Bund mit Spitzenpolitikern formale Vorwände suchte und fand, um Urteile zu annullieren und vielfache Mörder wieder freizulassen. In einem skurrilen Mafia-Film wird die Todesursache eines Opfers so beschrieben:

»Woran ist er gestorben?« – »Er begegnete versehentlich einem Projektil, das zufällig gleichzeitig an dieser Stelle in die entgegengesetzte Richtung unterwegs war.«

Die elegante Form hilft immer, weniger schöne durch schönere Wahrheiten zu ersetzen. Die Titelsucht der Italiener hat im guten Ton der Mafia ihre subtile Kehrseite. Ein *signore*, ein Herr, ist einer, dem weder der respektvolle Ehrentitel *Don* noch *Zio* (Onkel) zusteht, also einer der nicht zählt, eine Null. Als im Maxi-Prozeß ein Mafioso als Zeuge den gefürchtetet Mafia-»Papst« Don Michele Greco als *signor Greco* erwähnte, war den Mafiaermittlern klar, daß der »Papst« entmachtet und ein toter Mann war. Auch das Wort *amico* hat in Sizilien einen fatalen Nebensinn. *Gli amici degli amici*, die Freunde der Freunde: Das ist eine stehende Formel für die spezifisch sizilianische »Freundschaft«. Wenn Sie ein Problem haben, bereden Sie sich mit einem Freund, und der weiß Rat, oder er kennt einen anderen Freund, der Rat weiß.

Was diese Freundschaft wert ist, zeigte sich jahrzehntelang überall in Sizilien: am illegalen Reichtum, den der langjährige, dann wegen Mafiazugehörigkeit verurteilte Bürgermeister von Palermo Vito Ciancimino angesammelt hatte, an Prozessen wie in Agrigent, als von der kanadischen Polizei 1976 gelieferte Angaben über die sizilianischen Partner internationaler »Geschäfte« (mit Drogen) mehr als sechs Jahre lang unbeachtet in der Schublade schimmelten oder verschwanden. Die Graphiker in Zeitungsredaktionen entwarfen ganze Stammbäume, Territorialkarten und Aktivitätsdiagramme der *cosche*, der Mafia-Familien mit allen Namen, ohne daß ihnen je üble Nachrede oder Verleumdung vorgeworfen wurde. Ein Gleiches gilt für die Camorra, die 'ndrangheta und die Sacra Corona Unità, nur mit dem Unterschied, daß nirgendwo das organisierte Verbrechen eine so perfekte Symbiose mit der Macht, mit der herrschenden Politikerklasse eingegangen war.

Erst mit der Öffnung der Grenze Ungarns, dem Fall der Mauer in Berlin, dem Zerfall der Sowjetunion hat sich die Landkarte des Verbrechens in ganz Europa, und damit in Italien, entscheidend verändert. Der Zerfall der Diktaturen befreite Gerechte und Ungerechte. Das organisierte Verbrechen, aber auch das kriminelle Kleingewerbe machte in Osteuropa große Fortschritte und dehnt seither seine Aktivitäten auf das reiche Mitteleuropa aus. In Italien verlor die konservative, vor allem im Süden unangefochten herrschende *Democristiana* ihren stärksten Rückhalt: die Angst vor den sowjethörigen Kommunisten. Es galt nicht mehr, was der ebenfalls konservative Indro Montanelli in seinem berühmt gewordenen Diktum über die DC als das kleinere Übel formuliert hatte: »Haltet euch die Nase zu und wählt die Christdemokraten!« Damit begann eine Götterdämmerung, die ihre dramatischsten Momente hatte, als der siebenmalige Ministerpräsident Giulio Andreotti der Korruption und der Mafiazugehörigkeit beschuldigt und vor Gericht gestellt wurde. Und siehe, ganz plötzlich waren die Carabinieri in der Lage, Mafia-Bosse zu finden und zu verhaften, die vorher jahrzehntelang »unauffindbar« untergetaucht waren, wiewohl sie ganz ordentlich kirchlich getraut wurden und ihre Kinder als brave Familienväter in die öffentlichen Schulen schickten. Die Mafia selbst stand vor dem Problem, sich zu reorganisieren, und steckt in neuen Kriegen zwischen den Clans die Territorialgrenzen neu ab.

Ein in Italien heftig diskutiertes Titelbild des SPIEGEL zeigte in den siebziger Jahren einen Teller Spaghetti mit einer Pistole darauf, als wollte es sagen: ein Land der Mafia, Camorra und anderer Gauner. Kann man ohne Leibwächter, Bewaffnung bis an die Zähne und Geleitschutz überhaupt noch hinfahren? Die Antwort wird nicht überraschen. Man kann. Sie werden von den vielfältigen wirtschaftlichen Aktivitäten der Mafia, wenn Sie kein Fachkollege sind, höchstens dann etwas merken (ohne es zu wissen), wenn Sie beispielsweise Obst kaufen. Die sizilianische Mafia und die neapolitanische Camorra haben den Gemüsehandel fest in der Hand, bringen illegale Einwanderer zu Hungerlöhnen als Feldarbeiter unter und erheben »Abgaben«. Der *Corriere della Sera* verglich einmal die Preise: Ans Licht kam der überraschende Umstand, daß Gemüse und Obst, insbesondere Südfrüchte, in den Zentren der unteritalienischen Anbaugebiete trotz geringerer Transport- und Umschlagskosten viel teurer sind als im

Norden, und im Norden teurer als in der Schweiz. Wohlhabende Mailänder besorgen Obst und Käse beim Einkaufsbummel jenseits der Grenze.

Sehr viel unmittelbarer kommt der gewöhnliche Bürger mit der Kleinkriminalität in Berührung, die für Betroffene oft gar nicht so klein ist: wenn auf einer Geschäfts- oder Urlaubsreise das Auto weg ist, oder mit dem beliebten Trick des angestochenen Reifens die Tasche mit allen Dokumenten geklaut wird. Gäste aus friedlichen europäischen Ländern wundern sich, zumal in den größten Städten, in Rom, Mailand, Neapel und Palermo. Haustore sind Tag und Nacht verschlossen, ein mißtrauischer Portier oder eine Fernsehkamera beäugt den Besucher. Die Tür einer Stadtwohnung ist immer eine *porta blindata*, gepanzert und mit starkem Zusatzschloß versehen. Namensschilder fehlen oft, neben den Türklingeln stehen nur Nummern: Ängstliche Wohlhabende fürchten Einbrüche und Entführungen. Banken haben zur Erschwerung von Überfällen fast ausnahmslos selbstblokkierende Türschleusen. Vielfach stehen bewaffnete Privatwächter davor. Geparkte Autos werden mit einem Haken oder einer Kette am Lenkrad und Alarmanlagen fast immer zusätzlich gesichert. Der *scippatore* als Sozius auf dem Moped oder Motorrad reißt die Handtasche an sich und ist weg, ehe der Beraubte den Vorgang begriffen hat.

Die gewöhnliche Kriminalität ist in den Großstädten der ganzen Welt im Wachsen. Die Italiener sind bloß dem Rest der Welt mit ihrer Phantasie und Erfindungsgabe ein wenig voraus, als Täter und als Opfer. Tun Sie es ihnen gleich. Benutzen Sie ein herausziehbares Autoradio, auch wenn es codiert ist: Der drogenabhängige Autoknacker hat keine Zeit zum Lesen, wenn er nicht eh Analphabet ist. Im Zweifelsfall klaut er zuerst, dann wirft er das Unbrauchbare weg. Fordern Sie nicht die Begehrlichkeit heraus und lassen Sie nichts Wertvolles sichtbar im Auto liegen. Auch nicht für eine halbe Minute. Nicht einmal während der Fahrt. Die Rotphase der Ampel genügt, daß ein unbekannter Motorradfahrer die Heckscheibe zertrümmert und mit der Kameraausrüstung hinter dem Horizont verschwindet.

Den Wagen mit laufendem Motor stehen zu lassen, um Zigaretten zu kaufen, ist eine Herausforderung des Schicksals. Ziehen Sie grundsätzlich den Zündschlüssel ab, wenn Sie aussteigen – manche wollten bloß nachsehen, ob ein Hinterreifen platt ist, und sahen ihr Auto samt Urlaubsgepäck davonfahren. Das Loch im Reifen war kein Zufall. Die Zeichen- und Gestensprache kann von Nutzen sein. Öffnen Sie im geparkten Wagen das Handschuhfach, um den Herren Einbrechern zu signalisieren: Es lohnt sich nicht, es ist nichts da. Eine andere Denkschule empfiehlt, der elektronischen Wegfahrsperre zu vertrauen und das Auto überhaupt unversperrt zu lassen – so werden Schäden vermieden, wenn ein »Neugieriger« nachsieht, ob was zu holen ist. Stecken Sie die Geldbörse nicht in eine Gesäßtasche. Halten Sie die Brieftasche besonders fest, wenn Sie sie zum Bezahlen im lebhaften Marktgewühl herausziehen. Wenn Sie auf der Piazza Ihren Campari schlürfen: Stellen Sie Ihre Handtasche nicht einfach auf das Café-Tischchen. Mailänderinnen und Römerinnen haben sich längst angewöhnt, die Handtasche mit dem Riemen schräg über die Brust umzuhängen und sie in belebten Vierteln nie zur Fahrbahn hin, sondern auf der Häuserseite zu tragen.

Die geringe Aufklärungsquote bei Straftaten fördert das in Italien ohnehin ausgeprägte Mißtrauen gegenüber dem Staat und die weitverbreitete Neigung, sich irgendwie selbst zu helfen. Es entsteht, analog zur Schattenwirtschaft der Schwarzarbeit, des Schmuggels und der Steuerhinterziehung, ein »paralleles« Rechtsempfinden und Rechtssystem, die Basis der »Gefälligkeiten« in großem Maßstab.

Mit Versprechen und Erkenntlichkeiten versucht mancher Antragsteller zu bewirken, daß sein Akt, der in den Mühlen der Bürokratie auf Erledigung wartet, in der Warteschlange vorrückt. Von der *bustarella* als Gaspedal, Zuckerbrot für den Beschenkten, daß er ordnungsgemäß und schnell(er) die Arbeit erledige, die er sowieso zu tun hätte, zur *bustarella* als Steuerrad, zur korrumpierenden Beeinflussung der Entscheidungen, ist manchmal nur ein – freilich bedeutsamer – Schritt.

Ein Geschäftsmann, der in einem Zivilprozeß zu unterliegen droht, fragt seinen Anwalt, ob man nicht nachhelfen könne. Mit einem kleinen Geschenk an den Richter vielleicht? »Sind Sie wahnsinnig«, schimpft der Advokat, der an die Unbestechlichkeit der Justiz glaubt, »dann haben Sie gleich verloren.«

Der Kaufmann gewinnt den Prozeß. Der Anwalt meint: »Sehen Sie, wie gut es war, daß ich Sie gewarnt habe?«

Darauf der Kaufmann:

»O nein. Ich habe doch recht gehabt. Ich habe dem Richter ein Paket geschickt.«

»Nicht möglich!« staunt der Anwalt.

»Und ich habe als Absender den Namen meines Gegners draufgeschrieben«, ergänzt der Kaufmann bescheiden.

Leider ist die Wirklichkeit nicht ganz so heil. Auf mittlerer bis höherer Ebene schwillt die *bustarella* zur *mazzetta*. So nennt man das Bündel von Banknoten mit Banderole, von dem schon etwas größere Sprengwirkung erwartet wird. Auf höheren Niveaus bis hin zur illegalen Parteienfinanzierung, zu Politikern und Richtern spricht man ebenfalls verschönernd, doch bildkräftig von der *tangente*, der Abgabe, die den großen Kuchen gerade nur streift, wie die Tangente den Kreis. Wo es um Hunderte von Milliarden geht – Mark, nicht Lire –, bewegen sich auch die Schmiergelder in Millionenhöhe.

Anfang der neunziger Jahre schreckte eine kleine Störung die Welt der Gefälligkeiten auf, die sich zum Erdbeben ausweiten sollte. Am 17. Februar 1992 wurde in Mailand der Sozialist Mario Chiesa, Verwalter eines Altenheims, mit einem eben kassierten Schmiergeld verhaftet. Damals ahnte niemand, daß die Enthüllung von *Tangentopoli* das Ende einer Epoche bedeuten würde. Nicht zufällig kam es zusammen mit dem Umbruch in Europa. Der festgefügte Filz der Parteien war schon aufgeweicht, ein paar Stöße genügten, um so manche Kartenhäuser einstürzen zu lassen.

Der sogenannte Pool *Mani pulite* (saubere Hände) der Staatsanwaltschaft Mailand, geleitet von Francesco Saverio Borrelli, mit den Speerspitzen der Staatsanwälte Antonio Di Pietro, der inzwischen in die Politik gegangen ist, und Gherardo Colombo, Gerardo D'Ambrosio, ließ in knapp zwei Jahren ein ganzes System wechselseitiger Bestechung, der Schattenwirtschaft, der illegalen Parteienfinanzierung und schließlich die involvierten Parteien selbst zusammenbrechen. Von den Sozialisten blieben nur noch versprengte Reste, die Democristiana zerbrach in ihre linken und rechten Flügel.

Als die Prozesse der *Mani pulite* liefen, glaubten viele, nun würde eine ganz neue, helle und bessere Zukunft anbrechen. Die Korruption würde aufhören. Die Hoffnungen erlitten 1996 durch *Tangentopoli 2* einen schweren Schock. In La Spezia haben die Staatsanwälte mit einer Untersuchung wegen getürkter Ausschreibungen und Schmiergeldaffären der Eisenbahn einen ähnlichen Ariadnefaden in die Hand bekommen, der über den Finanzmann Pierfrancesco Pacini Battaglia zu einer Vielfalt illegaler Wirtschaftstätigkeit bis zum Waffen- und Drogenhandel führte. *Tangentopoli 2* ist nahtlos aus *Tangentopoli 1* hervorgegangen. Pacini Battaglia war mit Bettino Craxi gut bekannt, Angeklagte und Verurteilte von damals tauchen wieder in kriminellen Zusammenhängen auf.

Was die Italiener schockiert, ist nicht das Weiterbestehen der Korruption. Die handwerkliche Kleinkunst auf diesem Gebiet wurde sogar freudig begrüßt, weil manche wichtigen Baustellen jahrelang blockiert und in heiklen Fällen von verängstigten Beamten gar keine Baugenehmigungen mehr erteilt wurden: Wer nichts entscheidet, kann bekanntlich nichts falsch machen. Die panische Angst vor Fehlern mit juristischen Folgen hatte zur totalen Lähmung geführt. Doch als längst die Prozesse in Mailand und Bergamo im Gang waren, haben Exponenten einer bestimmten Wirtschaftsklasse mit dem alten Gefühl, unbehelligt und ungestraft agieren zu können, das Organisationsvakuum mit einer neuen *Connection* gefüllt.

Vom Großreinemachen der ersten Prozeßwelle blieb am Ende wenig. Ein einziger von den vielen Dutzend Beschuldigten, noch dazu keiner der wichtigsten, der venezianische Fürst Walter Armanini, verbüßt in Orvieto tatsächlich eine Haftstrafe. Bettino Craxi, der einst beinahe allmächtige Sozialistenchef, wurde zu 15 Jahren Haft verurteilt, lebt aber unbehelligt in einer Luxusvilla in Tunesien. Internationales Recht verhindert den Zugriff der italienischen Justiz auf veruntreute, erschlichene und erpreßte Milliarden auf ausländischen Konten, selbst wenn das Ausland auf dem italienischen Stiefel liegt und San Marino heißt. Craxis Schwager Paolo Pillitteri, einst Bürgermeister der moralischen Hauptstadt Mailand, wurde wie sein Vorgänger Carlo Tognoli in der Berufungsinstanz zu mehrjähriger Haft verurteilt. Er habe, nach zwei Infarkten schwer leidend, einen Selbstmordversuch unternommen, teilten seine Anwälte mit, und so wurde ihm Haftverschonung gewährt, wie fast allen, die in Korruptionsprozessen rechtskräftig verurteilt wurden. Das allererste Opfer von *Mani pulite,* Mario Chiesa, »der König der Schmiergelder« und vielfacher Immobilienbesitzer, der nach dem Strafprozeß auch in einigen Zivilverfahren zur Rückzahlung erpreßter Gelder verurteilt wurde, erwies sich nicht nur als haftunfähig, sondern auch als mittellos. Seine Immobilien sind verkauft, der Erlös ist verschwunden. Der bittere Kommentar von Juristen: Nicht *Mani pulite, Mani legate* müßten die Prozesse jetzt heißen: Gebundene Hände. Die couragierte Karikaturistin Elle Kappa in der linken Tageszeitung *L'Unità* zeichnete einen Dialog: »Ist *Tangentopoli* denn nicht zu Ende?« – »Nein, gar nicht. Völlig unbekümmert, unbehelligt und ungestraft setzen die Staatsanwälte ihre Ermittlungen fort.« Die Ironie bringt die Mentalität der politisch tonangebenden Schicht auf den Punkt. Um die Gewohnheiten einer Gesellschaft zu ändern, braucht es wohl mehrere Generationen. Zyniker sagen: Der Pool *Mani pulite* hat das Wirtschaftsleben schwer geschädigt. Die Preise für Baugenehmigungen und gewonnene Prozesse sind stark gestiegen.

Ist also das Rechtsempfinden in Italien ausgehöhlt? Nicht ganz. Das Gesetz ist gleich für alle. Oder wie es Bernard Shaw sah: Ohne Ansehen der Person erlaubt es Reichen und Armen gleicherweise den Erwerb von Grundstücken, und ohne Unterschied verbietet es Millionären wie Arbeitslosen, unter Brücken zu nächtigen. Nach diesem gerechten Prinzip funktionieren auch Verwaltungsstrafen in Italien. Ob ein Unternehmen in einem Naturschutzgebiet an der amalfitanischen Küste ein zehnstöckiges Luxushotel ohne Genehmigung errichtet oder ein Nebenerwerbslandwirt einen Kaninchenstall: In beiden Fällen werden um der Gerechtigkeit willen nicht allzu verschieden hohe Strafen festgesetzt. In beiden Fällen wird auf den Abriß verzichtet (wobei gegenüber dem Hotelier eher ein Auge zugedrückt wird, weil der Abriß eines großen Gebäudes die größere Härte darstellt). Der *condono,* der Straferlaß gegen Zahlung einer Pauschalsumme, erlaubte jahrzehntelang ganzen Kategorien unentdeckter Täter wie Steuerschwindlern oder illegalen Bauherren die nachträgliche Rechtsheilung. Zwei Argumente sind für viele Italiener stärker als Gesetze: Es ist schon immer so gewesen, und: Das machen ja alle so. Gesetze müssen schon eine gewisse Patina haben, um respektiert zu werden. Umgekehrt ebenso: Gesetze sinken zur gewohnheitsrechtlich mißachteten Kuriosität herab, sie abzuschaffen würde jedoch niemand ernstlich beabsichtigen. Selbst Institutionen werden nicht abgeschafft, mögen sie inzwischen so geringe praktische Bedeutung haben wie das von Herzmanovsky-Orlando respektvoll erwähnte K. k. Hoftrommeldepot in Wien. Noch immer gibt es beispielsweise in Rom das Amt für die überseeischen Besitzungen, und nur ein phantasieloser Pedant kann sich daran stoßen, daß letztere nicht mehr existieren. An der Mailänder Peripherie steht versteckt die spätgotische Villa Mirabello, die offiziell als Kriegsblindenheim dient. Der letzte Krieg endete bekanntlich 1945. Die munteren Kriegsblinden auf ihren Mopeds sehen aus wie zwanzig. Sie haben sich so gut erhalten wie die Traditionsverbände aus dem ersten Weltkrieg und aus den Feldzügen Garibaldis. Es wird gemunkelt, daß irgendwo noch ein Veteranenverein des Gallischen Kriegs zusammenkommt.

Die *Stampa* hat einmal eine Reihe vergessener Gesetze in Erinnerung gerufen und rechtzeitig zum Beginn der Reisezeit darauf hingewiesen, daß das Fotografieren des Kolosseums oder anderer Sehenswürdigkeiten verboten ist. Das Königliche Dekret 798 von 1923 ist noch immer in Kraft, wonach zum Fotografieren von beweglichen und unbeweglichen Sachen von historischem, archäologischem oder künstlerischem Wert, im Besitz des Staates oder unter seiner Verwaltung, eine Erlaubnis beim zuständigen Denkmalamt einzuholen ist.

Derlei Vorschriften dienen als stille Munitionsreserve für den Staatsanwalt: Wenn er einem Mafioso schon keinen Mord nachweisen kann, dann wenigstens, daß er bei der Erlangung des Führerscheins einen Formfehler begangen hat? Es genügt ein Blick in die Anzeigenspalten der Zeitungen: Okkultisten bieten reihenweise ihre Dienste an, die eigentlich gegen das Gesetz verstoßen. »Hostessen« oder »Studentinnen« mit viel Freizeit (zwischen 10 und 13 Uhr) inserieren zu Hunderten. Theoretisch müßte die Telecom die Anschlüsse der Callgirls stillegen, weil der Gebrauch des Telefons zu gesetz- und insbesondere moralwidrigen Zwecken untersagt ist. Vorschriftswidrig ist sogar die Benutzung des Telefons zu dem Zweck, Mitteilungen an einen Empfänger ohne Telefon mündlich weiterzugeben. Tatsache ist, daß manche unbemittelten Künstler, jedenfalls Lebenskünstler, sich einen Privatsekretär in Gestalt eines Barmanns halten, der für sie Nachrichten entgegennimmt.

Andere Länder kennen nur die doppelte Moral – in Italien ist auch die Vernunft verdoppelt. Mit zutiefst verankertem römischen Rechtsbewußtsein wird jedem Problem sofort legislativ zu Leibe gerückt. Hernach wird mit zutiefst praktischem Empfinden auf die Anwendung der Vorschrift verzichtet. Das ist, wie Jürgen Schlumbohm vermutet,[2] ein Strukturmerkmal des frühneuzeitlichen Staates, hat aber, in Italien besonders deutlich, auch den modernen Staat geprägt: mit dem, was die moderne Strafrechtswissenschaft als »symbolische Gesetzgebung« kritisiert. »Ob die in den Parlamenten mit heißer Nadel gestrickten Normwerke praxistauglich sind, ist zweitrangig, solange in der Öffentlichkeit der Eindruck erweckt wird, der Gesetzgeber reagiere entschlossen ...«[3]

Eine antiterroristische Vorschrift besagt, daß Verkauf, Vermietung oder Überlassung einer Wohnung zum Gebrauch an andere binnen 48 Stunden anzuzeigen seien. Jeder hält sich strikt daran – bei Verkauf und Vermietung. Nur Hotels, nicht aus Mißtrauen Ihnen gegenüber, sondern aus Angst vor Schließung durch die Polizei, wollen Sie unter gar keinen Umständen ohne Ausweisdokument aufnehmen. Befolgten alle Italiener überraschenderweise auch bei Aufnahme von Gästen minutiös die Meldepflicht, wäre die Verwaltung hoffnungslos überfordert. Aber die Vorschrift ist in Kraft, wie viele andere, manche davon schon hundert Jahre.

Mit einem Wort: Italien ist ein kasuistisches Land. Man hat von Fall zu Fall neu zu entscheiden, das schärft die Aufmerksamkeit. Wer träumt und unaufmerksam ist, signalisiert weithin, daß er ein mögliches Opfer ist, nicht nur für Kleindelikte. Wer um zwei Uhr nachts in anrüchigen Gegenden spazierengeht, auch. Wer sich für besonders schlau hält, hat sich die Folgen selber zuzuschreiben. Glauben Sie meinetwegen an das Wunder des heiligen Gennaro, der alljährlich zweimal in Neapel sein Blut verflüssigt. Aber glauben Sie nicht, daß Sie in Neapel dem Weihnachtsmann begegnen, der Ihnen eine Antiquität, eine exklusive Uhr oder eine teure Spiegelreflexkamera zum halben Preis anbietet (weil es sich um Schmuggelware handelt, weil die *bambini* Hunger haben, oder aus sonst einem phantasievollen Grund). Schon mancher hat die hübsche Schachtel im Hotelzimmer ausgepackt und statt der günstigen Erwerbung einen Pflasterstein darin gefunden.

Das alles hat weltweite Geltung im Dschungel der anonymen Großstadt. In Kleinstädten, in Dörfern, auf dem Land kennt jeder jeden, und Sie treten rasch, wenngleich nur flüchtig, in dieses Netz persönlicher Beziehungen. Der Barmann ist nach einer Plauderei Ihr *amico*. Der Bauer, den Sie gefragt haben, ob Sie auf seinem Hof das Auto abstellen dürfen, wird dadurch Ihr Gastgeber. Und Gäste oder Freunde behandelt man gut. Das gebietet die Ehre, nicht wahr? Überraschenderweise gehört zu den Dörfern, wo Gaunereien selten sind, ein besonders großes, tourismusgeschädigtes: Venedig. Zwar wird man Sie dort mit besonderem Vergnügen rupfen wie eine Weihnachtsgans – die Leute leben ja davon. Der *scippo*, der Straßenraub, der Banküberfall kommen dagegen kaum vor. Es leuchtet ein: In einem Fußgängerlabyrinth ist die Flucht erschwert. Soziologen mögen darüber nachdenken, wie weit Automobil und Motorrad an der steigenden Großstadtkriminalität schuld sind.

Vertrauen ist gut, doch Sie sollten es nicht übermäßig beanspruchen. Die gesellschaftlichen Kontraste sind groß. Im armen Süden können selbst Dinge, die Sie nicht für besonders wertvoll halten, Begehrlichkeit wecken. Die achtlose Zurschaustellung von Besitz ist zumindest taktlos, provoziert Feindseligkeit und setzt die Hemmungen des Entwenders herab. In Neapel gab ein »Kassier« der Camorra, der im Fernsehen interviewt wurde, unumwunden zu, daß er sich beim Erpressen von Schutzgeldern nichts Böses denke: »Wo von dem Laden eine zehnköpfige Familie leben kann, wird auch ein elfter satt.«

Naturgemäß werden Sie nie annähernd mit dem Einfallsreichtum jener Plagegeister konkurrieren können, die Ihnen etwas verkaufen, etwas zeigen, den Weg ebnen oder Ihnen sonstwie behilflich sein wollen. Den Versuch wenigstens sollten Sie machen. Statt den lästigen Kellner barsch abzufertigen oder den *Vu cumprà* mit Grobheit abzuwimmeln, erfinden Sie lächelnd eine Ausrede. Sie sind am Angebot brennend interessiert, haben aber im Moment nur die Kreditkarte bei sich und kein Bargeld. Sie haben genau dasselbe Stück schon gekauft, viel teurer. Verflixt, wenn Sie das vorher gewußt hätten! Nein, Sie haben leider keine Zeit / dürfen keinen Alkohol mehr trinken / nichts mehr essen,

– weil Sie gleich in der Nacht mit dem Auto weiterfahren müssen
– weil Freunde Sie erwarten
– weil Sie eine schwere enzephalographische Megalomanie am linken Zwölffingerdarm haben
– weil Ihre Frau dagegen ist.

Und drehen Sie den Spieß der Vertröstungen um. Sagen Sie immer: »Ja – aber«, wenn Sie »Nein« meinen. Vertrösten Sie. Treffen Sie eine Verabredung für morgen. Ihr Gegenüber stimmt zu und weiß, Sie werden sie nicht einhalten. Er auch nicht. Beide haben das Gesicht gewahrt.

Freilich hat diese Technik Grenzen. Ein Beamter oder Polizist, der von Ihnen etwas will, wird sich nicht so leicht abspeisen lassen. In einer Zeit weltweiten Reiseverkehrs müßten Sie sich schon sehr anstrengen, Ihre völlige Unkenntnis der Sprache, Ihr absolutes Nichtbegreifen glaubhaft zu machen. Ein Beamter, von dem umgekehrt *Sie* etwas wollen, erwartet seinerseits als Stimulans schon eine besondere dramatische Leistung von Ihnen. Zwei Dinge jedenfalls sind vollkommen nutzlos: die Drohung mit einer Anzeige oder einer Beschwerde beim Vorgesetzten. Sie würden nur ausgelacht. Wenn dagegen ein brummiger Polizist erklärt: Fahren Sie weiter, ich habe Sie nie gesehen! oder ein Schalterbeamter, in Tränen ausbrechend, Ihnen mitleidig ein 500-Lire-Stück in die Hand drückt, dürfen Sie sich als perfekt betrachten.

1 In »Zibaldone«, Zeitschrift für italienische Kultur der Gegenwart, 2. Heft, 1986.

2 In »Geschichte und Gesellschaft«, 23. Jahrgang, Heft 204. Vandenhoek & Ruprecht, Göttingen 1997.

3 Milos Vec, Frankfurter Allgemeine Zeitung, 11. Februar 1998, S. N6.

Der Mago und La Weltanschauung

Wie die Schwarze Magie vor den gewohnten Überraschungen schützt, und über den Fortschritt der Zauberkunst in der Ära des Internet.

Haben Sie Übergewicht? Stehen Ihre Sterne ungünstig? Haben Sie unerklärliche Wirbelsäulenschmerzen? Brauchen Sie vielleicht bloß Geld? Oder haben Sie welches zum Anlegen? Alles kein Problem. Nicht, daß man da gleich zum Arzt, zum Psychologen oder Finanzberater müßte. Der kürzeste Weg zur Problemlösung führt bekanntlich über das Wunder. In den richtigen Medien für das leidgeplagte Publikum werden fabelhaft wirkende Pillen zum blitzschnellen Abnehmen angeboten (Sie können essen, was Sie wollen – zehn Kilo weg in vierzehn Tagen! Foto: vorher – nachher), der erdmagnetische Volltrance-Epizyklen-Astromant bringt Ihr Horoskop ins Lot, der biogalvanische Gleichstrom-Rheuma-Pulsator schleift Ihre Bandscheiben wieder rund, und die Superinvestment-Inc. leiht Ihnen bereitwillig Geld oder nimmt es in Verwahrung. Selbstverständlich zu märchenhaften Konditionen. Das Bedürfnis nach dem Wunder wächst in einer durchrationalisierten Welt.

Wie diese Welt in Italien aussieht, wissen wir. Der Italiener hat ein sonniges Gemüt, singt den ganzen Tag Arien aus »Nabucco« und »Barbier von Sevilla«, braucht jede halbe Stunde einen *caffè* (Germanen sagen dazu Espresso), fährt mit seiner geliebten Vespa und einer weiteren Freundin über Pinienalleen an den Strand und huldigt dort im großen und ganzen dem *dolce far niente*. Und er hat noch eine Eigenschaft: Es gibt ihn nicht.

Der Italiener hat ein düsteres Gemüt, haßt die Sonne, trägt daher auch bei Nacht eine Sonnenbrille, dreht das Kofferradio mit der Rock-Musik lauter, trinkt am liebsten amerikanischen Whiskey und tschechisches Bier und träumt von einem deutschen Auto. Überflüssig zu sagen: Es gibt ihn auch nicht. Aber vielleicht ist er dem statistischen Mittelwert näher als der südländische Sonnyboy?

Es gibt ein paar sonderbare Indizien. Wovon fühlt sich der italienische Deutschlandurlauber (nach einer Erhebung von Reiseveranstaltern) am meisten angezogen? Vom Norden, wo er am nördlichsten und finstersten ist. Nordsee, Ostsee und Lüneburger Heide stehen von den Urlaubslandschaften Deutschlands am häufigsten auf der Wunschliste. Unter den Städten sind Berlin und Hamburg die Traumziele, erst dann kommt München. Bezeichnenderweise ist das nur eine Utopie. In Wirklichkeit werden Oberbayern und Schwaben am häufigsten bereist, wegen der Nähe, ist die meistbesuchte Stadt Frankfurt (in Wirklichkeit wohl mehr der Rhein-Main-Flughafen).

Beliebte ausländische Schriftsteller? Finsterlinge wie Dostojewski, Ibsen, Strindberg, Kafka, Thomas Bernhard, Jorge Luis Borges. Worüber schreibt Nationaldichter Dante in seiner »Göttlichen Komödie« am eifrigsten (und eindrucksvollsten), bevor er sich der langweiligen Pflichtübung des Paradieses zuwendet? Über die Schrecken der Hölle und des Fegefeuers.

Was ist das gar nicht sonnige Thema der Komödien des Dichters aus dem sonnigsten und südlichsten Süden, des Sizilianers Pirandello? Der Abgrund der Identität, der Illusion, des schwarzen Zweifels. Der geistesverwandte, im Ausland viel zu wenig bekannte neapolitanische Komödiant und Autor Eduardo De Filippo (1900–1984), ein italienischer Nestroy, entwickelt einen eher beklemmenden Humor. Totò, *der* Filmkomiker Italiens, war im bürgerlichen Leben – dies ein wahrhaft italienischer Widerspruch – der Aristokrat Antonio De Curtis, Principe di Bisanzio. Er ist ein Bruder Karl Valentins im Geiste, ein anarchischer Misanthrop, dessen Bosheit vor sich selbst nicht haltmachte. Er gewährte einmal ein schizophrenes filmisches Doppelinterview: Fürst De Curtis, umgeben von Luxus, äußert sich abfällig in gezirkelten Sätzen über den Rüpel Totò, den er bestenfalls in die Küche lasse: ein mieser Charakter, mit schlechten Manieren. Totò in der Küche schimpft auf neapolitanisch über den aristokratischen Kotzbrocken, diesen unerträglichen Snob, der seinen Ruhm nur ihm, Totò, verdanke, und die Erhaltung seines Palazzo nur seinen, Totòs, fürstlichen Filmgagen.

Liegt der Irrsinn, der bis zur Todesvertrautheit geht, vielleicht an der Landschaft? Tatsächlich erweist sich das meerumspülte Paradies aus der Nähe als wenig paradiesisch. Die Apenninenhalbinsel gehört zu den seismisch unruhigsten Gegenden der Erde. Sie plagt ihre Bewohner seit Jahrtausenden mit Vulkanausbrüchen und Erdbeben. Die richten, gewissermaßen verstärkt durch die Schwäche staatlicher Verwaltung, Verheerendes an: 1968 das Erdbeben im sizilianischen Val Belice, 1976 jenes in Friaul, 1980 in der Irpinia (Kampanien), 1997 und 1998 das nicht endenwollende Beben in Umbrien und den Marken.

Der Schöpfer hat Italien nicht aus dem allerbesten Material verfertigt. Es überwiegen Tone, Mergel, Kalkschiefer, hie und da vulkanische Aschen und Laven. Wo das minderwertige Zeug nur ein bißchen hügelig wird, ist es wenig stabil. Tiefe Täler zerhakken es, ungezählte *balze* und *frane*. Nach jedem Herbstregen sprießen nicht nur Pilze, sondern auch die Warnungstafeln mit der Aufschrift *Frana*, wenn Erdrutsche und Bergstürze, Senkungen und Risse die Straßen verändern. *Balze* heißen die gefräßigen Steilabstürze in weichen, erdigen Konglomeraten. Immer wieder stürzt der Rand nach, wird ein Baum entwurzelt, manchmal ein Etruskergrab freigelegt. *Le Balze* von Volterra haben den Berg, auf dem die Stadt steht, angenagt und ein ganzes Kloster verschlungen. Ein zweites wird in den nächsten Jahrhunderten Stein um Stein das gleiche Schicksal erleiden, in Jahrtausenden die ganze Stadt. Aber die sanften Ebenen? Bis vor wenigen Jahrzehnten alle malariaverseucht. Der Po droht mit Überschwemmungen und Schwärmen von *zanzare*, Stechmücken, die den Himmel verdunkeln. Mit einem masochistischen Lokalstolz sagen Mailänder: »Bei uns sind die Mücken so groß, daß sie bei Nebel auf dem Interkontinentalflughafen Malpensa landen.«

Die Bewohner der Halbinsel haben sich an ihrer stiefmütterlichen Erde nach Kräften gerächt. Schon die Römer haben für ihre Flotten den Wald erbarmungslos abgeholzt. Die Flotten brauchten sie, um aus Dalmatien, später aus entfernteren Kolonien Bauholz zu holen, weil sie keines mehr hatten, wegen des Flottenbaus. Das machte ihre Umwelt nicht lieblicher. Sie haben ein abgrundtiefes Gefühl für die Vergänglichkeit entwickelt. Die Erde an Vulkanhängen ist die fruchtbarste – und die bedrohteste. Vesuv und Ätna sind weit hinauf besiedelt. Ein großer Ausbruch, besonders des Vesuvs, könnte jederzeit erfolgen. Er hätte heutzutage, angesichts der wildwuchernden Schwarzbauten und dank einem nur elegant angedeuteten Zivilschutz, unbeschreibliche Folgen. Das Gefühl herrscht, unberechenbaren Schicksalsschlägen hilflos ausgeliefert zu sein, dem Sturm auf dem Meer, dem Großgrundbesitzer, dem Steuereinnehmer oder dem Hagel. Fatalismus, tiefe Frömmigkeit und abergläubische Ängste sind eine, Zynismus, vordergründige Lebensfreude, stoische Geduld und unerschütterlicher Optimismus die andere Seite derselben Mentalität. Ein sonniges Paradies?

Zum Glück lassen meist nur ein paar Streiks die Neurose ahnen. Die Abgründe der italienischen Seele sind überdeckt. Die Dämonen liegen an der Kette und sind zu Wasserspeiern an den Domen versteinert. Böse Geister sind durch geeignete Gesten gebannt und die Scharen der Unterwelt unter Kontrolle der aufsichtsführenden katholischen Amtskirche.

Auf dem Gebiet der Moral bekämpfte das Gesetz Merlin die Prostitution, indem es sie für nicht vorhanden erklärte. Die Mächte der Hölle dagegen sind vorhanden. Sie werden ernstgenommen. Satan existiert. Das sagt nicht nur eine Fachautorität wie der Dozent für katholische Dogmatik Don Giorgio Gozzolino[1], und der muß es wissen. Das sagen auch die Anwender Schwarzer Magie, die mit Satans Hilfe unschuldige Opfer behexen, krank zaubern oder gar umbringen. Allerdings – so haben Ethnologen auf Haiti herausgefunden – selbst ein Voodoo-Zauber funktioniert oft nicht ohne doppelten Boden. Zur Wirkung der Zaubermedizin tritt eine handfeste Droge. Oder: Der Nadel in der Puppe, die das Opfer symbolisiert, wird im Verborgenen mit einem spitzen Instrument größerer Mensur nachgeholfen, angewandt direkt auf das lebende Objekt.

Auch der Volksglaube bedient sich frommer Nachhilfe. Als im Februar 1995 in Civitavecchia eine gipserne Madonna blutige Tränen zu weinen begann, fand sie nicht nur in den Wochen danach einige Nachahmungstäterinnen, sondern machte mit einem interessanten Sinn für Abwechslung das Tränenwunder noch wunderbarer. Hatte man ursprünglich nur männliche Erbsubstanz im zweifellos menschlichen Blut nachgewiesen, das der

Gips ausschwitzte, so weiß man jetzt, daß Gipsstatuen sexuell ambivalent sind: Zweimal enthielten die blutigen Tränen weibliche, dreimal männliche Chromosomen. Krisenzeiten finden auch die Heiligen zum Heulen. Es geschehen Zeichen und Wunder. Stigmatisierte häufen sich. Flammenschriften erscheinen an der Wand. Weise ist da die Beharrlichkeit, mit der die Kirche die unsinnige Anmutung zurückweist, das Blut des heiligen Januarius, das sich zweimal im Jahr verflüssigt, einer chemischen Analyse zu unterziehen.

Zweifler werden sich über den eher volkstümlichen Geschmack der Heiligen mokieren. Immer nur Gipsmadonnen und Heiligenfiguren der untersten Kitschkategorie sind den Tränen nahe. Nie hat eine gut bewachte Madonna von Giotto oder Raffael, nie eine Pietà von Michelangelo geweint. Als ob es um eine Frage des Kunstgeschmacks ginge! Der Teufel wußte es immer schon: »Mit diesem Zaubertrank im Leibe siehst Helenen in jedem Weibe«, sagt Mephisto. Goethe hat hellsichtig die Gestaltpsychologie, sogar ihre Erweiterung vorweggenommen: Man sieht, was man weiß – und man sieht, was man zu sehen wünscht. Illusionisten nützen das. Die Opfer sind nicht nur unbedarfte Hausfrauen, die auf weißere Wäsche genauso hineinfallen wie auf magische Amulette. Wie stark, wie sehr vom Intellekt unabhängig die Neigung zum Selbstbetrug ist, demonstrierten 1984 die aus dem Stadtgraben von Livorno gefischten falschen Modigliani-Köpfe. Den größten Kennern erschienen – in der richtigen suggestiven Konstellation, zum hundersten Geburtstag des Künstlers, garniert mit einer Auffindungslegende – die grob mit dem Schlagbohrer behauenen Steine als Meisterwerke. Wieviel weniger lassen sich erst Gläubige durch banale Tatsachen verwirren. Ihr sorgengetrübter Blick sieht, was er sehen will.

Gegen Satan und die Schwarze Magie hatte der Kardinal Anastasio Ballestrero, Erzbischof von Turin, 1986 drei Weltpriester und vier Ordensleute mit einem Amt betraut, das nach der Pensionierung der letzten beiden Titulare lang vakant war. Nach strenger Wahl unter den zweitausend Geistlichen der Diözese wurden sieben Exorzisten als Kämpfer für das Gute berufen. Weil man nie wissen kann, ob der oder das Böse zum Erreichen teuflischer Ziele den spirituellen Zerstörungskräften nicht ganz ordinäre Wahnvorstellungen, Psychosen, Paranoia oder gar einen handfesten Gehirntumor beigesellt, stehen den amtlich autorisierten Teufelsaustreibern auch Psychiater bei, die zu untersuchen haben, ob einer, der an gewöhnlicher Geisteskrankheit leidet, sich nicht Besessenheit anmaßt. Da könnte ja jeder kommen. Es gilt dem Hochmut des Teufels und jener Hochstapler entgegenzutreten, die vorgeben, diesen im Leib zu haben, aber auch dem Übermut selbsternannter Exorzisten.

Ist wildes Exorzieren nicht fast ebenso gefährlich wie das ungezügelte Abhalten Schwarzer Messen? Weltliche Exorzisten üben ihr Amt aus, etwa Oberto Airaudi in Valchiusella, nicht weit von Turin, wo sich 180 Mitglieder einer Gemeinde namens »Damanhur« Tiernamen gegeben haben. Immerhin geht Airaudi ganz mit der Zeit: Der Computer berechnet die Leitfähigkeit der Haut, physiologische Rhythmen und tiefenanalytisches Kraftfeld, um dann unfehlbar auf An- oder Abwesenheit des Teufels zu schließen. Mit einem kleinen tragbaren antisatanischen Blitzableiter beherrscht man die synchronischen Linien, die magnetischen Bahnen und das Gesetz der Dinge. Jeder Verständige wird begreifen, daß es auf diese Weise leicht ist, sich vor dem Teufel zu schützen. Der Verständige sieht auch ein: Es ist dringend nötig. Haben doch – wie Polizeiberichten über Störung der Religion und der Friedhofsruhe zu entnehmen ist – gerade in und um Turin Delikte wie Hostienraub und Diebstähle von Schädeln oder anderem Gebein zugenommen.

Erklärungen gibt es dafür mehrerlei. Sie wollen nicht an den Satanomagnetismus glauben? Dann können Sie sich an die Untersuchungen von Giuditta Dembech halten, Autorin des erfolgreichen, in mehreren Auflagen erschienenen Buchs »Torino magica«. Sie hat – wohl mit magischen Kräften – die Zahl der dortigen Schwarzmagier, Satanisten und Mitläufer berechnet. Rund vierzigtausend scharen sich um einen harten Kern von einigen Dutzend. Warum gerade die nüchterne Hauptstadt der Piemontesen, der »Preußen Italiens«, so magieanfällig ist? Logisch: Turin, wie Lyon und Prag, steht an geweihtem Ort, über einer Ecke des Dreiecks der Weißen Magie, zugleich aber an einem Eckpunkt des schwarzmagischen Dreiecks, wie London und San Francisco. Turin ist somit Hauptkriegsschauplatz für das Gute gegen das Böse. Selbstverständlich ist es kein Zufall, daß gerade hier, an der Front gegen das Böse, eine so wirkungsvolle Waffe wie die *Sacra Sindone* aufbewahrt wird, das Heilige Grabtuch Christi mit dem wundersamen Abbild des Erlösers, dessen langerwartete Ostension der Erzbischof Giovanni Saldarini im April und Mai 1998 vorgenommen hat, obwohl die Kirche das Grabtuch nicht als Reliquie anerkennt. Aber kann man denn seine dreimalige wunderbare Errettung aus gefährlichen Bränden mit natürlichen Ursachen erklären? Natürliche Ursachen, wenn man so will, hatte dagegen der Brand der Grabtuchkapelle im April 1997: Schlamperei, Nachläßigkeit, Ignoranz.

Daß in Turin die Selbstmordrate die höchste von ganz Italien ist, daß hier die Statistik der kleinen und großen Kriminalität der von Camorra- oder Mafia-Hochburgen im Süden nicht nachsteht, daß Drogensucht, Okkultismus, Neurasthenie, ideologischer Radikalismus als verschiedene Symptome derselben Krankheit gerade hier so stark auftreten, hat nach anderer Ansicht einen gemeinsamen Nenner in der Gesellschaft selbst. Er heißt industrielle Monokultur. In Turin wedelt der Schwanz mit dem Hund. Das Schicksal der Autokonjunktur bestimmt ungedämpft das der Stadt, die gerade durch sie Ziel des stärksten inneritalienischen Wanderstroms wurde. In Turin prallen nördliche Ressentiments und entwurzelte Süditaliener aufeinander. Die *immigrati* haben ihre archaische Denk- und Lebensweise in die nördliche Industriewelt importiert, camorristische Bandenkriminalität und steigenden Analphabetismus. Das hat Turin zur »magischen Stadt« gemacht. Ob es der Teufel holt?

Der Teufel bedroht in der Tat nicht etwa die entlegenen Winkel Siziliens, Kalabriens oder Sardiniens am stärksten. In diesen Regionen liegt die offizielle Analphabetenrate noch immer über sechs Prozent, die inoffizielle (die den sogenannten Rückkehranalphabetismus einschließt) beträgt das Doppelte. Der Teufel, geldgierig wie er schon ist, bedroht ungern die armen Teufel. Lieber schon den reichen industrialisierten Norden. Die berühmtesten Hexenmeister und Wundertäter haben ihren Sitz in den großen Städten Mailand, Turin, Rom und Neapel. Was in Deutschland die hinteren Seiten anrüchiger Groschenhefte füllt, hat selbst in den seriösen Tageszeitungen eine eigene, ins Auge springende Anzeigenrubrik: *CHIROMANZIA* – Handlesekunst. Möglichkeiten der Wirklichkeitsbewältigung tun sich auf, die auch nördlich der Alpen immer beliebter werden. Hier empfiehlt sich nicht nur der *chiromante*, sondern auch der und die *cartomante* (Kartenaufschläger/in), der *astromante* (Sternwahrsager), der *astrochiromante*, der kombinierte *astrochirocartomante*. Es gibt Psychohellseher, parapsychomediale Wahrsager und fluidologische Medien, von ordinären Astrologen zu schweigen.

Der Supermagier (von der Hohen Brasilianischen Schule) und der Paratelepathologe (Ehrendozent des Okkultistischen Instituts) helfen (auf jede Entfernung, auch in hoffnungslosen Fällen) gegen das Schlimmste: die *fattura* (nicht zu verwechseln mit der *fattura fiscale*, der Steuerrechnung, die auch ein Magier hinterher ausstellt, wenn er gewissenhaft ist), die *iettatura*, den *fascino* und andere Formen der Behexung, etwa den Bösen Blick (*malocchio*). (Nur für den verhexten Alltagskram mag die gewöhnliche *scaramanzia* helfen, eine magische Formel oder Geste wie das Fingerkreuzen.) Magier mit glückverheißenden Namen wie Fausto oder Fortunato und mehreren Telefonnummern führen erfolgreich Großbetriebe mit Assistenzhexern und Zauberersubstituten und genießen das Wohlwollen der öffentlichen Meinung. Sie haben die Einschaltquoten von Fernsehen mit Zuschauerbeteiligung entdeckt und lassen sich vor der Kamera anrufen, um die Zukunft zu verkünden – »Patricia, ich sehe in den Karten eine aufregende Begegnung für dich«. Weil in der Informationsgesellschaft die Hardware zunehmend durch die Software ersetzt wird, arbeiten die fortschrittlichen Wahrsager längst mit Bildschirm, Fax-Modem und Internet.

Auch die magischen Kommunikationstätigkeiten mögen modernere Menschen nur noch virtuell ausüben: die Traditionalisten per Handy und Fax, die Progressiven via Modem, World Wide Web und Internet. Es gibt zwar noch Außenseiter, die zur Befriedigung spiritueller Bedürfnisse befremdlicherweise ihren materiellen Leib gebrauchen. Die Dreidimensionalen beobachten andere lebende Menschen auf Bühnen und Konzertpodien, wälzen Bücher, beugen das Knie in der Kirche oder werfen sich gen Mekka nieder. Einst reisten die Gläubigen zu Weihnachten oder Ostern nach Rom und drängten sich auf dem Petersplatz, um den Heiligen Vater leibhaftig zu sehen und seines Segens »Urbi et orbi« teilhaftig zu werden. Fortschrittlichere Katholiken haben dafür Eurovision. Die pastoral förderliche Anonymität des Beichtstuhls hat als logische Konsequenz die Telefonseelsorge und 1997 die noch anonymere Beichte über Internet nach sich gezogen. Für das Wort Lippenbeichte werden sich Pastoraltheologen ein angemesseneres einfallen lassen müssen.

Die Avantgardisten begrüßen jene *chat line*, die inzwischen erlaubt, Papstmessen zur Freude der Anbieter und der Telecom telefonisch zu hören. Das hat den Turiner Anbieter eines Telefondienstes für Wahrsagerei nicht ruhen lassen. Er richtete für seine Klientel, die sich die Karten legen, die glückhaften Sternenkonstellationen mitteilen oder gar (telefonisch!) aus der Hand lesen lassen will, die neue Nebenstelle »Liebe für die Ewigkeit« ein. Dort können fromme Hinterbliebene für ihre Verstorbenen die Fürbitte im Himmel bestellen. Gegen einmalige Zahlung von 250 000 Lire liest Don Luigi Terzi, engagierter Gefängnisseelsorger in San Gimignano, der mit den Einkünften ein Aufnahmeheim für Gestrauchelte finanzieren will, allmonatlich die Gedenkmesse. Der Kunde muß nicht in die Toskana reisen, um der Messe beizuwohnen: Es ist eine Telefonmesse, gebührenpflichtig. Der geistliche Service, der beim Bischof von Siena auf vorsichtige Reserve stößt, ist in der Tat ewig in jedem Sinn: Zwar nicht Don Luigi, aber das Telefontonband hat theoretisch unbegrenzte Lebensdauer.

Auch die RAI entdeckte im Kampf um Einschaltquoten gegen die Privatsender mit der notorischen Verspätung der Staatsbürokratie, daß alles Jenseitige im Diesseits ein ergiebiger Markt sei. Das Horoskop zum Sendeschluß ist so gebräuchlich wie die Gutenacht-Märchen für Kinder. Gedankenübertragung, Hellsehen und Vorauswissen, Lottospielsysteme, Aura-Erscheinungen oder Astralleiber sind Themen von Sendungen, gegen welche Nobelpreisträger mit einschlägiger Kompetenz (die Naturwissenschaftler Carlo Rubbia, Emilio Segre, Daniel Bovet, Renato Dulbecco und Salvador Luria) vergeblich protestierten. In einer Polemik wandten sich selbst Literaten wie Giorgio Manganelli gegen die Rationalisten, verteidigten das Recht auf Konfusion und Ungenauigkeit, auf Irrtum. Manganelli tat das aber schon wieder so, daß man nicht wußte, ob's nicht ironisch gemeint war, als er das Recht auf die eigene Dummheit in Schutz nahm.

Es scheint unlautere Konkurrenz zu geben. Manche Dämonologen und Pranovisionäre versprechen nichts als Beratung, seelische Hilfe, Erleichterung. Der Verdacht ist begründet, daß sich hinter solchen Anzeigen nicht ein seriös hexendes Medium verbirgt, sondern ein gewöhnlicher Seelenkundler, womöglich an einer Universität ausgebildet. Tatsächlich sagt der Italiener auch dann, er gehe zum *mago*, wenn er den Psychologen, Psychiater oder Psychoanalytiker meint. Es ist weniger ehrenrührig, Probleme zu haben, die nur der Magier lösen kann, als einzugestehen, man sei irgendwie *matto* oder *pazzo*, nicht ganz richtig im Kopf. Soziologen und Firmenberater mit Erwerbssinn hängen sich gleichfalls den Magiermantel um und verschweigen das Diplom von der Sorbonne oder aus Cambridge.

Das italienische Gesetz über öffentliche Sicherheit aus dem Jahr 1931 läuft dieser Realität genauso voraus wie die Verfassung. Es verbietet im Artikel 121 jede Scharlatanerie, die »Aberglauben und Vorurteile anderer ausnützt oder nährt, wie Wahrsagerei, Traumdeuterei, Kartenaufschlägerei, Verhexungen, Exorzismen«. Das königliche Dekret 635 von 1940 verbietet »Hypnose (Magnetismus, Mesmerismus, Bezauberung), Fakirtätigkeit und ähnliches, was sich bei einem leichtgläubigen Publikum schädlich auswirken kann, ausgenommen harmlose Unterhaltungen, die nach dem Urteil des Provinzarztes als unbedenklich anzusehen sind«.

Die Praxis ist anders. Das allgemeine Bedürfnis nach Magie ist stärker. Das Horoskop gehört zur Normalausstattung privater Fernsehprogramme. Parapsychologie ist ein ergiebiger Markt. Selbst die RAI holte, von Naturwissenschaftlern und Nobelpreisträgern kritisiert, mit einer Sendereihe zum großen tele-(video)kinetischen Schlag aus. Aus Gründen der Gleichheit werden die genannten Verbote daher – Sie ahnen es schon – weder gegen Fernsehanstalten noch gegen Großmagier, die täglich Tausende Mark für Fernsehwerbung ausgeben, angewandt. Wenn eine *maga* wie die betrügerische und erpresserische »Mamma Ebe« mit einem gelinden Hausarrest wegkommt, verwundert mehr die Tatsache, daß sie überhaupt angeklagt wurde, als die milde Strafe.

Ein aufsehenerregender Grenzfall: Armando Verdiglione. Der kalabrische Bauernsohn, der sich als Fortsetzer der psychoanalytischen Schule Lacans bezeichnete, steht für die intellektuelle Spielart des *mago*. Er gründete eine Stiftung, ein kleines Verlagsimperium, richtete eine barocke Villa als »psychoanalytische Klinik« ein. Zu seinen Kongressen in Mailand, Paris, Tokio, New York, Rom lud er Kulturprominenz von A bis Z: von Arrabal und Borges über Strehler bis zu Wiesel, Xenakis und Zanussi. Er wurde 1987 in einem Berufungsprozeß zu einer Gefängnisstrafe von vier Jahren wegen Nötigung, Erpressung, Mißhandlung, Einschüchterung psychisch Labiler, Betrugs, des italienischen Straftatbestands der »Ausbeutung hilfloser Personen« verurteilt. Die schon beschriebene Krebs-Therapie von Luigi Di Bella gehört, was ihre massenmediale Vermittlung angeht, nicht minder in die Schublade des Wunderglaubens.

Die Vielfalt praktischer Lebenshilfen durch Magie läßt fast vergessen, daß Italien – noch immer – ein katholisches Land ist. Gewiß, die Kirche hat zumindest ein Auge zugedrückt, manchmal beide, wenn der Volksglaube stärker war als die Theologie. Katholisch oder nicht – Reliquien, fliegende Patres, Verflüssigungswunder, Skapuliere und Rosenkränze und das Turiner Grabtuch bilden für einfache Leute das nötige Zubehör, mit dem sie den Widrigkeiten des Lebens besser zu Leibe rücken. Ganz wie die gewöhnliche Welt, hat die magische nicht nur ihre spirituellen Weiheorte, sondern auch die schlichten Brutstätten des materiellen Glücks. Dem Glück jagt der Italiener hartnäckig nach und macht damit den italienischen Staat glücklich. Der verdient, wie vor ihm schon der Kirchenstaat, an den Glücksspielen – am Fußballtoto, an den Pferdewetten, am Lotto.

Als ein Defekt der Maschine, die die Zufallszahlen ausspuckt, eine Lottoziehung ungültig machte, nahm das ganze Land teil am Schicksal derer, die mit ihrem Glück haderten, weil sie gewonnen, aber doch nicht gewonnen hatten. Eine gleichzeitige Regierungskrise fand viel weniger Interesse. Das Lotto steigerte sich zum »Enalotto«, 1997 sogar zum »Superenalotto« mit einem Jackpot, der nach längeren Pechsträhnen der Spieler (dank dem Einfluß des Bösen) schon einmal auf sechzehn Millionen Mark gestiegen war. Italien fieberte. Als ein sizilianischer Rentner eine Million Mark gewann und unerschüttert vor der Fernsehkamera erzählte, wie er das Geld – natürlich – in der Familie aufteilen werde, wurde ein Wertpapiertransporter überfallen, bei dem sich auch der ausgefüllte Lottoschein des Gewinners befand. Eine Telenovela – wird er sein Geld kriegen oder nicht? – ließ eine Nation von Fernsehern tagelang bangen. Nicht nur im protestantischen Norden, sondern auch im katholischen Süden gilt als sündhaft, das blinde Glück oder Gott zu versuchen. Da ist dem linken Kulturminister Walter Veltroni sehr für die moralische Rechtfertigung des Glücksspiels zu danken. Es gelang ihm, die Lottoeinkünfte in die Kassen des Ministeriums für Kulturgüter zu leiten, um Kunstschätze des Landes zu restaurieren oder vor dem Verfall zu retten.

Wer den glücklichen Zufall für sich arbeiten lassen will, darf natürlich nichts dem Zufall überlassen, sondern muß hart arbeiten. Die Zahl der Systeme, wie man beim Roulette gewinnt, geht in die Tausende. Siebzehn Zeitschriften beschäftigen sich mit Spielsystemen, garantierten Gewinnen und der richtigen Methode, beim Lotto zu setzen. Das wichtigste Hilfsmittel, die Basis der Lottowissenschaft, ist die *Smòrfia*, das nach dem griechischen Gott des Schlafes Morpheus benannte Traumbuch. Wie medizinische Fachliteratur verlangt es solide Kenntnisse, um die richtigen Diagnosen zu stellen. Der geträumte Sarg bringt Glück mit der Nummer dreizehn, aber in Verbindung mit einem schwarzen Kater (neunundzwanzig) ist selbstverständlich zweiundvierzig zu setzen, war aber eine Palme dabei, muß man vierzehn abziehen, nicht jedoch, wenn ein Bettler den Weg des Träumenden kreuzte. Elementar, Watson, sagt Sherlock Holmes.

Wo anders als in der Stadt der Phantasie, der Glücksspieler und der überraschenden, aber genau geplanten Notlösungen – in Neapel – hätte 1997 ein Kongreß stattfinden können, der eine noch ernsthafter dem Glück nachjagende Berufsgruppe versammelt sah? Die *quizaroli* sind eine alte Erscheinung in modernem Gewand. Das Wort erinnert an alte Handwerksbezeichnungen. Der *pizzaiolo* macht die Pizza, der *barcaiolo* setzt mit der Barke über den Fluß. Überwiegend aber hat die Wortform etwas Abschätziges: Der *borsaiolo*, der Taschendieb, hat es auf die *borsa* abgesehen, der *donnaiolo*, der Schürzenjäger, auf die *donna*, eigentlich auf möglichst viele *donne*. Der *tombarolo*, der Grabräuber, räumt die antiken *tombe* aus, vorzugsweise etruskische.

Folgerichtig ist der *quizarolo* spezialisiert darauf, an Quiz-Sendungen teilzunehmen. Aber nicht zum Vergnügen. Auch er will abräumen. Das artet in Arbeit aus. Wer hat gesagt, die Vereinsmeierei sei eine Eigenschaft der Deutschen? Der ernsthafte *quizarolo* ist organisiert, in der Vereinigung der Quizteilnehmer Italiens. Organisation ist der erste Schritt zum Erfolg. Auf Tagungen und aus Fachblättern erfährt der *quizarolo*, wo es was zu holen gibt, wo man sich als Teilnehmer anmelden, wo bewerben kann, auf welch verschlungenen Wegen man erfolgreich vor die Fernsehkamera tritt. Dann gibt es die vielen Ratesendungen im Fernsehen und im Hörfunk mit telefonischer Zuschauerbeteiligung: Manchmal gilt es nur, als erster den Moderator an den Apparat zu kriegen. Manchmal müssen Fragen beantwortet werden. Manchmal werden überraschende Aufgaben gestellt.

Der Profi arbeitet hart – wie beim Sport, der ja auch nur für Dilettanten ein Vergnügen ist, für die internationale Spitze aber Schwerarbeit. Ganz wie der moderne *tombarolo* nicht einfach auf dem Acker ein bißchen buddelt, sondern mit genauer archäologischer Literaturkenntnis, Metalldetektor, Minibagger und Empfänger zum Abhören des Polizeifunks zu Werke geht, so wählt sich der berufsmäßige Sieganwärter nicht etwa am Telefon die Finger wund. Der *quizarolo* läßt, um die Chance des Durchkommens auf der überlasteten Leitung zu vergrößern, einen Wählautomaten laufen. Besser zwei, mit akustischem Signal, sobald die Verbindung zustandekommt. Währenddessen stellt eine weitere Telefonleitung, oft mit Konferenzschaltung, die Verständigung mit den Helfern innerhalb von Gewinnergemeinschaften sicher. Ein Gewinner hat nicht selten Souffleure – aber damit ist nicht die gesetzeswidrig getürkte Antwort gemeint.

Denn auch Betrug kommt vor. Bei einer beliebten Sonntagssendung der RAI trat zutage: Gerade jener Funktionär des Finanzministeriums, der die Aufsicht darüber hatte, daß alles mit rechten Dingen zugehen solle, ließ die Lösungen schwieriger

Rätsel Teilnehmern zukommen, die nur scheinbar zufällig aus dem Bewerberhaufen gewählt worden waren. Die Sache flog auf, weil ein allzu dummer Prüfling vor lauter Eifer die richtige Antwort auf eine Frage gab, die noch gar nicht gestellt war.

Eine biedere Hausfrau, deren Aussehen und Aussprache keineswegs auf Genialität, ja nicht einmal auf höhere Schulbildung schließen ließen, zählte auf, was sie in den letzten Jahren so gewonnen habe: gerade erst eine schöne Flugreise zu zweit nach Indien, und vor etlichen Monaten ein Auto, davor einen Pelz, oder mehrere, sie weiß es nicht mehr, und schon zwei teure Kreuzfahrten in die Karibik. Ach ja, und noch ein Auto, ein kleineres, nicht der Rede wert, und verschiedene Male Bargeld, von ein paar Tausend Mark aufwärts, aber Genaueres will sie nicht sagen, denn der Feind aus dem Finanzamt hört vielleicht mit, und dann so allerhand Kleinigkeiten, also Uhren, Perlenketten und ähnliches. Doch an die erinnert sie sich nicht so genau, es sind zu viele. Fortuna ist blind? Nein, Glück hat der Tüchtige. Es handelt sich um die virtuos auf die Spitze getriebene Tüchtigkeit in der besonderen Disziplin, Glück zu haben.

Wie es sich für eine spielerische Gesellschaft gehört, in der man auch ums Leben spielt, haben Arbeit und Privilegien nicht immer mit Verdienst – in beiden Bedeutungen des Wortes – zu tun. Beim russischen Roulette fordert der Lebensmüde mit der Pistole den Zufall heraus, um vielleicht noch die Spur eines Glücks zu empfinden: wenn der Lauf der Waffe leer und der nicht unwahrscheinliche Tod noch einmal erspart geblieben ist. Den italienischen Arbeitsmarkt könnten wir italienisches Roulette nennen. Dabei geht es auch ums Überleben. Das Spiel ist weniger gefährlich, die Spielregeln sind komplizierter, die Gewinnwahrscheinlichkeit entspricht der bei einer Lotterie.

Millionen nehmen das Spiel sehr ernst. Es geht so: Zuerst kauft der Interessierte, in der Regel arbeitslos, einen der in Norditalien fast unbekannten, im *Mezzogiorno* verbreiteten Bestseller am Zeitungskiosk. Er steht Schlange, um möglichst schnell nach dem Erscheinen die neueste Nummer von »Wettbewerbe für alle«, »Wettbewerbe für Abiturienten«, »Wettbewerbe für Jugendliche« oder einer ähnlichen Zeitschrift zu kaufen, in der nichts zu finden ist als die Stellenausschreibungen der öffentlichen Hand. Wenn er glaubt, die Anforderungen zu erfüllen, die ein ausgeschriebener Posten stellt, meldet er sich.

Wenn sich mehr als ein Bewerber meldet, schreibt das Gesetz bindend einen *concorso* vor, einen Wettbewerb, in der Regel schriftlich, oft auch mündlich, bisweilen in mehreren Durchgängen. Dabei stellen die Aufgaben unter Umständen hohe Ansprüche. Der Bewerber für die Stelle eines Museumswärters, der alle Fragen vollständig beantwortet, könnte wohl ohne Umstände eine Professur als Kunsthistoriker antreten, der erfolgreiche Krankenpflegeraspirant hätte sich mindestens als Chefarzt einer Klinik qualifiziert.

Die Anforderungen hochzuschrauben ist auch deswegen nötig, weil viele, und in Zeiten hoher Arbeitslosigkeit noch mehr, die Sicherheiten des Staatsdienstes anstreben. Der Staatsdiener ist bei früher Pensions- und ständiger Streikberechtigung so gut wie unkündbar, selbst wenn er sich selten an seinem Arbeitsplatz befindet, weil er ja wegen der schlechten Bezahlung anderswo ernsthaft verdienen muß. Er weiß das. Post- und Eisenbahnkunden, Telefonbenutzer oder Antragsteller bei einer Behörde bekommen es täglich zu fühlen. Der Minimalpensionsanspruch wird mit einer Dienstzeit von vierzehn Jahren, sechs Monaten und einem Tag erworben, die tatsächliche Auszahlung der Pension beginnt frühestens nach weiteren fünf Jahren Dienst- oder Wartezeit. Ende dreißig beginnt mancher, seine Pension zu verzehren. Die sogenannten Babypensionen haben sehr zur Aushöhlung des Rentensystems beigetragen.

Sagte ich, viele wollen in den öffentlichen Dienst? Unzählige. Myriaden. In Palermo fand der vorgeschriebene *concorso* für einige Dutzend von der Post ausgeschriebener Stellen im Fußballstadion statt, denn viele Tausend hatten sich gemeldet, und nach dem Gesetz darf keiner abgewiesen werden. In Rom geriet ich einmal in den schlimmsten Verkehrsstau, den ich in der nicht gerade verkehrsfreundlichen Ewigen Stadt erlebte, weil ein Wettbewerb um 960 Stellen der Polizei stattfand, bei dem ein »Gewinn« von nicht ganz zweitausend Mark monatlich winkte, eingeschlossen Dienstpistole, Uniform, wenig Ansehen bei der Bevölkerung und erhebliches Berufsrisiko, gemildert durch die Aussicht auf ein Staatsbegräbnis. Sehr attraktiv scheint das nicht. Doch für die 960 Posten hatten sich 200 000 (in Worten: zweihunderttausend) Bewerber gemeldet, die im Lauf zweier Wochen in einem Großhotel an der Via Aurelia den ersten Durchgang absolvierten: achtzig, zum Teil schwierige Multiple-Choice-Fragen, in fünfundvierzig Minuten zu beantworten .

Die Bewerberstatistik gerade jenes *concorso* spiegelte die italienische Gesellschaft und ihre Probleme: aus Oberitalien »nur« 34 000 Aspiranten, die überwältigende Mehrzahl aus dem Süden und Mittelitalien. Das Durchschnittsalter lag bei 25 Jahren, die Hälfte hatte Abitur oder einen vergleichbaren Schulabschluß, 90 000 waren Frauen, und siebzig Prozent hatten schon mindestens drei Wettbewerbe hinter sich. Um 1990, verlautete aus dem Innenministerium, kamen 120 000 Bewerber auf 3 500 ausgeschriebene Stellen. Das waren damals 34 Aspiranten auf einen Posten. Jetzt konkurrieren über 200 Bewerber um einen Platz. Tendenz: weiter steigend.

Bei der RAI war 1988 nicht einmal mehr eine Anstellung, sondern nur die Hoffnung auf Zeitverträge zu vergeben: nämlich drei Dutzend Eintragungen in eine Liste, aus der von Fall zu Fall Regieassistenten als freie Mitarbeiter vielleicht herangezogen hätten werden sollen können. 1 800 (eintausendachthundert) Bewerber meldeten sich, die Prüfungsaufgaben (durch Ziehung eines von mehreren versiegelten Umschlägen festzulegen) waren extrem schwierig, auch ein Strehler hätte sie schwerlich aus dem Stand gelöst. Der *concorso* wurde übrigens annulliert, weil man draufkam, daß offenbar jemand einen *Santo* hatte: in allen Kuverts waren ähnliche Aufgaben, sodaß einer, der sie gewußt hatte, sich vorbereiten konnte.

Es ist auszurechnen, wann die öffentliche Verwaltung mit der Abwicklung ihrer obligaten Stellenbewerbe so ausgelastet sein wird, daß für andere Aufgaben keine Arbeitskraft mehr bleibt. Der Grenzwert zum Absurden ist, auch wegen des Geburtenrückgangs, im Sektor der Kindergärten und Grundschulen erreicht: Es finden bereits Wettbewerbe für 0 (in Worten: null) verfügbare Stellen statt. Die Sieger erwerben nur das Recht, auf eine Warteliste zu kommen. Kein Wunder, daß da manche gleich zur wirklichen Lotterie abschwenken, zum Fußballtoto, Pferde- oder Zahlenlotto: das Leben ein Glücksspiel. Auch wenn der Mensch schlecht lebt, ohne Hoffnung kann er nicht leben.

Das Rätsel, warum Italiens schwierige Stellenbewerbe trotzdem keine funktionierenden öffentlichen Dienste mit qualifizierten Mitarbeitern hervorgebracht haben, hat zwei Lösungen. Entweder man glaubt an das Böse im Menschen und nimmt an, daß die Eroberung der Pfründe bereits alle Kraft und Arbeitsbereitschaft aufgebraucht hat und nur Schmarotzertum übrigblieb. Oder man glaubt an das Gute im Menschen. Das steckte dann sowohl im eigentlich unfähigen, aber gutwilligen Bewerber, der angenommen wurde, wie auch im Mitglied der Prüfungskommission, das sich für ihn einsetzte, weil ihm ein einflußreicher Freund den vielversprechenden Neffen des Hausmeisters einer entfernten Cousine warm ans Herz gelegt hat.

Die doppelte Buchführung der Widersprüche benutzt der Italiener, bewußt oder nicht, in der Bürokratie, unter der er leidet, die ihm aber auch manch schöne Entschuldigung dafür liefert, daß es wieder einmal nicht geklappt hat, und nicht minder in seinem Seelen- und Geisteshaushalt. Der Mechaniker, der Ihnen eben die Einspritzelektronik am Auto in Ordnung gebracht hat, weiß, daß der Motor jetzt nur läuft, weil er die *scaramanzia* nicht vergessen hat. Der Durchschnittsitaliener, ein Mosaik. Gibt es ihn? Es gibt ihn. Ein Kommunist, der vielleicht Gramsci auswendig zitiert, aber zur Weihnachtsmette geht und tags darauf zum *mago*, um die richtigen Börsentips zu erlangen, weil er Aktien verkauft, aber wegen der Ausbeutung der Arbeiterklasse durch seine lebensnotwendige kapitalistische Altersvorsorge ein so schlechtes Gewissen bekommt, daß er umgehend zur Beichte geht, von der er sich bei der Lektüre von *fumetti* (Comics) erholt, um den Kopf freizuhaben für eine Diskussion mit Massimo Cacciari über *il weltschmerz* und *la weltanschauung*.

Die permanente Schizothymie ist ein Orgelpunkt italienischen Lebens. In welchem europäischen Land gibt es das sonst, daß ein »weltfremder« Philosoph wie Massimo Cacciari die politische Knochenarbeit eines Bürgermeisters von Venedig auf sich nimmt (und sich sogar wiederwählen läßt, weil er seine Sache so gut macht)? Welche mitteleuropäische Stadt hat je, wie Rom mit Giulio Carlo Argan, einen bedeutenden Kunsthistoriker zum

Bürgermeister gewählt? Und welche, wie Florenz mit Massimo Bogianckino, kürte sich einmal einen Operndirektor als Stadtoberhaupt?

Weltschmerz und *weltanschauung* gehören zu dem wenigen, was die deutsche Sprache und Philosophie mehr zum Schmuck als zur Verständigung in der italienischen Geisteswissenschaft hinterlassen hat. Moderne italienische Philosophen sprechen allerdings fast besser heideggerisch als italienisch und vollbringen das Höchste in der Rhetorik. Giambattista Vico, der neapolitanische Rhetorikprofessor (1668–1744), lange verkannt, leistete folgerichtig Hervorragendes als Geschichtsphilosoph.

»So ist es – wenn Sie glauben«, heißt ein Theaterstück von Pirandello. Aber auch der unkünstlerische Italiener traut seiner Phantasie oft mehr als der erdbebengeschüttelten Wirklichkeit. Noch in einer ganz gewöhnlichen Live-Show im sizilianischen Fernsehen muß die Wirklichkeit nicht wirklich sein. Vor die laufenden Kameras stürzte ein Geiselnehmer und bedrohte die Schauspieler. Die Zuschauer riefen das Überfallkommando an, doch der Geiselnehmer war ein Schauspieler. Der Normalitaliener fällt darauf nicht mehr hinein. Er hat Erfahrung. Er verbringt nach einer älteren Untersuchung sechs Stunden 47 Minuten täglich vor dem Fernseher. Allerdings auch essend, dösend, plaudernd oder die Zeitung lesend – die eigentliche Fernsehzeit beträgt »nur« etwas über drei Stunden, was die doppelbödige Statistik verschweigt. Es ist wie mit Einaudis Berechnung des theoretischen Steueraufkommens, die wir noch behandeln werden:[2] Wenn Sie die Beschäftigungen summieren, hat der Tag des Durchschnittsitalieners mindestens 36 Stunden. Eher würde der Fernsehitaliener einen echten Überfall für Filmdreharbeiten halten. Heult der Einbruchsmelder nebenan, dreht er sich angeödet weg: Schon wieder ein Fehlalarm! Italiens Wirklichkeit ist oft nicht wirklich. Sie könnten auch, nach all dem Widersprüchlichen, die wirkliche Existenz des Italieners als solchen bezweifeln. Glauben Sie, daß es eher den Yeti gibt als einen gewöhnlichen Italiener?

1 Im Turiner Diözesanblatt, Februar 1986.

2 Siehe »Die Ordnung im Chaos«.

Land ohne Italiener?

Versuch einer Begründung, warum es in New York (New York) mehr Italiener gibt als in Rome (Italy). Ein Blick auf die Besatzungsmacht in Neapel.

Was aber bleibet, stiften die Dichter nicht immer. Mag sein, daß Dante Alighieri schon vor sechs Jahrhunderten ein (sehr vages) sprachliches Vaterland geschaffen hat – als das Verbindende einer Nation reichte seine Dichtung nicht ganz aus. Der Italiener hat eine Stadt, in der er geboren ist (oder lebt), beschreibt unentwegt seine besondere Identität in der (italienischen) Herkunft seiner Vorfahren, und eine »Heimat« scheint er nicht zu haben. Schon mit dem Begriff gibt es Schwierigkeiten. Nicht nur im Babel der Deutschen, die alle Verschiedenes damit verbinden, sondern noch mehr unter den Italienern, die keine rechte Entsprechung für das Wort haben: *Patria* ist mehr das Vaterland, dem sich der Patriotismus und nicht die Heimatliebe zuwendet, und schnell geraten sich italienische Soziologen und Ideologiekritiker in die Wolle über die Frage, ob es ein Heimweh gebe, wenn keine Heimat es hervorrufe.

Wie es für Italiener schwierig ist, die deutschen Traumata nachzuempfinden, so für die Deutschen, das italienische Einigungstrauma zu begreifen. Wird dem Deutschen von der Verschiedenheit italienischer Dialekte gesprochen (wobei im empörten Aufschrei etwa der Sarden, sie hätten keinen Dialekt, sondern eine Sprache, der nicht linguistisch, nur politisch und historisch zu begründende Unterschied zwischen Sprache und Dialekt ohrenfällig wird), meint er ruhig, die gebe es ja im deutschen Sprachraum auch. Klagen Italiener, sie hätten nie eine nationale Revolution gehabt, erinnert sich der Deutsche, das fehle auch in der eigenen Geschichte. Umgekehrt antworten Italiener auf Stichworte wie Teilung und Mauer, in Istrien oder in der Schweiz habe man selber Landsleute jenseits der Staatsgrenzen.

Nostalgische Politiker versuchen neuerdings sogar, sie wieder einmal als »unerlöst« zu etikettieren. Als Jugoslawien zerfiel und Albanien sich von der Diktatur befreite, war der bedingte politische Reflex in Italien zwiespältig: Einerseits hofften viele insgeheim, jetzt werde Italien, wie in den Glanzzeiten der Serenissima Repubblica Venezia, vermehrt Einfluß im dalmatinischen Raum und auf dem Balkan gewinnen. In kulturpolitischen Initiativen, etwa dem »Pentagonale«-Festival im grenznahen Cividale (Friaul), oder mit förderndem Engagement im Prager Musikalischen Frühling war Italiens Ehrgeiz, in Osteuropa als bedeutend aufzutreten, gut erkennbar. Italienische Unternehmer begannen sofort in Albanien zu investieren. Andererseits wirkte das Auseinanderbrechen Jugoslawiens wie ein Menetekel: Die Italiener sind sich ihrer gemeinsamen politischen Identität nicht so sicher, wie ihr ironisches Lächeln über regionalistische, ja rhetorisch sich zum Separatismus aufschwingende Bewegungen in der Art der Lega Nord weismachen will.

Die Analogien zwischen Italien und Deutschland sind nur scheinbar. Sie stellen sich nur her, weil der eigene Schmerz immer der größte ist (und so dem fremden, größeren, möglicherweise vergleichbar), und weil die nahen Unterschiede mehr ins Auge springen als die entfernten. Die zum Teil extremistisch zugespitzten Autonomiebewegungen stellen nur die äußeren Enden einer allgemeinen Zentrifugalbewegung dar in einem Land, das zwar eine scheinbar starke zentralistische Struktur hat wie Frankreich, in dem sich jedoch fast alle als Minderheiten sehen: von den Sarden zu den Valdostanern, ganz zu schweigen von nichtitalienisch sprechenden Minoritäten, den Südtirolern, den Albanern, der grekanischen, also griechisch sprechenden Volksgruppe, den Ladinern. Der offizielle Sprachgebrauch für die Süditaliener in Oberitalien hat das Wort *immigrati*, Einwanderer, zum Ausdruck von sehr engen Identifikationen werden lassen, die es in Deutschland so nicht gibt.

Dem Übersetzer Heiner Müllers, Saverio Vertone, entschlüpfte einmal der Satz, Turin sei eine »so wenig italienische Stadt«. Vittorio Sermonti ging einmal in einer witzigen Conférence »Italia – Germania 3 : 1« so weit, zu behaupten, »Italien« sei nichts als eine rhetorische Figur. Solche Erklärung des existierenden ungeliebten Staates zur in vereinzelten Ausbrüchen geliebten, utopischen Heimat verblüfft immer wieder deutsche Dickbrettbohrer, die den Anteil an Bildhaftigkeit und Rhetorik in italienischer Essayistik nicht recht abzuschätzen wissen.

Dichter, besonders wortmächtige Wesen, legen häufig einen starken Akzent auf ihr Anderssein unter Landsleuten. Marina Jarre etwa als Diasporagestalt im eigenen Land relativiert in ihrer Person jeden zu engen, zu absoluten Identitätsbegriff: der Vater russisch sprechender lettischer Jude, die Mutter Italienerin, Deutsch die Sprache der Kindheit. Mit zehn Jahren, 1935, kam sie nach Italien ins Haus der Großmutter, wo sie ihrer waldensischen Abkunft gewahr wurde, Französisch als die Sprache hugenottischer Vorfahren lernte und Italienisch erst in der Schule. Auf italienisch beginnt sie zu schreiben, und Italien wird und bleibt ihre – stets doch aus leiser Distanz gesehene – Heimat, ihr kultureller und sprachlicher Bezugsrahmen. Wie viele europäische Schicksale, auch Schriftstellerschicksale, haben dies gemeinsam: daß weder Nation noch Region, sondern einzig die Sprache Heimat bildet, in der sie behaust sind.

Da keimt ein schwerer Verdacht auf nach allen bisher gemachten Bemerkungen über Sprache, Individualismus und Partikularismus. Der Verdacht: Italien ist ein Land – vielleicht das einzige auf der Welt –, in dem es keine Italiener gibt. Zwar: Die Bürokratie, die Schule, das Fernsehen und andere segensreiche Einrichtungen tun ihr Bestes, aus den Bewohnern der Halbinsel Italiener zu machen. Doch weil die politische Einigung spät erfolgt ist, ihr auch keine kulturelle Einheit entspricht und stark ausgeprägte Mentalitätsunterschiede Mißverständnisse und Ressentiments zwischen den Regionen eher befördern als beseitigen, hinken Nationalbewußtsein und Nationalbewußtseinsbildung noch immer weit hinterher.

Auch wenn Deutsch in viele Dialekte zerfällt, die Hochsprache hatte fast stets das höhere Sozialprestige. Ganz anders in Italien. Die Regionalsprache, der Dialekt, war mit zwei Ausnahmen Zeichen der Zurückgebliebenheit, kultureller Enge. Die Ausnahmen waren Neapel, dessen Dialekt zeitweise das Toskanische als *Lingua franca* überflügelte, und – erst gegen Mitte bis Ende des neunzehnten Jahrhunderts – Mailand: Das *Meneghino*, das Mailändische, war die selbstbewußte Lokalsprache eines Regionalzentrums, das sich anschickte, zur Wirtschaftsmetropole des geeinten Landes aufzusteigen.

Als sich das Königreich Piemont die südlichen Regionen einverleibte, stieg – im Gleichschritt mit der Einigung Italiens im Jahrzehnt von 1861 bis 1871 – die Analphabetenrate kontinuierlich auf fünfundsechzig Prozent (Preußen 1871: zwölf Prozent). Nach 1871 sprachen nur 2,5 Prozent der Bevölkerung korrektes Italienisch, in der Toskana (deren Einwohner von sich behaupten, sie hätten keinen Dialekt) ganze 9,5 Prozent.

Nicht nur vor hundert Jahren war das so. Luigi Malerbas Erzählung »L'Italiano« (Der Italiener – aber auch: Das Italienische) beschreibt mit bitterem Sarkasmus die Distanz des Normalitalieners von »seiner« Sprache. Ein Bauer, der sie im Gefängnis gelernt hat, spricht sie nun im Glauben, er hätte einen Schritt des sozialen Aufstiegs geschafft. Im Dorf wird er nur noch »der Italiener« genannt, was so klingt wie: Ausländer. Die Bemerkung, die ich aus dem Mund eines Taxifahrers in Neapel gehört habe, taucht in ähnlicher Form immer wieder auf:

»Schauen Sie sich *Napule* an, die Palazzi, die Kirchen, die Vesuv-Villen, und überhaupt – das ist die schönste Stadt der Welt. Aber seit wir von diesen verdammten Piemontesen besetzt sind, geht alles kaputt.«

Auch die Sarden und die Sizilianer begehren gegen die »Besatzungsmacht« auf, sie nennen das restitalienische Festland *il continente*. Es klingt in ihrem Mund wie: Ausland. Die Venezianer trauern der Serenissima nach und hätten gern ihre Seerepublik wieder. Extremisten schmieren an die Wände: »Römer raus aus dem Veneto«. Siena und Florenz erinnern sich gern ihrer Rivalität im Mittelalter. Die auseinanderstrebenden politischen Vorstellungen gehen bis ins Skurrile. In Mailand gibt es einen monarchistischen Verein, die »Freunde des Lombardo-Veneto«, die gern wieder ein gekröntes Haupt in Italien hätten. Nicht was Sie denken. Keinen Savoyer. Einen Habsburger! Sie feiern noch immer, wie zu den Zeiten Franz Josephs I., am 18. August Kaisers Geburtstag. Ein Leserbrief im *Corriere della Sera* kritisierte erbittert die gegenwärtige chaotische und selbstherrliche Verwaltung: *Cecco Beppe*, wie Franz Joseph bei den Lombarden heißt, habe sich als erster Diener des Staates bezeichnet, während heute der letzte Amtsdiener sich als absoluter Monarch fühle. Mailand, die heimliche Hauptstadt, die sich in ihrer Macht als Wirtschaftsmetropole wohlfühlt, beklagt zugleich – aus sicherem Abstand – die verlorene *Felicità mitteleuropea*. Neapel nennt ein besonderes Durcheinander im Dialekt nicht *casino*, sondern *'na repubbreca!* – Das ist eine Republik!

Sie liegen sich ständig in den Haaren. Nur in vier Punkten läßt sich mehr oder weniger Übereinstimmung erzielen. Erstens vergessen die Regionen ihre nachbarschaftlichen und sonstigen Rivalitäten, sobald es um den großen Nord-Süd-Gegensatz geht. Da gibt es zwei große Parteien, hier *il Nord, il Settentrione*, dort *il Sud, il Meridione, il Mezzogiorno*. Zweitens vergessen sie ihre Meinungsverschiedenheiten, sobald es gegen Rom geht. Römer sind wenig beliebt. Römern ist auch heute noch mit Sicherheit klar: Ihre Stadt ist der Nabel der Welt. Daß die italienische Einigung vom Norden ausging, ist ein Stachel in der Seele historisch gebildeter Römer. Den folgenden Witz muß ein selbstkritischer Römer oder ein ironischer Mailänder erfunden haben:

»Welche Stadt ist provinzieller, Rom oder Mailand, und wo ist man besser informiert?« – »Provinzieller ist natürlich Mailand, besser informiert ist man in Rom: Jeder Römer weiß, daß Mailand provinzieller ist.«

Wenn ein selbstbewußter Römer gefragt wird: »Sind Sie Italiener?«, kann er beleidigt ausrufen: »*No. Romano*!« Der Ausländer wird begreifen, daß die Römer – wie ihre Vorfahren vor zweitausend Jahren – in allen übrigen Regionen als überheblich und arrogant gelten. Der Franzose kennt das von den Parisern. Der Wiener schmäht den Restösterreicher »G'scherten« (was vom geschorenen Hammel oder Leibeigenen kommt) und macht sich nach besten Kräften unbeliebt. Im Vorkriegsdeutschland hatten Witz und Volksmund den Berliner mit seiner präpotenten Schnauze in dieser Funktion vor Augen. Der Normalamerikaner und der New Yorker, beide betonen unablässig mit entgegengesetzter Wertskala, daß New York nicht Amerika sei. Gemeinsamer Nenner ist – auch – der Mentalitätsunterschied zwischen dem raschen, reizüberfluteten und gestreßten Hauptstädter, der nach dem Terminkalender hetzt und rücksichtsloser Auto fährt, und dem ausgeglicheneren, in Großstädteraugen verschlafenen, beschränkten Provinzler. Die Uhren gehen verschieden.

Trotz Rom und Mailand, trotz Industrialisierung und Technisierung sind die Italiener wenigstens in der Sprache Bauern geblieben: Die Marmorarbeiter Carraras zum Beispiel sprechen von der »Kultivierung« des Steinbruchs, als wäre es der Weingarten oder der Ölbaumhain im Dorf zu Haus. Sie sprechen von Marmorsorten wie von erlesenen Weinen, sind Kenner und Liebhaber. Die Bauern sind immer zugleich Städter: Einzelhöfe nach germanischer Art gab es kaum (nur die großen Latifundien mit der herrschaftlichen Villa als Zentrum).

Das Städtische der Dörfer springt ins Auge. Ihre schöne Geschlossenheit ist die Frucht des Privilegienneids. Strenge mittelalterliche Bauverordnungen sorgten dafür, daß die Türme des Individualismus nicht in den Himmel wuchsen. Zum Beispiel in San Gimignano, wo noch heute fünfzehn von zweiundsiebzig Türmen stehen, die im *Trecento*[1] gezählt wurden. Der Campanile des Doms, 51 Meter hoch, wurde zum äußersten Maß der erlaubten Höhe für private Türme erklärt. Klarer Zweck war, Konkurrenz für den an der höchsten Stelle des Stadthügels errichteten Stadtturm, das Herrschaftszeichen der Stadt, zu verhindern. (Was den zwei mächtigsten, miteinander verfeindeten Familien der Stadt, den welfischen Ardinghelli und den ghibellinischen Salvucci, den gleichen schlauen Gedanken eingab: zwar die zugelassene Höhe einzuhalten, aber architektonisch ungleich beeindruckendere Zwillingstürme zu errichten. Die Architekten des World Trade Center in New York haben eine siebenhundert Jahre alte Idee geklaut.)

Mitsamt den Römern sind sich drittens alle verfeindeten Brüder in der herzlichen Abneigung gegen den Staat einig. Der ungeliebte Staat hat naturgemäß keine andere Wahl, als zur Bekämpfung der ganz allgemein als gerechtfertigte Notwehr angesehenen Verweigerung des Respekts Bestimmungen zu erlassen, die unter Hintanhaltung von Schwindel, Unterschleif und Korruption die Einhaltung von Vorschriften gewährleisten sollen, welche die Kontrolle solcher Erlässe und Verfügungen regeln, mit deren Hilfe die Nichtbefolgung jener Dekrete unterbunden werden soll, welche dazu beitragen, die Umgehung gewisser gesetzlicher Regelungen zu erschweren, denen der Zweck innewohnt, die Geltung geltender Gesetze auch in der Praxis durchzusetzen, welche nichts anderes zu bewirken haben, als die verfassungsmäßigen Rechte und Pflichten auch in der Wirklichkeit zur Anwendung zu bringen. Dies ist ungefähr die einfachste mögliche Beschreibung des Verhältnisses zwischen dem italienischen Staat und seinem Bürger. Aus diesem Verhältnis ergeben sich zwei unmittelbar einleuchtende Folgen. Erstens, wie Sie verstehen werden, kommen die albtraumhaften Romane Franz Kafkas der italienischen Realität recht nahe – zweitens wird der Zweck eines Gesetzes, wie ich im Kapitel über die »andere Familie« schon ausgeführt habe, in Italien nicht selten durch die bloße Andeutung der Möglichkeit, ihm könnte Nachdruck verliehen werden, bereits erfüllt, oder durch eine sehr annähernde Befolgung, überhaupt durch seine Nichtbeachtung.

Ein Ausländer hat in diesen subtilen Auseinandersetzungen nur die Chance, Fehler zu machen. Er ergreift Partei in einem Familienzwist, oder er versucht, vermittelnd einzugreifen und Frieden zu stiften. In diesem Augenblick werden (viertens) alle schlagartig für kurze Zeit zu Italienern und fallen gemeinsam über den Unvorsichtigen her. Wo es viele Ausländer gibt, im Ausland zum Beispiel, hält dieser Einigungseffekt an. Der Unterschied zwischen einem Venezianer und einem Neapolitaner ist vergleichweise lächerlich, gemessen am Abgrund, der zwischen Neapolitanern und Venezianern einerseits und einem Baden-Württemberger andererseits klafft. So ist leicht zu erklären, daß im Ausland die Genießer mediterraner Gastronomie »zum Italiener« gehen, und nicht zum Apulier, Neapolitaner oder Toskaner. New York hat sein *Little Italy* und kein *Little Naples*.

Man sage nicht, Kirchturmpolitik, *campanilismo*, und Reibereien halb scherzhafter Art gebe es auch zwischen den deutschen Ländern. Es ist kein Zufall, daß Anfang 1988 eine Umfrage in den vier großen Industrieländern der EG über die Bereitschaft, eventuell auch im Ausland zu arbeiten, überraschenderweise ergab, Franzosen und Deutsche zeigten die größte Mobilität. Das widerspricht dem Augenschein. Sind die Franzosen nicht die größeren Nationalisten, arbeiten nicht viele Italiener in Deutschland, wenige Deutsche in Italien? Wer nicht im Ausland arbeiten muß, kann leicht Mobilität bekunden. Aber auch der Sprachgebrauch bestätigt den Unterschied. Italiener sprechen von ihren *emigrati* und meinen fast nie die Auswanderer in der Neuen Welt, nur manchmal die Gastarbeiter in Europa. Emigranten heißen zuallererst die *meridionali* in Turin oder Mailand.

Herzzerreißend klagen Kalabresen, sie fänden im kalten, abweisenden Norden keine Freunde, keine Mädchen, seien ausgestoßen. Der kalte Norden beginnt jenseits des Apennin. Welcher Münchner in Hamburg würde sich als Emigrant fühlen? Welcher Stuttgarter von »unseren Gastarbeitern aus Norddeutschland« sprechen? Deutsche ziehen innerhalb des Landes ohne viel Umstände um. Österreicher strömen in die Bundesrepublik, ohne sich besonders ausländisch zu fühlen. Daß sich nicht mehr Deutsche oder Österreicher in der Schweiz niederlassen, liegt vorwiegend an eidgenössischer Überfremdungsangst und dem Zögern der Schweizer, in die Europäische Union einzutreten. Italiener sind in der Realität mobiler – gezwungenermaßen. Stärker als die Verwurzelung ist der Selbsterhaltungstrieb.

Wer kann, versucht ja lieber, die eigene Heimat wohnlicher zu machen als sie aufzugeben. Nehmen wir Mailand. Das Klima der Ebene mußten schon die Römer miserabel finden: drückend schwül und mückengesegnet im Sommer, feuchtkalt und begnadet mit feinstem Nebel im Winter. Nennenswerte Gewässer gibt es nicht, abgesehen von den paar sumpfwiesengesäumten Teichen und trägen Bächen, die der Schöpfer vorsorglich für das Wohlbefinden der Mücken eingeplant hat. Berge gibt es auch nicht. Nicht einmal, wie überall sonst, in Turin, Genua, Bologna, Florenz, die charakteristische *collina*, die umliegende Hügellandschaft, wo einst die Sommerresidenzen der Wohlhabenden errichtet wurden und noch heute die begehrtesten Wohnviertel liegen. Ob es am langobardischen Erbteil liegt, daß die Lombarden dickschädlig und zielstrebig darangingen, diesen Widrigkeiten abzuhelfen? Das Klima konnten sie nicht ändern. Sie bauten sich immerhin ein künstliches Gewässernetz, das die fehlenden schiffbaren Flüsse ersetzte. Und weil sie nicht den kleinsten Hügel ihr eigen nannten, begannen sie ein ganzes Gebirge zu errichten und nannten es Dom. Das Material dazu holten sie auf Lastkähnen über die selbstgegrabenen Flüsse, die *navigli*.

Mailand ist zugleich Beispiel dafür, wie die italienische Zersplitterung zu lokalen Traditionen, zu Sonderrechten, zu Sondersprachen führte und diese bewahrte. Der Schutzpatron der Stadt, Ambrosius, ein durchaus lebenslustiger und streitbarer Mann, noch nicht einmal getauft, als er 374 zum Bischof gewählt wurde, setzte für seine vom theologischen Krieg mit den Arianern hinlänglich geplagten Mailänder Gläubigen den *Carnevale ambrosiano* durch, der statt am Aschermittwoch erst am Sonntag darauf zu Ende geht. Das war nichts als ein politisches Zugeständnis auf dem Weg zur Vereinheitlichung der Kirche und ihrer Liturgie: Einheit auf Kosten von Privilegien. Irgendwie ist es dann dabei geblieben, in Mailand beim Privileg, in Italien beim Prinzip des Privilegs. Italiener wollen keine Gleichberechtigung, höchstens als Lippenbekenntnis. Sie wollen nicht ihr Recht, sondern ein Vorrecht: »Meine Tante kennt den Jagdfreund des Billeteurs der Nationalgalerie.« Das bedeutet im Klartext: Ich kann dir vielleicht durch besondere Gunst Eintritt zur Eröffnung der nächsten großen Ausstellung verschaffen, aber nur wenn du deinerseits dafür sorgst, daß dein Vetter, der einen guten Freund im Reservierungsbüro der Eisenbahn hat, seine Verbindungen spielen läßt, um doch noch ein Schlafwagenabteil für Mitte August zu bekommen, was nicht heißt, daß ich dann nach Kalabrien fahren will – das will der Onkel meines Hausarztes, der mir für den Fall, daß ich ihm den winzigen Gefallen tue, versprochen hat, einen kleinen, aber nicht dringenden Eingriff außer der Reihe vorzuziehen. Jeder der Beteiligten ist bemüht, den Ringtausch zustandezubringen, und das Zusammengehörigkeitsgefühl und die soziale Verantwortung wachsen ganz entschieden. Nur solche osmotischen Prozesse erklären, daß ganze Opernvorstellungen bereits ausverkauft sind, wenn der Vorverkauf gerade erst beginnt, daß ein Katalog offiziell vergriffen ist, und du siehst aus einer gewissen Seitentür einen Ausstellungsbesucher nach dem anderen mit dem prachtvollen Band unter dem Arm herauskommen, oder der Gast, der ein bestimmtes Lokal mit Freunden besucht, die dem Wirt nicht unbekannt sind, merkt, daß er viel weniger zahlt, als die Speisekarte vermuten ließe. Italien ist ein Land der Gegensätze und Sonderregelungen auf engstem Raum. Als ob die Gegensätze der Gegenwart nicht reichten, haben sich hier und da solche aus dem Mittelalter erhalten. Das Kirchenrecht, das neue Konkordat (seit 1985), bäuerliche Sittenstrenge und die Gewohnheiten der mobilen Industriegesellschaft ermöglichen gemeinsam, alte und neue Unvereinbarkeiten auf phantasievolle und fruchtbare Weise ineinander zu verflechten. So kann sich überall unversehens ein interessanter Streit entwickeln, wo gewöhnlicher Menschenverstand leichtsinnig eine friedliche Lösung fände.

Die Regionen verhalten sich zueinander wie die Einzelpersonen auch. Sie legen gar keinen Wert auf Gleichmacherei, sondern mehr auf die ausgleichende Ungerechtigkeit. Sie wollen Privilegien – mindestens die gleichen wie der beneidete Nachbar. In Italien hat die widersinnige Wortprägung »unterprivilegiert« unfreiwillig einen konkreten Inhalt. Unterprivilegiert ist besonders der *Mezzogiorno*. Der Süden fühlt sich als Opfer der Geschichte. Doch auch Rom fühlt sich als Opfer der Geschichte. Turin mit seiner glanzvollen Vergangenheit als Hauptstadt der Savoyerkönige und als italienisches Hollywood der Stummfilmzeit ist den Römern und den Filmstudios in *Cinecittà* gram und fühlt sich als Opfer der Geschichte. Die Venezianer mit ihrer untergegangenen Republik sind Opfer, Florenz, das sich für kurze Zeit als Hauptstadt des geeinten Italien freuen durfte, ist Opfer der Geschichte. Mailand, die ewige Zweite, Sardinien, die unterdrückte Insel, Triest, das sein Hinterland verlor, das Aostatal unter italienischer Fremdherrschaft – alle, alle sind sie Opfer.

Weil es, aufs Ganze gesehen, naturgemäß jeweils mehr »andere« gibt als regionale Mitbürger, kann sich der Bewohner jeder Region als Angehöriger einer Minderheit fühlen. Ganz besonders als Opfer stellen sich die Minderheiten im eigentlichen Sinn dar, manche unter ihnen mit anhaltendem Erfolg. Italien ist zwar kein Bundesstaat. In der Praxis läuft die Gliederung der Verwaltung auf Förderung der Vielfalt hinaus. Von den zwanzig Regionen sind fünf autonom. Sie haben zum Teil mühevoll errungene Sonderrechte: das Aostatal, Sizilien, Sardinien, Friaul-Julisch Venetien, Trentino-Südtirol. Darin ist noch einmal jede der Provinzen Trentino und Südtirol für sich autonom.

Offiziell gibt es vier Sprachen. Im ganzen Staatsgebiet ist Italienisch Amtssprache, im Val d'Aosta daneben Französisch, in

Südtirol Deutsch, in Triest Slowenisch. Die Wirklichkeit ist ein wenig komplizierter. Jeder der italienischen Dialekte verursacht bereits eine De-facto-Zweisprachigkeit. Das Sardische aber, dem Katalanischen und dem Lateinischen näherstehend als dem Italienischen, die urtümliche alpine Sprache Friaulsch, oder das mit dem Graubündner Rätoromanisch eine Familie bildende Ladinische in den Dolomiten (Grödnertal, Fassatal, Ampezzano) sind, wenngleich sie nie politische Anerkennung als selbständige Idiome errungen haben, durchaus eigenständige Sprachen. Ein Ladiner im Grödnertal wächst gleich viersprachig auf: mit seiner Muttersprache, mit dem unentbehrlichen Südtiroler Dialekt der Nachbarschaft, mit Hochdeutsch und Italienisch in der Schule. Die Ladiner fühlen sich besonders unterprivilegiert, weil die Faschisten ihre Sprache als Dialekt einstuften und die Ladiner damals nur die Wahl zwischen italienischer und deutscher »Volkszugehörigkeit« hatten. Noch unterprivilegierter fühlen sich die Ampezzaner um Cortina, deren Ladinisch von Mussolinis Regierung überhaupt geleugnet worden war.

Die Valdostaner sprechen allerdings kein richtiges Französisch, wenigstens nicht als Muttersprache, sondern *patois*, wachsen also dreisprachig auf. Der Dialekt gehört zur frankoprovenzalischen Dialektgruppe, wie der einiger piemontesischer Gebirgstäler. In valdostanischen und piemontesischen Tälern am Südfuß des Monte Rosa leben die Walser, aus dem Wallis eingewandert, und noch wird von manchen das aussterbende Walsertitsch, ein deutscher Dialekt, gesprochen. Andere sterbende deutsche Sprachinseln sind das Tal von Pladen/Sappada mit seinem Osttiroler Dialekt und die berühmt gewordenen *Sette comuni* nördlich von Vicenza mit ihrer mittelalterlichen Sprache.

Das Slowenisch in Julisch-Venetien, wen wundert es, hat wie die Sprache der Slowenen in Kärnten vom benachbarten Friulaner Dialekt manches aufgenommen. In Grenznähe gesprochene Dialekte dieser Art sind wie Findelkinder: Ein Italiener würde den Dialekt von Görz sofort als Slowenisch identifizieren, ein Slowene aus Laibach hingegen mit einigem Zögern eher als ein sonderbares Italienisch, von dem hie und da ein Brocken zu verstehen ist. Ein ähnliches Slowenisch gibt es noch in der Region Molise.

Die Sarden sprechen eine altertümliche, dem Latein nahe Sprache, die in so viele Dialekte zerfällt, daß ein Sarde mit einem guten Ohr den andern nicht zu fragen braucht, aus welchem Dorf er kommt. In zwei Gebieten Sardiniens werden katalanische Dialekte gesprochen. Albanisch hat in mehreren Sprachinseln des *Mezzogiorno* (um Bari, in der Basilicata, in den Abruzzen, in Kalabrien und Sizilien) überlebt. Die Albaner kamen auf der Flucht vor den Türken über die Adria. Jetzt kommen sie wieder nach Italien, auf der Flucht vor der Not oder den eigenen Landsleuten. Frankoprovenzalische Gruppen gibt es nicht nur im Piemontesischen, sondern auch in Unteritalien. Und zu guter Letzt hat das antike Großgriechenland seine Spuren hinterlassen. In Sizilien, Apulien und Kalabrien (zum Beispiel im Dorf Pentedàttilo, zu deutsch: Fünffinger) gibt es Gruppen, die *Grecano* sprechen, das Griechisch der *Magna Graecia*.

Nicht genug? Dann kann ich noch mitteilen, daß verschiedene Kriegsereignisse Flüchtlingsströme und in der Folge Dialekt-Exklaven erzeugt haben. So gibt es in Sizilien verwirrenderweise Dörfer mit lombardischem Dialekt, also einem vom anderen Ende Italiens. Immerhin wäre es übertrieben zu behaupten, der Partikularismus Italiens ginge so weit, daß jeder der 58 Millionen Bewohner des Landes seine eigene Sprache spricht. Die Vielfalt wird in Zukunft nicht geringer werden. Zwar dringt, dank dem Fernsehen, ein Italienisch bis in die hintersten Dörfer vor, das die alten Dialekte bedroht. Doch dafür breitet sich in Sizilien und in den großen Zentren das Arabisch der Einwanderer aus Nordafrika aus, dient auch Schwarzafrikanern als gemeinsame Verständigungsbasis. Trotz allem kommt der Reisende vorläufig mit Italienisch am besten durch, ausgenommen Südtirol und – wie schon erwähnt – manche Adriastrände. Dort ist schon lange Deutsch geläufiger.

Sie können sich vorstellen, daß für Italiener ihre Herkunft ein schier unerschöpfliches Gesprächsthema ist, mehr als in deutschsprachigen Ländern. Komplikationen werden fast als Besonderheit empfunden: »Wissen Sie, mein Vater war aus Ligurien, meine Mutter eine *Tifernate*.« Da wird selbst ein Italiener zurückfragen: »Eine was?« – »*Tifernate*!« So heißt ein Bewohner von Città di Castello. Es wundert dann nicht mehr, neben gewöhnlichen Herkunftsbezeichnungen –*Romano, Milanese, Veneziano* – gelinde gesagt ungewöhnliche zu hören, die man lernen muß. Die Bewohner von Tivoli sind die *Tiburtini*, die von Todi (Umbrien) die *Tudertini*, La Spezia beherbergt *Spezzini*. Während in Reggio Emilia die *Reggiani* wohnen, sind es in Reggio Calabria die *Reggini*. Es gibt über hundert solche unregelmäßige Herkunftsbegriffe. Im Thermalkurort Abano Terme leben außer Deutschen noch ein paar Ureinwohner. Sie heißen *Apontini*. Am überraschendsten klingt der Name der Bewohner von Ivrea, dem Sitz Olivettis: Sie heißen *Eporediesi*.

Nicht immer sind damit Menschen gemeint. Ist die Rede von einer *Persiana* oder *Veneziana*, denken Sie nicht, man unterhalte sich über schöne Frauen aus Venedig oder gar Persien. Das erste ist ein Fensterladen, das zweite eine Fensterjalousie. Eine *Trevigiana* ist hingegen ein rötlicher Salat (aus Treviso). Die *Bavarese* jodelt nicht in den bayrischen Alpen, sondern schmeckt als cremige Süßspeise, eine *Macedonia* wohnt nicht in Mazedonien, sondern ist ein Fruchtsalat. Die *Portoghesi* haben mit Portugal nichts zu tun, sondern sind jene Virtuosen, die es fertigbringen, sich ohne gültige Karte ins Stadion zu schmuggeln, wenn das ausverkaufte Meisterschaftsspiel *Napoli* gegen *Milan* bevorsteht.

Bei all diesem Reichtum: Für das gefühlsbeladene »Heimat« haben die Italiener keine rechte Entsprechung entwickelt. Aber ich weiß nicht, ob das ein Nachteil ist. Ohne eine gemeinsame Heimat, ohne den mythischen Ort gemeinschaftlicher Gefühle entwickelte sich auch fast gar nicht, was in anderen Ländern zu Katastrophen und Verbrechen gegen die Menschlichkeit führte: Fremdenhaß, Nationalismus, Rassismus, Antisemitismus. Die Italiener brauchten keinen Sündenbock, keine Minderheit, keine eingewanderten Gastarbeiter und keine Neger oder Zigeuner, um sich überlegen zu fühlen. Die Italiener hatten dafür sich selbst – den Nachbarn, das Nachbardorf, die Nachbarregion. Kollektive Aggressionen richteten sich auf der Apenninenhalbinsel selten gegen Fremde. Im Gegenteil – es ist fast schon ein Gemeinplatz geworden, daß die faschistische Regierung erst spät, erst auf Drängen der Nationalsozialisten die antisemitischen Rassengesetze erließ und sie dann auch nicht mit dem Fanatismus und der unmenschlichen Perfektion durchsetzte, die zum Massenmord an Juden und Zigeunern führte. In Italien, bei italienischen Freunden, haben manche aus Deutschland geflohenen Juden Unterschlupf gefunden und überlebt.

Italien war durch Jahrhunderte ein Land der Auswanderer, kein Einwanderungsland. Als sich in den achtziger und neunziger Jahren dieses Jahrhunderts das Verhältnis umkehrte, die Einwanderer zu überwiegen begannen, war das für Italien ein Schock. Die heftige Überreaktion gegen illegale Einwanderer aus Albanien, die rasche Abschiebung von nichteuropäischen Ausländern hat hier ihre Wurzel: Während Deutschland, Frankreich, Großbritannien oder die Niederlande mit starker Einwanderung umzugehen, das Konfliktpotential einer multikulturellen Gesellschaft mehr oder weniger gut beherrschen lernten, beginnt Italien diese historische Erfahrung gerade erst zu machen. Gegen die sechs bis sieben Millionen Ausländer, die in Deutschland leben, nicht gerechnet die mühsam integrierten Flüchtlingsströme aus ehemals deutschen Gebieten nach dem Krieg, ist die Zahl der Ausländer in Italien, etwa eine Million, vergleichsweise sehr gering, hat aber viel stärkere Emotionen freigesetzt. Zur Heftigkeit dieser Gefühle gehört auch, daß sie gern verdrängt werden, indem man mit dem Finger auf den bösen Nachbarn zeigt. Italienische Zeitungen räumen der Berichterstattung über wirkliche oder vermeintliche Ausbrüche von Fremdenhaß und über rassistische Gewalttaten in Deutschland oder Frankreich großen Raum ein. Doch die Skandalpresse der Nachbarländer hält es nicht anders.

Erinnern wir uns an den Streit von Antonio Tabucchi und Vittorio Sermonti über die Existenz der italienischen Sprache: Wenn die Wirklichkeit der schönste Beweis für die Möglichkeit ist, so beweist die Wirklichkeit der inneritalienischen Diskussion und des italienischen Selbstzweifels ganz klar, daß es nicht nur diese Sprache gibt, sondern auch die, die sie sprechen: die Italiener. Zumindest der indirekte Nachweis ist damit gelungen.

1 Der Italiener zählt nicht die Jahrhunderte, sondern deren runde Anfangsdaten und läßt tausend Jahre weg: Das *Trecento* ist das 14. Jahrhundert, das *Quattrocento* das 15. und so fort. Wenn er ausnahmsweise das 3. Jahrhundert meint und nicht das dreizehnte (*Dugento*) drückt er es wie die Deutschen aus: *Terzo sècolo*.

Die Ordnung im Chaos

oder: Warum das Chaos trotzdem funktioniert. Über den Konformismus der Individualisten, benebst einer Beschreibung des genialen Männchens mit dem Schnurrbart.

»In jenem Reich erlangte die Kunst der Kartographie eine derartige Vollkommenheit, daß die Karte einer einzigen Provinz den Raum einer ganzen Stadt einnahm und die Karte des Reichs den einer Provinz. Mit der Zeit genügten selbst diese gewaltigen Karten nicht mehr, und die kartographischen Institute stellten eine Karte des Reichs her, die genau dessen Größe hatte und sich mit ihm in jedem Punkt deckte. Nachfolgende Geschlechter, die dem Studium der Kartographie nicht mehr so ergeben waren, huldigten der Ansicht, daß diese ausgedehnte Karte keinen Nutzen habe, und überließen sie, nicht ohne gegen die Ehrfurcht zu verstoßen, den Unbilden der Sonne und der Winter. In den Wüsten des Westens haben sich heute verwitterte Reste der Karte erhalten, von Tieren und Bettlern bewohnt; im ganzen Reich gibt es sonst keine Überbleibsel der geographischen Wissenschaften.« Die wunderbare Fabel von Jorge Luis Borges beschreibt, nicht anders als in der Bibel die Geschichte des Turmbaus zu Babel, das stolze Streben nach dem Besten, Höchsten, Größten – und das Umkippen des Vollkommenen in die Katastrophe, der vollkommenen Ordnung ins vollständige Chaos. Aus diesem erheben sich dann immer wieder, wie die ersten schüchternen Pflänzchen nach einem verheerenden Waldbrand, neue Ordnungssysteme. Und die Entwicklung zur Verfeinerung und Vervollkommnung beginnt von vorn.

In Italien hat die Neigung, auf irgendein Problem durch Gesetzgebung zu reagieren, ein einzigartiges juristisches Chaos geschaffen. Es scheint die Vielfalt des täglichen Lebens durch entsprechend vielfältige Gesetze eins zu eins abzubilden, um das Leben selbst perfekt in den Griff der Regelmäßigkeit zu bekommen. Das italienische Lamento über das *Purgatorio* der Verwaltung und das Inferno der Justiz läßt sich anhand einiger Zahlen begreifen. Der Wirtschaftswissenschaftler Sabino Cassese hat es in zwei Werken getan: in dem kleinen Pamphlet »Lo Stato introvabile« (Der unauffindbare Staat; Donzelli, Mailand 1998) und als Herausgeber, zusammen mit Giampaolo Galli, des ersten von drei Bänden des *Centro Studi della Confindustria*, des Studienzentrums des Industriellenverbands: »L'Italia da semplificare« (Das zu vereinfachende Italien; Il Mulino, Bologna 1998). Weil Großbritanniens Justizsystem häufig die Interpretation von Gesetzen dem Richter überläßt, der sich seinerseits, so vorhanden, an Präzedenzfällen orientiert, reichen für das friedliche Zusammenleben britischer Bürger dreitausend Gesetze. Deutschland hält mit rund fünftausend Gesetzen Ordnung, Frankreich benötigt siebentausend. Der Italiener dagegen lebt in einem Dschungel von – vorsichtig geschätzt – 150 000 (in Worten: hundertfünfzigtausend) Gesetzen, Dekreten und Verordnungen: staatlichen, regionalen, provinzialen und kommunalen.

Wie einst phantastische Theorien über das geheimnisvolle Fehlen des Kleingelds ins Kraut schossen, so gehört es zu den beliebten Gesellschaftsspielen, Theorien darüber zu entwerfen, was für eine Art Staat Italien sei: ein reicher Wohlfahrtsstaat, ein armes Entwicklungsland, ein anarchisches Land der Individualisten, ein Land der kollektiven Gleichschaltung, eine urtümliche oder moderne Gesellschaft? Und wie funktioniert sie? Eine der Erklärungen stützt sich auf Luigi Einaudi, der 1948 erster Staatspräsident nach Inkrafttreten der republikanischen Verfassung wurde und 1961 starb. Einaudi, der Vater des Turiner Verlegers Giulio Einaudi, ein hervorragender Wirtschaftsexperte, rechnete aus: Wenn alle theoretisch in den Gesetzen vorgesehenen Steuern tatsächlich lückenlos eingehoben würden, betrüge das Steueraufkommen hundertzehn Prozent des Bruttosozialprodukts. Dagegen wäre die Erfindung des Perpetuum mobile ein Kinderspiel, und Münchhausen, der sich an seinem Schopf samt Pferd aus dem Sumpf zog, ein bescheidener Stümper.

Die Begründung für eine so aberwitzige Gesetzgebung kann nur sein: Niemand hat je im Ernst damit gerechnet, daß *alle* Gesetze eingehalten würden, ganz nach dem schon erwähnten

Theorem von Schlumbohm über den frühneuzeitlichen Staat. Clérel de Tocqueville, der bedeutende Richter und Theoretiker der Demokratie, hatte die Erkenntnis der Wechselwirkung von Strenge und Gehorsam vorweggenommen: Je strenger und einengender ein Gesetz, desto geringer sei seine Befolgbarkeit. Von der Erkenntnis zu ihrer bewußten Anwendung ist nur ein Schritt. Aus Gründen der Demagogie, des Prestiges, der Kompromisse zwischen Opposition und Regierung versucht man, immer weniger flexible Gesetze zu schaffen, die immer weniger praktisch umsetzbar sind.

Der stillschweigend tolerierte zivile Ungehorsam hat noch eine Konsequenz: die Redundanz gesellschaftlicher Regeln. Wenn ein Ingenieur das Risiko einkalkulieren muß, daß eine Maschine irgendwann einen Defekt hat, dann verdoppelt er das lebenswichtige Teil der Apparatur. Er baut ein Notsystem ein, das einspringt, wenn das Hauptsystem ausfällt. Ein Techniker würde Italien wahrscheinlich als solch einen mehrfachen, redundanten Mechanismus betrachten. Greift eine Vorschrift nicht recht? Macht nichts. Es gibt eine andere, die man heranziehen kann. Funktioniert das eine Amt nicht, springt inoffiziell ein anderes ein und interveniert. *Ein* Unternehmen hat in Italien kaum je ein wirkliches Monopol. Ist es nicht leistungsfähig genug, gibt es die Konkurrenz.

Teils mildernd, teils verschärfend wirkt das Prinzip der Redundanz in der Kompliziertheit der Verwaltung. Die deutsche Bürokratie ist umständlich? Aber, aber! Wer das sagt, kennt Italien nicht. Die deutsche Verwaltung, die gern von jedem zur Verwaltungsvereinfachung vernichteten Blatt sicherheitshalber drei Kopien anfertigt, verflüchtigt sich ins Marginale, betrachtet man die Bürokraten südlich der Alpen. Es ist logisch: Wo jeder jedem mißtraut, nimmt auf der Seite der Verwaltung das Bedürfnis nach Kontrollen und Absicherungen zu, und auf der Seite der Verwalteten steigt das Bedürfnis, dem möglicherweise ungerechten Verwaltetwerden zu entkommen. Wo jeder jeden für einen potentiellen Gauner hält, führt die Rückkopplung beider Tendenzen in einen schwindelerregenden Zirkel. Keiner zahlt gern Steuern. Aber in wenigen Staaten ist der Fiskus so rigoros wie in Italien, deswegen die Steuerflucht so verbreitet, darum der

Fiskus so unerbittlich, daher die Steuerflucht eine Massenbewegung, deshalb der Fiskus geradezu erpresserisch, infolgedessen die Steuerflucht beinahe der Normalfall.

Wen wunderts, daß jeder, der eine Chance dazu wittert, seine Ausgaben für die staatliche Krankenversicherung zu reduzieren sucht, und sei es schwindelhaft, weil die Schraube von Verwaltungsvorschriften, Kontrollen, Ansuchen, Beglaubigungen, Einschreibebriefen, Genehmigungen, Sanktionen, Gebühren, umständlichen Verfahren Tag um Tag angezogen wird und viele die Rechte und Leistungen, die ihnen zustehen, gar nicht in Anspruch nehmen können? Die Pension muß sich jeder bei der Post abholen oder abholen lassen, wobei mit Leichtigkeit manche Stunde, nur in seltenen Fällen durch einen Infarkt das Leben verloren geht. Wer den teuren Verblichenen etwa von Rom nach Neapel überführen lassen will, lernt die Schrecken von Meldeamt, lokaler Krankenkasse und Friedhofsverwaltung in aller Gründlichkeit kennen. Noch die Totengräber muß man für den Dahingegangenen, der ihnen zu entgehen droht, mit einer kleinen Bestechung entschädigen, damit sie ihn »finden«.

Die Fehlleistungen sind schon schlimm genug in einer Verwaltung, die Lebende für tot hält, wenn sie nicht dokumentarisch nachweisen können, daß sie leben, und Tote nicht begraben oder reisen läßt, wenn sie nicht dokumentarisch nachweisen können, daß sie ordnungsgemäß tot sind. Das Schlimmste ist, wie sie funktioniert, wenn sie funktioniert. Das Ansuchen eines Ausländers um die Aufenthaltserlaubnis gilt als wohlwollend und positiv mit deren Erteilung beantwortet, auch wenn sie erst kurz vor dem Verfallstermin ausgestellt wird oder der Betreffende Italien schon wieder verlassen hat. Italiens Frontkämpfer, denen 1985 vom Parlament eine Ehrengabe von fünfzehntausend Lire brutto (etwa zwanzig Mark) zuerkannt wurde, durften sich belohnt fühlen, wenn sie für die Ausstellung des Matrikelscheins und die Reise zum zuständigen Wehrbezirkskommando womöglich das Doppelte ausgaben. Wieviel die Verwaltung ausgab, um zu kontrollieren, daß kein Unberechtigter den Ehrensold bekäme, ist unbekannt. Die Greisin, die nach Stunden braven Schlangestehens tot umfiel, starb ordentlich in den Armen der Verwaltung und ohne gewaltsame Einwirkung. Leute, die auf die

Zuerkennung ihrer Pension jahrelang warten, bis sie postum vom Verwaltungsgericht Recht bekommen, ruhen im sanften Bewußtsein des unparteilich gesprochenen Rechts. Umgekehrt haben jene Invaliden Schlagzeilen gemacht, die etwa eine Blindenpension bezogen, aber dann als Fernlastfahrer erwischt wurden.

Die Neigung zum Pluralismus mag ein Motiv dafür sein, daß Italien sein einheitliches Eisenbahnnetz – das mit einigen selbständigen lokalen Linien so einheitlich gar nicht ist – verkommen läßt und eine Unzahl von Transportunternehmen die Warenverteilung im Land übernommen haben. Nur noch 11,6 Prozent des Güterverkehrs bewältigt die Bahn, fast alles rollt auf der Straße. Die Folge ist, daß die überdurchschnittlichen Transportkosten in Italien bis zu dreißig Prozent vom Endpreis eines Produkts ausmachen. Auf der Strecke Mailand–Catania würde der Transport mit der Bahn nur rund ein Drittel der Beförderung auf der Straße kosten. Ein Lastwagen braucht für die Strecke (selbst unter Einhaltung der Vorschriften) nur zwei Tage, die Bahn zwei Wochen (wenn der Waggon mit der Ware nicht auf einem Verschiebebahnhof vorübergehend verlorengeht). Der Pluralismus hilft, wo die offizielle Wirtschaftspolitik das Elend nicht beseitigt und kein Sozialnetz es auffängt. Es gibt die *economia sommersa*: die »untergetauchte« Wirtschaft, die Schattenwirtschaft.

Eine Einheitsgewerkschaft? Zu schwerfällig, zu krisenanfällig. Also gibt es viele. Selbst das reicht manchen Gruppen nicht. Es entstanden die gefürchteten *Cobas (Comitati di base)*, die Basiskomitees, deren Streiks unvorhersehbar und von verheerender Wirkung sind. In der europäischen Stahlkrise haben sich die Kleinunternehmer Oberitaliens dank ihrer Fähigkeit, sich rasch umzustellen und zu spezialisieren, als die Konkurrenzfähigsten erwiesen. Der Parteien sind viele. Auf der einen Seite führte die ständige Gefahr politischer Lähmung durch die vielen Splitterparteien zu Allianzen. Zum Wahlkampf 1996 traten zwei große Gruppierungen an: Der *Ulivo* mit Romano Prodi an der Spitze und der *Polo delle libertà*, angeführt von Silvio Berlusconi. Das mochte den Anschein erwecken, Italien sei auf dem Weg zu einem Zweiparteiensystem nach angelsächsischem Muster, wie es italienische Politologen immer als wünschenswertes Vorbild beschworen. In Wirklichkeit sind die alten Parteien, seit jeher in Flügel und *correnti*, »Strömungen«, aufgespalten, im Verlauf der ersten *Mani-pulite*-Prozeßwelle vollends zerfallen; ihre Zahl hat sich eher vermehrt als verringert. Die Beispiele lassen sich ins Unendliche vermehren.

Die Redundanz als Geschäftsprinzip hat eine wenig bekannte italienische Unternehmerfamilie auf die Spitze getrieben. Wenig bekannt, obwohl seine Erfindung millionenfach verkauft wurde, ist ein gewisser Alfonso Bialetti. Sein Produkt dagegen kennt auch nördlich der Alpen fast jeder: die im Grundriß achteckige Espressomaschine aus Aluminium in verschiedenen Größen, die man auf die Gasflamme stellt. Auf der Unterseite ist sie darum meist etwas rußgeschwärzt. So liest kaum jemand das Markenzeichen: ein Globus, umgeben von den Buchstaben A-B-C für A. Bialetti Crusinallo. Den meisten fällt nur die Zeichnung auf der Vorderseite auf, ein stilisiertes Männchen mit riesigem Schnauzbart. Der Handwerker Bialetti, der seinem witzigen Markenmännchen ein wenig ähnlich sehen soll, hatte sich im Ausland systematisch die Kenntnisse der in Italien noch wenig entwickelten Aluminiumverarbeitung, insbesondere des Aluminiumgusses angeeignet und ließ die Kaffeemaschine, die er 1933 erfand, und ihre Herstellung mit verschiedenen Patenten schützen. Sein Sohn Renato baute die Fabrik in einem versteckten Seitental des Lago Maggiore, in Crusinallo, und machte die Maschinen zum großen Verkaufserfolg.

Jedoch als gewitztem Geschäftsmann schwante ihm schon damals: In einem Land, in dem heute die meisten Raubpressungen der neuesten Schallplatten-Hits, die meisten Armani-, Gucci- und Fendi-Fälschungen, die meisten unechten Rolex- und Omega-Armbanduhren der Welt erzeugt und verkauft werden, würden seine Patente und seine schwachen Mittel, sie zu schützen, die Konkurrenz von Nachahmern kaum verhindern können. Wir kennen inzwischen die chaotische Rechtspraxis in seinem Land wie er und wissen: Seine Befürchtungen waren nicht abwegig. Also dachte er machiavellistisch-folgerichtig und vorausschauend daran, der künftigen Schmutzkonkurrenz Konkurrenz zu machen, und brachte selber alle denkbaren, billiger angebotenen Imitationen, Varianten und Fälschungen seiner vollkommenen Original-Maschinen auf den Markt, auf die Billigmärkte und in die Großkaufhäuser.

Es ist eine subtile Frage, des Schweißes der besten Juristen wert, ob jemand sich selber fälschen darf. Ist es eine arglistige Täuschung, wenn der Hersteller des sozusagen originalen Originals ein eigentlich echtes, von ihm selbst stammendes Produkt auf den Markt bringt, das sich allerdings vom Urbild, das jeder kennt, in kleinen Details unterscheidet, als wäre dem Fälscher die Imitation nicht perfekt gelungen? Das Problem ist seinem Gegenstück verwandt: Darf ein Autor eine Fälschung (oder gar ein nicht als Fälschung gedachtes Stück) nachträglich autorisieren? Dies tat zum Beispiel Picasso mit Zeichnungen von Cocteau, die er – »Sie sind so gut, sie könnten von mir sein« – unbedenklich signierte.

Nichts ist vollkommen, nicht einmal das Chaos. Das scheinbare Durcheinander, das ordentliche Deutsche den Italienern vorwerfen, und ordentliche Norditaliener unordentlichen Süditalienern, ist bei weitem nicht so schlimm, wie es den Anschein hat. Zwar reißt Schlamperei zwangsläufig da ein, wo bürokratische Regeln, zur Bekämpfung der Schlamperei eingeführt, so kompliziert werden, daß sie sich selbst unbefolgbar machen. Zum Glück werden die Folgen der Schlamperei durch eben dieselbe wieder gemildert. Hans Magnus Enzensberger meint über »Unregierbarkeit«[1]: »Die Regel kann nur um den Preis ihrer fortwährenden Verletzung aufrecht erhalten werden.« Genauer gesagt: Nur weil man es nicht so genau nimmt, funktioniert das System, doch man darf es wieder nicht *zu* ungenau nehmen – die Balance ist wichtig. Die Balance ist akrobatisch. Erinnern Sie sich an den Rechtfertigungssatz *Ma lo fanno tutti!* Die Rechtfertigung dafür, daß man eine für alle geltende Regel verletzt, ist paradoxerweise gerade, daß (fast) alle sie mißachten.

Nach demselben Rückkopplungsprinzip sind die Italiener vor allem deswegen so ausgeprägte Massenmenschen, weil sie so ausgeprägte Individualisten sind. Der Psychologe Dino Origlia nimmt an, im Italiener lebe ein tief eingesenktes Gruppenbedürfnis. Er suche das Gefühl seelischer Geborgenheit darin, alles mit Tausenden, ja Millionen anderer gleich und zugleich zu tun. Die italienische Abscheu vor starren Ordnungssystemen, die

Improvisationsbegabung, die Opposition gegen jede Art von Obrigkeit legt die gegensätzliche Erklärung nahe: Gerade weil der einzelne nur an sich und seine Familie denkt, kommt es zur allgemeinen Übereinstimmung. Gerade weil die überwiegende Mehrzahl nicht bereit ist, die eigene Entscheidung mit Rücksicht auf andere zu treffen (selbst wenn es zum eigenen Vorteil wäre), und weil Abermillionen solcher Egozentriker und Individualisten sich vollkommen gleich entscheiden, kommt es zur Bildung dieser unechten Massen, die das Gegenteil von Gemeinsamkeit bewegt.

Latente Angriffslust herrscht an überfüllten Stränden, in überfüllten Ausflugsgasthäusern, auf überfüllten Pisten, in überfüllten Museen. Sie läßt spüren, was der Durchschnittsindividualist denkt: Er ist beleidigt, daß so viele die ungeheure Frechheit haben, am selben Tag genau dahin zu fahren, wo er, nach reiflicher Überlegung und Fassung eines einsamen Entschlusses, von diesen vielen ungestört zu sein hoffte. Die Masse, das sind die andern.

So erklärt sich umgekehrt jene Rechtsprechung nach Gleichheitsgrundsätzen, die schnurstracks zur Ungleichheit führt, abgemildert nur vom gesunden Hausverstand. Wer zum Beispiel auf der Straße Attraktionen darbieten will, braucht eine Lizenz als Schausteller. Wer sie nicht hat, wird vom *Vigile Urbano* mit einer saftigen Verwaltungsstrafe bedacht: ein paar hundert Mark. Der Kettensprenger, Glasscherbenfakir und Feuerschlukker Mustafa, meist auf dem Mailänder Domplatz tätig, wartete mehrere Jahre auf den beantragten Schein. In der Wartezeit wurde ihm fast täglich eine Verwarnung aufgebrummt. Die Gesamtschuld stieg auf mehr als dreihundert Millionen Lire (damals eine halbe Million Mark). Mustafa kam natürlich nicht aus dem Orient, trotz seines Turbans, sondern aus Apulien, hieß nicht Mustafa und war von Beruf Maurer, jedoch arbeitslos und hungrig: »Meinetwegen bin ich auch Hungerkünstler, aber deswegen muß ich ja nicht mit dem Hungern übertreiben.« Die Justiz übertrieb nicht mit der Eintreibung der Bußgelder. Sie hatte ein Einsehen, man arrangierte sich. Die Dauer von Genehmigungsverfahren liegt in den einfachsten Fällen bei fast einem Jahr. Aber weil auch Beamte das wissen, drücken sie beim Fehlen nötiger

Papiere oft ein Auge zu, wenn der Antragsteller schon so tut, als hätte er sie.

Die doppelte Buchführung im Verhältnis zum Gesetz hat allerdings nicht nur Konsequenzen, die sich kompensieren lassen. Auch Gesetze, deren Befolgung durchaus nützlich wäre, werden mißachtet. Der gesetzliche Schutz der Kunstwerke beispielsweise ist in der Theorie hervorragend, in der Praxis miserabel. Das Lebensmittelgesetz Italiens ist vorbildhaft und gegenüber dem der europäischen Nachbarn sehr fortschrittlich. Doch immer wieder einmal kommt es vor, daß ein berühmtes Luxusrestaurant oder Hotel wegen grober Mißachtung hygienischer Vorschriften geschlossen wird. Immer wieder einmal werden Weine verkauft, die einer wirklichen Weintraube nie in die Nähe gekommen sind, wie im Fall des berüchtigten Methylalkohol-Skandals in Genua (1986), der einige Todesopfer forderte und zehn Jahre später mit der glimpflichen bedingten Verurteilung einiger Panscher endete.

Das *arrangiarsi* ist der Knoblauch italienischer Lebensrezepte, die Grundzutat, überall enthalten und unentbehrlich. Weder der politische noch der religiöse Fanatismus hatte in Italien je solche Massenerfolge wie anderswo. Verglichen mit der Grausamkeit der Inquisition in anderen Ländern war die italienische zahm. Mittelalterlicher Hexenglaube wurde hier nicht zum hysterischen Wahn wie in Deutschland oder England. Antisemitismus regte sich auf der Halbinsel kaum. Im Gegenteil: Nicht wenige Flüchtlinge aus Deutschland waren hier in den dreißiger Jahren untergetaucht und entkamen der Verfolgung durch die Nationalsozialisten. *L'arrangiarsi,* das ist seit eh die Kunst der Mäßigung, die Kunst, sich mit dem Widrigen einzurichten.

Arràngiati!, behilf dir irgendwie, ist eine häufige Aufforderung. Es ist der Kompromiß zwischen Logik und Wunschdenken, zwischen Pflicht und Bequemlichkeit, dem Egoismus und den Forderungen des Staats, zwischen Utopie und träger Praxis. Das neue Konkordat von 1985 hat die Gesetze nicht berührt, die den »Schutz des religiösen Gefühls der Mehrheit« bezwecken, und noch heute kann einer wegen gotteslästerlichen Fluchens in der Öffentlichkeit angeklagt werden. Die Lebensweisheit der italienischen Praxis zeigt sich jedoch an der sprichwörtlichen

Regel, daß Fuhrleute nicht wegen Fluchens verurteilt werden sollten: In der Tat wurde 1985 ein Fernfahrer, der zwar nicht mit widerspenstigen Zugtieren, aber mit dem Streß des heutigen Verkehrs fertigwerden mußte und fürchterlich geflucht hatte, sowohl angeklagt wie freigesprochen.

Das *arrangiarsi* heißt: Das Übel wird nie an der Wurzel gepackt, sondern man richtet sich mit der Krise ein. Radikalismus war in Italien stets eine Ausnahmeerscheinung. Das beginnt bei den banalsten Dingen. In Deutschland wird ein Autofahrer um drei Uhr nachts, allein auf weiter Flur, die rote Verkehrsampel gottergeben beachten. (Auch weil er weiß, daß eine automatische Kamera zum Geßlerhut gehört.) Hat er das Gefühl, es ließe sich etwas verbessern (zum Beispiel die Ampel nachts abschalten), wird er eher einen Verein gründen, eine Eingabe machen, eine Demonstration veranstalten, ein Komitee ins Leben rufen, die Öffentlichkeit alarmieren, als eine noch so absurde Regel individuell verletzen. In der gleichen Lage wird der italienische Autofahrer, selbst der gottesfürchtige und vorsichtige, zuerst bremsen, stehenbleiben, sich umschauen – und weiterfahren. Er betrachtet das Rot der Ampel als vernünftige und sinnvolle Empfehlung, behält sich indessen öfter als ein Deutscher vor, sie in den Wind zu schlagen. Der geplagte Großstadtautofahrer unterscheidet zwischen Ampeln, die man tunlichst immer beachtet, solchen, die nur tagsüber beachtet werden, und solchen, die eigentlich nur zu dekorativen Zwecken die Straßenecken bevölkern. Auch hier wieder: Je weiter wir nach Süden kommen, desto seltener werden die stets beachteten unter den Ampeln, desto nötiger Entscheidungen nach Augenmaß.

Der Italiener weiß, daß jede Maschine noch unvollkommener ist als der Techniker, der sie programmiert hat. Daß auch der Verwaltungsapparat noch menschenfeindlicher und unberechenbarer ist als die Beamten, die ihn entworfen haben. Drum sollte der Ausländer damit rechnen, daß Regeln, auch Verkehrsregeln, jederzeit gebrochen werden können. Den Vertrauensgrundsatz, auf der Straße und überhaupt, dürfen Sie nicht zu genau beim Wort nehmen.

Nicht nur im Verkehr ist das so. Was tun, wenn das Zusammenwirken von Administration, Sozialgesetzgebung, Markterfordernissen und bitterer Not das Funktionieren der Wirtschaft behindert? Die Antwort darauf, die *economia sommersa*, bedeutet nicht Schwarzarbeit hie und da, oder vereinzelte Steuerhinterzieher – sondern das Wort beschreibt ein ganzes System, sozusagen zwei Länder in einem. Man weiß, daß ein Großteil der Lederwaren, die Italien exportiert, in Neapel produziert wird – aber selbst Professoren der Wirtschaftswissenschaften sind sich nicht einig darüber, wo und wie. Eine Feldstudie hat ergeben, daß eine große Zahl in der Handelskammer eingetragener Firmen nur auf dem Papier existiert.

Viele haben einen zweiten Beruf, manche offiziell. Zeitweise hat der *assenteismo*, die Abwesenheit vom Arbeitsplatz, groteske Formen angenommen. Wundern Sie sich nicht, wenn Sie zu gewöhnlichen Bürozeiten im Süden den Beamten oder Angestellten nicht immer am Schreibtisch finden. Er ist auf einen *caffè* in die Bar gegangen, macht eine Besorgung für jemand, der ihm eine Gefälligkeit erweisen wird, ist in einer Solidaritätskundgebung für Guatemala oder Nicaragua, oder es wird gerade gestreikt. In der Mehrzahl der Fälle – wenn er nicht anderweitig arbeitet – tut er irgendwas für die Familie.

Die Kleinfamilie ist zwar auf dem besten Weg, die traditionellen Großfamilien zu verdrängen – im Ernstfall funktionieren die Familienbande noch. Onkel Calogero braucht eine Operation, und nicht nur, weil er ein Ferienhaus am Meer hat, legen alle zusammen für das, was die Krankenkasse nicht bezahlt, spenden Blut, weil der Blutkonservenvorrat im Krankenhaus nicht ausreicht, und verteilen die unversorgten Kinder für diese Zeit auf verschiedene Haushalte. Keiner kann sich ausschließen. Jeder weiß, daß er auf diese Weise Ansprüche erwirbt, die mehr wert sind als die beim Staat. In der Bilanz der Großfamilie werden Leistung und Gegenleistung aufgerechnet. Die Großfamilie ist für ihre Mitglieder Krankenversicherung, Volksbank, Sozialberatung, Hotelkette, Reisebüro, Informationsnetz, Altersunterstützung, Arbeitsvermittlung.

Unter diesen Voraussetzungen werden Sie begreifen, daß der Gemeinsinn eine andere Funktion und andere Grenzen hat als in deutschen Ländern. Für die (Groß-)Familie alles – für den Staat, oder was er verkörpert, wenig oder nichts. Das fängt schon beim Haushalt an. Ein typisches (zweischneidiges) Lob für die penible deutsche Hausfrau ist für italienische Wohnungen genau so oft brauchbar: »Bei denen kann man vom Fußboden essen, so sauber ist es.« Um die Abfälle auf öffentlichem Grund kümmert man sich dagegen kaum – was allen gehört, gehört keinem, und niemand fühlt sich dafür verantwortlich. Parkplätze, Strände, Picknickwiesen und Berggipfel sehen danach aus. Raumordnungspläne auch. Sehr langsam nur entwickeln sich Umweltbewußtsein und Sinn für ein größeres Ganzes. Ich wiederhole: Es handelt sich um die Beschreibung des Durchschnittsitalieners, den es nicht gibt.

In einer Gegend, die auch für diesen Durchschnittsitaliener etwas Exotisches hat, nämlich an der Südspitze Kalabriens auf der Seite des Jonischen Meers, wo sich in berüchtigten Dörfern wie San Luca oder Platì zeitweise aus Angst niemand fand, der sich als Kandidat für den Gemeinderat aufstellen hätte lassen – dort also ist der Staat besonders weit entfernt. Der Kustos der schönsten griechisch-byzantinischen Kirche Italiens, im kalabrischen Städtchen Stilo, sagte mir ein Sprichwort, das den kalabrischen Ehrenkodex der einfachen Leute wiedergibt: »*Roba di governo, chi non la mangia va all'inferno!* – Regierungseigentum, wer sichs nicht unter den Nagel reißt, geht zur Hölle.« Mit anderen Worten: ist selber schuld.

Die Deutschen sind ein systematisches Volk. Säuberlich getrennt Legislative und Exekutive, Staat und Kirche, Privatleben und Öffentlichkeit, Eingänge und Ausgänge, Oberleib und Unterleib. Dieser Systematik steht das scheinbare Durcheinander Italiens entgegen, das den Teutonen so erschreckt. Die Ordnung im Durcheinander, nicht so leicht durchschaubar, beruht auf den Gruppenbindungen der Familie oder familienähnlicher Gemeinschaften: Nicht zufällig heißen ja die Mafia-Clans Familien. Diesen privaten Charakter hat die bessere Gesellschaft auch, von der guten ganz zu schweigen. In der Art der Beziehungen der Mitglieder zueinander gibt es zwischen der Mafia, der Verwandtschaft, der *aristocrazia nera*[2], dem *palazzo*[3] und dem *salotto* nicht allzu viele Unterschiede. Gemeinsam haben diese Gruppen zweifellos, daß der gewöhnliche Erdenbürger ohne die Gnade der besonderen Geburt stets ausgeschlossen bleiben wird.

Ein Wort zum *salotto* ist nötig. Es ist der Salon, der literarische, der musikalische, politische oder schlicht gesellschaftliche. Das Erstaunlichste an ihm, wenn man nur das Formelle am öffentlichen Leben Italiens kennt: Es gibt ihn, als wäre Italien im 19. Jahrhundert stehengeblieben. Der *salotto* ist Brennpunkt gesellschaftlicher Kontakte, Mittelding und Bindeglied zwischen dem Privaten und dem Öffentlichen, Kompromiß zwischen Geisteskultur und mondäner Oberflächlichkeit, das Parkett der Begegnungen, der Nährboden, aus dem vielversprechende Projekte sprießen, auf dem Cliquen ins Kraut schießen, Freundschaften knospen und Todfeindschaften wachsen, halb repräsentativ, halb intim, privat und exklusiv wie exklusive Klubs. Noch erstaunlicher ist, daß die Institution des *salotto* unbeschadet bei denen überlebt hat, die eigentlich angetreten waren, die alte Gesellschaftsordnung hinwegzufegen. Sie werden ja noch verstehen, daß der römische Adel den Salon bestimmter Gesellschaftslöwinnen frequentiert. Oder daß Anna Maria Crespi, die eine alte Mailänder Patrizierfamilie repräsentiert und Präsidentin der exklusiven Vereinigung der Freunde der Scala ist, einen Salon führt, der schwer zu definieren ist in seiner Doppelfunktion als Patriziersalon und Vereinslokal. Dort werden musikalische Diskussionen als Gesellschaftstheater, geistige Anstrengung als spielerisches Geplauder betrieben. Aber nicht anders, vielleicht etwas weniger steif, geht es auf den Soireen bei Inge Feltrinelli zu, die seit dem Tod ihres Mannes den gleichnamigen Verlag leitet. Hier kann man die rechten linken Gesprächspartner über Bakunin, Thoreau, Fidel Castro oder Christo finden. Wenn man es genau betrachtet, hat jeder *salotto* sein eige-nes Mikroklima. Aber wer betrachtet dort schon genau? Viele Argumente im *salotto* haben den Charakter der Anregung, der Geste, beginnen mit den Worten: »Man müßte eigentlich einmal ...« Etwa: Man müßte eigentlich einmal exakt analysieren, wieso eigentlich Apollinaire und d'Annunzio ... aber die Anregung ist sich selbst genug, und der kluge Anreger denkt nicht im Traum daran, seine Idee schreibend zu verwirklichen.

Sollten Sie als Besucher oder Gast in einer dieser Gruppen vorübergehend zugelassen werden, benutzen Sie die italienischen Gesten (einschließlich Handkuß und rituellem Wangenkuß bei besserer Bekanntschaft, unabhängig vom Geschlecht) und die gewöhnlichen europäischen Regeln der Höflichkeit. Sie werden trotzdem als Exot auffallen und Nachsicht genießen, auch wenn Sie die kleinen Äußerlichkeiten beachten, die in Italien anders sind: Blumen werden vom Besucher unausgepackt überreicht, mit einer Stanniolfolie als Griff um die Stengel.

Wenn die Hauptregel einer Gesellschaft ist, daß ihre Regeln nicht immer beachtet werden, dann gibt es auch die spiegelbildliche Entsprechung der Gesetzes- oder Regelverletzung, die in Wirklichkeit gar keine ist. Zwei Beispiele. Als wir den tollkühnen Entschluß faßten, in der Nähe Mailands ein Haus zu bauen, wurde uns mit äußerster Dringlichkeit ein Architekt ans Herz gelegt, dem nachgesagt wurde, er könne, dank seinen »hervorragenden Kontakten«, alle bürokratischen Schwierigkeiten und Verzögerungen überwinden. Der Ausländer denkt sofort: Aha, mafiose Verhältnisse! In der Folge stellte sich heraus, daß die »hervorragenden Beziehungen« völlig überflüssig waren, weil in dieser Gemeinde nicht nur alles mit rechten Dingen zuging, sondern die Verwaltung außerdem noch überaus effizient und rasch arbeitete. Der Architekt war gewissermaßen Mitglied einer erfundenen Mafia.

Ebenso gibt es beispielsweise erfundene Entführungen. Vom sizilianischen *matrimonio riparatore* war schon die Rede. Es stellt die Ehre eines entführten Mädchens und seiner Familie wieder her. Das wissen aber auch Romeo und Julia. Die »Entführung« ist so nicht selten eine *fuitina*, die einvernehmliche Flucht eines oft noch minderjährigen, aber um so verliebteren Paares. Nach einer Nacht außer Haus müssen sie heiraten und sind glücklich darüber. Die Regel des Regelbruchs kann dabei große Bedeutung erhalten. Eine normale Verlobung, bei der der Bräutigam bei den Eltern um die Hand der Geliebten anhält, kann geradezu ehrenrührig wirken: Sie hieße ja, daß der Vater nicht so beängstigend streng die Tochter bewacht, daß ein Bewerber sich ihr nicht hätte nähern können – ist sie vielleicht nicht hübsch genug? Und andererseits: Ist der Bewerber vielleicht ein Feigling? Nicht Manns genug, sich gegen den Schwiegervater in spe einfach mit »Gewalt« zu nehmen, was er will?

Darum bekunden selbstverständlich in einer traditionstreuen sizilianischen Familie die Frauen, daß sie sittenstreng von zu Hause entführt und nach der *fuitina* verheiratet wurden. Hier bitte ich um die Erlaubnis zu einer Abschweifung über die Ordnung und die Unordnung an einer Stelle, wo der Nichtitaliener beides nicht vermuten würde. Noch im heutigen Italienisch spiegelt sich die – auch juristische – Bedeutung von Familienbeziehungen. Armselig ist das Deutsche, das äußerstenfalls zuläßt, daß Urahne, Großmutter, Mutter und Kind im Balladenton Bürgers versammelt sind. In der Verwandtschaftsterminologie sind wir ein primitives Volk, das nur die einfache Zahlenreihe »eins, zwei, drei, viele« kennt. Das Italienische aber hat, zum Teil noch aus dem Lateinischen abgeleitet, auch für längst verblichene Generationen genaue Bezeichnungen: nicht nur für die *nonna*, die Großmutter, und die *bisnonna*, wörtlich die Zweimalgroßmutter, also die Urgroßmutter. Deren Gebärerin heißt *trisavola*, deren Mutter, also die Ururuahne, *quadrisavola*.

Wann braucht man das schon? wird der Deutsche fragen. Selten, wird der Sizilianer zugeben. 1997 ist in Biancavilla bei Catania dieser Fall eingetreten. Die neugeborene Giovanna Catalfo erfreute nicht nur das Herz ihrer Mutter Giusi (18 Jahre), der Großmutter Vincenza (35) und der Urgroßmutter Enza (51), sondern auch der *trisavola* Giuseppa (69) und der quicklebendigen *quadrisavola* Angela (88). Die Verbindung von dichter Generationenfolge und Langlebigkeit liegt wohl ziemlich nahe an der Grenze der biologischen Möglichkeiten.

Die italienische Sprache hat eben für alles vorgesorgt. Für alles? In umgekehrter Richtung geht die Reihe über Tochter, Enkel und Urenkel – *figlia, nipote* und *pronipote* – nicht weiter als im Deutschen. Und sie hat sogar einen überraschenden Mangel, von dem Historiker ein leidiges Lied zu singen wissen: *Nipote* kann auch der Neffe sein, *pronipote* auch der Großneffe. Übersetzer ohne Kenntnis einer oft verzwickten Genealogie greifen da leicht daneben. Manchmal läßt sich ohne zusätzliche Hilfsmittel überhaupt nicht zwischen Neffen und Enkeln unterscheiden. Deutsche Direktheit würde zur Annahme neigen, daß nichts vollkommen sei, nicht einmal das Italienische. Dabei entgeht dem graden Michel die Subtilität einer sprachimmanenten

Diplomatie. Die Benennung des Nepotismus ließ – beispielsweise beim Papst Alexander VI. – ganz gern und bewußt im Unklaren, ob es sich um legale Neffen, leibliche Kinder oder Kindeskinder handeln mochte. Wie die Regelverletzung fingiert sein kann, so ist hier vielleicht gerade die Unvollkommenheit ein Zeichen der Vollkommenheit einer Sprache, die nicht nur beredt, sondern auch verschwiegen sein kann.

1 In: Politische Brosamen. Suhrkamp, Frankfurt 1982.

2 Der »schwarze« Adel Roms, mit vielen Fäden zum Vatikan und viel Grundbesitz in der Ewigen Stadt.

3 Eigentlich der Herrscherhof, im besonderen der von Bernini erbaute Palazzo Montecitorio in Rom, wo die Abgeordnetenkammer tagt. *Il palazzo* meint, stets mit einem mißtrauisch-abschätzigen Unterton, den Regierungsapparat in Rom.

Das Rätsel Italien

oder: Die Lebensfähigkeit eines elastischen Modells. In Verbindung mit der Frage, ob das Land die Vergangenheit vorausgenommen hat oder in der Zukunft zurückgeblieben ist.

In jeder Religion sind Konvertiten strenggläubiger als die Hüter der Orthodoxie. Konvertiten haben oft etwas von unbeholfenen Anfängern an sich, die eine Regel hölzern und buchstäblich anwenden, wo sie der Erfahrene cum grano salis, mit dem Salz des Verstandes handhabt. Selbst der strengste Leser wird mir zugeben, daß Italiener im allgemeinen mehr Italien-Erfahrung haben als italienverliebte Ausländer – sieht man von jenen Italienern ab, die in dritter Generation in New York, in Argentinien oder Castrop-Rauxel leben und daheim einen kleinen Hausaltar mit italienischen Reliquien aufgebaut haben: einer Ansichtskarte vom Kolosseum, einer Chiantiflasche, mit Plastikstroh umflochten, und einem Wimpel der Fußballmannschaft Juventus Turin oder Inter Mailand.

Doch sogar der Auslandsitaliener ist insofern italienischer als der in Italien lebende Ausländer (zu denen der Autor dieser Behauptungen gehört), als er seine Urteile nach dem Muster Pirandellos in der Schwebe läßt: »*Così è, se vi pare* – So ist es, wenn es euch so scheint.« Der Ausländer neigt in seiner Italienliebe nicht selten zum Fundamentalismus und erklärt auch dem Italiener haarklein, warum er sträflich gegen das Italienische in sich verstößt.

Was ist das Italienische? Wir glauben es alle zu sehen, zu wissen, zu greifen – und es entzieht sich doch. Ist Italien gar nicht so anders als der Rest Europas? Wollen wir das Vertraute im Fremden sehen, haben wir uns eingangs gefragt, oder das Fremde im Vertrauten? Es hängt vom Blick ab. Der wirkliche Abstand zwischen etwas Fremdartigem und unserer Gruppennorm wird künstlich vergrößert, wenn er sich in ein (Vor-)Urteil verwandelt.[1] Wie klein sind die Italiener? Die statistische Verteilung der Körpergröße in der Bevölkerung Italiens und eines germanophonen Landes, das sind zwei zwetschkoidisch verzogene Gauß'sche Glockenkurven, die einander zum allergrößten Teil überdecken. Extreme und Mittelwerte liegen nur wenig auseinander. Von Blond über Rot und Braun bis Schwarz gibt es alle Haarfarben sowohl nördlich wie südlich der Alpen. Die Prozentsätze unterscheiden sich nicht erheblich – aber die Vorstellung filtert aus dem bißchen mehr Schwarz dort und ein bißchen mehr Blond hier, aus den wenigen Zentimetern durchschnittlicher Größenunterschied auf beiden Seiten die gleiche Gruppenabstraktion:

In Deutschland, Bayern eingeschlossen, hausen nur Riesen mit strohfarbenem Haar und stählernen Blicken, erklärt der große blonde und blauäugige Apulier unbeirrt dem kleinen schnekkerlhaarigen Münchner, wobei er ihm in die braunen Augen schaut. Während der Bayer dem Sizilianer eröffnet, daß in seinen Augen die Italiener alles schwarzhaarige Zwerge mit dunklen Kulleraugen sind. Man sieht es ja. Lassen Sie mir mein wohlbegründetes Vorurteil, ist die herrschende Meinung, und verwirren Sie mich nicht mit Tatsachen.

Selbst die Vereinfachung ist den meisten nicht einfach genug. Sie wird zur nochmaligen Vereinfachung einmal gefiltert, wie Wechselstrom vom Gleichrichter: So, jetzt liegen die Stirnfransen schön gekämmt, alle nach einer Seite. Weil das Bild vom sympathisch-oberflächlichen Mittelmeer-Anrainer nicht zuläßt, daß da solche Absonderlichkeiten vorkommen wie vollautomatische Fertigungsstraßen und High Technology, Physiknobelpreisträger und medizinische Spitzenforschung, blendet der Betrachter alles aus, was nicht hineinpaßt.

»Die italienische Polizei ist ausgezeichnet.« – »Wieso, beweisen nicht die Carabinieri-Witze das Gegenteil?«

»Italienische Typographen arbeiten in unerreichter Qualität. Denken Sie nur an Verlage wie Electa oder Franco Maria Ricci!« – »Aber ... leben die nicht im totalen Chaos?«

»Italienische Unternehmer strecken ihre Arme nach Belgien, Frankreich, den Vereinigten Staaten aus.« – »Haben die nicht mit sich und ihren Streiks selber genug Probleme?«

Sicher, es gibt Vorurteile, die sogar stimmen. So ist Italien tatsächlich das größte Weinproduktionsland der Erde, und die Süditaliener reden nicht nur mehr als die Deutschen mit den Händen, sondern gestikulieren auch mehr als die norditalienischen Mitbürger, wie der Psychologe Ricci-Bitti herausfand.[2] Auch wenn wir den starken Verdacht haben, daß Urteile und Vorurteile oft dem logischen Zirkel der *self-fullfilling prophecy* angehören. Nehmen wir nur das Design als Beispiel. Die Formel-I-Rennwagen von Ferrari waren durch Jahrzehnte (mit so mancher Depression dazwischen) erfolgreich – aber nicht, weil sie schön *gestylt* waren, sondern durch ihre Funktionalität, ihre besseren Motoren und manch brillanten Fahrer wie in der jüngsten Zeit Michael Schumacher. Und umgekehrt haben deutsche Firmen wie Braun Design-Preise eingeheimst, die wenig mit der eigentlichen Funktion der Geräte zu tun haben. Das sind durchaus keine Einzelfälle. Aber die allgemeine Anschauung, die erfinderische Italiener und nüchterne Deutsche vor Augen hat, gibt noch heute der Titel eines kunsthistorischen Essays wieder: »Phantasie versus Funktionalität – Italienisches und deutsches Design nach dem zweiten Weltkrieg.«[3]

Im großen und ganzen dürfen Sie ruhig behaupten, daß nichts von dem vollkommen richtig ist, was ich in diesem Buch behauptet habe. Schlimmer noch. Es sieht so aus, als sei Italien überall. Ulrich Greiner meinte, Deutschland sei von Italien kaum zu unterscheiden. Aber das empfänden sie gar nicht weiter als schlimm, nur den ständigen Regen könnten sie nicht aushalten, die Deutschen. Nur die Deutschen? Überall gibt es jene Zustände, deren negative Seiten am stärksten ins Auge springen und die offensichtlich überall und offensichtlich zu Unrecht als »italienische Zustände« bezeichnet werden.

Massenhaft verlorengegangene Postsendungen? Nein, nicht in Neapel. 1987, in München, in der Weltstadt mit Herz. An Hauptreisetagen wegen Streiks geschlossene Museen? Nein, nicht Florenz: der Louvre und Versailles, zu Ostern 1988. Fahrlässig verursachte Schiffshavarien? Nein, nicht Messina, sondern Fähren in der Ostsee oder zwischen Dover und Ostende. Wartezeiten von zwölf Stunden? Nicht vor den Schiffen nach Sardinien, sondern vor denen der »Sealink«. Es gibt plötzlich gar keine Fährverbindungen? O nein, nicht die Inseln des Mittelmeers sind wochenlang von einem Streik betroffen, sondern England, in seine *splendid isolation* zurückgestoßen. Chemieskandale? Die tüchtigen Schweizer lassen mit ihren Rheinvergiftungen die Italiener hoffnungslos schwach abstinken. Giftmüll? Hamburg schlägt die Lombardei mit Leichtigkeit, von den Altlasten der einstigen DDR zu schweigen. Die Wasserverschmutzung? Rhein und Elbe können dem Po das Wasser reichen. Die Korruption? Haben wir hier in ...[4] auch, und nicht zu knapp. Das Krankfeiern? (Nur bei Hochkonjunktur, versteht sich:) Die italienischen Gastarbeiter können sich nicht erlauben, was sich die Einheimischen in ...[4] herausnehmen. Die Überfüllung von Messestädten, Autobahnen, Ausflugszielen? In Mailand wie in Frankfurt, vor Salzburg wie vor Neapel, in Neuschwanstein wie in Venedig. Die überteuerten Hotels? Fahren Sie nach Köln zur Messezeit. Die mangelnde Verkehrsdisziplin? Die Statistiken differieren wohl nur in Nuancen. Die Massenunfälle im Nebel zwischen Turin und Mailand mit vierhundert Autos unterscheiden sich nicht von denen zwischen München und Nürnberg. Die überkomplizierte und doch nicht funktionierende Bürokratie? Da sind wir in ...[4] auf dem besten Wege ...

Von Amerika wollen wir nicht reden. *Little Italy* ist überall, erstreckt sich von New York über die ganzen Vereinigten Staaten und weiter, stellt der Reisende nicht ohne Verblüffung fest. Nicht davon zu reden, daß Venedig in Italien nur einmal, in Amerika vielfach vorhanden ist: *Venice, Italy* steht allein einer Phalanx gegenüber, von *Venice, Florida* bis *Venice, Louisiana*. Von *Venice, Florida* ist es auch nicht weit nach *Naples, Florida*. *Florence* gibt es (nicht nur) in South Carolina, Alabama und Oregon. *Syracuse, Cremona, Mantua* – die ganze italienische Geographie ist transplantiert. Rom hat Schwestern in Georgia und New York (wogegen noch niemand etwas von einem New York in der *Provincia di Roma* gehört hat). Nur California hat in der Gegenrichtung gewirkt. Ein lombardisches Dorf heißt so. (Für die Genauen: bei Lesmo in der Brianza, unweit Monza.)

Es gibt viel mehr Parallelen als nur die Namen. New Yorker bezeichnen ihre Straßen stolz als die schlechtesten der Welt – wahrhaftig, sie brauchen sich vor denen in Mailand nach den

Frostaufbrüchen eines strengen Winters nicht zu verstecken. Das Leitungswasser ist inzwischen überall untrinkbar – ganz wie in Venedig. Selbst in New York ist im Herbst die alljährliche Trockenheit Grund für einen Wassermangel, den man nur sizilianisch nennen kann. Daß die Mafia Italien und Amerika auf das Engste verbindet, ist ein Gemeinplatz. Doch die sizilianische Mafia, schreibt mir ein Freund aus Kolumbien, ist gegen die Kokain-*Connection* von Medellín oder die chinesische *Cosa nostra* der reinste Trachtenverein. Das gerühmte amerikanische Umweltbewußtsein? Gäbe es nicht die Tafeln an den Highways mit der Aufschrift »500 $ FOR LITTERING«, wäre es damit vielleicht nicht so weit her. Außerhalb der Nationalparks ist es schon längst italianisiert, das merkt man schnell: Die Straßen von San Francisco haben mit denen von Neapel nicht die Schönheit, nur den Schmutz gemeinsam. Die Armut des *Mezzogiorno*? Wird von Lateinamerika, aber selbst vom reichsten Land der Welt überholt. Viele Menschen essen aus den Mülleimern auf den Straßen, im Land, wo die Orangen reifen – Steinbecks kalifornische Früchte des Zorns auf Hunderten von Quadratkilometern. Nicht in Italien. Am andern Ende der Skala erlebt Amerika seit 1987 eine Italienwelle, die von *Gucci* zu *Versace*, von *Ferragamo* zu *Benetton*, von *Fiat* zu *Ferrari* und von *Krizia* zu *Missoni* schwappt.

Die Italienwelle ist auch über die Alpen geschäumt, hat sich allerdings in der ersten Hälfte der neunziger Jahre verflacht. Die Italien-Euphorie sprudelte auch literarisch und lehrte uns die italienischen Schriftsteller kennen. Bestseller wie Umberto Ecos »Name der Rose« spielten dabei eine gewisse Rolle. Auch diese Euphorie ist wieder abgeebbt. Liegt es daran, daß sich »italienische Zustände« auch anderswo finden? Daß inzwischen nicht nur die Pizzerien bis nach Feuerland verbreitet sind, sondern auch gute Trattorien? Wozu brauchen wir Italien, wenn der biederste deutsche Landgasthof nicht nur Saumagen anbietet, sondern auch *Spaghetti al pesto*, und der Kaffee in einer authentischen Maschine von Gaggia erzeugt wird? (Mit dem Unterschied, daß der italienische Gast nördlich der Alpen regelmäßig von einem »*cappuccino*« mit Schlagobers überrascht wird und ihm die Kellnerin erklärt, ein echter Kaputtschino sei eben so, woher er denn käme, daß er das nicht wisse?) Wozu aus Italien einen Balsamessig mitbringen, wenn sogar die Zeitschrift der Stiftung Warentest, auf der Höhe der Zeit, Dutzende Arten dieser Spezialität, alle in Deutschland erhältlich wie türkisches Halwa oder chinesische Lychees, im vergleichenden Test bewertet?

Nehmt alles nur in allem: Italien ist überall. Italien ist trotzdem *in*. Der Kunst-, Kultur- und Badetourismus nach Italien hat in den letzten dreißig Jahren zeitweise Krisen erlebt. Doch die manchmal enttäuschten Liebhaber des Südens haben zweitens erkannt, daß die Basilika von Assisi, die Kanäle von Venedig, das Grabtuch von Turin und die Mosaiken von Piazza Armerina durch nichts Gleichwertiges ersetzt werden können. Und sie haben erstens begriffen, daß Italien nicht trotz, sondern mit seinen Bewohnern schön ist, und nicht nur seiner ruhmreichen Vergangenheit wegen.

Ein Rätsel bleibt, ein Widerspruch ist nicht aufzulösen. Wieso ist der Italiener der Prügelknabe für das Selbstbewußtsein der europäischen Familie? Ein schwarzes Schaf, ein charmanter Nichtsnutz, dem man nichts zutraut? Wie kommt es zu der merkwürdigen Begeisterung von der überheblichen, selbstgerechten Art: Italien wäre ja ganz schön, wenn die Italiener nicht wären?

Liegt es womöglich an einer raffinierten machiavellischen Verkleidung? Die tüchtigen und fleißigen Musterschüler Europas, sitzen die vielleicht gar nicht an Rhein, Elbe und Donau, sondern in Wirklichkeit am Tiber, Po und Arno? Und sie lassen es nur nicht merken? Sie haben ja in Deutschland vor Augen, wie Musterschüler eingeschätzt, wie wenig sie geliebt werden. (Um so ärger, wenn einer sich als Musterschüler aufführt im Glauben, er wäre noch einer.) Sind die Italiener vielleicht zu klug, ihre Tüchtigkeit wie ein Kainsmal auf der Stirn zu tragen? Eine Trentiner Gemeinde, die ausschließlich vom Fremdenverkehr lebt, gab bei einer PR-Agentur in Mailand einen Werbeprospekt in Auftrag, mit den üblichen schönen Fotos und den üblichen hymnischen Texten in mehreren Sprachen. Übersetzung und Druck wollte die Gemeinde in eigener Regie besorgen, um zu sparen. Die Agentur wußte, wie dilettantisch solche Übersetzungen oft sind, und bat noch vor dem Druck um Korrekturabzüge. Sie habe Mitarbeiter deutscher Muttersprache. Die Probeabzüge trafen nicht ein. Erst als der Marketingfachmann wenig später einmal in jenes Dorf kam und beim Bürgermeister vorsprach, bekam er den Prospekt zu Gesicht: perfekt gedruckt, einwandfrei in der englischen und französischen Übersetzung, nur in der deutschen Version mit einem abenteuerlichen Text voller Fehler und Entstellungen, wie sie genüßlich von preußischen Oberlehrern angeprangert werden.

»Ich weiß, ich weiß, was sie sagen wollen«, kam ihm der Bürgermeister zuvor, als er zu einer vorsichtigen Kritik ansetzte. »Aber sehen Sie: Diese Prospekte schicken wir nach Deutschland, an Reisebüros und Touristikbörsen. Die Deutschen sind sehr genau. Sie entdecken die Fehler und schreiben uns. Inzwischen haben wir schon eine umfangreiche Adreßkartei von möglichen Gästen, die wir gezielt bewerben können. Und einige große deutsche Zeitungen haben uns zitiert, weil sie das so komisch fanden. Das war viel besser als bezahlte Anzeigen, die hätten wir uns nicht leisten können.« Der Fachmann äußerte seinen Verdacht nicht, daß die Verfasser des Textes möglichweise perfekt Deutsch konnten und absichtlich ein bißchen ...

Vorurteile: Japaner, bekanntlich die Preußen Ostasiens, verströmen Tüchtigkeit aus allen Poren und betrachten noch die Ferien als ernsthafte, sorgfältig zu planende Aufgabe. Italiener, sonnige Sorgenkinder Europas, lieben das Laissez-faire und benötigen ihren bekanntlich angeborenen Mutterwitz, um sich in letzter Sekunde mit improvisierten Lösungen aus dem selbstverschuldeten Schlamassel zu ziehen. Was geschieht, wenn die beiden Welten aufeinanderprallen? Die italienische Tochter eines japanischen Konzerns – das kann Überraschungen geben. Jedenfalls im August, wenn in Mailand, Turin und Rom zu *Ferragosto* die Rolläden hinunterrasseln, die Gehwege hochgeklappt werden und alles ans Meer fährt. Die in Sardinien gedruckte Teilauflage des *Corriere della Sera* schnellt von sechs- auf hunderttausend empor: Mailand findet am Strand statt.

Und da, ausgerechnet im August, ereilte mich das Unglück. Der Fotokopierer brauchte eine neue Kartusche. Die Läden für Bürobedarf sind ferienhalber geschlossen. Wo bekommt man Nachschub? Die italienische Direktion des japanischen Konzerns wird es wissen. Doch es antwortet das Tonband mit bekannter Melodie: »Unsere Büros sind ferienhalber bis 26. August geschlossen. In dringenden Fällen rufen Sie unseren Notdienst an. Die Nummer ist ...« Der Notdienst teilt auf Anruf gelangweilt mit, Verbrauchsmaterial verkaufe er nicht, er käme nur zur Reparatur. Andererseits könne er im übrigen zur Zeit Reparaturen nicht durchführen, denn das Ersatzteillager sei ferienhalber geschlossen. Dann gibt er den nützlichen Rat, im Branchentelefonbuch nachzuschauen. Unter den einschlägigen Nummern laufen die Tonbänder. Italien, wir ahnten es zähneknirschend, ist urlaubshalber geschlossen.

Zum Glück lebe ich nicht auf einer sizilianischen Insel, sondern in Mailand. Will heißen: Vor der Haustür, kaum eine Stunde Autofahrt entfernt, liegen Mailands exterritoriale Tessiner Vororte Lugano und Chiasso, wo Geschäftsleute ihre wirklich eilige Korrespondenz abwickeln, nach jahrelanger Wartefrist Postfächer mieten können oder in vieler Hinsicht praktische Bankkonten führen. Ein Anruf in Lugano. Eine kurze Fahrt in die italienische Schweiz. Ich erhalte auch sofort das Gewünschte. Der Bruttopreis ist um ein Drittel niedriger als in Italien. So ist die Fahrt schon bezahlt. Weil für den Export bestimmt, wird die Mehrwertsteuer nicht berechnet. Aus purer Gefälligkeit wird ein Rabatt von zehn Prozent abgezogen, der Einfachheit halber noch um einen Franken und siebenundzwanzig Rappen abgerundet. Der beängstigend schnelle Elektronik-Angestellte holt das Ersatzteil, schreibt die Rechnung, erteilt währenddessen einem Reparaturmonteur Anweisungen, gibt zwischendurch mit Hilfe des Bildschirms zwei Anrufern komplizierte technische Auskünfte, dem einen auf italienisch mit Tessiner Tonfall, dem andern in makellos gekrächztem Züri-Dütsch. Einen dritten will er gleich zurückrufen, denn, so sagt er, hier stehe ein Kunde, der schon mehr als eine Minute wartet. Bei mir entschuldigt er sich, daß es leider so lange dauert. Die Mischung aus typischer Schweizer Tüchtigkeit, typisch japanischer Höflichkeit und Professionalität läßt den Besucher bewundernd mit den Ohren schlackern. Dieser klagt denn auch über den italienischen, besonders den süditalienischen, oft mit herablassender Grobheit gepaarten Schlendrian und fragt neugierig, ob der Computer-Akrobat ein Tessiner oder Deutschschweizer sei, wo er doch Italienisch und Schwyzerdütsch gleich akzentfrei spreche. Die Antwort: »Ich bin Sizilianer.« Nicht auszudenken, was aus Italiens Wirtschaft werden könnte, kämen die Emigranten aus Amerika, Deutschland und der Schweiz wieder heim.

Die Römer waren die personifizierte Tüchtigkeit, vollendete Straßenbauer, perfekte Planer, genaue und sorgfältige Verwalter ihrer Eroberungen. Sie veränderten die antike Welt. Sie wurden von der Mit- und Nachwelt ertragen, von den Eroberten gehaßt und den Nachbarn beneidet. Geliebt? Nie. Die Nachfahren von Romulus und Remus hatten viele Jahrhunderte Zeit, ihre Vorzüge zu verschleiern. Denn das Perfekte wird respektiert, bewundert, oft gefürchtet, manchmal vielleicht sogar verehrt. Aber geliebt: Geliebt wird Italien.

1 Peter R. Hofstätter: Gruppendynamik. Rowohlt, Hamburg 1957.

2 Italian Journal of Psychology, III/1976.

3 Peter A. Riedl (Universität Heidelberg) beim Kongreß über italienische Kunst zum hundertjährigen Bestehen des deutschen Kunsthistorischen Instituts in Florenz, September 1997.

4 Gewünschtes Land nach Belieben einsetzen.

Kleines Wörterbuch,

verbunden mit der Warnung, seinen Ernst zu unterschätzen oder nicht zu unterschätzen.

il **caffè**
Sowohl der Caffè wie das Café: die dicke Brühe, die in der Bar aus der Espressomaschine kommt, und das inzwischen von *il bar* fast verdrängte altneapolitanische, altrömische und österreichisch-ungarische, also venezianische und lombardische Etablissement. *Caffè* ist nicht zu verwechseln mit Wiener Kaffee oder norddeutschem Káffe, einer ziemlich ungenießbaren Flüssigkeit.

il **calcio**
Das wichtigste Sonntagsvergnügen des Italieners. 23 Männer, davon einer in Schwarz, sind mit den Bewegungen eines Lederballs beschäftigt, bis zu 50000 andere schauen zu, Millionen sehen die Fernsehübertragung. Der in Schwarz hat die gefährlichste Rolle. *Un calcio nel sedere*, ein Tritt in den Hintern, ist zwar auch ein Vergnügen, doch ein selteneres, teureres und privateres.

il **casino**
Achtung: Wenn der Italiener sein Geld im Glückspiel verlieren will, geht er ins *casinò* (letzte Silbe betont). Das *casino* ist das Freudenhaus. Man hört das Wort oft und könnte meinen, Italien sei voll von diesen Einrichtungen. Der Ausruf *Che casino!* hat aber nichts mit Freuden, geschweige fleischlichen zu tun, sondern bedeutet: Was für ein Durcheinander, Chaos, Wirrwarr, zäher Verkehr, Gedränge. *Casino* bezeichnet den Zustand, in dem sich der Italiener, besonders der Großstädter, gewöhnlich fühlt. Synonym: *chaos, bailamme, kaos* (Taviani) etc.

»Càvolo!«

Eigentlich: Kohl. In den beiden deutschen Bedeutungen kaum gebraucht. Ausruf des Erstaunens, des Ärgers, der Bewunderung, der Überraschung. Es ist eine euphemistische Umschreibung, die zwei Tabu-Wörter vermischt: den Fluch *Diavolo!* (Teufel) und *Cazzo!* (siehe dort).

»Cazzo!«

Nicht sehr wissenschaftlicher Begriff für jenen Körperteil, auf den viele italienischen Männer insgeheim am meisten stolz sind, weil er den Frauen fehlt. Der Stolz spiegelt sich im Reichtum einiger Dutzend ebenfalls unwissenschaftlicher Synonyme. Das häufigste ordinäre Wort der Umgangssprache. In abgeschwächter Version: *Cacchio!*, noch harmloser: *Cavolo!* als verärgerter, auch als bewundernder Ausruf gleichwohl in allen (allen!) Gesellschaftsschichten gebraucht, von wohlerzogenen Leuten ausschließlich im privaten Kreis. Entspricht als Anerkennungsruf dem bayrisch gefärbten Götz-Zitat: Dieses ist keineswegs immer eine beleidigende Aufforderung, was Urteilssprüche bayrischer Gerichte inzwischen amtlich bestätigt haben. Analog gilt »Ungeheuer« im Ausruf *Che mostro!* als höchstes Lob wie bayrisch »So ein wilder Hund!«

il **crucco**

Der hart lautende Ausdruck nationaler Vorurteile für den häßlichen Deutschen (Schweizer, Österreicher). Die *crucchi* sind wahnsinnig tüchtig, ungemein genau, unübertrefflich geizig, haben ein Herz aus Stein und die Haut des Elefanten: Der *crucco* ist so hart wie das Sympathische an ihm, die harte Mark. Ein *crucco* ist immer auch *pignolo*, ein *pignolo* nicht notwendigerweise ein *crucco*. Der Austausch von Schimpfwörtern im geeinten Europa benachteiligt die Italiener. Auch ohne Kenntnis des Deutschen können sie *Katzelmacher* wegen der klanglichen Nähe zu *cazzo* als beleidigend empfinden. Katzelmacher haben entgegen einem verbreiteten Aberglauben nichts mit Katzen zu tun, sondern mit der *cazzuola*, der Maurerkelle, mit der sich die Bewohner der armen Alpentäler als Saisonarbeiter verdingten, nach anderer Ableitung mit der *cazzeruola*, dem Topf als Kennzeichen wandernder Kesselflicker. Besonders pikant ist, daß der *crucco* genauso wie der japanische Saupreiß eine danebengezielte Beleidigung ist: das Schmähwort entstand im zweiten Weltkrieg aus dem serbokroatischen *kruh* (Brot) und bezeichnete zuerst die slawischen, erst nach dem Frontwechsel Italiens die deutschen Widersacher.

i **coglioni** siehe le ***scatole***.

»Che culo!«
»So ein Schwein!« Wer es hat, hat in Italien *culo* (Hintern): Fortuna, das Glück lacht ihm. Nicht mit dem Artikel! Dann bezeichnet *culo* familiär die Sitzfläche, in der Halbwelt den Homosexuellen.

il **divorzio**
Fortsetzung des Ehekriegs mit anderen Mitteln. Seit 1. Dezember 1970 ist das *divorzio all'italiana*, die »Scheidung auf italienisch«, nur noch ordinärer Verwaltungsakt wie in anderen Ländern und wird nicht mehr wie im Film von Pietro Germi (1961) mit Hilfe eines Revolvers »aus verletzter Ehre« vorgenommen.

il **dolce far niente**
Von Dichtern in die Welt gesetztes Gerücht, das an der italienischen Realität weit vorbeigeht. Italienischer Fleiß wird in Form von Arbeitern, denen man mit der Bezeichnung »Gast« schmeichelt, in Landschaften nördlich der Staatsgrenze exportiert.

la **figura**, la **figuraccia**
Italiener haben mit Chinesen eines gemein: Das Gesicht. Natürlich nicht dessen Aussehen, sondern es zu wahren ist das Wichtigste. *Fare figura* oder gar *fare bella figura* ist mehr: Eindruck schinden, imponieren, sich in die Brust werfen oder beliebt machen, gut abschneiden, Bewunderung erregen, von sich reden machen, andere an die Wand spielen, überlegen wirken. *Fare una figuraccia / brutta figura* ist das Gegenteil: sich unmöglich machen, sich danebenbenehmen, ins Fettnäpfchen treten, dumm dastehn, Sympathien und Chancen verscherzen, nicht ernstge-

nommen werden, kurz: das Gesicht verlieren. Übliche Folge des Ehrverlusts: Sie werden ausgelacht. Im Geschäftsleben können die Folgen durchaus gravierender sein.

la **filastrocca**
Kinderreim, Abzählvers oder Scherzgedicht, zum Beispiel: *Igne migne magna mo...*, auf deutsch: Ene mene mu (und drauß' bist du). Sie sehen, man kann das wörtlich genau übersetzen, ohne zu wissen, was es heißt. Diese *Filastrocca* kommt wohl von einem vergessenen Zauberspruch.

il **footing**
Das neuitalienische Wort entspricht exakt dem neudeutschen *jogging*. Dem Wort eine gewisse Popularität verliehen hat der gesundheitsbewußte Italiener, der ohne zureichende Übung (erstaunlicherweise sagt man nicht Training, sondern *allenamento*) so lange durch den Wald oder die von Sonntagsfahrern abgasverpesteten Parks läuft, bis er einem Herzinfarkt erliegt. Auch Wörter wie *la fitness*, die *lo stress* überwinden soll, sind *in*. Das *shopping* ist eine weniger anstrengende, darum beliebtere Sportart.

la **frana**
Eigentlich Erdrutsch. Ungeheuer mit zwei linken Händen und zwei linken Füßen, in dessen Nähe Blumenvasen um- und Kaffeetassen zu Boden fallen, Uhren falsch, Fernseher kaputt- und Töpfe übergehen, das Essen an- oder das Haus abbrennt.

guasto
Eine auf technischen Geräten, die öffentlich zugänglich sind, häufig zu findende Bezeichnung: an Aufzugstüren, Caffèmaschinen, Telefonen, Wasserhähnen, Lichtschaltern, Toilettenspülungen oder Benzinzapfsäulen. Es handelt sich nicht um einen Markennamen, sondern um die Bezeichnung für den rein dekorativen, nicht funktionsfähigen Zustand eines Apparats. Stammverwandt mit dem deutschen »wüst«. Das Wort findet sich, meist auf ein Stück Pappe handgeschrieben, aus Gründen dezenter Zurückhaltung an einer unauffälligen Stelle des Ob-

jekts, damit der Benutzer die Möglichkeit hat, ohne Beeinträchtigung seines Optimismus einmal zu versuchen, ob das Ding nicht doch funktioniert. Nicht immer Synonyme, werden mit ähnlicher Bedeutung zur Freude des Benutzers verwendet: *fuori servizio* (außer Betrieb), *difettoso* (defekt), *chiuso*, *torno subito* (komme gleich), *non agibile* (nicht benutzbar), *non transitabile* (nicht befahrbar).

la **macchina**

Das empfindlichste Körperteil des Menschen ist die Brieftasche, *il portafoglio*. Doch sein wertvollstes, schönstes Teil ist die *macchina*. Die Ferrari-Fans, die vielen Filme, die Tuning-Werkstätten und die antiken Tragödien, wenn das gute Stück bei einem Verkehrsunfall angekratzt wird, dürfen nicht auf die leichte Schulter genommen werden. Die *macchina* hat mit dem schnöden Gebrauchsgegenstand des Deutschen oder Franzosen nichts zu tun. Zwar dient auch die *macchina* der Fortbewegung, aber das ist nur eine angenehme Zutat. Der Hauptzweck ist: *fare figura* (siehe dort). Ein Arbeiter in Modena, nicht weit von Maranello, dem Sitz von Ferrari, hat jahrzehntelang gespart, um sich eine »Testarossa« zu kaufen, den begehrten roten Sportwagen – nur um ihn bei sich in der Garage stehen zu haben. Zum Fahren wäre er viel zu teuer. Was für die Italienerin der Pelzmantel, ist für den Italiener die *macchina*: ein Mittel, begehrenswert zu sein, ein Beweis von Überlegenheit, Macht, Glanz, Potenz, Geltung, Prestige. Wehe, man tritt ihr zu nah! Die psychische Bedeutung der *macchina* wird heute oft vom *telefonino* übernommen.

»Mamma mia!«

»Meine Mutter!« Der wichtigste Vielzweckausdruck, ersetzt alle anderen Ausrufe: bei Unglücksfällen (*Che disastro!*), Glücksfällen (*Che fortuna!*), Schlechtwetter (*Che tempaccio!*), Schönwetter (*Che bel sole!*), im Anblick von Trotteln und Tolpatschen (*Che frana!*), von Genies (*Che mostro!*), Heiligen (*Che Santo!*), bei Diebstählen (*Al ladro!*) und allen Vorkommnissen, die den Alltag farbig, kurz: italienisch gestalten.

»Marameo!«
Das Wort, das ein Kind denkt oder ruft, wenn es die Nase zeigt. (Daumen an der Nasenspitze, die anderen Finger machen eine flatternde Bewegung.)

il **menefreghismo**
Der verbreitetste -ismus. Schopenhauer und die stoische Philosophie für den kleinen Mann. Oft konzentriert auf eine einzige Gebärde (siehe »Das andere Italienisch«). Der Italiener bildet gern aus jeder beliebigen Bezeichnung gleich das Wort für eine Richtung: Wer zum richtigen Zeitpunkt das Rechte tut oder in Erscheinung tritt, beweist *tempismo*. Wer am Arbeitsplatz abwesend (*assente*) ist, kann wegen *assenteismo* zur Rechenschaft gezogen werden. Einem entscheidungsfreudigen Politiker wirft man *decisionismo* vor, hält er auf Manieren, macht er sich des *perbenismo* schuldig. Kurbelt er den Geldumlauf an, betreibt er *inflazionismo*, drückt er sich pointenreich aus, krankt er an *parolismo*, hält er Parteien für nötig, ist es *partitismo*. Läßt er sich überall sehen, macht er sich des *presenzialismo* verdächtig, drängt er nach vorn, ist es *protagonismo*. Hält er umfassende Sozialleistungen für nötig, verteidigt er den *assistenzialismo*, der mit der Gegenleistung der Begünstigten in Form von Wählerstimmen einhergeht, dem *clientelismo*. Um allen Verdacht, es könne sich um etwas Beleidigendes handeln, zu vermeiden, gibt es in Italien zwei Ismen nicht: der Katholizismus heißt nicht Cattolicismo, sondern *Cattolicesimo*, und das Christentum heißt *Cristianesimo*. Der Ismismus hat seine Grenzen.

la **multa**
Jener Zettel, den der *Vigile Urbano* hinter die Scheibenwischer klemmt. Abergläubischer Beschwörungszauber, der nach einem alten Volksglauben dazu führt, daß die vielen falsch geparkten Autos von den Straßen verschwinden und mehr Geld in die Gemeindekasse fließt. Ein wirksamerer Zauber ist der Abschleppwagen. Als effektvoll haben manche Gemeinden den *ceppo* entdeckt, ein magisches Stück Eisen, das an einem Autorad festgeklemmt wird und das Wegfahren erst nach Bezahlung der *multa* erlaubt.

il **paparazzo**
Federico Fellini hat 1959 in »La dolce vita« die Vernichtung der Privatsphäre durch den erbarmungslosen Fotoreporter dargestellt, der die Welt nur noch durch seine einäugige Spiegelreflexkamera sieht: Wie ein Heckenschütze sein Präzisionsgewehr richtet er seine Teleobjektive mit ihrer Phallus-, Schußwaffen- und Vergewaltigungssymbolik auf seine Opfer. Der Filmname der Figur, Paparazzo, wurde über den Fachjargon hinaus zum Gattungsbegriff. Das Wort weckt im Italienischen phonetisch überwiegend negative Assoziationen, die beim pejorativen Suffix anfangen und bei Wörtern wie *Razzo* (Rakete) und dem epidemischen *cazzo* (siehe dort) noch lange nicht aufhören. Tazio Secchiaroli, 1925 geboren, heute nicht mehr raketenschnell genug, war der König der Paparazzi, der Fellini als Modell diente: »Uns gefiel es, die Berühmten zu jagen. Wir haben sie mit einem Gefühl der Revanche belagert. Wir die Hungerleider, sie reich und glücklich, mit den schönen Frauen, den Luxushotels. Die Hotelboten und Portiers standen auf unserer Seite, gaben uns die Tips. Es war eine proletarische Solidarität.«

il **pernacchio**
Siehe »Das andere Italienisch«. Das Geräusch ist schon im Parlament gehört worden, aber nicht parlamentarisch. Bei diplomatischen Empfängen zu vermeiden.

il **pignolo**
Wörtlich eigentlich ein Pinienkern: ein Pedant, Kleinigkeitskrämer, Korinthenkacker oder Schlimmeres. Ein unsympathischer Mensch, dessen hervorstechendste Eigenschaft aus italienischer Sicht »typisch deutsch« ist: (übertriebene) Genauigkeit, kleinliches Aufrechnen, Beharren auf dem Detail, die Unfähigkeit, einmal fünf grade sein zu lassen. Der *pignolo* rechnet stets mit so vielen Stellen hinter dem Komma, wie der Taschenrechner ausspuckt, und beschwert sich, daß der Kassier im Supermarkt fünf Lire (der *pignolo* weiß genau: 0,508168239 deutsche Pfennije) nicht herausgibt.

il **ponte**

Die Brücke, von einem Feiertag zu einem fast benachbarten, um die dazwischenliegende Zeit nicht mit Arbeit zu verplempern. Der Brückenbau bedient sich der (diplomatischen) Krankheit, des *sciopero*, der allgemeinen Schwierigkeiten (Verspätungen oder *sciopero* der Züge, Autobusse oder anderer). Venedig hat besonders viele Brücken, ermöglicht durch den *sciopero* der *vaporetti* und – besonders wirksam – durch das *acqua alta* (Hochwasser).

lo **scagnozzo**

Junger Mann im Süden, meist arbeitslos, der sich nützlich macht: Beseitigung unerwünschter Personen, Eintreiben von Außenständen, Erzeugung von Verkehrsunfällen, Bestrafung unerträglicher Unhöflichkeiten und ähnliches. Untergeordnete, manchmal gefährliche, schlecht bezahlte Tätigkeit, jedoch mit Aufstiegschancen. Die minderjährige Version des *scagnozzo* ist der *scugnizzo*.

le **scatole**, le **palle**

Was den Mann zum Mann macht. *Mi rompe le scatole* (wörtlich: er / sie / es zerbricht mir die Schachteln) bedeutet, etwas geht mir auf die Nerven, an die Nieren, auf den Geist, auf den Grind, auf den Zwirn, auf den Bims, auf die Eier, auf den Zeiger, auf den Keks, auf den Koks, auf den Wecker, auf den Sack. Sackzement!

lo **sciòpero**

Volkstümliche Beschäftigung (siehe *dolce far niente*). Beschäftigte geben sich ihr hin, weil sie mehr Bezahlung, weniger Zwang, mehr Arbeitsplätze, weniger Arbeit, mehr Parkplätze, weniger Strafzettel, mehr Mitbestimmung, weniger Entlassungen, mehr Sonne, weniger Steuern, mehr Ordnung, weniger Staat, einen heilen Regenwald, ein freies Nicaragua, ein freies Afghanistan, ein freies Wochenende, eine andere Regierung, überhaupt keine Regierung, mehr oder weniger irgend etwas wollen. Manchmal streiken sie gegen einen Streik (der anderen).

lo **scippo**
Mehr oder minder gewaltsame Eigentumsübertragung auf der Straße. Tätigkeit, meist im Team von Motorradfahrer und Sozius, der sich eine verschwindende Minderheit der Millionen junger Arbeitsloser hingibt (nach dem OECD-Bericht 1995/96 hatten in Unteritalien mehr als 38 Prozent der männlichen, mehr als 51 Prozent der weiblichen Jugendlichen keine Arbeit). Sie tut es, um zu überleben, sich Drogen zu beschaffen oder auf andere Weise an der Verschönerung der Welt (ihrer Welt) zu arbeiten.

gli **strangolapreti**
Wörtlich Pfaffenwürger. Keine antiklerikalen Aktivisten, sondern eine Art *gnocchi*, Spätzle oder Nockerl, meist aus grünem (spinathaltigem) Teig, beliebt vom laizistischen Piemont bis zur frommen Campania. Die italienische Küche kennt auch den *cappello da prete* (Priesterhut), *schiaffoni* (Riesenohrfeigen), *castagne del prete* (Pfaffenmaroni) und den *vinsanto* (heiligen Wein): Respektlos ist die Phantasie des Gaumens. Italiener essen oder leben nicht wie Gott in Frankreich, sondern *da papi* – wie die Päpste.

il **telefonino**
Auf neudeutsch das Handy. Gerät zur Vermehrung des sozialen Ansehens und der Einkünfte der Mobiltelefongesellschaften, zur Zeit TIM und Omnitel. Nur selten auch für die Kommunikation gebraucht. Anfang der neunziger Jahre, als die *telefonini* noch sehr teuer waren, gab es sie auch als Attrappen, die nur den dritten Zweck nicht erfüllten. Italien, obwohl etwas dichter besiedelt und besser mit gewöhnlichen Telefonen versorgt als die Tundra, ist noch vor Finnland seit mehreren Jahren Spitzenreiter bei den Zuwachsraten der *telefonini* in Europa. Das *telefonino* als elektronisches Pfauenrad hat gegenüber dem Auto (siehe *macchina*) einen großen Vorteil: Das Auto kann man nicht in die Bar, ins Restaurant, ins Theater, ins Konzert oder in die Seilbahngondel mitnehmen. Nur die Dienerschaft muß ständig erreichbar sein – das weise Wort hat sich in Italien noch nicht herumgesprochen.

il **terrone**

Das Schimpfwort des Nordens für die geplagten und überwiegend armen Bewohner des Landes, wo die verrückte Erde tanzt (*terre matte, terre ballanti*), ursprünglich eher mitleidig als beleidigend. *Terrone* verschmilzt *terr*emoto und meridi*one*, Erdbeben und Mittag. Mindestens je eine Bebenkatastrophe im halben Jahrhundert, die kleineren Beben nicht gerechnet, verzeichnet zum Beispiel die Chronik der lukanischen Höhlenstadt Matera bis zurück ins zehnte Jahrhundert. Das größte, bis jetzt anhaltende Beben, das Landschaft und Gesellschaft schüttelt, verursachte der Einbruch des 20. Jahrhunderts in das süditalienische Mittelalter nach dem zweiten Weltkrieg.

il **tifo**

Typhus von besonderer Art, dessen Ansteckungszentren die Fußballstadien sind (siehe *calcio*). Die Befallenen, die *tifosi*, suchen sich mit langen Schals zu schützen, auf denen magische Namen wie Ronaldo oder Rummenigge stehen. Sie brechen hin und wieder in krampfhafte Zuckungen oder Sprechchöre aus und sind imstande, mit dem Ruf »Eins zu null! Eins zu null!« wildfremde Personen zu umarmen. Die Krankheit gilt als unheilbar.

»Va!«

Meist *»Ma va!«* oder *»Ma va?«*: »Aber geh!« oder »Da schau her!« Einer der Ausrufe für jedes Wetter, drückt je nach Tonfall Unglauben, Überraschung, Erstaunen, Verblüffung, Ärger, Ungeduld, Freude, Ironie, Belustigung und noch ein paar Dutzend Gefühlslagen aus.

»Vaffanculo!«

Unter allen (allen!) Umständen zu vermeidende Aufforderung. Im Deutschen entspricht ihr die berühmte, in Goethes Drama »Götz von Berlichingen« ausgesprochene Einladung. Diese ist vergleichsweise aristokratisch formuliert. Beide Sätze haben in sauberen Texten die Orthographie gemeinsam. Nämlich: »...!« Die euphemistische Formulierung (»Sie können mich gern haben«) lautet *»Vada a far si friggere«* (Lassen Sie sich rösten).

Literaturhinweise

mit dem Anspruch auf sorgfältige Unvollständigkeit.

Diese Hinweise erlauben begreiflicherweise nicht den leisesten Verdacht auf Ausgewogenheit. Nicht jede Nennung ist gleichbedeutend mit rückhaltloser Empfehlung. Bekanntes kann fehlen, dafür gibt es manche Hinweise auf Entlegenes. Ich habe versucht, dem Liebhaber Italiens und des Italienischen, des Kuriosen und Besonderen, vor allem dem frisch Verliebten, mit einer kleinen *Ars amandi* an die Hand zu gehen. Weitere Hinweise enthalten die Literaturverzeichnisse in den genannten Werken.

1. GESELLSCHAFT, POLITIK, ALLGEMEINES

Arbasino, Alberto: Un paese senza [Ein Land ohne]. Garzanti, Milano 1980.

Barzini, Luigi: Gli Italiani. Arnoldo Mondadori, Milano 1964, 1978.
Deutsche Ausgabe: Die Italiener. Goldmann, München.
Ein Klassiker, in historischen Details und in manchen Urteilen durch die Geschichte überholt.

Barzini, Luigi: The Impossible Europeans. Weidenfeld & Nicolson, London 1983.
Deutsche Ausgabe: Auf die Deutschen kommt es an. Europa im Brennpunkt. Goldmann, München 1985.
Mit einer kurzen Verteidigung italienischer Mentalität. Für Barzini kommen alle Übel der italienischen Nachkriegsgeschichte von den Kommunisten.

Bocca, Giorgio: In che cosa credono gli Italiani [Woran glauben die Italiener]. Longanesi & Co., Milano 1982.

Bocca, Giorgio: La disunità d'Italia [Die Un-Einheit Italiens]. Garzanti, Milano 1990.

Braun, Michael: Italiens politische Zukunft. Fischer Taschenbuch Verlag, Frankfurt/Main 1994.

CENSIS: Rapporto sulla situazione sociale del paese. Franco Angeli, Roma.
Die Jahresberichte der Fondazione (Stiftung) CENSIS über die soziale und wirtschaftliche Situation des Landes enthalten reiches statistisches Datenmaterial.

Colombo, Gherardo: Il vizio della memoria [Das Laster der Erinnerung]. Feltrinelli, Milano 1996.
Colombo ist als Staatsanwalt einer der Protagonisten der Korruptionsprozesse *Mani pulite*. Seine bittere Analyse der italienischen Gesellschaft nach dem Abebben der Prozeßwelle läßt resignative Töne anklingen.

Dalla Chiesa, Nando: Dizionario del perfetto mafioso [Wörterbuch des perfekten Mafioso]. Arnoldo Mondadori, Milano 1990.
Der Sohn des von der Mafia ermordeten Carabinierigenerals, Soziologieprofessor in Mailand, analysiert in einer wilden Satire die Mentalität, die den Nährboden des organisierten Verbrechens bildet.

D'Angelo, L.: How to Be an Italian. Price, Sterne & Sloane, Los Angeles 1969.

De Crescenzo, Luciano: Così parlò Bellavista. Arnoldo Mondadori, Milano 1977.
Deutsche Ausgabe: Also sprach Bellavista. Diogenes, Zürich 1986.
Der Philosoph und überzeugte Neapolitaner lebte vorsichtshalber lange (mit Heimweh), als EDV-Ingenieur in Mailand.

Falcone, Giovanni: Cose di Cosa Nostra [Dinge über Cosa Nostra]. Fabbri Editore, Milano 1991, 1995.
Der Untersuchungsrichter, der 1992 einem Bombenanschlag zum Opfer fiel, wie zwei Monate später sein Kollege und Freund Paolo Borsellino.

Flaiano, Ennio: Opere in 3 volumi. Bompiani, Milano 1988 bis 1990
[Werke in 3 Bänden; Zitate nach Jappe, s. d.].

Flores d'Arcais, Paolo (Hrsg.): MicroMega. Gruppo Editoriale L'Espresso, Roma.
Die Zweimonatsschrift für Politik, Philosophie und Kultur, überwiegend links orientiert, erscheint seit 1987 und ist eine Fundgrube wichtiger Essays und politischer Diskussionen.

Fruttero, Carlo & Lucentini, Franco: La prevalenza del cretino [Die Vorherrschaft des Trottels]. Arnoldo Mondadori, Milano 1985.
Glossensammlung aus »La Stampa«, 1979–1984.

Galli, Giorgio: Affari di Stato. L'Italia sotteranea 1943–1990: Storia politica, partiti, corruzione, misteri, scandali. Kaos Edizioni, Milano 1990.
Deutsche Ausgabe: Staatsgeschäfte. Affären, Skandale, Verschwörungen. Europäische Verlagsanstalt, Hamburg 1994.
Ausführliche, zum Teil fast prophetische Beschreibung der Probleme Italiens vor dem Bekanntwerden von *Tangentopoli.*

Große, Ernst Ulrich / Trautmann, Günter: Italien verstehen! Primus Verlag, Darmstadt 1997.
Ausgezeichnetes Kompendium mit vielen Zahlenangaben über die jüngste Entwicklung in Gesellschaft, Politik und Wirtschaft.

Hausmann, Friederike: Kleine Geschichte Italiens von 1943 bis heute. Vierte, erweiterte Auflage. Wagenbach, Berlin 1997.
Daß diese hellsichtig analysierende und bis in die Gegenwart im allgemeinen gut recherchierte Geschichte nicht frei von Fehlern

ist und beispielsweise den für das Verständnis der Justiz zentralen »Fall Sofri« nicht einmal erwähnt, zeigt, was für ein Dickicht die Politik und Justiz Italiens unter der Oberfläche ist.

ISTAT (Istituto Nazionale di Statistica): Annuario statistico Italiano. Compendio statistico Italiano. Le regioni in cifre.
Das nationale Institut für Statistik gibt neben den obengenannten Jahrbüchern eine große Zahl periodisch erscheinender Statistiken mit Volkszählungs-, Wirtschafts-, Gesundheits-, Wetter-, Bildungs-, Justiz- und Kulturdaten heraus. Die Interpretation der Daten, erschwert durch Dunkelziffern, läßt das italienische Talent zu polemischer Rhetorik aufs Schönste erblühen.

Jappe, Anselm (Hrsg.): Schade um Italien! Zweihundert Jahre Selbstkritik. Eichborn, Frankfurt/Main 1997.

LaPalombara, Joseph: Democracy, Italian Style. New Haven/ London 1987.
Deutsche Ausgabe: Die Italiener oder Demokratie als Lebenskunst. Paul Zsolnay, Wien/Darmstadt 1988.
Ein Beispiel dafür, wie die für Amerikaner plausible Analyse der Gesellschaft eines exotischen Landes durch einen klugen Politologen nur zehn Jahre später von der Wirklichkeit widerlegt wird.

Malafarina, Luigi: La 'ndrangheta. Il codice segreto, la storia, i miti, i riti e i personaggi. [Die 'ndrangheta. Die geheimen Regeln, die Geschichte, die Mythen, die Riten und die Personen]. Gangemi Editore, Roma, o. J. [1986].

Mannheimer, Renato (Hrsg.): La Lega Lombarda. Feltrinelli, Milano 1991.

Marotta, Giuseppe: L'oro di Napoli [Das Gold von Neapel]. Bompiani, Milano 1947.
Marotta, geboren 1902 in Neapel, gestorben 1963 in Rom, wie jeder wahre Humorist tief traurig, wie Karl Valentin ohne seine Heimatstadt nicht zu denken, wie jeder große Komiker mit die-

sem Titel unterschätzt. Unumgänglich zum Kennenlernen Neapels von innen. Geistiger Vater von Luciano De Crescenzo.

Marotta, Giuseppe: San Gennaro non dice mai no – Il celebre viaggio di un napoletano a Napoli [Der heilige Gennaro sagt niemals nein – Die berühmte Reise eines Neapolitaners nach Neapel]. Longanesi, Milano 1948. Neudrucke: Bompiani, Milano 1951 und 1977.

Mosebach, Martin: Die schöne Gewohnheit zu leben. Eine italienische Reise. Berlin Verlag, Berlin 1997.

Petersen, Jens: Quo vadis, Italia. Ein Staat in der Krise. C. H. Beck, München 1995.
Genaue Analyse, die sich vor unvorsichtigen Prognosen hütet.

Petersen, Jens (Hrsg.): Bibliographische Informationen zur italienischen Geschichte im 19. und 20. Jahrhundert. Deutsches Historisches Institut in Rom, Arbeitsgemeinschaft für die neueste Geschichte Italiens, Köln [erscheint mehrmals jährlich].

Parks, Tim: Italian Neighbours. London, 1992.
Italienische Ausgabe: Italiani. Bompiani, Milano 1995.
Der englische Schriftsteller lebt im Veneto und bekämpft das Trauma italienischer Erfahrungen mit angelsächsischem Witz.

Pitre, G.: Usi e costumi del popolo Siciliano [Bräuche und Sitten des sizilianischen Volkes]. 2 Bände, Palermo 1899.

Raith, Werner: Die ehrenwerte Firma. Der Weg der italienischen Mafia vom Paten zur Industrie. Wagenbach, Berlin 1983.

Stille, Alexander: Excellent Cadavers. The Mafia and the Death of the First Italian Republic. New York 1995.
Deutsche Ausgabe: Die Richter. Der Tod, die Mafia und die italienische Republik. C. H. Beck, München 1997.
Zur Zeit ausführlichste Geschichte der Mafia der letzten zwanzig Jahre mit Ausklammerung der Rolle der Kirche.

Violante, Luciano: Non è la piovra. Dodici tesi sulle mafie italiane [Es ist nicht der Kraken. Zwölf Thesen über die italienischen Mafien.] Einaudi, Torino 1994.
Der große Strafrechtler, Präsident der Antimafia-Kommission, analysiert die nach der Staatsholding IRI zweitgrößte Wirtschaftsmacht Italiens (69 Milliarden Mark Umsatz jährlich).

Wieser, Theodor / Spotts, Frederic: Der Fall Italien. Dauerkrise einer schwierigen Demokratie.
Wörner, Frankfurt/Main 1983.

Zibaldone, Zeitschrift für italienische Kultur der Gegenwart. Hrsg. Helene Harth und Titus Heydenreich. Zuerst Piper, München, dann Europäische Verlagsanstalt, Hamburg. Erscheint zweimal jährlich seit April 1986.

2. SPRACHE, GRAMMATIK, DIALEKTE

Altamura, Antonio: Dizionario dialettale napoletano [Neapolitanisches Dialektwörterbuch]. Fausto Fiorentino Editore, Neapel 1968.

Brunet, Jacqueline: Grammaire critique de l'italien. Presses Universitaires de Paris, Vincennes, ab 1984.

D'Ascoli, Francesco: Dizionario Italiano Napoletano [Italienisch-Neapolitanisches Wörterbuch]. Adriano Gallina, Neapel 1983.

Devoto, Giacomo / Oli, Gian Carlo: Dizionario della lingua italiana. Le Monnier, Firenze, jeweils letzte Auflage

Devoto, Giacomo / Oli, Gian Carlo: Nuovo vocabolario illustrato. Selezione dal Reader's Digest, Milano 1987.

Cherubini, Francesco: Vocabolario Milanese-Italiano [Wörterbuch Mailändisch-Italienisch]. Regia Stamperia, Milano 1839.

Anastatischer Reprint Rusconi Libri, Milano 1983.
Frühes Standardwerk der Dialektforschung.

Gabrielli, Aldo: Come parlare e scrivere meglio. Guida pratica all'uso della lingua italiana [Wie spreche und schreibe ich besser. Praktischer Führer zum Gebrauch der italienischen Sprache]. Selezione dal Reader's Digest, Milano 1980.
Für den, der die Anfangsgründe hinter sich hat, eine unterhaltsame, ausführliche Grammatik und Stillehre, mit eingeschalteten Tests und Quizfragen. Nicht gänzlich fehlerfrei. Sprachehrgeizigen zu empfehlen.

Giovanelli, Paolo: Grund- und Aufbauwortschatz Italienisch. Ernst Klett, Stuttgart 1977.
Standardvokabular mit den wichtigsten Redensarten, für den Sprachlernenden fast unerläßlich.

Grande Garzanti della lingua italiana. Garzanti, Milano 1987.

Gleijeses, Vittorio: I Proverbi di Napoli. Società Editrice Napoletana, Napoli 1978.

Huter, Barbara: Fehler-ABC Deutsch-Italienisch. 2. Auflage, Ernst Klett, Stuttgart 1976.
Hilfreich bei den häufigsten Fehlern und verführerischen Verwechslungen.

Macchi, Vladimiro: Deutsch-Italienisch, Italienisch-Deutsch. Sansoni Editore, Firenze, jeweils letzte Auflage.
»Der kleine Macchi«, Standardwörterbuch in einem Band.

Merz, Giuliano: Langenscheidts Grundwortschatz Italienisch. Langenscheidt, München 1987.

Nicoli, Franco: Grammatica Milanese [Grammatik des Mailändischen]. Bramante Editrice, Busto Arsizio 1983.
Mit dem Gleichnis vom verlorenen Sohn aus dem AT in 30 lombardischen Dialekten. Reiche Bibliographie.

Quarantotto, Claudio: Dizionario del nuovo italiano. Newton Compton, Roma 1987.
8000 Neologismen der Alltagssprache.

Rohlfs, Gerhard: Historische Grammatik der Italienischen Sprache und ihrer Mundarten (3 Bde.). Deutsche Ausgabe: A. Francke, Bern 1949–1954.
Italienische Ausgabe, vom Autor bis 1969 revidiert: Giulio Einaudi Editore, Turin 1966–1969.
Eine Fundgrube der Sprachgeschichte, setzte Maßstäbe. 1. Bd.: Phonetik, 2. Bd.: Morphologie, 3. Bd.: Syntax und Wortbildung.

Salzano, Antonio: Vocabolario Napoletano-Italiano, Italiano-Napoletano. Reprint, Edizioni del Giglio, Neapel 1986.

3. GESTEN

Bonifacio, G.: L'arte dei cenni con la quale formandosi favella visibile, si tratta di muta eloquenza, che non è altro che un facondo silentio. Vicenza 1616.

Bragaglia, A. G.: Evoluzione del Mimo [Entwicklung der Pantomime]. Ceschina, Milano 1930.

Cocchiara, G.: Il linguaggio del gesto [Die Gestensprache]. Bocca, Turin 1932.

Croce, Benedetto: Il linguaggio del gesto. In: Varietà di Storia Letteraria e Civile, Serie 1. Laterza, Bari 1935.

De Jorio, A.: La mimica degli Antichi Investigata nel Gestire. Napoletano. Napoli 1832.

Morris, Desmond: Manwatching. Jonathan Cape Ltd., London 1977.
Deutsche Ausgabe: Der Mensch, mit dem wir leben. Knaur, München 1978.

Morris, Desmond: Bodywatching. A Field Guide to the Human Species. Jonathan Cape, London 1985.
Deutsche Ausgabe: Körpersignale. Wilhelm Heyne, München 1986.

Munari, Bruno: Supplemento al Dizionario Italiano. Muggiani, Milano 1963.

Munari, Bruno: Il dizionario dei gesti italiani – Die Gesten der Italiener. adnkronos, Rom 1994. Vertrieb in Deutschland: Kore Verlag, Freiburg i. B.
Texte auf italienisch, englisch, französisch, deutsch, japanisch.

Pitre, G.: Gesti e insegne del popolo Siciliano [Gesten und Gebärden des sizilianischen Volkes]. Rivista di letteratura popolare, 1877.

Requena, Vittorio: Scoperta della Chironomia osia dell'arte di gestire con le mani [Entdeckung der Cheironomie oder Kunst, mit den Händen zu gestikulieren]. Parma 1797.

Rosa, L. A.: Espressione e mimica [Ausdruck und Mimik]. Milano 1929.
Mit 300 Skizzen italienischer Gesten.

Scherer Klaus / Wallbott, Harald G.: Nonverbale Kommunikation. Beltz, Weinheim, Basel 1979.
Weiterführende Literaturangaben.

4. KUNST, ARCHÄOLOGIE

Die Literatur ist unübersehbar. Für Reisende als erster Behelf mögen die Führerwerke in deutscher und italienischer Sprache dienen, die umfangreiche Bibliographien enthalten.

DuMont, Köln, Reise- und Kunstführer verschiedener Autoren: Führer, seit einigen Jahren auch Videokassetten, über einzelne

Städte, Inseln oder Regionen in zielgruppenorientierten Reihen: »DuMont Kunst-Reiseführer«, »DuMont Kunst- und Landschaftsführer« und »DuMont Reise-Taschenbücher«, ferner »Richtig Reisen« und »Richtig Wandern«. Die Qualität ist sehr unterschiedlich, die Reihe »Falsch Reisen« gibt es noch nicht.

Gröteke, Friedhelm: Etruskerland. Geschichte / Kunst / Kultur. 2. Auflage, Kohlhammer, Stuttgart 1983.

Reclams Kunstführer Italien. Verschiedene Autoren. Reclam, Stuttgart.
Umfassendster deutschsprachiger Kunstführer, enthält leider fast keine Angaben über Kultur-, Natur- oder historische Denkmäler von allgemeinerem Interesse.

Touring Club Italiano: Guida d'Italia del T.C.I.
Ausführlicher allgemeiner Führer mit Schwerpunkt auf den Kunstschätzen Italiens, ungefähr nach Regionen unterteilt, zur Zeit 23 Bände, wird laufend neu aufgelegt. Die älteren Ausgaben zum Teil sehr unübersichtlich.

5. REISE, GASTRONOMIE, WEIN

Die als Beispiele genannten Hotel- und Restaurantführer erscheinen im allgemeinen jährlich.

Accademia Italiana della Cucina: Guida ai Ristoranti d'Italia. Rizzoli, Milano.
Enthält ungefähr 2000 Restaurants und 200 Rezepte; als Ausgabe eines Fachverbandes übt der Führer vorsichtigen Verzicht auf Beurteilungen.

Artusi, Pellegrino: L'Arte di mangiar bene. Manuale pratico per le famiglie con 790 ricette. Bemporad, Firenze, 1. Auflage 1891, mehrere Dutzend Neuauflagen und Nachdrucke, zuletzt bei De Agostini, Novara 1991.
Die Kunst, gut zu essen. Praktisches Handbuch für Familien mit

790 Rezepten. Der Klassiker der italienischen Küche, zum Teil nur noch von theoretischem Wert.

Moos, Ludwig (Hrsg.): Anders Reisen. Rowohlt, Reinbek bei Hamburg.
Eine Reihe von leicht alternativen, gegen den Strich gebürsteten Reiseführern, darunter
Frida Bordon: Sizilien.
Frida Bordon: Venedig mit Venetien.
Jürgen Humburg / Conrad Lay / Michaela Wunderle: Italien.
Peter Kammerer / Henning Klüver: Rom.
Michael Kadereit: Toskana / Umbrien.
Michaela Wunderle: Süditalien.

Gault Millau: Guide Italien. Der Reiseführer für Gourmets.
Deutsche Ausgabe: Wilhelm Heyne, München.
Restaurantführer mit leichtem Snob-Appeal, enthält etwa 1400 Betriebe im Preisniveau von der gehobenen zur Luxusklasse.

L'Espresso: Guida d'Italia. Gruppo Editoriale L'Espresso, Roma.
Ein Band Restaurant-, ein Band Hotelführer.

Michelin Italia, Michelin, Milano.
Der »rote Michelin«, meistbenutzter flächendeckender Hotel- und Restaurantführer, mittleres bis gehobenes Preisniveau der ausgewählten Betriebe.

Touring Club Italiano:
Guida all'Italia gastronomica. TCI, Milano.
Guida all'Italia dei vini. TCI, Milano.

6. SCHÖNE LITERATUR

Schriftsteller des 20. Jahrhunderts, eine Auswahl von den berühmten zu den weniger bekannten, auch regionalen Autoren, die über Italien, seine Bewohner und deren Mentalität Aufschluß geben (außer den in dieser Auswahl schon genannten):

Giorgio Bassani, Stefano Benni, Gesualdo Bufalino, Aldo Busi, Dino Buzzati, Italo Calvino, Camilla Cederna, Gianni Celati, Guido Ceronetti, Eduardo De Filippo, Maria Drigo, Umberto Eco, Dario Fo, Carlo Emilio Gadda, Carlo Ginzburg, Natalia Ginzburg, Tommaso Landolfi, Gavino Ledda, Primo Levi, Claudio Magris, Luigi Malerba, Giorgio Manganelli, Dacia Maraini, Eugenio Montale, Alberto Moravia, Aldo Palazzeschi, Pier Paolo Pasolini, Luigi Pirandello, Edoardo Sanguineti, Salvatore Satta, Leonardo Sciascia, Antonio Tabucchi, Giuseppe Tomasi di Lampedusa, Paolo Volponi.